2022年度全国教育科学规划教育部重点课题"1991年以来俄罗斯教育发展研究"（DOA220437）成果

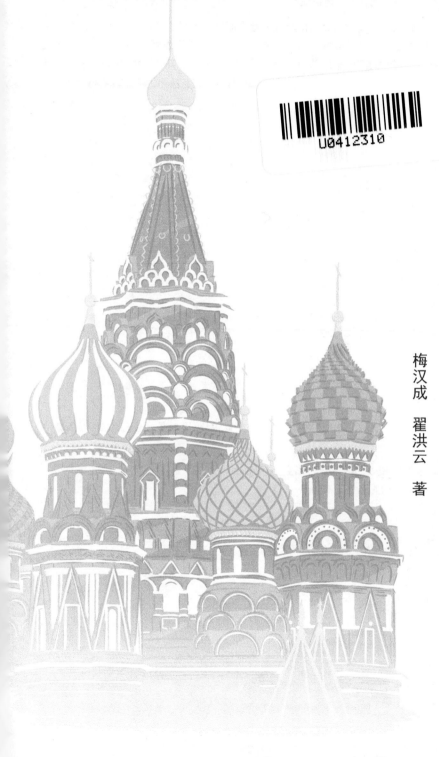

熔断与重塑

——1991—2021俄罗斯教育30年发展史

梅汉成　翟洪云　著

东南大学出版社
SOUTHEAST UNIVERSITY PRESS
·南京·

内容提要

本书从国家政策、国际比较、计划实施、现实状况、预期目标等方面以较为详实的数据论述了苏联解体后俄罗斯各级各类教育30年来的发展,总结了其取得的成就及不足,分析了其中的原因。

本书述及的问题较为全面,论述较为充分,提出的问题及观点对了解俄罗斯教育取得的成绩及存在的不足较有价值,对我国的教育政策制定及实施、教育分类及分层以及"科教兴国"战略的实施具有借鉴作用。

图书在版编目(CIP)数据

熔断与重塑:1991—2021俄罗斯教育30年发展史/梅汉成,翟洪云著. — 南京:东南大学出版社,2022.12

ISBN 978-7-5766-0332-3

Ⅰ.①熔… Ⅱ.①梅…②翟… Ⅲ.①教育史-俄罗斯-1991-2021 Ⅳ.①G551.29

中国版本图书馆 CIP 数据核字(2022)第 207740 号

责任编辑:刘　坚(liu-jian@seu.edu.cn)　　责任校对:张万莹　　封面设计:毕　真　　责任印制:周荣虎

熔断与重塑:1991—2021俄罗斯教育30年发展史

Rongduan Yu Chongsu:1991—2021 Eluosi Jiaoyu 30 Nian Fazhanshi

著　　　者	梅汉成　翟洪云
出版发行	东南大学出版社
社　　　址	南京市四牌楼2号(邮编:210096　电话:025-83793330)
网　　　址	http://www.seupress.com
电子邮箱	press@seupress.com
经　　　销	全国各地新华书店
印　　　刷	江苏凤凰数码印务有限公司
开　　　本	787 mm×1092 mm　1/16
印　　　张	19
字　　　数	475千字
版　　　次	2022年12月第1版
印　　　次	2022年12月第1次印刷
书　　　号	ISBN 978-7-5766-0332-3
定　　　价	78.00元

本社图书若有印装质量问题,请直接与营销部联系,电话:025-83791830。

序 PREFACE

苏联的教育曾经是中国教育界学习的楷模，凯洛夫教育学体系至今仍有相当大的影响，马卡连柯、赞可夫、维果茨基、苏霍姆林斯基等教育家的思想滋润了中国几代教育工作者。

1991年12月25日，苏联解体，俄罗斯作为最大的继承国，不仅继承了苏联的经济、军事遗产，也接受了其教育、文化体系。20世纪90年代，俄罗斯教育处于艰难的转型时期，经济上的匮乏、思想上的混乱都投射到教育上，使其承受了难以承受之重，处于勉强维持的局面。进入21世纪，俄罗斯教育大力追求向西方靠拢，大踏步加入了博洛尼亚进程。普京总统执政下的俄罗斯政府某种程度上增加了对教育的投入，同时加强了对教育的管控，出台覆盖所有教育层级的教育标准并不断更新（至今已经推出第三代标准），2009年全面实施国家统一考试作为中学毕业生进入大学的必要条件。2012年和2018年普京总统就职时均宣布了"五月命令"，强化对教育的要求，加强爱国主义教育，推进高水平大学建设，保障所有青少年、儿童接受教育的权利。

中国人常说"三十而立"。30年来俄罗斯教育的发展跌宕起伏，有一些成功的经验，但更有失误的教训。可以说，乌克兰危机发生前，俄罗斯教育基本止住了颓势，努力向前发展。但因为对教育科技投入的严重不足，尤其是相比西方发达国家，俄罗斯大中小学教师收入过低，导致优秀年轻人才不愿从事教育和科研，大学生全身心投入学习并以发展科技为己任的热情明显不足，从而导致俄罗斯30年来科技人才严重匮乏，这也反映到国民经济领域——信息产业发展滞后，高科技产品严重依赖进口，国民经济靠能源等资源出口支撑。

俄罗斯联邦30年教育的成败得失对中国教育有相当重要的借鉴作用，国内也有教育学者对此进行了广泛的研究，表现在对苏联刚解体后 10 年的教育状况进行了系统的研究，对近年来的状况也进行了多点全方位的分析，但迄今为止，对 30 年来俄罗斯教育发展进行一次全面梳理的相关成果仍然较少。

本研究基本全部采用俄文文献，全面系统地研究俄罗斯 30 年来教育的方方面面，研究对象涵盖俄罗斯 30 年来的教育体系、法规、主流教育思想、教育战略、教育管理、教育投入的调整与变化，系统梳理 30 年来俄罗斯的学前教育、普通教育、职业教育和高等教育、民办教育的发展历程，并对俄罗斯师德师风和德育工作、教育国际化进行了剖析。

书成之日，深切缅怀为推动中俄教育理论合作研究而倾注心力的朱小蔓老师，朱师的音容笑貌与殷切希望一直激励着我们；疫情之中，非常思念俄罗斯教育科学院 H. 尼康德罗夫、B. 鲍利辛柯夫、O. 古卡连科院士，本书从立意、结构、选材、文献方面都得到几位导师的倾力指导，但是否达标，内心惶恐！

是为序。

2022 年 4 月于南京

目录

导言　俄罗斯教育已走过艰难时期 …………………………………… 001

第一章　俄罗斯 30 年国家与教育治理 ……………………………… 012
　第一节　叶利钦总统时期（1991 年 12 月 26 日—1999 年
　　　　　12 月 31 日） ……………………………………………… 012
　第二节　普京总统第一、二任期和梅德韦杰夫总统时期 ……… 016
　第三节　普京总统第三、四任期 ………………………………… 021

第二章　俄罗斯教育体系、法律法规与教育思想的重新确立 …… 033
　第一节　俄罗斯教育体系的构建与完善 ………………………… 033
　第二节　教育法律法规不断完善 ………………………………… 043
　第三节　主流教育学家提供理论支持 …………………………… 055

第三章　俄罗斯的教育发展战略、管理与财政投入 ……………… 071
　第一节　不断调整的教育发展战略 ……………………………… 071
　第二节　从放权回归集中的教育管理 …………………………… 077
　第三节　捉襟见肘的俄罗斯教育财政 …………………………… 082

第四章　俄罗斯学前教育 30 年 ……………………………………… 093
　第一节　1991—2000 年学前教育的发展 ……………………… 095
　第二节　2000—2012 年学前教育的发展 ……………………… 099
　第三节　2012—2021 年学前教育的发展 ……………………… 101

第五章　俄罗斯普通教育 30 年 ……………………………………… 110
　第一节　20 世纪 90 年代俄罗斯普通教育 ……………………… 112
　第二节　2000—2012 年俄罗斯普通教育 ……………………… 118
　第三节　2012 年以来俄罗斯普通教育发展 …………………… 129

第六章　俄罗斯职业技术教育 30 年 ………………………………… 147
　第一节　20 世纪 90 年代的俄罗斯职业教育 …………………… 148

第二节　2000—2012年的俄罗斯职业教育 …………………………… 154
　　第三节　2012年以来的俄罗斯职业教育 ……………………………… 158

第七章　俄罗斯高等教育30年 …………………………………………… 161
　　第一节　20世纪90年代俄罗斯的高等教育 …………………………… 163
　　第二节　2000—2012年俄罗斯的高等教育 …………………………… 166
　　第三节　2012年以来俄罗斯的高等教育 ……………………………… 169
　　第四节　俄罗斯重点大学建设进程 …………………………………… 175

第八章　俄罗斯民办教育30年 …………………………………………… 190
　　第一节　20世纪90年代俄罗斯的民办教育 …………………………… 190
　　第二节　2000—2012年俄罗斯的民办教育 …………………………… 195
　　第三节　2012年以来俄罗斯的民办教育 ……………………………… 200

第九章　俄罗斯的儿童补充教育30年 …………………………………… 205
　　第一节　俄罗斯补充教育法律基础与结构 …………………………… 205
　　第二节　政府民间共同促进补充教育 ………………………………… 207
　　第三节　补充教育的管理 ……………………………………………… 210

第十章　30年来俄罗斯师德师风建设与德育工作 ……………………… 216
　　第一节　俄罗斯的师德师风建设 ……………………………………… 216
　　第二节　俄罗斯大力实施德育发展战略 ……………………………… 230

第十一章　俄罗斯教育国际化30年 ……………………………………… 252
　　第一节　20世纪90年代教育国际化 …………………………………… 252
　　第二节　2000—2012年俄罗斯教育国际化 …………………………… 257
　　第三节　2012年以来俄罗斯教育国际化 ……………………………… 265

结语　俄罗斯教育将缓慢振兴 …………………………………………… 289

导言
俄罗斯教育已走过艰难时期

苏联教育曾经享誉世界,培养了一大批世界一流的科学家、艺术家和优秀的劳动者。2021年是苏联解体30周年,俄罗斯联邦为了重新振兴始终在进行艰难的探索。30年来,俄罗斯的教育随着国运沉浮而艰难前行,既有失落的熔断,也有成功的重塑,终于成就了今天的独具特色的俄罗斯教育体系(如图0-1)。

俄罗斯的90年代注定艰难,但其教育界从未放弃梦想,而是一步一个脚印,走出了彷徨与泥淖。

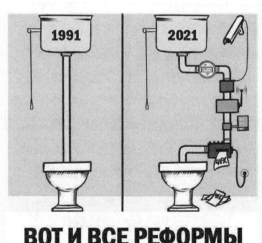

图0-1 俄罗斯漫画《30年改革效果图》

1992年7月10日,《俄罗斯联邦教育法》(简称1992年《教育法》)颁行,各级各类"学校"被命名为"教育机关"[2012年底新的《俄罗斯联邦教育法》(简称2012年《教育法》)将"学校"改称"教育机构"]。1992年之前的教育法授权学校制订教育计划和编制、选择教材,结果是1990年初期开始出现了(有的是恢复沙俄时期的)各类型学校(文科学校、理科学校、专科学校、民办学校等等),这些学校拥有很大的自主权,根据自行确定的教学计划和大纲开展工作。一方面,这给学生及其家长更广泛的选择权;另一方面,出现了根据学生所处社会层次和教育质量进行分类的不同学校:人文专业学校,艺术专业学校,国防—运动类、生物化学等自然科学类、物理—数学类的特长学校等,这些学校在法律上得到承认。更多学校大力发展特长专业:自然科学专业、数学—技术专业、生物—生态专业、艺术专业、军事—运动专业等等。上述变化也带来了一定程度的不和谐,有时甚至给教育系统带来混乱,为此,国家开始制定"国家教育标准"以协调教育机构的活动。

制定与实施国家教育标准、为实施多样化教育而创造心理—教育条件、更新教育内容等都成为教育改革的开端,其主要目标是发展教育、培养国家所需人才。1992年《教育法》第7条规定:"国家教育标准规定各基本教育大纲的最低必修内容、学生学习的最大负担量以及对毕业生培养水平的要求。"法律还规定了教育标准的基本组成部分:联邦部分保证国家教育过程的统一并在世界文化系统中培养个体;民族—地区部分决定学校所在地区需要的内容(民族语言和文学、地理和艺术,职前培训等等);教育标准中的学校自行决定的内容反映在学校章程规定的该校的特点和方向方面,体现在教师们制订的基础教育计划中。

1993年12月12日,俄罗斯通过了《俄罗斯联邦宪法》。宪法规定,每个人都有获得教育的权利,保证免费接受学前教育和中等职业技术教育,通过竞争接受高等教育。初中教育是义务教育。宪法提出了制定"国家教育标准"的必要性,教育标准化也引进了教师界的广泛讨论。1994年开始实施统一的《高等职业教育国家教育标准》。

1992年4月13日,俄罗斯联邦政府发布244号令《关于发展人道主义教育的命令》,提出要为小学和大学制定、编写新的教学大纲、教学资料和教科书。

俄罗斯在建立市场经济制度的进程中,国家的大多数社会和经济活动都受到影响,教育界也概莫能外。教育体系中出现了具有自身特点的"教育服务"的概念,因为"服务"的效果取决于消费者(学生)自身积极参与为其提供的教育的程度,因此出现了能提供不同教育服务和学习方案、不同发展方向的民办教育(发展型的、康复型的、组织型的等等),由此,如何保障教育质量问题也立即浮出水面。

1996年《俄罗斯联邦高等职业教育和高校后职业教育法》给予民办高校法律地位,促进了高校的竞争性和创造性发展。

总之,这一阶段教育领域出现了民主化倾向,这植根于俄罗斯人道主义的历史传统、当代世界教育思想以及先进的教育实践。新的改革旨在为个性发展创造条件,发展教育体系以促进社会的发展。

普京总统执政后,国家形势趋于稳定与良性发展,教育也随之渐入正轨,各个领域都取得了相当的进步。

一、学前教育

当代俄罗斯学前教育发展战略是协同儿童的社会化和个性化发展需求构建学习体系。

此前,幼儿园的重要任务是培养学前儿童,为成功进入学校做准备,学前教育重视传授给儿童相关学科课程的部分知识。根据学习水平,童年被当作一个人生命中严肃的、有规定任务的特殊阶段,这一点在 2013 年制订的《学前教育联邦教育标准》中得到反映,该标准确定了一系列原则:根据每个孩子的个性特点组织教育活动;在各类活动中促进儿童与成人的互动与合作;教育机构与家庭合作;使儿童了解社会文化规则以及家庭、社会和国家的传统;培养儿童对不同活动的认知愿望;遵循学前教育的年龄特点;尊重儿童发展中的民族文化。

俄罗斯存在多种学前教育机构,最普及的是普通幼儿园;对心理和生理上需要矫正的儿童创建了矫正型的幼儿园;公立教育机构附属幼儿园也相当普遍;另外还有看管型、康复型、复合型幼儿园。2008 年通过了《学前教育机构类型规定》,对当时多样化的学前教育机构进行了规范。

2012 年《教育法》允许学前教育机构招收两个月以上的儿童。2018 年,俄罗斯联邦共有 4.78 万个学前教育机构(其中民办机构 990 个),共有 758.24 万名儿童在其中生活与学习。

学前教育机构有可能选择不同的教育大纲,如,名为"童年"的大纲保证学龄前儿童的健康成长,"发展"定位于帮助 3~7 岁学龄前儿童在智力和艺术上发展,"彩虹"重在培养健康生活的习惯,等等。

意大利儿童教育家蒙台梭利的教学法在俄罗斯学前教育体系中被广泛运用。莫斯科市学前教育形成了自身的系统,即根据不同年龄学前儿童家庭的需要设立小小班,并且开设短时间班级(矫正班、发展班、晚班、周末班、节日班、非正常班等)。

最具发展前景的是开设附属于教育机构的学前班,包括大学附属幼儿园(有 27 所大学具有相应经验)。

提高入园率是俄罗斯政府最为关注的,2019—2020 学年共有 760.67 万名学龄前儿童在 47 353 所学前教育机构学习(其中 15.77 万名儿童在短期班学习);共有 53.99 万名教师在学前教育机构工作,其中 53.78 万名为女性,占比 99.6%。国家为学前教育共投入 9 648 亿卢布,生均 12.4 万卢布[①]。

二、普通教育

俄政府在普通教育领域最基本的政策就是教育内容现代化及教学方法的不断更新。分阶段实施《2010 年前俄罗斯教育现代化构想》(简称《2010 年前构想》)的结果促进了这种变化。

俄政府 2004 年颁布了第一代俄联邦国家教育标准;第二代标准是分阶段完成的:2009 年颁行《小学教育标准》(1~4 年级);2010 年颁行《初中教育标准》(5~9 年级);2012 年颁行

---

① Образование в цифрах: краткий статистический сборник. — М.: НИУ ВШЭ, 2020. с. 13, 47.

《高中教育标准》(10~11年级)。

根据该标准,学校从"教育机关"重新命名为"教育机构",教育机构可以是公立的、市立的(预算内的和自治的)、民办的,具有自主和独立组建自身结构的权力。这期间出现了一些专为残障儿童开设的学校,但是匆忙发展全纳教育①,以全面的同校学习取代以前的特殊教育,使有特殊需要的孩子失去了获得同等教育的机会。

当代俄罗斯学校追求人道主义,改变了在"学生-教育内容"这个系统中相互关系的性质。传统学校定向于解决问题,在学习过程中发展学生的学习动机和认知积极性;现在的学校则面向教育内容(这些内容有的是必修的,也有的是教育活动中的参与方制定的),解决个性发展的问题,同时保留个体的独特性,发展其能力。

2014年,俄罗斯开始实施《俄罗斯联邦数学教育发展纲要》;2016年起实施《俄语与文学教学纲要》。这些课程教学纲要规定了基本原则、优先方向、目标、任务,以及实施这些纲要的机制、结构、资源保障、指标及预期成果,力求解决基础教育内容现代化问题。

在信息化的大背景下,俄罗斯教育机构中出现了与互联网紧密相关的新的教学技术,如"俄罗斯电子学校""莫斯科电子学校""我的教室"等网上教育平台,使教师与学生能够拥有大量的电子信息;组建了统一的城市图书馆馆藏,其中有学校所有课程的参考资料,学生可以使用智能黑板与平板电脑,使课程更加生动充实。

2002年,《普通教育高年级阶段分科教学实施纲要》颁行,由此学校可以根据学生的需要与兴趣进行分层次教学。中学高年级学生可以对某些课程进行有侧重地学习,同时,高年级学生要自主选择与其未来进一步学习专业密切相关的课程。高中阶段根据教育标准分出了自然科学、人文学科、社会-经济、技术、综合等5个侧重方向。当然,不管高年级学生选择哪个侧重方向,都必须学习"俄语与文学""数学""外语""历史""体育""生命安全基础"等课程。

但是,普通学校之间的教育资源和教学条件也出现了一些不平衡,这导致了教育的不平等,降低了高质量教育的普及性。俄罗斯的普通教育的普及程度与世界发达国家并肩,但居民普通教育水平却显得落后。

2007年开始的国家总结性考试是一个重大的变化,其表现形式为高中毕业全国统一考试,这是中学毕业生必须参加的成绩测试。2016年共有近63.3万名毕业生参加统考,只有俄语和数学(基础水平或提高水平)合格者才能获得中学毕业证(2020年因新冠疫情进行了调整,只有拟继续进入大学学习者才要参加全国统考)。

全国统考在俄罗斯教育民主化进程中发挥了重要作用,许多外地考生通过统考进入首都高校学习,但是统考在实践中也出现了一些偏差:统考成绩成为评价教师、学校和地区教

---

① 全纳教育(inclusive education):通过增加学习、文化与社区参与,减少教育系统内外的排斥,关注并满足所有学习者多样化需求的过程。

育质量的最重要乃至唯一的标准。评价普通教育质量的另外一个重要指标是通过组织地区性的、全俄的和国际的奥林匹克竞赛发现天才儿童。2016年全俄有超过600万中学生参加了各类奥赛。

从2012年开始,普通学校在自愿的基础上教学综合性课程"宗教文化与世俗论理基础",以基于俄罗斯各民族的文化和宗教传统培养学生的道德行为准则。

近年来,俄罗斯出台新政:中小学生可以用母语接受教育。为此,对小学和初中的国家教育标准进行了相应调整,增加了"母语及母语文学阅读"和"母语及母语文学"课程。初中阶段的学生必须学习第二外语。

2017年,俄罗斯联邦政府通过了《2025年前教育发展》的国家纲要。从2006年起俄罗斯开始实施《国家优先发展教育方案》,2018年普京总统签署《2024年前俄罗斯联邦国家发展目标和战略任务》总统令,据此俄联邦政府制订颁行《国家教育方案(2019—2024)》。

2019—2020学年,全俄共有1 656.56万名中小学生在40 823所中小学校学习,141.14万名学生获得初中毕业证,65.91万学生获得高中毕业证。2020年共有108.33万名教师在普通教育机构工作,其中95.68万名为女性,占比88%。国家向中小学教育投入16 433亿卢布,生均经费9.7万卢布①。

三、中等职业教育

俄罗斯职业教育在2012年《教育法》实施之前分为三个层级:初等职业教育、中等职业教育和高等职业教育。从2013年开始,取消了初等职业教育环节,原来培养高技能工人并对其进行职后培训的初等职业教育技术学校逐步合并进或单独组建成中等技术学校。中等技术学校主要培养高技能的工人或服务人员。高等职业教育重新更名为高等教育。

俄罗斯中等职业教育的一个重要特点是教育机构与产业单位和各种行业保持着密切联系,他们是职业教育毕业生的未来雇主。

根据俄罗斯联邦政府2008年7月18日发布的第543号令《关于中等职业教育机构的法律地位》,中等职业教育机构的类型有:中等技术学校(提供基础技术教育)和职业技术学院(实施提升水平的职业教育大纲)。这些教育机构的主要任务是为劳动市场提供接受了中等职业教育的专门人才,培养学生热爱劳动、负责任的品质,使其具有公民觉悟、创造力和自主性。

俄罗斯的中等技术学校和职业技术学院之间存在着明显的不同:前者学制为3年,实施的是基础水平的职业教育,保存了中学的学习形式;后者在基础职业教育水平之上提供更高层次的理论课程,学制4年,采用大学的教学模式,所以可以纳入高等教育范畴。俄罗斯现

---

① Образование в цифрах: краткий статистический сборник. —М.: НИУ ВШЭ, 2020. с. 14, 48.

在出现了将中等职业教育转变为实用型学士的趋势,目的是在认真地进行大学理论课程教学同时,重点培养学生未来在以高新技术为主体的经济领域工作的实践技能。

俄罗斯的中等职业教育是人人可及的,9 年级毕业生进入中等职业教育机构的人数逐年递增,因为中等技术学校和职业技术学院融合了职业教育和普通教育,他们毕业时将获得其选定的职业,同时获得中学毕业证书;他们可以一边根据所学专业工作一边进入大学深造。因此,近 5 年来,中职学校的学生人数增加了 50%。

2014 年,中等职业教育开始实施联邦国家教育标准,学校根据职业模块培养高技术人才。

2015 年,俄联邦劳动部通过了劳动力市场最急需的 50 个新型而有前景的职业清单,主要面向那些获得中等职业教育的人员。该清单中不仅标明了一些传统专业,如汽车技工、厨师—点心师、理发师、焊接工,还标明了一些现代化的职业,如生物技术和医疗器械技师、信息安全技师、自动化产业服务技师等。2016 年,国家针对上述职业和专业重新确认了联邦国家教育标准。这一年,只有 10% 的职业学校培养这些新型专业人才。2020 年,50% 以上的中职院校能够给本校学生提供其所需的专业教育。

实施新的教育标准后,根据劳动市场的要求,教育大纲也在不断更新,中等技术学校和职业技术学院之间的差异也在不断缩小。

2019—2020 学年,全俄共有 3 330 个实施中等职业技术教育大纲的教育机构,接纳了 257.62 万名学生,其中 213.44 万名是全日制学生。有 14.07 万名教师在中职院校工作,其中女性教师 10.87 万人,占 77%。另有实践导师 2.31 万人。国家全年投入 2 680 亿卢布,生均 12.8 万卢布[①]。

四、高等教育

俄罗斯高等教育致力于提高适龄学生的大学入学率、高校竞争力和高等教育质量。入学率是指高中毕业生升入大学的水平,近年来,57% 的应届高中毕业生获得国家奖学金免费就读大学。根据社会需要,国家奖学金向工程、师范、医学等专业倾斜。例如,2019—2020 学年,国家奖学金投放到学士、专家(五年制本科)和硕士的名额为 51.84 万个,其中的 12.4% 分配给了师范教育专业。

为了进一步优化高等教育体系,从 2013 年开始,俄罗斯联邦教育科学督察署负责对高校进行办学效益评估,旨在形成适应国家需要的高等教育机构网络。但评估的指标主要是:学生参加全国统一考试的平均分、国际合作、教师平均工资等,这些指标决定被督察高校的关、停、并、转。这些指标也不尽合理,如入学新生的高考平均分只是反映了中学的教育质

---

① Образование в цифрах: краткий статистический сборник. —М.: НИУ ВШЭ, 2020. с. 16, 49.

量,而未必反映大学的质量。基于评估结果,众多高校被取消了办学资格,从2012年至2016年期间,公立高校的数量减少了17.6%,民办高校减少28%。

俄罗斯高等教育的改革与现代化始于2003年加入博洛尼亚进程,该进程致力于建立欧洲高等教育空间,发展欧洲的经济,造福其居民。博洛尼亚进程①保障欧洲高等教育对俄罗斯联邦来说更具吸引力和竞争力。俄罗斯加入博洛尼亚进程后,调整了高校的组织－法律制度,高校具有更多的自主权和学术自由。俄罗斯高校的自治权早在1996年颁行的《俄罗斯联邦高等职业教育和高校后职业教育法》中已有明确,但赋予高校自行组织教学课程、确立教学内容等方面的自主权与国家加强管理和督察是同步进行的。

俄罗斯联邦对高等教育结构进行了改革:由四年制学士和两年制硕士组成,但同时也保留了一些俄罗斯高教传统,工程、医学等一些专业仍实施五年专家制;借鉴欧洲学分制,从形式上开始进行学时与学分的转换(36学时＝1学分)。

俄罗斯加入博洛尼亚进程的过程并不轻松,不仅要照顾俄罗斯固有的历史文化特点,还要考虑世界观上的区别。苏联和俄罗斯的教育是演绎式的:从普遍规律到个别、实践运用,重视基础性和系统性原则;而博洛尼亚教育的传统是归纳式的:将大量个体和具体案例总结为知识。俄罗斯高等教育界的自由派改革者积极向西方学习,重视市场经济原则,而保守主义者则力图保存俄罗斯的教育传统。

2005年以前,在提高高等教育入学率的背景下,高校的数量急剧增加:公立高校达到660所,分校1 376个;民办高校430所,分校326个。由此,大学生数量迅速增加,大学教师的工作量也大为增加,教育质量有所下降,在基础知识方面的教育更是不如以前。但在地方上迅速增长的民办高等教育也发挥了积极作用:学生可以在当地获得高等教育而不必到外地求学,例如,2017年有14.62万名学生在当地的民办教育机构获得了大学文凭。

职业教育的实质性变化与2012年颁行的《俄罗斯联邦教育法》密切相关:职业教育由中等职业教育、高等教育第一环节(学士)、高等教育第二环节(专家、硕士)、高等教育第三环节(培养高技能人才——副博士和博士)组成。这种层级的教育体系能保证教育的连续性。从第一层级的高等教育系统就开始将学士培养分成学术型和应用型的。实用型学士重视实践,不追求继续升学,重视根据所学专业及时就业。硕士的培养重视科研能力训练,以培养创造型、高技能型骨干。博士研究生是补充职业教育的一种形式,但培养的科学博士的数量相当有限,2018年330名博士毕业生中只有82人成功通过答辩并获得学位。根据俄罗斯联邦政府的规定,无论是对博士培养单位,还是对用人单位,当前博士生的培养程序都相当复杂。

2012年《教育法》颁行后,副博士被纳入高等教育的第三环节,为此出台了科研工作者

---

① 博洛尼亚进程(Bologna Process),是29个欧洲国家于1999年在意大利博洛尼亚提出的欧洲高等教育改革计划,该计划的目标是整合欧盟的高教资源,打通教育体制。

专业目录,通过了第三环节高等教育的联邦国家教育标准,并对教育大纲进行认证。这些严格的管理措施使副博士培养的潜力不断下降,拥有创造思维、自主从事科研工作并拥有广阔科研视野的高水平人才数量有所减少。年轻人对获得高学位从事科研工作的兴趣迅速下降:2017 年,18 069 位副博士研究生获得毕业证,但只有 2 320 人通过了学位论文答辩,占总人数的 12.8%。国家统一考查不是针对副博士论文答辩,而是针对毕业技能鉴定(课程考试),通过鉴定的毕业生获得研究人员—高校教师资格,而不是获得副博士学位。到现在仍未能解决"副博士毕业证"和"副博士学位证"的关系,以至从 2022 年开始又取消了"副博士"毕业证。2018 年,副博士研究生毕业时通过学位论文答辩较好的专业是化学(506 名毕业生中有 136 人,占 26.9%)、临床医学(1 219 名毕业生中 160 人,占 13.1%);获得学位情况较差的有经济与管理(1 810 名毕业生只有 106 人通过答辩,占 5.8%),法律学(953 名毕业生中只有 54 人获得学位,占 5.7%),心理学(361 名毕业生中只有 18 人获得学位,占 5.0%)。

对教育活动进行国家认证是一种新的变化。原联邦教育和科学部(简称"教科部")要求未通过认证的高校合并进办学质量高的学校。经过合并,出现了一些支点大学(俄对地方重点大学的命名),教育和科学部的意图是以支点大学促进国家人力资源更加集中,组建科学—教育综合体,以促进俄罗斯地方经济和社会发展。而且,支点大学有了更多机会冲击世界大学排行榜。但有一些具有数十年历史的声名卓著的科研学派和在本专业领域有相当影响的高校也被合并了。

2017 年,在 896 所高校中(530 所公立和 366 所民办高校)中成功组建了 10 所联邦大学和 29 所国家研究型大学。莫斯科公立大学和圣彼得堡公立大学更是拥有特殊地位,直属联邦政府,可以自行决定教育标准和要求。

2019—2020 学年,俄罗斯 724 所本科以上高等教育机构中共有 406.83 万名本科生、专家和硕士研究生,其中全日制学生 238.66 万余人。有 22.93 万名教师在高校工作,其中 3.58 万人拥有科学博士学位,13.27 万人有副博士或哲学博士学位;女性大学教师人数为 13.14 万人,占总数的 74%。当年,全俄科研院所和高校共有 8.43 万名副博士研究生在 1 187 个科研院所和高校攻读学位,1.55 万人获毕业证,0.16 万人通过论文答辩。国家向高等教育投入 5 852 亿卢布,生均 35.1 万卢布[①]。

五、补充教育

俄罗斯儿童和成人补充教育在世界上独树一帜,它向所有好学者敞开大门,形成了社会—教育机制,2018 年俄罗斯隆重纪念了补充教育体系建立 100 周年。补充教育是介于学校教育和校外社会环境之间的一个中间环节,年轻人在其中掌握行为准则、价值标准并形成

---

① Образование в цифрах: краткий статистический сборник. —М.: НИУ ВШЭ, 2020. с. 17, 50.

个人经验,儿童得益于国家补充教育体系形成了特殊的"儿童闲暇环境"。

2014年俄联邦政府通过了《儿童补充教育发展纲要》,确立了国家保障高质量而安全的补充教育原则和国家、社会互动合作的原则,确立了补充教育与其他形式教育的竞争优势,如个人自由选择活动,每人都可以接受全面的知识和信息;内容灵活且组织形式多样。

目前,5~18岁的少年儿童中有70%参加补充教育,全俄所有的教育机构根据自身特点实施相应工作,让年轻人自我实现,发现并支持具有天分的青年,实施精神一道德、公民、爱国主义教育,促进其职业定向。2017年,全俄共有13 407个补充教育机构。俄罗斯曾于2016年对《教育法》进行修订,允许民营教育机构开展儿童和成人补充教育,国家给予财政支持。数以千计的教师、心理学家、社会工作者和其他专家社团志愿参与了儿童与成人补充教育事业。为提高补充教育的质量,2015年通过了《儿童与成人补充教育教师职业标准》。

俄罗斯教育界创建俱乐部系统并吸引孩子参加各类社会活动促进了儿童社会性的形成,全俄体育一运动组织"面向劳动与国防"是个典型的个案,在全俄成功地开展了系列活动。各类儿童疗养基地将休闲与许多生动有趣的活动结合起来,如"海洋""接班人""小鹰"全俄儿童中心闻名遐迩。"阿尔捷克"国际儿童中心全年开放,在深化普通教育和补充教育现代教育大纲的同时保留了自身的优良传统,2016年吸引了31 000名孩子参与其中。

公园、博物馆、儿童电脑一多媒体工作室、机器人技术工作室等成为补充教育的创新型平台。为了发现并培养在艺术、运动、技术创造领域的天才儿童,根据普京总统倡议,俄罗斯索契市于2014年创办了"天狼星"儿童中心。

实际上,俄罗斯所有高等教育机构都拥有提供补充教育和进修提升教育的分支机构。此外,国家还创立了行业教育机构网络,培训各行业的专门人才,以满足企业和相关机构所需,同时还为退伍军人接受国民专业教育创建了专业中心。

职业教育体系的改革促使补充职业教育的内容与结构都要相应变革,这样就出现了各类联盟、协会,以适应各种水平的教育。

经过30年的熔断与重塑,俄罗斯教育已经走出了低谷,形成了适应本国国情、满足人民需要的体系。

参考文献:

1. Закон РФ от 10 июля 1992 г. №3266/1《Об образовании》(последняя редакция)[Электронный ресурс] // КонсультантПлюс. URL:http://www. consultant. ru/document/cons_doc_LAW_1888/(дата обращения:14.02.2019).

2. Президент подписал Указ《О национальных целях и стратегических задачах развития Рос/ сийской Федерации на период до 2024 года》(2018)[Электронный ресурс] // Президент России. 7 мая. URL:http://kremlin. ru/events/president/news/57425

(дата обращения: 14.02.2019).

3. Федеральный закон от 29 декабря 2012 г. №273/ФЗ《Об образовании в Российской Федерации》［Электронный ресурс］// КонсультантПлюс. URL: http://www.consultant.ru/document/ cons_doc_LAW_140174/ (дата обращения: 14.02.2019).

4. Боченков, С. А. (2013) Учитель, школа, система образования в зеркале ЕГЭ // Проблемы современного образования. №3. С. 27-37.

5. Ильинский, И. М. (2004) Негосударственные вузы: кризис идентичности и пути его преодоления // Alma mater (Вестник высшей школы). №7. С. 3-12.

6. Ильинский, И. М. (2012) Высшее образование для XXI века // Знание. Понимание. Умение. №4. С. 3-7.

7. Константиновский, Д., Вахштайн, В., Куракин, Д. (2008) Качественное образование: доступ/ность и региональная политика // Социальная политика в современной России: реформы и по/вседневность / отв. ред. Е. Р. Ярская. М. : Вариант. 456 с. С. 52-79.

8. Концепция развития дополнительного образования от 4 сентября 2014 г. № 1726/р ［Элек/тронный ресурс］// Правительство Российской Федерации. URL: http://static.government.ru/media/files/ipA1NW42XOA.pdf (дата обращения: 14.02.2019).

9. Куликова, С. В. (2004) Интеграция традиций и инноваций как основа модернизации россий/ского образования // Интеграция образования. №3 (36). С. 34-42.

10. Ляхович, Е. С. (1998) Проблемы качества и доступности общего образования в постсовет/ской России // Вестник Томского государственного педагогического университета. Вып. 1. С. 28-34.

11. Медведев, С. (2006) Болонский процесс, Россия и глобализация // Высшее образование в России. №3. С. 31-36.

12. Национальный проект《Образование》［Электронный ресурс］Федеральная деловая сеть. URL: https://strategy24.ru/rf/projects/project/view?slug＝natsional/nyy/proyekt/obrazovaniye& category＝education (дата обращения: 14.02.2019).

13. Новикова, В. М. (2012) Проблемы и перспективы российского высшего образования // Ве/стник МГИМО/Университета. №6 (27). С. 282-286.

14. Образование (2019). Официальная статистика ［Электронный ресурс］// Федеральная служ/ба государственной статистики. URL: http://www.gks.ru/wps/wcm/connect/rosstat_main/ros/ stat/ru/statistics/population/education/ (дата обращения: 14.02.2019).

15. Российский статистический сборник. 2018 (2018): статистический сборник. М. :

Росстат. 694 с.

16. Русских, Л. В. (2014) Реформа образования в России: промежуточные итоги // Вестник Южно-Уральского государственного университета. Серия: Социально-гуманитарные науки. Т. 14. №4. С. 88-90.

17. Сафонова, Т. В., Лукина, Д. Г. (2012) Актуальные проблемы стандартизации школьного образования // Вестник Удмуртского университета. Серия: Философия. Психология. Педагогика. №2. С. 59-64.

18. Серикова, В. П. (2015) Возрождение и внедрение российских традиций в высшее образование // Мониторинг общественного мнения: экономические и социальные перемены. №1 (125). С. 143-150.

19. Ситаров, В. А. (2015) Стандарты образовательные // Новая российская энциклопедия: в 12 т. / ред. кол.: А. Д. Некипелова, В. И. Данилова-Данильян и др. М.: Издательский дом «Инфра-М». Т. 15 (2). С. 251-252.

20. Ситаров, В. А. (2019) История образования в России: досоветский и советский периоды // Знание. Понимание. Умение. №1. С. 201-211. DOI: 10.17805/zpu.2019.1.16

21. Чернявская, В. С., Меркулов, Д. С. (2015) Взаимосвязь результатов ЕГЭ и успешности учебной деятельности выпускников школы [Электронный ресурс] // Современные исследования социальных проблем. №6. С. 290-300. URL: http://journals.org/index.php/sisp/article/view/6558 (дата обращения: 14.02.2019).

22. Доклад Правительства Российской Федерации Федеральному Собранию Российской Федерации о реализации государственной политики в сфере образования // М. 2021.

第一章
俄罗斯30年国家与教育治理

1991年12月8日,白俄罗斯、俄罗斯、乌克兰三国领导人舒什科维奇、叶利钦和克拉夫丘克在白俄罗斯布列斯特北方五十公里的比亚沃维耶扎原始森林会谈,签署《别洛韦日协议》,宣布三国退出苏联,并建立一个类似英联邦的架构来取代苏联,这就是独立国家联合体(简称"独联体")。除波罗的海三国和格鲁吉亚以外的其他苏联加盟国纷纷响应,离开苏联并加入独联体,苏联在此时已名存实亡。1991年12月24日,叶利钦致信联合国秘书长通告苏联在安理会及其他联合国机构中的成员国资格将由俄罗斯联邦及独联体其他11个成员国继承。

1991年12月25日,苏联总统戈尔巴乔夫宣布辞职,将国家权力移交给俄罗斯总统叶利钦。19时38分,苏联国旗在克里姆林宫上空缓缓降下,俄罗斯国旗迎风招展。1991年12月26日,苏联最高苏维埃通过最后一项决议,就苏联停止存在和建立独立国家联合体一事发表宣言,并通过议会关于苏联及联盟国家政权机构和管理机构的法律继承问题的决议,苏联就此正式解体。这个过程成为20世纪最重要的历史事件之一。

第一节 叶利钦总统时期
(1991年12月26日—1999年12月31日)

叶利钦时代是现代俄罗斯历史上的一个重要时期,许多历史学家仍然对此进行不同的评价。有些人认为俄罗斯联邦的第一任总统是民主变革的支持者,他将国家从枷锁中解放出来;而另一些人则认为他是苏联的破坏者,导致了寡头的出现和国家资源的浪费。叶利钦时代开始于1991年6月12日,他当选为俄罗斯苏维埃联邦社会主义共和国总统,57%的选民即超过4 550万人在选举中投票给他。叶利钦的主要对手苏共支持的尼古拉·雷日科夫,但其得票率只有16.85%。叶利钦时代开始的口号是支持俄罗斯在苏联内部的主权、与权贵特权做斗争。他当选总统后的第一项法令是关于教育发展措施的命令,其目的是对这一领域的支持,但一些建议是声明性的,许多目标从未实现。例如,承诺每年至少派遣10 000人出国实习、培训。

叶利钦时代的最初几年是非常困难的。1991年秋天，苏联无法支付外债。根据外国银行的要求，俄罗斯必须进行市场改革。随后叶戈尔·盖达尔的经济计划"休克疗法"出现了，它涉及价格自由化、私有化、卢布自由兑换、市场干预。

"休克疗法"的出发点是价格自由化，进行此项改革的总统法令在1992年1月2日生效。货币政策引发恶性通货膨胀，养老金和工资实质性下降，生活水平急剧恶化。这种情况直到1993年才停止。叶利钦通过了自由贸易法令，允许合法化创业，许多人在街上从事小规模贸易。国家决定开始抵押品拍卖和凭证私有化，这导致国有资产大部分集中到有限的一群人手中，也就形成寡头。与此同时，出现了大规模工资拖欠和产量下降情况，经济问题又加剧了政治危机，一些地区的国家分离主义组织更加活跃。1993年12月举行了关于新宪法草案的全民投票，几乎58.5%的选民投票支持。宪法获得通过，授予总统显著的权力，而议会的重要性大大降低。

叶利钦时代的显著特点之一是"言论自由"，其象征之一是讽刺节目《木偶》的播出，该节目从1994年持续播出至2002年，它能嘲笑政府官员和政客，包括总统本人。与此同时，有充分的证据表明，1991—1993年政府控制了俄罗斯电视台，电视节目如果包含对领导人的批评，就会被删除，即使是私人电视公司也得如此。

叶利钦时代的俄罗斯还面临着车臣问题。这个高加索共和国的问题始于1991年，当时叛军首领杜达耶夫宣布车臣独立。在1996年的第二次总统选举中，叶利钦战胜共产党候选人久加诺夫赢得了竞选。1999年8月，叶利钦正式宣布普京成为其继任者。1999年底，俄罗斯国内安全形势进一步恶化。车臣武装分子袭击了达吉斯坦、莫斯科、伏尔加顿斯克和布伊纳克斯克，住宅楼被炸毁。在普京的建议下，总统宣布开始反恐行动。莫斯科时间12月31日中午，叶利钦宣布辞去总统职务，这是叶利钦时代的结束。

【资料链接】

叶利钦在2000年新年前夕对俄罗斯人民的讲话

亲爱的俄罗斯人：

到达我们历史上的神奇日期已经剩下不多时间了，2000年即将来临。我们每一个人都在以自己的岁数来衡量这个日期。从童年时代开始，再到成年时，我们都在估量，到2000年我们的年龄将有多大，我们妈妈的年龄将有多大，而我们孩子的年龄将有多大。有时候会感到，这个不平常的新年离我们非常遥远。

可是这个日子来临了。

亲爱的朋友们！今天，我最后一次作为俄罗斯总统向你们发表讲话，致新年的问候。我经过长久的认真的思考，已经决定，在即将过去的世纪的最后一天辞去总统职务。……俄罗斯必须带着一批新的政治家、新的面孔、新的聪明能干和年富力强的人进入新千年。而我们这些已主政多年的人应该离开政坛。

当我看到在杜马选举中，人们是抱着多么大的希望和信心投票选举新一代政治家的时候,我明白了,我做了我一生中最重要的事情。俄罗斯无论什么时候也不会再回到过去。现在俄罗斯将只会永远前进。

因此,我不应该妨碍这个自然的历史进程。俄罗斯国内已经有了一个强有力的人物,能够胜任总统的职务。今天,几乎每一个俄罗斯人都把自己对未来的希望寄托在他身上。在这种情况下,我为什么还要再执掌半年的权力呢?我为什么还要妨碍他呢?为什么还要等半年呢?不,这不是我的想法!不符合我的性格!

今天,对于我来说是一个非常不平常的重要日子,想要比平常多说几句有关我个人的话。我想请求你们的原谅。这是因为我们许多理想没有实现。那些我们曾经认为是简单的事情,对我来说却是非常沉重而艰巨的。我辜负了那些相信我们一下子就能够从灰色、停滞和极权主义的过去跳跃到光明、富足和文明的未来的人们的期望,我为此请求原谅。我自己也曾轻信,认为冲刺一下就可以战胜一切。

没有一蹴而就的事情。在某个方面我显得过于天真。有些问题过于复杂。我们通过错误和失败奋斗着前进。许多人在这个复杂的时期体验了内心的震荡。但是我想让你们知道,我任何时候也没有说过这一点,今天,我认为对你们这样讲是非常重要的,你们中每一个人的痛苦都引起了我的痛苦,引起我心里的痛苦。不眠之夜,痛苦的感受——为了使人民哪怕只是稍微生活得更轻松或更好一些,应该怎样做?对我来说,没有比这更重要的任务了。

我将辞职。我做了我所能做的一切。我辞职不是由于健康原因,而是出于对所有问题的综合考虑。接替我的人是新一代人,是能够做得更多、更好的一代人。①

叶利钦在任职期间对教育给予了相当的关注。1991年7月11日的第一项总统令《关于在俄罗斯联邦发展教育的优先措施》,强调了教育对于发展俄罗斯的知识、文化和经济潜力的重要性,并建议确保教育部门的优先地位②:

- 为国家优先提供教育机构物质和技术资源;
- 确保教育系统的所有基本建设设施都包括在国家秩序之中,包括住房和宿舍的建设;
- 作为优先事项,为教育机构的建设、维修和运营分配物质和技术资源;
- 提供社会需要的教育,推动相关参考资料和教育方法文献出版;
- 建立针对学生的国家支持系统,这意味着直接在教育机构中建立统一的资金和社会保护。

关于高等教育,该法令着重强调增加经费:

- 提高教育机构员工的工资

---

① 根据叶利钦总统讲话录像整理(摘要) http://yandex.ru/video/preview/3531024236360
② http://kremlin.ru/acts/bank/18

- 将文件草案提交俄罗斯苏维埃联邦社会主义共和国最高苏维埃审议,根据该草案,教育系统的机构、企业和组织可免除各种税费(关税和费用),以确保这些资金用于科学和教育活动的发展,以及加强教育机构的物质技术基础。

总统提议制定并引入一套国家提供保证的标准,以培训和维持针对各种类型教育机构的学生。

1992年,叶利钦总统概述了教育改革的思想基础,并制定了两项主要原则:
- 改变教育的思想、内容和方法;
- 教育是社会发展的决定性条件,是生活各个阶段所有改革的引擎。

然而,早在1992年,纸面上通过的改革就与政府出台的"自由化政策"(俗称"休克疗法")相抵触,后来一发不可收拾。这包括在定价领域国家对法规管制的削弱,导致通货膨胀不受控制。叶利钦总统在对联邦议会的演说中指出,社会上道德取向的丧失,在他看来,这是令人震惊的趋势。为此,文化、科教的发展和保护值得特别关注。

叶利钦指出,在国家如此困难的时刻,高等教育的状况令人失望。年轻教师正在离开俄罗斯的大学,这一职业的声望正在下降,科学、教学和研究人员的社会经济状况急剧恶化。俄罗斯的高等教育体系需要更具可持续性。道德和智力的完美不会自己来。俄罗斯社会的改革应以教育体制的根本改革为前提,从教育目标、经济基础、教育体制的管理、人才培养和再培训制度、学校结构、教育内容和技术等方面入手。

叶利钦认为,国家已经采取了一个重要步骤——通过了1992年《教育法》。这部法律解放了学校,使之非意识形态化。但是,在学校里,教育体系还没有为自由、创造力做好准备。他要求,新的教育体系应该着眼于孩子,让孩子过上更舒适的生活,获得最佳的发展。

有必要制定和通过新的法律:
- 关于中等教育;
- 关于高等教育;
- 关于附加职业教育;
- 关于国家和市政教育机构的私有化。

分析叶利钦关于教育的这部分信息,可以总结为:

叶利钦总统1998年向联邦议会发表讲话时,特别提请注意俄联邦的财政状况,以及关于节省预算资金和吸引外国投资者的必要性。他还谈到年轻人很好地适应了市场经济的条件,国际学生交流正在积极进行中。同时,他也关注了流浪儿童的社会问题和俄联邦的高吸毒率。

总之,叶利钦总统对教育没有太多的论述,但设置了大量的教育奖项。这意味着叶利钦总统积极支持教育领域的发展,并将教育部门的发展委托给专业人士。

第二节　普京总统第一、二任期和梅德韦杰夫总统时期①

一、普京总统的第一和第二任期(2000—2008 年)②

普京于 2000 年正式就任总统后即大力巩固中央政权,2000 年 5 月 13 日发布了总统令《关于在联邦区派驻俄罗斯总统全权代表的命令》。该法令取代了以前在 89 个联邦主体派驻总统代表的做法。俄罗斯联邦总统的全权代表派驻在 7 个大联邦区,每个联邦区都包括若干联邦主体③。联邦机构按照新的大的联邦区进行重建,这就削弱了州长的影响力。2000 年 8 月 8 日,在总统的倡议下,联邦委员会进行了改革。根据新的法律,州长不再担任联邦委员会议员,但他们在联邦委员会有代表。2004 年开始,各联邦主体立法议会根据总统的建议任命州长。

北高加索地区的战争和恐怖主义仍然是俄罗斯的重要问题。2002 年 10 月 23 日至 26 日,莫斯科再次遭到恐怖分子的袭击,杜布罗夫卡剧院中心在上演《东北风》时被恐怖分子攻占。这一次,俄罗斯当局没有做出让步,结果超过 100 人死亡。恐怖分子在莫斯科和高加索变本加厉,2004 年 9 月 1 日至 3 日,恐怖分子在北奥塞梯共和国别斯兰劫持了一所学校,数百名学生丧生。2005 年以后极端主义武装分子化整为零,不再对联邦军队进行大规模行动。2003 年,卡德罗夫当选车臣共和国总统,2004 年他在一次恐怖袭击中被刺身亡。2007 年,根据俄罗斯联邦总统普京的建议,卡德罗夫之子继任车臣共和国总统。

总统和俄罗斯议会之间紧密合作,在 2000—2002 年实施了法律改革,通过了税收、行政、劳动、民事等重要法典。新税法大幅降低了所得税(至 13%),从而增加了税收收入;劳动法典出台了罚款规定,要求企业家足额支付员工工资。普京总统重视意识形态的统一,在其推动下,2000 年 12 月议会批准了国家象征(国歌、国旗、国徽等标志)。

2005 年,通过了国家优先项目:卫生、教育、住房和农业领域。国家项目的监护人是俄联邦政府第一副总理梅德韦杰夫。

普京在前两任总统任期中获得了俄罗斯公民的好评,根据俄罗斯宪法,一个人担任总统的任期不能连续超过两届(共 8 年)。2007 年 10 月 1 日,在统一俄罗斯党大会上,普京决定带领该党参加 2007 年 12 月的议会选举,结果统一俄罗斯党大获全胜,获得 64.3% 的选票。根据普京提议,统一俄罗斯党、公正俄罗斯党等党派推荐德米特里·梅德韦杰夫参加次年的

---

① http://www.hyno.ru/tom1/1391.html
② https://dic.academic.ru/dic.nsf/ruwiki/1853865
③ 俄罗斯联邦主体和联邦区的数量屡经调整,目前有 85 个联邦主体和 8 个联邦区。

总统大选,而普京也同意担任政府总理。

在普京前两个总统任期中,稳定国家、发展经济、协调外交是其优先方向,但对教育也有相当的关注:

> 2000年,普京指示俄罗斯政府要实现学校的计算机化并将其连接到该国的互联网,其后,俄政府大规模融资以保证教育机构接入互联网。开始实施联邦2001—2005年目标计划:"发展统一教育信息环境"和"联邦教育发展"计划、总统计划"俄罗斯儿童"等重大项目。2006年启动"国家优先教育"项目,中央和地方投入总资金超过了1 000亿卢布。

> 在2002年,普京和俄罗斯政府批准了在俄罗斯教育机构为外国培训国家骨干人才的方案。为此采取一系列措施,以扩大俄罗斯的大学录取外国学生的规模,包括自费生,增加独联体成员国的入学人数,并提升俄罗斯教育机构的活力。

> 2007年2月,普京签署了《关于修订俄罗斯联邦法律〈教育法〉〈高等职业教育和高校后职业教育法〉的法律》,其中新增了开展国家统一考试的条款。根据法律,从2009年开始,国家统一考试成为高中毕业生获取毕业证和报考大学的必要条件。全俄和国际奥林匹克竞赛的获胜者有权优先进入高校学习[1]。

> 2007年7月24日,普京签署了《关于修正俄罗斯联邦法律中有关普通义务教育条款的联邦法》。法律规定,从2007年9月1日起,所有未满30岁的俄罗斯人(包括罪犯)均要接受11年免费的义务教育。普通学生必须在18岁之前接受完整的中等教育。

> 2007年12月,普京签署了联邦法律,要求全面修订幼儿园、小学、初中、高中、职业教育、高等教育、研究生教育等各个阶段的教育标准。同月,普京总统还签署了联邦法律《俄罗斯联邦关于教育和科学融合的法律》,规定了教育和科学融合的相关问题,如,高校可以利用科研机构的设备和基地培养学生。

普京在向联邦议会发表的国情咨文中陈述道:"我认为,对教育的态度本身就应该改变。在全球化和新技术时代,教育不再简单的是一个社会范畴,这是对国家未来的投资,参与教育事业的应该有公司、有社会组织、有公民——凡是与提高我们孩子素质的高质量教育有切身利害关系的所有人,毫无例外地都应该参与到教育事业发展中。教育不能只指望预算分配的资金,换句话说,学校的预算外经费,更为直截了当地说,付费的教学在许多情况下应该成为生活的准则。但是,这个市场还是不透明的,而且这还是一个不合法的市场……我们应该明确地划分免费教育的范围,使人们能够公平地、有保障地获得免费教育;要给予付费的教育适当的法律根据……还有一个任务自然也是很重要的,这就是增加来自贫困家庭的学生接受教育的机会,给他们发放社会助学金。"

---

[1] Владимир Путин и образование в России. http://newsruss.ru/doc/index.php/

二、梅德韦杰夫总统任期[①]

2008年3月2日俄罗斯举行了总统大选,梅德韦杰夫以70.28%的得票率当选新一任总统;5月7日,进行了宣誓典礼,梅德韦杰夫成为苏联和俄罗斯时期最年轻的国家元首。2008年12月30日,梅德韦杰夫签署宪法修正案,总统任期从4年延长至6年。

梅德韦杰夫在4年总统任期中,对教育给予了相当的关注,主要表现在其一年一度的国情咨文中。

2008年11月5日,梅德韦杰夫第一次向联邦委员会和国家杜马成员发表国情咨文,花了大量篇幅谈教育问题[②]:

> 俄罗斯教育系统的复兴应该在新一代专业人才的培养中发挥决定性作用。俄罗斯教育以前的成绩得到了全世界的认可。今天,尽管取得了一些积极的发展,但教育状况仍有许多不足之处。我们必须坦承:我们已经从高处"回滚"了。这正成为对我国竞争力的最严重的威胁。
>
> 此外,从字面意义上讲,教育系统能够塑造个性,形成人民的生活方式,将国家的价值观传递给新一代。
>
> 《俄罗斯教育发展战略》将很快得到政府的批准,该战略将在国家项目的框架内并根据最近通过的法律执行。今天,我将专注于学校教育。这是每个人生命中最具意义和最长的阶段之一。这对个人的成功和整个国家的长期发展都至关重要。
>
> 最近,我们与专业人士一起讨论了学校现代化的基本要求。其主要结论是学校教育要符合超前发展的目标。在这些建议的基础上,我们将制定一项国家教育战略——"我们的新学校"倡议。包含五个方向:
>
> 第一,孩子们在学校应该有机会展示自己的能力,为在高科技竞争的世界中做好生活准备。教育内容的更新应与此任务相适应。我建议在短时间内制定新一代的教育标准。其准备工作被推迟了。
>
> 第二,在实施普通教育标准的同时,应该建立一个广泛的寻找和支持天才儿童的系统,在其个性形成期间提供支持。
>
> 第三,学校的关键角色是教师。需要制定一个精神和物质激励制度,以留住最好的教师,并不断提高其技能。但更重要的是——为学校补充新一代教师。此外,必须都经过教育学培训。

[①] https://ru.qaz.wiki/wiki/Presidency_of_Dmitry_Medvedev
[②] https://intelros.ru/strategy/gos_rf/psl_prezident_medvedeva/2990 — poslanie — federalnomu — sobraniju.html

我支持教育界将2010年定为俄罗斯教师年的建议。我想强调的是,我们将尽一切努力使教师成为受社会各界尊敬的人。但教师本身应该关注学生、尊重他们,帮助他们成为独立、创新和自信的人。

第四,学校的面貌,无论是形式还是内容,都应该发生重大变化。如果在学校学习既令人兴奋又有趣,我们将获得真正的回报。学校不仅应成为义务教育的中心,而且应成为自我教育、创造性活动和体育运动的中心。

请注意:俄罗斯学校不应该是"破旧"的——无论是字面意义,还是比喻意义。我们不仅需要新的教育标准,还需要设计校舍和教室,装备医务室、食堂和健身房。在学校里,孩子的心理和身体都应该是舒适的。

我指示政府尽快制定新的学校工作原则以及设计、建设新学校,构建其材料—技术基础的相关程序。为此,有必要充分利用实施《国家优先发展教育方案》所获得的结果。

第五,学生时代是一个人一生身心健康的关键期。现在关于学生健康的统计数据简直是可怕的。是的,健康很大程度上取决于家庭的生活条件和父母。但不能一味地顺应其原有方向。一天之中,孩子们有相当长时间在学校度过,教育也应该照顾他们的健康。在这个问题上,我们需要摆脱统一的模式,应对每个学生采用个性化的方法——最大限度地减少学习过程中的健康风险。此外,社会上也存在许多超负荷培训的问题。**梅德韦杰夫在2009年11月12日发表第二次国情咨文**[①]**,教育仍受到相当大的重视:**

要为在俄罗斯实施世界一流的研究和开发创造一个舒适的环境。

有必要简化承认在世界一流大学获得的毕业证和学位证的规则,简化从国外招聘所需专家的程序。

建议直接在现代大学的基础上创建企业孵化器。这种想法之前已经表达过。毕业生可以通过孵化器将技术理念转变为有利可图的商业项目。

今年我们宣布了2010年是教师年,首先,我们将制定和实施对教育质量的新要求,扩大衡量每个学生成绩的文件清单。国家统一考试成为主要的但不是唯一的检查教育质量的方法。

此外,我们将监测和全面评估学生的学习成绩、能力和技能。要特别关注高中生,其学习计划将直接关系到专业的选择。

学校将成为创造和信息的中心,有丰富的智力和体育生活。

所有学校都可以使用宽带互联网,而不是常规网络。

所有工作都应该考虑到儿童的个性特征和最新的关于儿童的科学成果。

另外一项特殊任务是为残疾儿童创造一个无障碍的学校环境。2010年将实施为

---

① http://www.intelros.ru/strategy/gos_rf/psl_prezident_medvedeva/4293—poslanie—prezidenta—rossii—dmitriya—medvedeva.html

期五年的国家计划"无障碍环境"以解决这些问题。

我们应该扩大学校的自主性,无论是在确定个人教育计划方面,还是在使用财政经费方面。

我们将立法确保公立和民办教育机构的平等,并为家庭提供更多选择学校的机会。学生将有机会通过远程教育和补充教育渠道修习最佳教师的课程。这对于小型学校、偏远学校以及所有俄罗斯地方行政主体尤其重要。

将在俄罗斯最好的大学和学校推出强制性进修和培训课程。为培训提供资金时应该选择教育方案,师范类高校应该逐渐转变为大型的教师培养中心或综合类大学的院系。我们将开始吸收优秀人才去学校工作,他们能够为高中生提供高质量的学科知识,而且,他们不一定要经过师范教育,如果他们决定在学校工作则可以参加短期专业课程。同时,将实施强制性的确认教师资格水平的特殊激励和要求的制度。

2010年梅德韦杰夫发表的国情咨文中涉及教育方面的内容主要关注了教师问题[①]。

创建现代学校的意义在于能够开启孩子的心智、培养孩子对教育和学习的兴趣,这样的学校应该成为教育系统中现代的、符合生活要求的机构。

现在,得益于一大批聪慧而上进的教师的努力,新的教学和德育传统正在形成。国家的任务是提高教师工作的声望。

2010年"教师年"中将举办各种活动,旨在加强教师的权威和提高其社会地位,这同样重要。

对教师工作的尊重和认可应该成为整个教师团队成长的巨大动力。顺便说一句,这也是教育现代化的一个关键方向,具体措施已经提出来了,这将有助于保护具有不同教育背景的优秀教师和专家。因为在学校工作的人拥有高质量的现代知识是非常关键的。当然,愿意和孩子们一起工作,这是最重要的。

还有一个我们经常谈论的问题——就是招募年轻教师的问题。目前,学校年轻教师的比例只有7%到12%。为此,吸引年轻教师来学校工作应该是我们的首要任务。学校应该充满年轻人的激情。即使从师范大学毕业的年轻人也不愿意到学校工作的原因是众所周知的。首先,这是因为教师的社会地位和工资水平低,不符合教师工作的强度和高度责任性。但必须承认,最近在这方面我们采取了某些措施。

专业发展计划应该根据教师的当前需求而调整。

还有一项任务是完善教学和管理人员的认证方法。资格要求正在从根本上进行更新,最重要的要求是专业教学能力。希望大家注意,对于那些希望提前确认其资格水平的教师,包括年轻人,不应该设置官僚障碍。

---

① http://www.kremlin.ru/events/president/transcripts/speeches/6681

关于国家统一考试,国家统一考试应该是基础性的,但不是检查教育质量的唯一方法。

我们需要重建完整的课外工作系统,吸引在校生、毕业生,当然还有家长参与其中。要以创新的方式做到这一点,让学生不无聊,而感到快乐。

应该为教师创造条件,使其能在最好的学校实习并在国家重点大学进修提高。

2011年,每所学校都应形成一个学校未来发展的计划——学校如何发展的愿景。

有必要建立一个全国性的体系,寻找和支持有才华的孩子。每个人都应该有机会从小发展自己的能力,无论其父母的收入水平、社会地位和家庭居住地如何。

在教学中使用最现代化的信息程序和高科技产品应该成为常态,并且必须在新一代教育标准中得到体现。

教育孩子不仅是教育系统的任务,也是祖国文化和整个社会的任务。我们需要拍摄新的、高品质的电影,能够吸引当代儿童。

2011年国情咨文是梅德韦杰夫最后一次面向联邦委员会和国家杜马议员发表演讲,更多关注教育的长远发展[①]。

在整个学习期间将对学生进行体检。学校的体育课又增加了一个小时。

所有与公共事业发展有关的计划都将得到实施。特别是在2012年要加速解决幼儿园学额短缺问题。相信在未来五年内可以彻底解决3岁以上孩子入园难问题。要达到这个目标并不容易,要提高幼儿教师和其他工作者的薪酬水平。学校教师的工资也将继续增加。

必须继续实施"我们的新学校"国家方案。未来几年的优先事项是全面形成一个新的寻找和支持年轻英才的体系,初中和高中要逐步过渡到教育的定向模式,将学校变成生活中心,而不仅仅是一个教孩子知识的地方。有必要培养新一代的教师,他们应拥有现代教育学的所有技能,并获得与其工作相称的体面的薪水。

有必要纠正过去20年来高等教育发展的一个极端情况,即不是由综合大学或研究型大学、高水平大学,而是由数百个三流高校构成高等教育体系。由此,需要继续创建一个现代化的大学网络,这些大学在教育质量和研究水平方面都符合国际标准。

第三节 普京总统第三、四任期

普京总统在第三、第四任期内对教育给予了相当多的关注,他高度重视爱国主义和道德

---

① https://intelros. ru/strategy/gos_rf/psl_prezident_medvedeva/12466-poslanie-prezidenta-rossii-dmitriya-medvedeva-federalnomu—sobraniyu-rossiyskoy-federacii-2011-god. html

教育,大力提高教师收入,解决学生入学难问题,推进高水平大学建设,教育界人士对其表现总体表示认可。

一、普京的第三个任期(2012—2018)

2011年9月24日,在统一俄罗斯党年度大会上,时任总统梅德韦杰夫建议普京竞选总统。2011年11月27日,统一俄罗斯党确认普京将作为本党候选人竞逐总统宝座。2012年3月4日普京获得4 560万余张选票,占总选票的63.75%,第三次当选俄罗斯联邦总统。

2012年5月普京宣誓就职时签署了"五月命令",大力发展社会保障事业。2017年12月14日,普京在年度记者会议上表示,颁布"五月命令"是正确的决定,当年的目标已经完成了93%~94%。

2014年之后,普京不再信任自由市场的经济理论,转而启用一批"控制派"经济学家。"控制派"以米舒斯京(2020年接替梅德韦杰夫任俄联邦政府总理)为代表,倡导国家管控经济,政府积极调控,有限开放进口,发展本国产业。

2017年11月,普京总统提出了一系列社会—人口政策——延续支持年轻母亲的方案至2021年,给有第二个或第三个孩子的家庭提供贷款;从2018年1月开始每月给头生子家庭提供补助至孩子一岁半。而且,普京要求保障儿童入托并提高儿童医疗服务质量。

普京总统的第三个任期内,俄罗斯成功举办了一系列重大国际体育赛事和活动,包括2013年喀山世界大学生夏季运动会、2014年索契冬季奥运会、2017年的世界青年和学生联欢节等。

普京总统在第三个任期内形成了比较明晰的教育理念,首先是在就任后的总统令中提出了对教育的要求,其后,在2012年至2018年普京总统所做的6次国情咨文中都对教育问题作出了具体阐述。俄罗斯教育事业也由此得到比较迅速的发展。

• **2012年总统令全面关注教育发展**

(一)从联邦层面,教育领域应该实施以下措施

1. 2012年7月俄联邦杜马对《教育法》有关条目进行修改。

2. 2013年12月完成《俄罗斯联邦数学教育发展纲要》的编写与确认。

3. 至2012年底完成对国家教育机构的办学效率督察,对低效公立教育机构进行重组,保障在低效教育机构学习的学生的权益,将其转至其他教育机构。

4. 至2012年底制定并实施提高国家统一考试效率的措施。

5. 至2012年6月底提高大学一年级和二年级学生的奖学金到最低生活标准,这些学生应该是全日制在读的公费生,且学业成绩为"良好"和"优秀"。

6. 2012年6月前制定发掘和支持天才儿童与青年的相关措施。

7. 2012年7月确认全俄中学(高中)教育标准。

8. 2013年6月前开始实施按人头标准的高等教育财政计划,提高重点高校的财政标准,以培养工程、医学、自然科学方向的专家。

9. 2012年10月底之前制订与确认重点高校发展活动计划,提高其国际竞争能力。

(二) 教育领域应该取得下列成绩

2016年前,3~7岁学龄前儿童入园率达到100%。

2020年前,5所以上俄罗斯高校进入世界主流排行榜的前100名。

2015年前,25~60岁的就业人员中37%的人员应该进行职业培训或技能提升。

2020年前,5~18岁的学生接受补充教育的人员比例达到70%~75%,其中50%的学生费用应该由联邦预算财政承担。

2020年前,3%~25%的高等职业学院和本科院校应该为残障学生提供便利条件。

(三) 联邦政府与地方行政主体政府共同完成下列任务

1. 2012年9月前,采取各种措施努力解决3~7岁儿童入园难问题,可以增加幼儿园教育的形式和手段,包括开办更多的民营幼儿园。

2. 至2012年11月底,将儿童补充教育事务全部交给地方行政主体,对此,可以由联邦财政予以支持。

3. 至2013年底,采取措施支持为不良家庭儿童提供教育的教育工作者。

至2013年5月底,俄罗斯联邦政府与地方行政主体政府和全俄各类用人单位协会共同解决关于多功能实用技能中心建设问题,这些中心建在普通中学,也可以通过对现有中专和高职学校进行改造实现。

至2014年12月,联邦政府、全俄各类用人单位协会与重点大学协同俄罗斯科学院的学者和国际专家共同提出关于高等学校教育计划的社会—职业认证的相关建议,首先针对经济学、法律学、管理学和社会学专业进行。

- **2012—2018年普京总统国情咨文关注的教育问题**

(一) 2012年12月,普京总统国情咨文中对教育所做的陈述

应该承认,近年来学校教育对儿童和少年的影响在削弱,学校有了强大的挑战者——互联网、电子媒体。家长和学生现在要求更多了,学校应该成功应对自己的学生,应对家长,应对信息流,理想状态是能够引领方向。应该让学校重新获得绝对的价值,这就是更新教育内容,保存我们的传统和特长,如基础数学教育,牢记俄语、历史、文学、社会伦理基础和传统宗教等教学的重要意义。这些学科有重要作用:它们塑造个性。学生能跟有天分的、热爱事业的教师学习,很大程度上决定了其个性的养成、个人的命运。

教育体系应该由强有力的有天分的教师主导,那样的骨干应该仔细挑选、精心培养。学校不仅传授系统知识。我认为,你们会同意我的看法:没有德育就没有优质的教育。请政府部门制定高质量的学校德育发展大纲,首先要强调其时代性。

应该发展技术与艺术创造体系,开设兴趣小组、体育夏令营、儿童专门研习旅游线路。这些应该让每个孩子都有机会参与,不因其居住地或家庭物质条件所限。应该注意到,这不仅是联邦政府的责任,也是每个行政主体的责任。当然,联邦政府应该加强对这些问题的监督。

联邦政府应该加强用俄语教学的远程教育,独联体国家的年轻人、俄罗斯侨民应该能够共享这些课程;要支持独联体国家以及其他使用俄语进行教学的国家的学校,包括支持师资、教材、教学硬件等;要创建国际中学生俄语奥林匹克竞赛的体系,其优胜者应该获得在我国重点大学学习的机会。

我们应该注意到,用俄语进行高质量的教学应该注重其全球化特点,要让俄罗斯更多地出现在世界人文、信息和文化空间中。

应该强调的是,教育也应该注意全国范围内的平衡发展。值得肯定的是,优先支持地方重点大学与地方大型企业合作进行科学研究和开发、共同培养人才,这些高校的毕业生在学期间就将自己的未来与其所生活和学习的地方紧密相连。

对这类高校应该给予更多的公费生名额,国家应该为这类高校的发展计划提供支持。重要的是,这类高校的管理和财务都应考虑商业因素。除此之外,那种把许多资源用于培养那些在莫斯科和圣彼得堡完成学业后都不愿从事与所学专业相关工作的大学生的做法应该停止。

(二) 2013年12月,普京总统的国情咨文提及教育的内容

我们提高了教育和卫生领域人员的工资,让教师和医生的工作重新令人羡慕并吸引更多优秀大学生从业。但足够的劳动收入不应该只由联邦层面投入,而应该借助改革,提高开支效率,最重要的是——在社会领域的服务质量,让人们看到,我们的学校、大学、诊所、医院的工作质量在好转。

我们的学校不仅要传授知识——当然这是非常重要的——但同时要育人。国家公民应该吸收祖国的价值观、历史和传统,形成广阔的视野,具有高水平的内在文化素养,具有创造能力和独立思维能力。

从下一学年开始,中学毕业生应该进行作文考试,其结果与国家统考成绩一道作为学生考大学和其他学校的依据。

对俄罗斯未来学校而言,专业教师人数不断增长是决定性的因素。这些教师应该能够使用现代技术进行教学,能教育残疾儿童。请着手制订学校骨干教师培养系统计划。教育部已经开始这方面的工作,其中包括发展教师终身教育。

还有一个问题必须立即解决,现在许多学校还在分上、下午班进行教学,全俄有近四分之一的学校,而城市中的问题更严重——达到近一半。考虑到人口正在增长,中小学生人数在最近5~6年将增加100万。

提请联邦政府、联邦议会和各行政主体注意:我们应该正视这一问题,采取有效措

施,包括新建幼儿园时要考虑到未来可以改建成小学。

这不应该增加幼儿园的建设成本,可以研究将学校和幼儿园合建在一个建筑物内的可行性。

根据教育标准要求,应该重建职业教育体系,可以借鉴已有经验,并提升到新的水平。这就是恢复学校职业定向培养,高等技术大学的工作与大型企业紧密合作,使教学在实际生产中进行,这样,理论就转化为实践技能。

我想专门谈一谈高等教育问题。大多数小伙子和姑娘都想获得高等教育,高校的质量应该适应这种需要,只有这样的"教育驱动"才能成为国家发展的强大动力。但今天,无论是在大都市还是地方,许多高校不能适应时代要求。

我认为,高等教育体系的革新应该激发优质高校的潜力,授权其进行质量监控,借助其力量,使高校毕业生适应劳动力市场需要,经济和社会能够获得真正的效益。

无论如何不能给学生学术交流设置障碍,这与费用和学生宿舍有关。费用不能触及天花板,而应该根据居住条件和教育服务的内容来决定。请教科部(教育和科学部)和大学生组织严格检查这种情况。学生宿舍的收费不应该高不可及。

大学校长们请注意,很快国家财政部将对你们的收入进行审查并降低相应标准。目前这种情况使教育、大学生和高校自身都受到损害。

我们应该大幅度增加教育出口服务,为外国留学生、俄侨(首先是居住在独联体国家的侨民)创造良好的在俄接受教育的条件。这是俄罗斯在全世界加强文化和精神影响力的重要手段。近期的重要任务是与独联体所有国家互认毕业证书,在独联体国家的俄语中心建立符合俄罗斯教育标准的国家统一考试的考点。这些考点的考试应与我们学校国家统考时间一致。这将给独联体国家的优秀青年就读俄罗斯大学提供机会。

最后,应该加快立法,促使俄罗斯高校积极发展大规模远程教育,使其惠及我们的侨民和独联体国家的公民。

完善职业教育,应该记住,劳动力市场变得更加灵活。在必要的条件下,我国公民应该有机会重新进修,开始新的职业生涯。应该创造条件服务那些将到别的城市、地区工作的人员。当然,这要与地区发展和吸引投资等任务共同推进。

(三) 2014年12月,面临乌克兰危机的困局,普京总统的国情咨文对教育仍给予了相当的关注

遗憾的是,我们在高校培养的相当数量的工程师与现实生产隔绝太久了,与本地区的先进研究和开发相隔太久了。应该停止追求数量的做法而专注于追求提升质量,应该组织重点高校与工业(尤其是本地区工业)紧密合作培养工程师。

时隔多年,俄罗斯学校进行了中学生毕业作文考核。这是向更加客观评价少年一代知识、视野、文化的重要一步,也是评估教师工作质量的重要手段。

请教科部与专业社团认真分析作文结果和国家统考成绩,制定增强教师责任感、提

高工作质量的相关条例,督促孩子掌握新的知识。

国家统考使来自边远城市和农村以及低收入家庭的孩子通过考试进入我国著名高校学校。

天才儿童——民族的财富。我们应该更多地支持那些在学校已经在技术和人文创造力、发明方面表现出天分的孩子,支持在全国和国际知识或职业技能竞赛中获奖的孩子,支持已有专利或在科学刊物发表文章的孩子。这样的孩子我国为数众多。

我建议每年提供5千个总统奖学金支持进入大学学习的天才儿童,每月奖励2万卢布,并全程支持其在大学阶段的学习。当然,要预定若干条件:首先,获奖学生应该根据本专业在俄工作一段时间;其次,在学期间,获奖学生应该用学习成绩和成果支撑自己继续获奖。

当然,每年孩子、少年都应该有机会接受精神层次的学业,因此,校外补充教育不应该收缩。美术、技术、音乐创作中心——这些都是个性和谐发展的重要资源。

请联邦政府和地方行政主体关注这个问题,给以财务和组织机制方面的支持。最重要的,孩子及其父母应该具有选择权:在学校或者市政创造中心或者民营教育机构获得补充教育,重要的是孩子们能得到机会,教师是真正的受过良好教育的专业人士。

还有一个严重的问题,去年的咨文里我也提过,就是学校和班级超额问题。相应的统计出来了:我们必须新增450万个学额。

为何数据如此庞大?现在有200万名左右的学生在下午班学习,甚至有的学校还有晚班。而近年来人口持续增长(希望这个势头能继续保留,人口一直正向增长),学生数量还将增加250万人。

当然,我们和联邦政府的同事们说过,应该解决2012年著名的总统令中提及的这个问题,从幼儿园机构开始。应该考虑所有可能,同时不忘这个问题,如何增加在学校的学额。请联邦政府与行政主体提出解决问题的系统方案。

(四) 2015年12月,普京总统的国情咨文提及以下教育问题

各位同事,今年9月1日,我在索契和天才儿童支持中心"天狼星"的孩子们相聚。我们拥有非常美丽的、有理想的儿童和青年。我们应该全力以赴,使现在的中小学生能够获得良好的教育,能够从事创新,根据愿望选择职业,实现自我,而这一切都不应该因为其居住地、父母收入而受影响。孩子们应该拥有平等的机会面向成功的生活开端。

我国中小学生人数逐年增长,未来十年,将共增加350万人。这非常好,非常重要!要保证教育质量不下降,学生学习条件不断改善,已取得的水平持续提升。学校需要增加新的学额。根据我的要求,联邦政府和地方行政主体制订了具体的行动计划。从下一年开始,联邦财政将出资500亿卢布装修、重建和新建学校。

我想强调的是,良好的教育不只依靠舒适的建筑物,更需要专业的、充满激情的教师的劳动,需要突破性的新的学习技术,需要创新的机会和运动课程、补育教育。当然,

我们需要恢复过去少先队活动官、青年技工俱乐部的所有成功做法。我们要让工商界、高等教育机构、大学在新的基础上共同工作。

有一个很好的事实,年轻人对工程工业类职业、对未来职业的兴趣在增长。近两年来学生报考工科类院校的竞争力增加了一倍。2019年将在喀山举办世界技能大赛,要指出的是,全世界是俄罗斯首创为10~17岁的少年举办这种类型的比赛。重要的是,要让这类比赛成为那些想选择自己职业的中学生的指向标。建议把这个体系命名为"年轻的专家",这是一个重要方向。

总之,俄罗斯的学校、补充教育和职业教育、儿童创造支持中心应该面向国家的未来,回应人民尤其是年轻人的要求,回应国家经济发展的要求。年轻人将面临更加复杂的任务,他们应该努力争取一流,不仅在职场成功,而且成为有坚定精神和道德基础的高尚的人。

(五) 2016年12月,普京总统以较大篇幅谈及教育问题

我发现,医学和师范类高校的竞争力(不久前基本上是零)在不断提高。2016年,报考师范专业的竞争比率达到7.8:1,报考医学专业录取率为28:1。祝愿年轻的专家们在未来的工作中健康并成功!

各位同事!在我们辽阔的国土上,我们的孩子应该在方便、舒适、现代的条件下学习,所以,我们继续对学校进行整修与重建。所有学校建筑都不应该处于陈旧、危险、简陋的状态。

最后,必须解决三班制问题,并逐步解决上、下午两班制问题。当然,还应该致力于提高教师的技能。从2016年开始实施普通教育机构增加新的学额的计划,为实现该计划,2016—2025年期间将投入250亿卢布。

顺便说一声,我们都明白,这首先是各行政主体的责任。但我们决定支持各地完成这项非常重要的任务。从2016—2019年期间,我们计划在中小学新增187 998个学额。

家长和教师们最担心的是教育的社会功能,当然,这是教育过程的重要内容。因为学校教育要完成两项重要任务——关于这一点,利哈乔夫院士曾指出——传授知识与培养有道德的人。他很公正地指出,道德基础是最主要的,它决定社会的生命力——经济的、国家的、创造的生命力。

毫无疑问,重要的是保存我们国家教育的深刻性与基础性。普通教育已经恢复了作文,更多的注意力投入到人文学科上。

但只完成学校规定的学习时间是不够的,还需要针对剧院、影院、电视节目、音乐会、网络的方案,这才能唤起年轻人的兴趣,吸引年轻人关注本国的古典文学、文化、历史。

学校应该大力发展学生的创造原发力,学生应该学习独立思考、在团队中完成个人的工作,解决非常规问题,给自己设定目标并努力完成该目标,这些都会成为他们未来美好生活的重要基础。

现在国内外都在进行各类教育实验,这是必须的,但要十分慎重对待,这些实验都应该是促进国家向前发展的。

培养学生从事研究类和工程类的工作也很重要。最近两年,俄罗斯涌现出40个现代化的儿童科技园,它们成为发展全俄技术方向兴趣小组网络的支点。应该让企业、大学、研究所都参与这项工作,以使孩子们明白:他们具有平等的生活起点,国家需要他们的创意和知识,他们可以在祖国的公司和实验室里找到位置。

正如已经向外界成功展示了自身价值的专为天才儿童创建的"天狼星"教育中心,我认为,我们需要这类平台"群星闪耀",我曾建议各行政主体的首脑在本地区的重点大学和学校的基础上创建支持天才儿童的中心。

在此需要强调并提请大家注意,我国的教育系统应该坚持一条基本原则:每一个孩子、少年都会在科学、创造、体育、职业生涯和生活的某一方面有特长、有天分。开发其天分,这是我们共同的任务,这是俄罗斯的成功之道。

(六) 2018年3月1日,普京总统发表上届任期的最后一次国情咨文①,对教育作出了阐述

各位同事!我们的孩子盼望俄罗斯能够砥砺前行。学校作文中关于这个主题有许多真诚的、热情的词语。勇敢的梦想总是拥有宏大的目标,我们应该开发每个孩子的天分,帮助其实现自己的理想。教室里应该塑造俄罗斯的未来。学校应该回应时代的呼唤,那样国家就会为未来做好准备。

国际专家承认,我们的小学教育在世界范围也最出色。我们正继续积极工作,促进普通教育各阶段迅速发展。需要强调的是,现代化的、高质量的教育应该对每个孩子敞开大门。教育机会均等是国家发展和保障社会公正的重要资源。

应该追求新的、个性化的学习,培养孩子从小学习适应变化,追求创新;学会在团队中工作,这在当代世界非常重要;学习在信息时代的生活技能。一定要支持天才儿童,注重教师的职业成长。我们应该建立开放的、现代化的选拔与培养教育管理干部、学校校长的机制,他们决定着强有力的教师队伍建设和学校氛围。

我们将继续加强工作,支持与发展儿童能力和天分。我们将在全国范围内集成力量,加强"天狼星""量子场"科学中心、补充教育中心、儿童创新中心等各类平台的建设。

我们应该建立当代职业定向机制。大学、科研集体、成功企业应该成为学校的伙伴。建议从新学年开始实施中学生早期职业定向行动计划"通往未来的门票"。该计划让孩子们在我国重点企业去发现自己,寻找未来的职业。今年我们已经为此计划拨款10亿卢布。

---

① 2017年普京总统未发表国情咨文,而2018年3月发表其上届任期最后一次国情咨文——作者注。

发展辅导员制度具有重要意义,集成先进知识和道德基础,保障真诚合作与代际沟通,只有那样,我们才能足够强大。

基于良好的实践和经验,我们应该尽快实施职业教育现代化。首先是在技术发展的先进方向上取得学生培养的显著进步。在需要工科教育的职业领域设置"应用型学士",为已经工作的公民建设先进的职业培训和进修中心。

建议提供最为便捷和有吸引力的条件,吸引外国有天分的年轻人来我们的高等学校。他们正在到来。但要创造条件,让最优秀的外国留学生能在俄罗斯就业。这首先包括外国学者和高技能专家。

二、普京总统的第四个任期(2018年至今)

2018年5月7日,弗拉基米尔·普京以创纪录的76.69%的得票率第四次宣誓就任俄罗斯联邦总统。当天,普京即签署了《2024年前俄罗斯联邦发展的国家目标和战略任务》总统令。联邦政府基于此令陆续发布了12个国家方案,以保障国家在社会、经济和科学技术方面获得长足发展,国家将为此投入25.7万亿卢布。

- 关于教育,普京总统提出了新的要求

(一) 应达到的目标

保证俄罗斯教育的全球竞争力,保证俄罗斯的教育质量位列世界前十。

基于俄罗斯联邦各民族精神和道德观、历史与民族文化传统,培养和谐发展的、有高度社会责任感的个体。

(二) 应完成的任务

深化基础教育和普通中学教育的教学与德育新教法,教育技术,以保证学习者掌握基本能力和技能,提高其学习的积极性和对教育过程的向往程度,同时更新教育内容、完善课程教学方法。

基于公正、普惠而定向于全体学习者的自我塑造和职业定向,形成高效的体系以发现、支持和发展儿童与青年的能力及天赋。

为3岁前儿童的早期发展创造条件,为在家庭接受学前教育的孩子家长提供心理—教育的和教学法—咨询支持体系。

创建现代化的、安全的数字教育环境,以保障所有类型和层次的教育的质量和普及性。

形成不断壮大骨干教师队伍的国家体系,使50%以上的普通教育机构的教师能够受益。

通过深化适应、实践—定向和灵活的教育纲要,促进职业教育现代化。

形成终身教育体系,支持劳动力人口不断更新自己的职业知识或掌握新的职业技能,使所有希望获得新知的人掌握数字经济领域的有关技能。

给所有希望得到职业提升和事业进步的公民提供职业竞争体系。

创造条件以发展各类辅导培训,支持社会首创精神和相关计划(包括志愿者活动)

扩大高校和科研单位的外国留学生人数,较现有人数增加2倍以上,同时,优化条件以吸引优秀的留学生在俄罗斯联邦就业。

近几年,普京总统在国情咨文中均对教育有所关注:

从2016年到2019年,计划在学校创造187 998个新名额。普京总统指出保持国民教育的深度和基本性质非常重要。要吸引年轻人对国家古典文学、文化和历史的关注。俄罗斯天才儿童"天狼星"的教育中心已经成立,要求俄罗斯支持天才儿童项目,建立更多的天才儿童"天狼星"教育中心。

2017年至2018年,普京总统指出要继续积极致力于各级普通教育的发展,平等的教育机会是国家发展和社会正义的有力资源。并指出要培养个人学习技艺,发挥其创造性,培养团队合作精神,继续加强对儿童创造能力和人才的整体支持发展体系。这样一个系统应该覆盖整个国家,整合像"天狼星""专业创造中心"等那样的平台,在俄罗斯所有地区开展补充教育和儿童创造力中心。同时,他还指出,俄罗斯需要建立现代职业指导中心。

2019年,普京总统指出,到2021年底,俄罗斯的所有学校都不应该只能访问普通网络,而能访问高速互联网。他建议从2020年开始一个类似的计划——乡村教师计划,根据该计划,要求并转移到乡村和小城镇工作的教师将收到100万卢布的一次性补贴。

普京总统还指出,需要不断加强教育和文化的共同空间,要求不迟于2023年,文化和教育中心将开始在加里宁格勒、克麦罗沃、符拉迪沃斯托克和塞瓦斯托波尔开展业务。他们将展示俄罗斯先进的博物馆和剧院,以及创意大学的分支机构,教育过程从2020年开始。俄罗斯人对丰富文化生活的要求非常强烈,特别是在城市地区。

普京总统还建议大力扩大对当地文化活动——与当地传说、民间艺术、保护俄罗斯人民历史遗产有关的项目的支持,为此目的还从总统补助基金中额外拨款。另外,普京指出医疗和教育组织免征所得税(但是,这项豁免将于2020年1月1日结束),建议不仅要将这项豁免改为无限期的,而且还要将豁免范围扩展到区域和市政博物馆、剧院和图书馆。这将使这些机构每年节省约40亿卢布来支持它们发展,以增加员工的工资。当然,这项措施将激励私人投资当地的文化活动。

2020年,普京总统在谈到教育问题时称,每年应增加俄罗斯的大学的公费生名额。他说,未来几年,中学毕业生的人数将会出现增长,鉴于此,重点是要保持获得免费全日制高等教育的公平公正性。因此,他提议每年增加俄罗斯的大学的公费生名额。他认为,首先应把这些名额分配给地区的各所大学。

2021年4月21日,俄罗斯总统普京发表年度国情咨文,对教育领域给予更多的关注:

我们应当对儿童的健康给予特别的关注，必须尽最大可能保证儿童疗养，建议2021年返还儿童参加夏令营活动的一半费用。

我们需要为大学生旅游创造额外的机会。2021年已经启动试点项目，包括夏季在国内旅行时，允许大学生住在其他地区的大学校园和宿舍内。

需要鼓励青年在各类奥林匹克竞赛、志愿者活动、艺术创作活动和"俄罗斯——机遇之国"项目平台上展示自己。对这些学生利用节假日、学校假期这些所谓旺季出游将实施部分旅费返还计划。

国家需要对处于困境有孩子的家庭给予直接支持。这是我们的一贯政策，我们还将继续实施下去。现行的资助体系是对家庭中0～3岁的第一个孩子和第二个孩子给予补贴，全国平均补贴标准为11 300卢布/人/月。78个联邦主体还对家庭中的第三个孩子进行补贴。2020年起，国家将这一补贴范围扩大到3～7岁（含）的孩子，补贴标准也进行了细化，全国平均标准从5 650～11 300卢布/月不等。请联邦政府在7月1日前准备并提交全面系统的关于支持有子女家庭的措施方案。国家需要对单亲家庭给予支持。从2021年7月1日起，将给予单亲家庭中年龄在8～16岁（含）的孩子资助，全国平均标准为5 650卢布/人/月。

2020年1月1日起，国家为所有低年级的小学生提供免费的热餐，这也是对有子女家庭提供补贴的一种方法。劳动力市场和公民的实际可支配收入必须恢复到疫情前的水平，但目前还没有实现。因此我建议，对有中小学生（6～18岁）的家庭提供一次性补贴，每个学生10 000卢布。这一措施还应当惠及2021年秋季即将入学的1年级新生。补贴应当于8月中旬支付。

我们全力为俄罗斯的青年一代在生活中开启更多的机遇创造条件。机遇之路始于学校，学校曾是也将成为孩子们的第二个家，她应当是舒适的、现代化的。

在现行的联邦计划框架内，结合国家发展基金，到2024年前我们将新建不少于1 300所学校，可以容纳百余万孩子学习。此外，4年内将采购不少于16 000辆校车，所有这些校车都应当是符合当代技术和安全标准的。

2020年起，班主任收到每月津贴。这是一项重要也非常正确的决定。今年应当为技术学校、职业学院学习小组的辅导员们发放同样的津贴——5 000卢布/月。

建议未来两年为师范院校额外拨出100亿卢布用于基础设施维修和设备更新。请联邦政府对未来教师的现代化培养给予持续的关注。

应当有专业人员进入学校不折不扣地担任班主任的助手、辅导员和教育者，他们将是学校里孩子们所喜爱的有意思的活动的组织者。

我国杰出的先辈的人生、成就，他们对祖国的爱，竭力为祖国发展做贡献的信念，对于青年树立生活目标来说非常重要。应当创造条件让青年学生们利用先进的方式了解祖国历史和多民族文化，了解祖国在科学、技术、文化和艺术领域的成就。此前，我浏览了一些中小学教科书，里面的内容让我很震惊，似乎和我们无关。谁写的？谁为这些教材放了行？书里什么都写，也有"第二战场"，只是关于斯大林格勒保卫战却只字不提——这种情况常有。简直令人震惊！

我建议，未来3年内额外拨出240亿卢布，将更新包括文化宫、图书馆、农村和历史小城的博物馆作为一个重要方向。

在当代数字平台上重新启动"知识"社会的工作。为支持文化、艺术和创作领域的项目创建文化创新总统基金。

再过一个月，11年级的学生们将参加国家统一考试。大约60％的毕业生将得到公费名额进入大学学习。未来两年，我们还将在高校增加45 000个公费名额，其中不少于70％的名额将拨给地方院校，满足地方对人才的需求。2021年起，不少于100所高校将获得每校1亿卢布甚至更多的资助用于建设大学生技术园、商业孵化器，更新教学和实验室设备，开展新的学习项目。

几代领导人不同程度地关注教育的转型与发展，尤其是普京总统的第三、第四任期比第一、第二任期更加重视德育、改善办学条件、提高教师待遇，从而逐步重塑了俄罗斯教育。

第二章
俄罗斯教育体系、法律法规与教育思想的重新确立

第一节 俄罗斯教育体系的构建与完善

俄罗斯教育体系的构建与完善是30年来俄罗斯教育发展的重大举措,其目的是适应迅速变化的社会经济形势。

近30年来,俄罗斯教育改革与发展可以分成三个阶段。

第一阶段:1991—1999年,其间制定了《俄罗斯联邦教育法》和《俄罗斯联邦高等职业教育和高校后职业教育法》,确立了教育的自由化和个性化原则,提出了教育必须进行多样性和信息化改革,要保证学校的多样性和儿童选择教育的权利。这样,就可以根据人的心理、生理特点和发展水平选择个性化教育,满足学生兴趣、发挥学生特长和提升学生能力。但是教育投入一直不足,上述目标无一达到。

第二阶段:2000—2011年。其间制定了《俄罗斯联邦教育的国家主张》《2010年前俄罗斯教育现代化构想》,加入了博洛尼亚进程,开始了高中毕业生全国统一考试,扩大了付费教育规模,加强对教育质量的监控。这段时间俄罗斯教育改革道路曲折,但挺过了最艰难的时光。

第三阶段:2012—2021年。其间制定了新的《俄罗斯联邦教育法》、《国家教育方案》等纲领性文件,提出建设"我们的新学校"等计划,大力创建世界一流大学,加大对教育的投入。

一、20世纪90年代教育体系的大破大立

苏联从建国伊始一直实行单一化教育结构,把高等教育、中等专业教育和职业技术教育划分为性质、结构、范围上相对独立的三大块,加上普通教育和学前教育构成由五部分组成的完整的国民教育体系。进入20世纪80年代,科技的进步、市场经济的发展以及世界范围内日益受到重视的终身教育趋势,使单一化的教育结构显露出多方面的弱点。建立适应市场经济发展、促进人的个性形成和完善,并与世界接轨的多元教育结构模式已势在必行。早

在1988年,建立多层次、多形式、相互衔接、形式开放的连续教育体系就作为俄罗斯教育结构改革总体构想开始实施。

20世纪90年代的俄罗斯教育,主要在以下五个方面进行了探索:(1)引入市场竞争机制和教育经济化;(2)教育领域的私有化、非国有化;(3)教育结构的多元化;(4)教育的个性化与人道化、人文化;(5)管理体制上的非集中化与自治化。

1991年7月,叶利钦就任俄罗斯历史上的第一任总统,其颁布的第1号总统令就是《俄罗斯苏维埃社会主义联邦共和国关于教育发展的紧急举措》。1991年底,《俄罗斯联邦高等教育至2005年发展纲要》拟定,次年1月获得通过,为推进俄罗斯高等教育发展提出了新的目标和六项基本原则。

俄罗斯历史上第一部《俄罗斯联邦教育法》正式颁布于1992年7月,通过对国家实施"教育大纲"和"教育标准"的重新定义,明确了俄罗斯国民教育体系的构成。

(一)普通教育结构

1992年《教育法》阐明,普通教育是连续教育体系的基本环节。它为俄罗斯联邦的所有公民提供同等机会,使他们根据各自的志向、需要和才能及时接受和继续接受教育。普通教育包括三个阶段:初等教育(第一阶段3~4年)、基础教育(第二阶段5年)、完全中等教育(第三阶段2~3年)。当时规定,第一、二阶段的教育为义务教育,即国家实行九年制义务教育,而苏联解体前实行的是十一年制义务教育。

普通教育结构改革的突出特点是确立了双重任务和学校类型的多样化:

1. 双重任务即一般文化基础知识、技能与一定职业知识、技能同时并举,为继续教育和参加生产活动做准备。学生在接受完义务阶段教育,即第一、二阶段教育后,开始分流。要通过竞争考试进入普通教育的第三阶段或职业学校,还可以直接参加工作,以夜校和函授方式获得普通中等教育和职业教育。据统计,1993年普通教育学校总数为6.61万所,在校生总数为2 012.9万,100%的学生能接受初级和基础普通教育。

2. 普通学校从几十年的类型单一格局向多样化发展,出现了许多新型学校,类型达到8种:(1)中等普通学校;(2)特科学校(侧重对某些学科施以系统教育);(3)一般重点中学[相当于沙俄时代的文科中学(Гимназия)];(4)高级重点中学[相当于沙俄时代的实科中学(Лицей)];(5)夜校;(6)寄宿学校;(7)为生理、心理发展有障碍的学生开设的专门学校;(8)补充学习学校(为有特殊爱好和专长的学生开设的学校)。

在公立学校日益多样化的同时,各种民办学校也纷纷出现,如星期天学校,钟点学校,早期导入外语、音乐、美术的贵族学校,以名人命名的英才学校,教学大纲具有某种独创性的学校等。

(二)职业教育结构

1992年《教育法》将职业教育分成初等职业教育、中等职业教育、高等职业教育、高校后职业教育。学生在初中毕业后分流进入初等职业学校(学习2～3年)、中等职业学校(学习4～5年)或参加工作接受不脱产学习。升入高中的学生毕业后再次分流,一部分升入高等学校,另一部分进入职业学校(初等职业学校学习1年,中等职业学校学习2～3年),有一小部分人参加工作继续在夜校学习。1993年从初中结业后的学生中有54.9%的学生升入完全中学继续学习,40.9%的学生进入职业学校学习(其中27.4%的学生升入初等职业学校,13.5%的学生升入中等职业学校),4.2%的人直接参加工作,以成人不脱产教育形式学习。升入高中的学生毕业后,有41.2%的人考入高等学校,16.6%的人进入初等职业学校,23.1%的人进入中等职业学校,19.1%的人直接参加工作。

可见,职业学校的生源是通过基础中等教育和完全中等教育学生毕业后两次分流而来,通过分流进入职业学校的学生盲目性较小,保证了必要的学习积极性。尤其是在完全中学毕业后决定进入职业学校时,学生已经对自己的能力、特长有了比较客观的认识,有助于专业思想的巩固和学习积极性的充分发挥。两次分流的走向也表明原来的职业技术教育与中等专业教育经过几十年的"隔离"终于被合到一起,使培养各级各类工人的教育与培养高层次的中级技术人员的教育成为一个整体。

与此同时,职业学校出现了多种类型,除原有的初级职业技术学校和各种专业学校,还恢复了另外一种职业技术中学(технический лицей)和技术专科学校(технический колледж)等等。

(三) 高等教育结构

苏联时期高等教育结构单一,只有五年制本科层次,毕业生只授相应专业的专家称号,不授学位。将具有高等教育性质并达到初级高教水平的学校机构都归入中等专业教育中,这与国际上通用的高教层次划分不一致——这种做法沿用至今。

虽然1992年《教育法》将高等教育划为职业教育的第三个层次,称其为"高等职业教育",但它仍是一个独立的领域。1992年3月,原俄联邦科学及高等教育委员会改组为俄联邦科学、高校和技术政策部,该部通过了《俄罗斯联邦高等教育多层次结构暂行条例》,这个多层次结构包括三个层次:

第一层次:不完全高等教育。学习时间3～3.5年,毕业生获得不完全高等教育证书和初级专门人才的职业资格。

第二层次:基础高等教育。高中毕业后入学,学习4年,毕业生获得高等教育文凭和学士学位,可以继续接受第三层次高等教育,也可以直接工作。

第三层次:通过两种方式来实现——一是高中毕业生入学后按专业学习,学习5～6年,毕业时获得专家高等教育文凭,并按所学专业授予相应的职业资格;二是在第二层次高等教育的基础上,按"科学硕士"(学习年限2～3年)和"专家"(学习年限1～3年)培养,毕业时分别获得"科学硕士"和"专家"文凭。完成任何一种形式的第三层次高等教育学业的学生都有权报考研究生部(副博士、博士生部)。

俄高教界对多层次教育结构这一设想大都持积极态度。俄联邦政府于1994年8月批准颁布了《高等职业教育国家教育标准》,以正式法令的形式在总则上确定了高等学校的多层次结构体制,详细规定了高等学校方向和专业目录及对各方向和专业毕业生培养内容和水平的最低要求及高等教育学历证书样本。

但是1992年《教育法》中有一个新规定受到普遍指责:它将义务教育的年限缩减了两年,从原来的完全中等教育(11年)改为基础中等教育(9年),国民对此均持否定态度。

1996年1月颁布了经过修改补充的《俄罗斯联邦教育法》。新《教育法》将义务教育的年限确定为11年,即整个普通教育阶段(包括初等职业教育),并规定如果本国公民是首次接受职业教育(中等职业教育、高等职业教育和高校后职业教育),有权通过竞争入学获得免费教育。

1997年7月,《联邦教育发展纲要》颁布,这是俄罗斯独立以后各种教育相关法律、法令、法规的集大成产物,它对俄罗斯教育体制发展的现状及存在的基本问题,对发展教育和实施纲要的目标、方针、任务、阶段及预期成果,对教育体制的管理职能、资源保障,对实施纲要的配套措施所需的财政支出等方面的内容做出了明确阐述,为新时期国民教育的持续发展提供了全方位的法律依据和政策导向。

二、新世纪俄罗斯教育体系的完善改革

2000年普京总统就职后开始制订一系列新的教育政策,其中影响深远的是2000年10月颁布的《俄罗斯联邦教育的国家主张》和2001年颁布的《2010年前俄罗斯教育现代化构想》,要求教育承担更多的社会使命:(1) 扩大国家在科学、文化、经济和当代技术方面的潜力;(2) 提高居民生活质量;(3) 为社会、思想和经济的进步打好基础。在《俄罗斯联邦教育的国家主张》中确立了下列原则:教育贯穿一生;各层次教育的连续性;爱国主义与公民德育;全面发展;不断更新教育内容和技术;深化远程教育方式;学术流动;天才儿童工作系统化;生态教育。

由此,俄罗斯在经过10年痛苦探索和试错之后,开启了近20年对教育体系的进一步完善和优化。

(一) 推行国家教育标准

教育标准是对各层次和各专业的教育规定最低要求。从2000年开始,俄罗斯开始在全国各层次教育体系中推行国家教育标准,2009年进一步完善职业教育的国家教育标准,2011年在小学(1~4年级)实施国家教育标准,2012年更新了初中阶段(5~9年级)的教育标准,2013年高中阶段(10~11年级)开始试行新标准,同时制定了学前教育标准。

教育标准规定教学大纲的结构、实施条件和必须达到的教育成果。中小学教育标准中还区分了基础和提高两个层次,前者是必须掌握的,后者是根据学习者的学习能力、要求和动机确定的。

教育标准中明确提出了德育要求,最重要的是培养学生的爱国主义情感、公民认同、宽容、善于与人交往。

(二) 实施高中毕业全国统一考试

俄罗斯自 2001 年起在基础教育毕业阶段试行国家统一考试,考试科目共 11 门,其中数学、俄语为必考科目,其他为选考科目。选考科目根据所报考大学和专业要求而定,但参加各科奥林匹克竞赛并获奖的学生,其相应科目可以以满分计算甚至免试入学。

2007 年国家统一考试推广至全国,2009 年起作为中学毕业和大学入学的必需条件,莫斯科公立大学、圣彼得堡公立大学和其他一些符合条件的大学和专业有权加试。因受新冠肺炎疫情影响,2020 年全俄国家统一考试推迟至 7 月举行,共有近 71.4 万名考生参加,其中应届高中毕业生 62 万人。

因为采取了全国统考,社会各阶层和来自各地的高中毕业生可以平等地通过竞争进入国家拨款的高校学习,在社会中形成了透明与重成绩的风气。

(三) 加入博洛尼亚进程

2003 年俄罗斯签约加入博洛尼亚进程,从而进一步调整了高等教育结构。2007 年普京总统签署了关于建立高等职业教育体系的相关法令,俄罗斯高等教育体系正式确立:本科 4 年(第一层次)、硕士 2 年(第二层次)为主流,同时保留了俄罗斯传统的专家学制(不少于 5 年),对医学等特殊专业另行规定。事实上,加入博洛尼亚进程对俄罗斯而言政治意义更大,至今各校大学生和教师之间的学术交流仍然相当少,学分制远未得到推行。俄罗斯的高等教育更多地在传统轨道上行驶,这不但阻碍俄罗斯全面进入欧洲教育空间,而且也降低了对留学生的吸引力。

(四) 2012 年《教育法》确立新的教育体系

2012 年 12 月 29 日,俄罗斯颁行了新的《俄罗斯联邦教育法》。该法将 20 年来俄罗斯教育发展取得的成绩用法律形式固化下来,与 1992 年《教育法》相比,该法最大的区别是将学前教育、基础教育、中等职业教育(相当于我国的高等职业技术教育,取消了初等职业教育)、高等教育和补充教育的法律规定全部集中在一部法典中。

2012 年《教育法》第十章《教育体系》从广义角度阐明了俄罗斯现行教育体系。

1. 教育体系包括:

(1) 不同类别、层次和(或)方向的联邦国家教育标准、联邦国家要求和教育计划;

（2）开展教育活动的组织、教育工作者、学生和未成年学生的父母（法定代理人）；

（3）在教育领域实施国家管理的联邦国家机关、俄罗斯联邦主体国家权力机关，在教育领域实施管理的地方自治机关，以及由地方自治机关建立的咨询、协商和其他机构；

（4）实施教育活动保障和教育质量评价的组织；

（5）在教育领域开展活动的法人联合会、企业主联合会，以及法人和企业主协会、社会团体。

2. 教育分为普通教育、职业教育、补充教育和保障终身可以实现受教育权的职业培训（连续教育）。

3. 普通教育和职业教育按照教育层次进行。

4. 在俄罗斯联邦，普通教育确定为下述层次：（1）学前教育；（2）初等普通教育；（3）基础普通教育；（4）中等普通教育。

5. 在俄罗斯联邦，职业教育确定为下述层次：（1）中等职业教育；（2）高等教育－学士学制；（3）高等教育－专家、硕士学制；（4）高等教育－高水平人才培养。至此，俄罗斯取消了初等职业教育环节。

6. 补充教育包括儿童补充教育、成人补充职业教育和补充职业教育。

7. 教育体系通过落实各种基本教育计划和补充教育计划，通过提供同一时间掌握几种教育计划的可能，并且鉴于已有的教育、技能、实践活动经验，为连续学习创造条件。

普京总统在2012年提出要保障3～7岁儿童100%的入园率。校外补充教育一直是俄罗斯教育的优长，2013年以来学习人数持续增加：2013年，有58.6%的5～18岁学生接受补充教育，到2016年这一比例即快速增长到67.7%。2016年获得本科以上教育的适龄公民的比例达到29.6%，而1992年这一比例只有15%。

目前，俄罗斯公民平均6岁开始上学，平均接受教育年限达到15.7年。

（五）建设重点大学

在俄所有高校中，得到俄联邦政府重点支持的高校共41所，分三个层次：2所享有高度自治权的联邦政府直属高校（莫斯科公立大学和圣彼得堡公立大学）、10所联邦大学和29所国家研究型大学。

为落实普京总统在2012年5月7日就任时提出的"到2020年俄罗斯应该有不少于5所高校进入世界大学排名榜前100名"（即"5-100计划"）的要求，2013年共有15所大学获得国家财政重点支持。2015年，"5-100计划"新增6所院校，从而使进入"5-100计划"的院校达到了21所。

2015年10月16日，俄启动了另一项高等教育改革计划，即通过竞争在各联邦主体选拔大学建立支点大学计划，其目标定位于为各地区经济、社会的发展提供智力支撑并培养高技能人才。2016年1月，俄教科部批准了首批11所院校的支点大学建设计划。2017年4月，俄教科部通过了第二批22所支点大学的建设名单。截至目前,俄已建立支点大学33所。

三、对俄罗斯教育体系的得失评价

(一) 俄已建成基本适应社会经济发展的教育体系

俄罗斯居民全面接受了普通中等教育,教育质量稳步提高。俄罗斯学生的数学、阅读水平居于世界前列。2016年俄罗斯小学毕业生的阅读能力在世界名列前茅,参加国际学生评估项目(PISA)测试的成绩也不断提高。根据统计,俄4年级和8年级学生参加2015年国际数学与科学教育成就趋势调查研究(TIMSS)测试,所有成绩均列前七名。俄罗斯学生参加化学、物理、数学、程序设计国际奥林匹克竞赛的成绩也颇为亮眼。俄罗斯高校逐步在世界主流排行榜上取得好名次。近年来,俄罗斯在各行政主体创建了"量子智慧家"儿童科技园。根据普京总统建议在索契市创建了"天狼星"天才儿童中心,通过轮班培训,数千名儿童在此得到培训。

俄罗斯政府大力改善教育基础设施,如2001年有37%的学校建筑需要大修,到2015年,这一比例已降至12.4%;学生拥有电脑情况从2004年70人拥有一台提高至2014年8人拥有一台。教师待遇和素质明显提高。根据统计,2017年俄罗斯81个行政主体教师收入全部超过当地平均工资,2019年全俄中小学教师平均工资为41 116卢布/年,其中楚科奇自治区教师工资超过10万卢布/年,亚马尔和莫斯科教师的工资超过9万卢布/年。教师的社会地位得到提高,中学毕业生报考师范专业的愿望明显增强。

俄居民接受大专层次以上教育的比例在世界上也处于领先地位。俄罗斯人认为,高水平的教育是人生成功的重要保障。在2016年举行的一项社会调查中,81%的俄罗斯人认为要接受大学以上的教育(1991年这一比例为53%)。

1. 学前教育

截止到2018年7月1日,俄罗斯共有幼儿园40 260个(其中农村幼儿园15 691个),教师66.98万人,其中拥有本科学历的教师37.1万人,在读学生758.2万人(其中农村为149.9万人)。经过近几年的建设,俄3~7岁儿童的入园率达到100%,3岁前儿童入园问题也得到有效解决。

除传统的幼儿园教育外,俄还建有学龄前儿童个性化教育家长帮助、支持中心,能就儿童教育问题免费为家长们提供教育心理帮助。

2. 基础教育

目前,俄罗斯共有40 120所公立和市立基础教育机构(其中23 494所分布在农村),以及851所民办学校。

2018—2019学年,俄基础教育学生总人数为1 594万人(其中农村学生389.3万人)。

在公立基础教育机构的工作人员 213 万人,其中教师 131.1 万人(118.6 万人为本科毕业)。在民办学校的工作人员为 3.33 万人,其中教师 2.12 万人。

俄罗斯基础教育阶段(小学到高中)学习期限一般为 11 年,一些艺术学校为 12 年。小学入学年龄要求是 7 岁。基础教育教学计划一学年的时间一般是 34 周,每周课时量为 27~38 学时。

基础教育阶段课程分为必修课程和选修课程。必修课程分为人文系列(俄语、文学、外语、俄罗斯史、世界史、经济、地理、法律基础、政治学、体育等)、自然科学系列(数学、物理、化学、生物、生态学、天文学等)以及技术类课程(绘画、制图、家政、裁缝、烹调、金属加工等),选修课主要是一些反映地方特色和学生兴趣的课程。

3. 补充教育

补充教育是俄罗斯教育体系的重要特色,起源于苏联时期的校外教育,1992 年《教育法》正式将"校外教育"的名称变更为"补充教育"。

根据普京总统 2012 年发布的命令,俄政府于 2014 年 9 月批准了俄联邦《儿童补充教育发展纲要》,其中提出,到 2020 年俄拟将参加补充教育的儿童比例提高到 75%。

2018 年,俄提供补充基础教育课程的教育机构共计 12 286 所,参加补充教育学习的儿童 1 021 万余人。

4. 中等职业教育(相当于我国的高等职业技术教育)

2018 年俄联邦有 3 659 所职业教育机构,其中有 348 所为大学附属机构,共有在校学生 300.6 万名,当年招生 99 万名,毕业 70 万名。

俄罗斯中等职业教育的办学目标是培养技术工人,分为普通职业教育和双证职业教育两种类型。普通职业教育即在基本基础教育或完全基础教育的基础上进行职业培训,分为 9 年级毕业后进行 3 至 4 年半的职业教育和 11 年级毕业后进行 1 至 1 年半的职业培训;双证职业教育即中学毕业证和职业教育文凭双证教育,毕业生既可持职业教育文凭工作,也可以持中学毕业证参加大学入学考试。学习期限分 9 年基础教育加上至少 3 年职业教育,11 年基础教育加上 1 至 1 年半职业教育两种。

5. 高等教育

近年来,俄联邦政府加强对高校办学质量的监控,关停并转了一批低效高校。2018 年,俄联邦共有 741 所高等教育机构(其中公立高校 496 所,民办高校 245 所)。2010 年时全俄仍有高校 1 115 所,近十年高校数量逐年递减,其原因是俄政府根据对高等教育机构办学效益测评的结果,对超过 4 项指标不合格的高校和分校进行了优化和重组。

近年来俄高校学生人数也有减少的趋势。2010 年全俄高校共有 705 万名在校生(其中全日制学生 307 万余名),2018 年,在校生人数为 416.2 万人(其中全日制学生近 237 万人)。2018 年公立高校教师数量为 23.3 万余人(2010 年共有 32.5 万人)。

2020 年有来自 176 个国家和地区的近 30 万名留学生在俄罗斯高校留学。

（二）俄教育体系仍存在不足

1. 学前教育组织管理不完善

俄罗斯特殊的行政构成，联邦与地方相关政策存在模糊性以及学前教育自身政策的不完善，都对俄罗斯学前教育的普及造成阻碍。首先，政策的模糊性直接影响到学前教育的财政支持。资金是教育发展必不可少的条件，资金直接制约着教育资源。俄罗斯当前学前教育机构的数量严重不足，学前教育设备老化、师资缺乏、处境不利儿童问题亟待解决等等，这些都离不开财政的支持。而关于学前教育资金的问题在政策上的模糊性直接制约了资金的运用，2012年《教育法》规定提供免费的学前教育，而地方在具体落实上又会考虑地区经济等因素采取收费政策，这样无疑会对学前教育的普及造成影响，尤其是对经济条件落后的家庭。其次，学前教育机构管理政策不完善，民办幼儿园收费颇高且数量较少，仅仅依靠公立幼儿园难以满足日益增长的学前教育需求。要想实现学前教育的普及，政策上的模糊性及落实上的偏差问题必须一一解决。

2. 基础教育发展缓慢

第一，教育目的不明确。随着社会发展，教育目的也应该随之变化，在十多年前就有专家提议制定俄罗斯的教育基本标准，但由于政治不稳定、经济处在恢复期，新的政府迟迟没有制定适应新形式的教育政策。教育目的的不明确已经使得教育产生消极作用。在新的社会变化面前，俄罗斯教育界的有识之士提出：基础教育是什么，基础教育应该做些什么，向哪个方向发展，需要尽快地向社会明示。

第二，教育经费问题。近些年来俄罗斯经济私有化问题严重，经济发展复苏慢而又滞胀，俄罗斯教育存在着经费的投入不足、不到位和分配不合理及浪费现象，没有相应的法律法规保障与监督教育经费的使用，这就影响到了学校教育的正常发展。

第三，教育负担激增。在俄罗斯，各个学校现在使用的教材多种多样，教材质量在一定程度上良莠不齐。虽然说俄的自然科学教育世界闻名，但是繁复的内容使学生的学习负担过重，压得学生喘不过气来。学生出现两极分化：一部分学生由于过重的课业负担埋身于书本生活，远离现实世界，社会化不足；一部分学生厌恶学习，无所事事，最终影响一生的发展。

3. 高等教育质量堪忧

第一，高水平人才缺乏。现阶段，俄罗斯大学普遍缺乏人才。在结构上，青年教师的比重较大。专门从事教学和研究的教师不太可能与外界交流。领导职位多，知识型和创新型人才少。高层次人才培养中对高层次人才结构的认识不够深入。

第二，高等教育质量保障体系建设投入不足。1995年，俄罗斯联邦政府部门对教育部门的投入占GDP的3.86%，高等教育所占比例更低。进入21世纪以后，这一现象仍没有得到俄罗斯联邦政府的重视。据研究，俄罗斯每年大约有150万名高中生考取本科院校，一名技术类专业大学生的教育成本每年约为2 200美元，但是俄罗斯联邦政府的财政支出只有

500美元,根本无法保障高等教育质量体系建设与完善。

4. 民办教育发展不完善

虽然一些民办学校发展很快,但是发展过程中存在不少问题。由于创办时间短、基础薄弱或者急于追求经济效益,不少民办学校在教学质量上渐渐暴露出问题,比如学校没有足够的教室,一些民办大学的图书馆里没有足够的教材(因俄联邦的大学生自己不购买教材,而是向图书馆借用),校园防火设备等硬件设施不完善,一些学校的教学过程不够专业,很多教师没有固定编制,而在学校兼职。另外,教学计划中没有安排学生课外活动,还有学校收费太贵等问题存在。在俄罗斯政府对此清理整顿中,已经有民办学校被亮了"红牌",有的甚至被勒令停止办学。

(三)俄政府大力实施教育振兴行动计划

2018年5月7日,普京总统签署新的"五月命令",提出要不断提高俄罗斯教育水平,促使普通教育质量进入世界前十强,科研能力进入世界前五强。由此,政府对教育主管部门进行大规模调研,将原联邦教育和科学部分解为联邦教育部、联邦科学与高等教育部。随后,俄罗斯推出《国家教育方案》并于2019年开始全面实施。

《国家教育方案》构建起俄罗斯教育发展的战略框架。该方案由10个联邦级的计划组成,计划于2024年前完成;其主要目标是提高俄罗斯教育的国际竞争力,使俄罗斯的普通教育跻身世界前十;其重要内容是更新教育内容,提供必需的当代教育硬件设施,培养骨干教师,形成积极的管理机制。具体而言,该方案由十个专项组成。一是支持学校建设——保障校园的物质基础,积极建设新学校,取消第三班次(夜晚班),开发新的学习方法。二是致力于每个孩子的成功——开展补充教育,对天才孩子的职业定向提供支持。三是支持多子女家庭——给予父母教育和心理支持。四是创建数字化教育环境——在校园推广数字化技术。五是培养未来教师——积极对教师开展培训,完善教师职业成长体系。六是提高职业教育竞争力——提高对骨干人才的培养质量,为年轻职业专家提供支持。七是为每一位公民提供新的机遇——发展终身教育,完善终身教育平台及指标建设。八是开展各类社会活动——创造条件以开展论坛、技能大赛等活动,激发社会首创精神,促进学生发展。九是扩大教育出口——扩大高校和科研单位的外国学生人数,使其较现有人数增加2倍以上,到2024年达到71万,同时优化条件以吸引优秀的留学生在俄罗斯就业。十是为每位公民提供进步的阶梯——给所有希望得到职业提升和事业进步的公民提供职业教育。

可以预见,如果俄罗斯《国家教育方案》能得到全面落实,其教育体系将进一步完善,能够为俄罗斯社会经济发展注入新的动力。

第二节　教育法律法规不断完善

30年来,俄罗斯教育走过了一条崎岖的道路,尤其是在国家财政投入严重不足的情况下教育系统依然运行稳定、有效发展,这相当程度上归功于俄罗斯高度重视法制建设,在不长时间内形成了成套的治理制度体系并不断完善。20世纪90年代俄罗斯先后颁行了1992年《教育法》《俄罗斯联邦高等职业教育和高校后职业教育法》,2012年颁布了新的《俄罗斯联邦教育法》,将教育改革的成果以法律形式予以确定。与此同时,总统、联邦政府、地方政府、教育机构根据时代变化不断发布命令、条例、规定、发展规划、远景目标等,构成了富有俄罗斯特色的教育治理制度体系。

一、俄罗斯教育治理制度体系概况

当代俄罗斯教育治理制度体系由以下三方面构成。

(一) 教育法律

俄罗斯联邦的教育法律包括《世界人权宣言》《儿童权利公约》《俄罗斯联邦宪法》《俄罗斯联邦教育法》以及俄罗斯联邦教育部、俄罗斯联邦科学与高等教育部、俄罗斯联邦主体出台的教育法律、法规。其中,《俄罗斯联邦宪法》和《俄罗斯联邦教育法》是一切教育活动的根本遵循。

1. 1993年颁行的《俄罗斯联邦宪法》第43条规定了国民受教育的权利:
(1) 人人拥有接受教育的权利。
(2) 国家保障所有国民在公立和市立教育机构乃至企业中无偿接受学前教育、基础教育和中等职业教育。
(3) 国民有权通过竞争获得在公立和市立教育机构接受免费高等教育的权利。
(4) 基础教育是义务教育。儿童父母及监护人应保障儿童获取基础教育的权利。
(5) 俄罗斯联邦制定联邦国家教育标准,支持各类形式的教育和自我教育。
2. 2012年颁布的《俄罗斯联邦教育法》第1章第3条规定,"国家的教育政策应基于以下原则":
(1) 承认教育的优先性。
(2) 保障每个人的教育权,教育领域禁止存在歧视。
(3) 教育的人道性,人的生命和健康、个体的权利和自由、个体自由发展的优先性,互敬互重、勤劳、公民意识、爱国主义、责任感、法律素养的培养,培养(个体)爱护自然和环境、合理利用自然资源的意识。

（4）俄罗斯境内教育空间的统一,多民族国家条件下俄罗斯各民族的民族文化特征和民族传统的维护和发展。

（5）平等互利,为俄罗斯联邦教育体系和联邦主体间的教育体系实现一体化创造良好条件。

（6）开展教育活动的国家级与市政组织中的教育世俗性(非宗教性)。

（7）根据个人兴趣和需求选择教育的自由,为每个人的自我实现创造条件。每个人能力的自由发展包括提供选择接受教育的形式、教学形式、开展教育活动的组织权利,在教育体系条件允许范围内选择教育方向的权利,并向教育工作者提供选择教学形式、教学及育人(道德教育)方法的自由。

（8）根据个人需求保障其终身接受教育的权利,教育体系与个人的培养层次、发展特点、能力和兴趣相适应。

（9）联邦法规定的教育组织的自治权,教育工作者和学生的学术权利与自由,教育组织信息的公开性以及工作报告的公开性。

（10）教育管理的民主性,保障教育工作者、学生、未成年学生的父母（法定代理人）参与教育组织管理的权利。

（11）禁止限制或消除教育领域的竞争。

（12）教育领域关系的国家调整与合同调整相结合。

3. 俄罗斯联邦总统令和联邦政府及教育主管部门发布的关于教育的文件。如：

• 2012年5月7日普京第三次就任俄罗斯联邦总统后发布《关于在教育和科学领域实施国家政策的有关措施》,成为2012—2018年间俄罗斯教育发展的最重要的目标。

• 俄罗斯联邦政府发布的《关于各类形式和种类教育机构的标准条例》。

• 俄罗斯联邦政府2013年7月10日第582号令《关于确认教育机构在互联网上发布并更新相关信息规则的命令》。

• 俄罗斯联邦政府2013年8月15日第706号令《关于确认有偿教育服务规则的命令》。

• 俄罗斯联邦政府2013年10月28日第966号令《关于教育机构许可证的命令》。

• 俄罗斯联邦政府2013年11月18日第1039号令《关于对教育活动进行国家认证的命令》。

• 俄罗斯联邦教科部2013年3月5日第185号令《关于对学生进行纪律处分和撤销处分的条例》。

• 《俄罗斯联邦劳动法典》以及其他关于调节教育系统活动,以保障其安全、健康、反恐、生态和信息安全的联邦法律、联邦政府命令。

(二) 教育标准与教育计划、大纲

这方面的文件主要包括联邦国家教育标准、普通教育(中小学)基本教学计划、教学计划、教学和工作大纲、教育机构的章程和典型条例等等。

其中,联邦国家教育标准基于《俄罗斯联邦宪法》和《俄罗斯联邦教育法》制订。

(三) 各类教育发展指导性文件

1. 教育发展规划

进入新世纪后,俄罗斯即开始制订并颁布教育发展规划,如:

· 2000年4月10日时任代理总统普京签发俄罗斯联邦法律《联邦教育发展纲要》,规划了2000—2005年俄罗斯教育发展的目标和任务。

· 2001年12月29日俄罗斯联邦政府发布了《2010年前俄罗斯教育现代化构想》。

· 2005年9月3日俄罗斯联邦政府通过第1340号令发布了《2006—2010年俄罗斯联邦教育发展目标纲要》。

· 2011年2月7日俄罗斯联邦政府通过第163号令发布了《2011—2015年俄罗斯联邦教育发展目标纲要》。

· 2012年11月22日俄罗斯联邦政府通过第2148号令发布了俄罗斯联邦国家纲要《2013—2020年教育发展》。

· 2012年12月30日俄罗斯联邦政府通过第2620号令发布《关于确认行动计划(线路图)"为提高教育和科学领域的效率对社会领域进行相关调整"的命令》。

· 2014年12月29日俄罗斯联邦政府发布了《2016—2020年俄罗斯联邦教育发展目标纲要》。

· 2017年12月26日俄罗斯联邦政府发布了《俄罗斯联邦教育发展国家纲要》。

· 2020年11月12日俄罗斯联邦政府第2945-P号令颁行《2025年前俄罗斯联邦德育发展战略》。

2. 爱国主义教育方案

(1) 2001年2月16日俄罗斯联邦政府第122号令《2001—2005年俄罗斯公民爱国主义教育国家方案》。

(2) 2005年7月11日俄罗斯联邦政府第422号令《2006—2010年俄罗斯公民爱国主义教育国家方案》。

(3) 2010年10月5日俄罗斯联邦政府第795号令《2011—2015年俄罗斯公民爱国主义教育国家方案》。

(4) 2015年12月30日俄罗斯联邦政府第1493号令《2016—2020年俄罗斯公民爱国主义教育国家方案》。

（5）2021年出台实施《2021—2024年俄罗斯公民爱国主义教育国家方案》。

3. 国家教育方案

2018年5月7日，普京第四次就任俄罗斯联邦总统，当天即发布了新的"五月命令"，提出未来6年应达到的目标。为落实总统的命令，俄联邦政府于当年9月颁布了一系列"国家方案"，其中《国家教育方案》成为俄罗斯近年来规模最大的教育振兴计划，财政总投入近8 000亿卢布。该方案现已成为2018—2024年俄罗斯教育现代化的线路图。

另外，俄罗斯教育制度治理的一个重要方面是承认并遵循联合国、联合国教科文组织、国际劳工组织、欧盟和独联体等国际组织制定的国际法，如联合国教科文组织通过的《教育领域与犯罪行为斗争公约》（1960年）、国际劳工组织公约《关于在人力资源发展领域的职业定向和职业培训》（1975年）、《关于欧洲国家互相承认高等教育毕业证、学位证和进修证明的公约》（1979年）等等。

俄罗斯与友好国家签署的系列双边合作协议同样受法律保护，如《俄罗斯联邦政府与意大利共和国政府关于在文化和教育领域的合作协议》（1998年）、《俄罗斯联邦政府与大不列颠联合王国政府关于在教育、科学和文化领域的合作协议》（1994年）、《俄罗斯联邦政府与中华人民共和国政府关于相互承认学历、学位证书的协议》（1995年）、《俄罗斯联邦教育部与罗马尼亚教育和研究部关于2002—2003学年至2003—2004学年期间教育领域合作与交流的纪要》等等。

二、俄教育治理制度的系统性、科学性、有效性

俄罗斯教育治理制度相对完善，具有系统性、科学性和有效性等特点。系统性与科学性相辅相成，系统性促进了科学性，而科学性又完善了系统性。俄罗斯用30年时间建立了联邦—地方—学校系统完备的教育治理制度，建成了从学前教育、普通教育、职业教育、高等教育到补充教育所有领域的治理制度，保证了教育治理的科学性。尽管历经国家转型和经济长期低迷等诸多困难，但俄罗斯教育治理制度仍然发挥了重要作用，尤其是在2020年新冠疫情中，俄罗斯的教育治理制度彰显了其有效性。

（一）系统性——建成四个层次的教育治理制度体系

俄罗斯教育治理制度体系可分为四个层级——联邦层级、联邦主体层级、市一级层级、教育机构层级，全面覆盖了教育领域的活动。

1. 联邦层级的重要法规

（1）调整教育机构职能的法律规章，如：

· 《俄罗斯联邦宪法》；

· 《俄罗斯联邦教育法》，等等；

(2) 调节教育机构发展过程的相关法规,如:
- 《俄罗斯联邦儿童发展纲要"俄罗斯的孩子"》;
- 《俄罗斯联邦国家教育标准》等等。

2. 联邦主体层级调整教育活动的法律制度

(1) 地方政府关于教育的法律,根据本地区特点对《教育法》的要求进行阐明,如,2006年4月17日乌里扬诺夫斯克州政府发布《关于确认对乌里扬诺夫斯克州公立教育机构工作人员工资的相关规定的决定》,落实了《教育法》中对教育工作者的相关支持。

(2) 地方政府教育主管部门发布的命令、指令、规定等(如坦波夫州教育厅2014年2月6日令《关于确认教育机构发展规划的条例》)。

3. 市一级(属于联邦主体下一级行政单位)层级的教育制度和规定

市一级教育管理机构制定本区域的制度和规定(命令、规定、指令等)来调节教育机构的职能与发展。这类制度多数是为了给本地教育机构更多社会支持和优惠政策,如莫斯科州科洛姆纳市议会2013年3月29日发布《关于确认科洛姆纳市学前教育机构向幼儿家长(监护人)收取看护费用条例的决定》。

4. 教育机构层级制订的具体制度

(1) 教育机构章程;

(2) 教育大纲;

(3) 教育机构发展纲要;

(4) 调节教育活动的文件:组织教育过程,教育机构中自我管理的相关机构,行政和财务、后勤,学校委员会,教学和课外活动,关于安全保障和教育条件,等等。

(二) 科学性——依法实施科学管理

2012年《教育法》第十二章《教育体系管理,国家对教育活动的规约》第91~93条详细规定了国家对教育活动实施教育许可证制度,对教育活动进行认证和质量监控。俄罗斯联邦政府颁布了相应行政命令,具体实施单位俄罗斯联邦教育科学部(现分设为联邦科学与高教部、联邦教育部)及其下属单位俄罗斯联邦教育科学督察署分别出台了细化政策,从而对全俄所有教育单位、教育活动实施质量监控,保证俄罗斯教育治理的科学有序。

1. 许可证制度

2013年10月28日,俄罗斯联邦政府发布《关于对教育活动实施许可证制度的命令》,对2012年《教育法》中的许可证制度进行操作层面的法律解释。所有常设教育机构均需获得办学许可证才可以进行教育教学活动。联邦教育督察署具体承担高校和特殊行业(国防、公安、核能等)的职业学院等学校的许可证审核;联邦主体的教育主管部门负责本地教育机构的审核。许可证一旦发放即长期有效。

2. 认证制度

2013年11月18日,俄罗斯联邦政府发布《关于对教育活动实施认证的命令》,对2012年《教育法》中的认证制度进行法律解释。2015年6月6日,俄联邦教科部发布第667号令进一步细化了认证的程序。俄联邦教育督察署和联邦主体教育管理部门根据分工对不同层次的教育机构进行认证。按照规定,除幼儿园以外的所有教育机构均可在自愿的基础上提出认证,获得认证后才可以从事相应的教育活动,颁发毕业证书。认证主要是检查教育机构落实联邦国家教育标准的情况,高等教育机构的认证有效期为6年,而普通教育机构的认证有效期则为12年。

3. 监督制度

2013年8月5日,俄罗斯联邦政府发布《关于对教育体系进行监督的命令》,对2012年《教育法》中的教育监督制度进行法律解释。教育监督包括对教育机构进行质量检查和守法监督两方面的内容。监督是强制性的,教育机构如果检查不合格将被要求限期整改,逾期仍未达标将被吊销认证证书,责令停止教学活动。

上述三个环节之外,近年来俄罗斯政府还加强了对教育机构的独立评估。近年来,俄联邦教育督察署的工作取得实质性成果,一些低效大学被关、停、并、转,大学及其分校数量迅速下降,高校数量从2012年的1 046所下降至2020年的724所。整个过程科学高效,未出现不良社会反应。

(三) 有效性——通过联邦国家教育标准、教育计划有效保证教育质量

俄罗斯各级学校实施的教育活动均要严格执行由《俄罗斯联邦宪法》和《俄罗斯联邦教育法》规定的联邦国家教育标准和教育计划,国家通过教育质量监控,有效地保障了各级各类学校的运行。

1.《俄罗斯联邦教育法》第二章第11条《联邦国家教育标准、联邦国家要求及教育标准》规定:

(1) 联邦国家教育标准和联邦国家要求保证:

• 俄罗斯联邦教育空间的统一性;

• 基本教育计划的连续性;

• 相应教育层次教育计划内容的可选择性,基于学生不同教育需求和能力制订难度和方向不同的教育计划;

• 以对落实基本教育计划的条件、掌握结果的统一和必要要求为基础的教育水平和质量的国家保障。

(2) 国家学前教育标准以外的联邦国家教育标准是对学生培养水平是否符合教育活动既定要求进行客观评价的基础,与接受教育的形式和教学形式无关。

(3) 联邦国家教育标准包括下述要求:

• 对基本教育计划结构及规模的要求;

- 实施基本教育计划的条件,包括师资、资金、物质技术和其他条件;
- 对基本教育计划掌握结果的要求。

法律还规定,俄罗斯联邦政府认定联邦国家教育标准的制定、批准及修订程序。莫斯科罗蒙诺索夫公立大学、圣彼得堡公立大学,分属于"联邦大学"或者"国家研究型大学"类的高等教育组织,以及由俄罗斯联邦总统令批准的联邦高等教育组织有权自主制定和批准各层次高等教育的教育标准,此类教育标准对高等教育教学计划实施条件和结果的要求不得低于联邦国家教育标准的相应要求。

2.《俄罗斯联邦教育法》第二章第12条对"教育计划"作出规定:

(1) 教育计划决定教育内容。不论种族、民族、人种、宗教信仰和社会地位,教育内容应促进人与人之间、民族之间相互理解和合作,应基于世界观的多样性,促进学生自由选择,保证每个人能力的发展,根据家庭和社会普遍接受的精神道德和社会文化价值观,培养和发展学生个性。职业教育和职业培训的内容应保证职业资格的获得。

(2) 在俄罗斯联邦,基本教育计划根据普通教育、职业教育、职业培训的层次实施,不同层次的普通教育、职业教育、职业培训落实基本教育计划,补充教育落实补充教育计划。

(3) 基本教育计划包括:
- 基本普通教育计划:学前初等普通教育计划、基础普通教育计划、中等普通教育计划;
- 基本职业教育计划:

①中等职业教育计划——技术工人、职员培养计划,中等层次专业人员培养计划;

②高等教育计划——学士学制计划、专家证书计划、硕士学制计划,研究生、高等军事院校研究生、临床医学研究生等科教人才培养计划,助教进修生计划;

③职业培训基本计划——工人、职员职业培养计划,工人、职员再培训计划,工人、职员职业资格提升计划。

(4) 补充教育计划包括:
- 补充普通教育计划——补充一般发展计划,补充职业前计划;
- 补充职业教育计划——职业资格提升计划,职业再培训计划。

法律规定,教育计划应该由具有国家认证资格的教育机构按照联邦国家教育标准,参考相应示范性基本教育计划制订。

2020年3月以来,新冠肺炎疫情暴发,俄联邦政府、教育部不断推出针对疫情的新规定、条例,有效处理疫情,全俄教育机构未发生大规模感染事件。

三、俄教育治理制度的形成过程

俄罗斯在近30年的发展历程中,十分重视教育治理制度的建设,不仅逐年推出新的关于教育治理的新举措、新制度,而且已有的教育治理制度也在不断完善。

(一)逐年推出新的教育治理制度

叶利钦总统参加俄罗斯联邦首届总统选举即承诺其第一个命令将是关于教育的,1991年7月他发布了1号总统令《俄罗斯苏维埃社会主义联邦共和国关于教育发展的紧急举措》。总统令明确提出,教育对发展俄罗斯智力、文化和经济方面的潜力具有特殊意义,必须确保教育领域发展的优先地位;必须制定国家教育发展纲要;免于向教育系统的机关、企业和团体征收各种赋税;教授、教师的职务工资必须高于俄罗斯工业系统平均工资的一倍;建议教育系统各部门所占用的土地可以无偿、无限期地使用。

1991年底,《俄罗斯联邦高等教育至2005年发展纲要》拟定,1992年1月获得通过,该纲要为推进俄罗斯联邦高等教育的发展提出了新的目标以及为实现目标的六项原则,明确了指导思想,营造了良好的空间。

1992年7月,俄罗斯历史上第一部《教育法》正式颁布,通过对国家实施的"教育标准"和"教育大纲"的重新定义,明确了俄罗斯国民教育体系的构成,确立了教育机构创办主体的开放机制并规定了创办教育机构的程序和细则,扩大了教育机构的管理自主权,允许教育机构从事一定范围内的经营性活动及获取补充资金的非经营性活动。

1993年,俄罗斯出台《历史和社会学教育大纲》《俄罗斯联邦普通教育机构新基础教学计划》,并开始制定《普通教育大纲》。

1994年,俄罗斯确认了《普通教育临时标准》;12月28日,俄罗斯联邦教育部发布第24/1号令《关于普通教育系统发展历史学和社会学教育战略》。

1997年7月,俄罗斯通过《联邦教育发展纲要》(草案),这是历时5年时间的工作成果,对一些关键性的问题做了阐释。但因当时的社会和经济条件,该纲要未能得到很好的落实。

1998年,俄罗斯通过《普通教育新标准》,制订并实施《普通教育机构基础教学计划》。

2001年12月,俄罗斯通过《2010年俄罗斯教育现代化构想》,明确要提升当代教育质量,满足个人、社会和国家相应的现实和远期的需要;12月26日,俄联邦教育部发布第4244号令《实施俄罗斯教科部推荐中小学联邦教科书清单》。

2004年,全俄所有基础教学计划课程开始实施《普通教育国家标准联邦部分》,由此形成全国统一的最低标准教学内容和最大容量课时负担规定,以及对毕业生的要求,尝试在俄罗斯联邦主体研制国家教育标准的民族—区域部分的理论基础,但这未达到预期效果(第二代《普通教育联邦标准》中"民族—区域部分"未单独列出)。

2004—2005年,"文学"教材的鉴定权被提高到联邦层次,由俄罗斯科学院和教育科学院组织鉴定。

2006年俄罗斯开始制定第二代《普通教育联邦标准》以克服第一代《普通教育国家标准联邦部分》的不足。

2008年,俄罗斯通过《2020年前俄罗斯联邦社会经济长期发展构想》。

2009 年开始,全国统一考试在俄罗斯全面实施,所有高中毕业生必须参加两门以上的考试以获取高中毕业证,并在竞争的基础上进入高校学习。

2010 年 12 月 17 日,俄联邦教科部发布 1897 号令《关于确认基础普通教育(实践)联邦国家教育标准的决定》;2012 年 5 月 17 日,俄联邦教科部发布第 413 号令《关于确认中等普通教育(高中)联邦国家教育标准的决定》。

2012 年 5 月 7 日,普京总统发布第 597 号总统令《关于实施国家社会政策的措施》,要求提高教师工资,高校老师和科研工作者的工资应该是当地平均收入的 2 倍;中小学教师工资应不低于当地经济领域人员收入;发布第 599 号总统令《关于在教育和科学领域实施国家政策的措施》,俄科教部启动"5-100"计划,加速推进建设世界一流大学。

2012 年 11 月 22 日,俄罗斯联邦政府发布第 2148-P 号令,批准俄教科部拟定的《2013—2020 年俄罗斯联邦教育发展纲要》。

2012 年 12 月 21 日,俄国家杜马通过《俄罗斯联邦教育法》第二版方案;12 月 30 日,普京总统正式签发该法。

2014 年 4 月 15 日,俄联邦政府发布第 295 号令,确认《俄罗斯联邦 2013—2020 年教育发展国家纲要》。

2015 年,俄联邦教科部扩大"5-100"计划实施范围,入选高校达到 21 所;发布建设支点大学计划。

2016 年,俄联邦教科部出台"作为国家创新中心的高校""俄罗斯联邦的当代数字教育环境"优先方案。

2017 年,俄联邦教科部出台"发展俄罗斯教育系统出口潜力"优先方案。

2017 年 12 月 26 日,俄联邦政府发布第 1642 号令《关于确认俄罗斯联邦"教育发展"国家纲要》。

2018 年 5 月 7 日,普京总统发布第 204 号总统令《2024 年前俄罗斯联邦发展的国家目标和战略任务》,对教育领域提出了新的要求。同年底,联邦政府出台了《国家教育方案》。

2019 年,俄罗斯开始根据《国家教育方案》制定各类法规和指导性文件。同时,俄联邦政府、国家杜马、教育部等根据惯例对教育立法和教育发展纲要进行了修订,发布新的命令和规定。据统计,一年中对《俄罗斯联邦家庭法典》《俄罗斯联邦劳动法典》等各类联邦法律中涉及教育部分和《俄罗斯联邦教育法》进行的修改为 16 次;俄罗斯联邦政府发布的关于教育的命令为 62 次;俄联邦教育部下达的指令为 75 条;俄联邦教育部与其他部委联合下达的指令为 8 条;俄联邦科学与高教部下达的指令为 33 条[①]。

(二) 不断完善已有的教育治理制度——以基础教育联邦国家教育标准为例

联邦国家教育标准是对各阶段教育水平以及职业、专业和培养方向的总体要求,由联邦

---

① 俄罗斯联邦政府致联邦国家杜马 2000 年度报告《关于教育领域国家政策实施情况·附录》。

教育主管部委牵头制定颁行,是国家教育政策的集中体现和重要的教育治理制度。联邦国家教育标准是不断发展完善的,如目前高等教育领域的标准已经在 2000 年、2005 年和 2009 年三次更新,现在执行的是第三代的二次修订版。同时,联邦政府授权莫斯科公立大学、圣彼得堡公立大学、俄罗斯联邦大学等(10 所)和国家研究型大学等(29 所)自行制定各个专业的教育标准,但其要求必须高于联邦国家教育标准。

基础教育阶段的联邦国家教育标准至今也已有三代:

第一代:2004 年颁行,命名为"国家教育标准",尚未开始使用简称"ФГОС"。这一代教育标准的重点在课程成绩,重信息积累和教育内容,不重视个性化的成果,所以很快就不能适应需要。

第二代:小学(1~4 年级)标准于 2009 年 10 月 6 日颁行;初中(5~9 年级)标准于 2010 年 12 月 17 日颁行;高中(10~11 年级)标准于 2012 年 5 月 17 日颁行。第二代标准一直使用到 2020 年。标准的重点在于发展全面的学习能力,即借助技术和与人交流自我获得信息的能力,聚焦儿童个性发展。重视设计性的、课外的活动。根据第二代标准,学生应该热爱祖国、遵守法律、宽容、追求健康生活。

第三代:对制定新一代标准的讨论始于 2018 年春季,从那时即着手工作,目前已基本完成制定,计划于 2021 年秋季开始实施。

第三代标准的重点是对学习者的要求具体化。以前的标准只对要培养的能力提出一个总的要求,各学校有权自行界定并决定在什么阶段执行,所以,不同的学校其教育大纲各不相同,学习成绩也未作详细规定。为此,2020 年版教育标准中将对每一门学科的课程成绩提出明确要求,更加重视对学生能力的培养,并规定学生学习最长时间和最短时间要求,加强德育和对残疾儿童的支持,进一步明确学校对学生和家长的义务。可以相信,第三代教育标准将优化俄当代基础教育体系并细化其任务。

四、俄罗斯教育治理制度在不断改进完善

经过 30 年的建设与完善,俄罗斯教育治理制度已经基本定型。市场经济原则的确立和中央集权的解体要求实施新的行政管理模式。

(一)问题与教训

1. 教育发展计划未能认真执行,制度权威性下降。2000 年以来,俄罗斯联邦政府即开始制定教育发展纲要,基本上每五年一次。但对计划的检查与验收未落实到位,以致旧的规划未结束,新的规划已然开始。如 2011 年 2 月 7 日俄罗斯联邦政府通过第 163 号令发布了《2011—2015 年联邦教育发展目标纲要》。普京于 2012 年 5 月再次当选总统后,俄罗斯联邦政府于同年 11 月 22 日通过第 2148 号令发布了俄罗斯联邦国家《2013—2020 年教育发展纲

要》,但 2014 年 4 月 15 日俄联邦政府颁发第 295 号令撤销了这个纲要。随后,2014 年 12 月 29 日俄罗斯联邦政府发布了《2016—2020 年俄罗斯联邦教育发展目标纲要》。

普京总统要求高校教师平均收入应达到当地经济领域人员的 2 倍,国家财政却未能相应增加投入。为此,高校管理者各自采取对策,基本上采取裁员减人、增加课时的办法,大幅度增加在岗教师的工作量,虽一定程度增长了在职人员的工资,但挫伤了年轻优秀人才从教的积极性。

2. 俄联邦政府权力集中,教育部发布的指令过于细致。如 2019 年 7 月 27 日,俄联邦政府发布第 968 号令《关于确认拨付联邦预算支持自然法人(公立机构除外)和个体企业主从事儿童补充教育和组织儿童休息疗养的通知》;2020 年 10 月 12 日,俄联邦科学与高等教育部副部长谢尔盖·柳林签发《关于授予教授和副教授学术称号并授予教授和副教授证书》的命令,确认了 12 名教授和 103 名副教授的任职资格。2020 年 10 月 27 日,俄联邦科学与高等教育部部长法利科夫签发第 1336 号令《关于授予获得国家认证高校中国防工业专业方向 2020—2021 学年全日制学生"马斯柳科夫"奖学金的命令》,为 5 名大学生发放以已故政治人物马斯柳科夫名字命名的奖学金。

这种联邦政府代部委行使权力,而部委包办高校事务的现象不但影响了管理效率,也使下级单位的积极性受挫。现在,俄罗斯高校职称制度出现了"双轨制",在联邦科学与高等教育部认定的高级职称称号之外,学校自行授予本校教师"教授"和"副教授"职务。

3. 教育治理制度调整频繁,不仅表现在形式上,内容也在不断变化,反映了对形势前瞻性研判不足。如 2012 年 12 月 29 日《俄罗斯联邦教育法》颁行以来,已经进行了 40 次修订,每次均经俄联邦国家杜马、联邦委员会审核,再由总统签发。如,2020 年 7 月 31 日俄国家杜马颁布了第 304 号令《关于就学生德育问题对俄罗斯联邦法律〈俄罗斯联邦教育法〉进行修订》。如此迅速调整,非法律专业人士难以精准把握。

4. 教育法律制度条文烦杂,增加了管理负担。2015 年时,俄法律咨询网站 КонсультантПлюс(顾问＋)统计表明,俄罗斯涉及教育的法律、制度已经超过 2 500 个。一些学校管理者抱怨,终日忙于填表、签署文件,无暇思考办学、管理。

上述这些问题已经引起一些思考与讨论,但要从根本上改变这种状况必须假以时日,因为这牵涉到俄国家政体、管理体系和历史文化特点。

(二) 改善与完善

客观分析,俄联邦政府和教育主管部门一直致力于优化教育治理制度,取得了初步成效。

1. 持续发力,建设一流大学。建立高水平大学和世界一流大学是俄罗斯近 30 年来不懈的追求目标。20 世纪 90 年代因经济萎靡不振,国家无力投入,高等教育严重滑坡。进入新世纪以来,俄罗斯启动了一系列重点大学建设计划。

2005年开始建立联邦大学,到2014年共建成10所。

2008年时任总统梅德韦杰夫推动建设"国家研究型大学",至2009年共遴选29所。

2009年俄通过立法,赋予莫斯科公立大学和圣彼得堡公立大学直属联邦政府的特殊法律地位。

2013年开始,启动"5-100计划",即面向2020年建立5所世界前100强高校,经过两轮选拔,共有21所高校进入建设行列。

2016年,启动了"支点大学"建设计划,这是为了弥补地方高校与首都高校之间在人力资源和财政投入方面的差距而设立的,支持重视地区发展的地方大学,其目标是在非首都地区创建具有竞争力的现代化大学,使这些大学成为办学所在地的教育、研究和创新中心,同时促进大学在科学和教育活动上取得非凡成绩。经过两轮选拔,共有33所高校入围。

2020年7月,俄联邦科学与高等教育部拟定了"学术领导力"计划,准备开启新一轮重点大学建设。目前,该计划正等待联邦政府批准。

2. 强化统一教育空间建设,不断完善人才选拔制度。俄罗斯幅员辽阔,地区差异巨大。2000年以前中学毕业生报考高校很难跨越地区,各高校单独招生导致标准不一、问题丛生。因此,时任俄联邦教育部长弗拉基米尔·菲利波夫开始推行全国统一教育空间建设:从2001年开始在6个联邦主体试行全国统一考试,2002年即扩大到16个联邦主体,2003年扩大到47个联邦主体,2004年扩大到65个联邦主体。2006年来自79个联邦主体的95万考生参加了统考。至此,全国统一考试条件已基本成熟,2007年2月9日俄立法部门发布第N 17-Ф3号法,将全国统一考试的内容增补进《教育法》和《俄罗斯联邦高等职业教育和高校后职业教育法》。2008年全俄所有联邦主体的100余万名考生参加国家统一考试。2009年起,全俄所有高中毕业生必须参加国家统一考试才能获得高中毕业证和进入大学继续学习。

俄高中毕业全国统考方案也一直在调整。2015年,高考科目数学分成基础和提高两个水平,前者面向不想进大学继续深造或拟报考对数学要求不高专业的学生,后者面向拟报考含数学加试科目的学生。2016年在俄远东地区试行汉语考试(2020年扩大至全俄范围)。一些教育制度的出台保障了高考的成功推进,如2017年11月10日俄联邦教科部发布第1098号令《关于确认2018年初中和高中毕业考试统一时间表和各门学科考试时长、教育教学方法清单的命令》。2018年11月7日俄联邦教育部发布第190/1512号令《关于根据普通中等教育大纲进行国家毕业鉴定的程序》。

3. 关注弱势群体,扩大教育受益面。近年来,俄教育治理开始向纵深推进,对残疾儿童和多子女家庭子女给予更多关注。2012年通过了全纳教育联邦计划《2011—2020年"无障碍区"建设》;2014年12月1日颁布第419-Ф3号联邦法《调整联邦法律中有关残疾人社会保障问题相关条款以落实〈残疾人权益公约〉的法令》;2018年俄联邦教育部发布补充法规以保障残疾人入学权利(简化国家毕业考试形式、调整教育环境和学校空间、全纳教育等),为残疾学生提供平等接受教育的条件。

第三节　主流教育学家提供理论支持

苏联曾经向世界贡献了马卡连柯、维果茨基、苏霍姆林斯基、凯洛夫、赞可夫、巴班斯基等著名教育家，可谓"群星"闪耀。走过30年的俄罗斯虽未能创造往日的辉煌，但仍有一批苏联时期成长起来的教育家活跃在教育研究的舞台上，为俄罗斯教育改革与发展实践提供理论支持。

一、沙尔瓦·亚历山大罗维奇·阿莫纳什维利（Шалва Александрович Амонашвили，1931—）

阿莫纳什维利于1931年3月8日出生于格鲁吉亚第比利斯市，毕业于第比利斯公立大学东方学系。1952年他还是大二学生时即担任少先队辅导员工作。1958年他完成副博士研究生学业并于1960年完成教育学专业的副博士论文答辩。阿莫纳什维利是为数不多反对自己博士论文观点的学者。

1972年阿莫纳什维利在苏联教育科学院普通与教育心理研究所通过了心理学专业博士论文答辩。20世纪七八十年代他积极参与了达维多夫等莫斯科著名教育学家和心理学家的研究工作。达维多夫在阿莫纳什维利遭到正统心理学家严厉批评以至要撤销其实验室主任职务时给予其大力支持。

1958—1991年，阿莫纳什维利在格鲁吉亚工作，在科学—生产教育联合会从实验员、研究人员、学术秘书做到实验室主任、副会长、会长。1989—1991年期间担任苏联人民代表大会代表。

1991—1998年间担任第比利斯师范大学小学教研室主任；1998年起担任莫斯科市立师范大学人本教育学实验室主任。1985年5月3日成为苏联教育科学院通讯院士，1989年成为院士。1993年3月21日获得俄罗斯教育科学院"名誉院士"称号，2001年5月30日成为俄罗斯教育科学院院士。其间，阿莫纳什维利承担了各类社会职务。从2001年开始，为推广人本教育学的理念，阿莫纳什维利创建并领导了人本教育学国际中心、沙尔瓦·阿莫纳什维利出版社，出版了40余卷《人本教育学文选》。

人本教育学国际中心面向学生家长和教师组织教育活动，如研讨会、见面会、全俄或国际联欢会、心理—教育咨询等。

阿莫纳什维利创建了人本教育学的概念，关注儿童发展，反对专制的、命令式的教育。他创造了一套以师生独特的交往方式为基础，并具有他本人鲜明个性特点的合作教学模式，被简单称作"没有分数的教学体系"。他提出了建立实事求是的师生关系的原则，认为在知识探索中,教师有时应当扮演与学生一样的求知者的角色,有时"健忘",有时"犯错误",提出与学生答案相反的论证,激起学生与教师辩论的愿望。在阿莫纳什维利的教学中,教师以这种方式为学生创造条件,让学生在与教师的交往中感到自己是与教师平等的伙伴,并从这种积极参与中获得认识的快乐、交往的快乐。

阿莫纳什维利提出了一些基本观点:
(1) 教师律:热爱儿童,理解儿童,以积极的态度对待儿童;
(2) 原则:保持儿童周围的人性环境,尊重儿童的性格,儿童成长过程中具有耐心;
(3) 信条:相信孩子的无限可能性;
(4) 对孩子的支持:致力于发展、成长、自由。
(5) 教师个人素质:善良、坦率、热情、忠诚。

阿莫纳什维利对德育的主张是:接受每一个孩子的本来面貌,"我们应该是有善良心灵的一群人,热爱孩子所真正拥有的特点""理解孩子就是站在他们的位置上"。所有德育体系不是建立在培养孩子面向生活的原则上,而是建立在将童年作为人生重要阶段的基础之上,这个阶段有复杂的问题和感受,这些是教师必须了解和接受的。

阿莫纳什维利的教学方式是:孩子从6岁开始学习;所有学习都应促进孩子的积极性和自主性;教学可以包含典型错误,教育孩子经常独立思考,倾听、验证,有甄别地接受信息。使用不计分数的教学法,培养孩子评价与自我评价的能力。

阿莫纳什维利著述甚多,代表作有:《孩子们,你们好!》《孩子们,你们生活得怎样?》《孩子们,祝你们一路平安!》《教学·分数·评价》《6岁入学》《对学生的学习评价的教养和教育职能》《人本教育学随思录》《生活学校》《我的微笑,你在哪里? 教师生涯思考》《信仰与爱》《父亲对儿子的信条》《给女儿的信》《怎样爱孩子(自我分析的经验)》《伟大的爱之歌,世间战士,千年以降》等。

二、叶夫根尼娅·瓦西里耶夫娜·邦达列夫斯卡娅(Евгения Васильевна Бондаревская,1931—2017)

邦达列夫斯卡娅是俄罗斯教育科学院院士(1992年获通讯院士,2001年正式当选院士),教授,教育学博士,俄联邦功勋教师,俄联邦政府教育科学资金获得者[①]。

邦达列夫斯卡娅1931年1月1日出生于罗斯托夫市,1948年考入罗斯托夫公立师范大学语言系,毕业后曾任中学俄语语言文学教师。1958年开始至去世一直在罗斯托夫公立师范大学工作,从助教起步成长为教研室主任。著名教育家巴班斯基也曾主持过该教研室的工作。邦达列夫斯卡娅创办了科学—教育学校,这是一个集研究功能和教育功能于一体的

---

① 刘玉霞.当代俄罗斯教育家邦达列夫斯卡娅的教育理论研究[J].黑龙江高教研究,2009(3):50-52.

多功能科学协会。她著述颇丰,共发表了300余篇科研成果,代表作有学术专著《个性化教育的理论与实践》(2000年)、合著教材《教育学:教育个性化的人文理论和体系》(1999年),她提出了文化的个性化教育理论,核心就是把教育看作公民、文化人和道德的教育。该理论以复兴俄罗斯文化教育传统为主旨,以人为本,把个人利益与社会、国家利益紧密结合,运用价值哲学、现象学研究个性化教育的本质、内容和策略,确定了教育的人文价值,提出应当把儿童当作人生命的独立阶段来研究的新观点,称教育学为个性教育学,确立了教育科学研究的新方向。

邦达列夫斯卡娅把教育看作是为个性发展创造的文化环境,它的主要内容是文化和人文知识。教育的本质是使人接近并掌握人类珍品,了解与世界相互作用的准则,在世界中自觉、自由地找到并确定自己的位置,即社会化,通过教育来开发和再生产社会准则和文化珍品,达到发展自我和实现自我的目的。她还提出多民族地区俄罗斯学校如何发展的相关理论,提出了"移民教育学"的概念,确定了"移民教育学"的方法论和文化学依据。

邦达列夫斯卡娅一生勤勉,2012年获得俄罗斯国家科研基金支持主持"综合大学发展师范教育的理论—方法问题与实践"项目,出版了专著《在联邦大学的创新环境中的师范现代化》。

邦达列夫斯卡娅桃李满天下,共培养了100余名副博士和36名博士。

2017年5月28日,邦达列夫斯卡娅去世。

三、尼古拉·德米特里耶维奇·尼康德罗夫(Никандров Николай Дмитриевич,1936—)

尼康德罗夫是俄罗斯教育科学院院士、名誉院长,1936年10月20日出生于列宁格勒(现圣彼得堡市),1959年毕业于列宁格勒公立大学语言系,其后开始了教育生涯,任中学法语教师。从1961年开始在高校工作,在列宁格勒多所高校任外语教师。

他1967年通过副博士论文答辩《当代资本主义国家教育学中的程序教学问题》,分析了在西欧和美国高等教育体系中的学习过程。其后担任赫尔岑师范学院的教研室主任;1973年以《高校中的资本主义教学法问题》通过博士论文答辩。

尼康德罗夫1983年开始在苏联教育科学院普通教育学研究所工作,先后任教学法实验室主任、研究所副所长。

尼康德罗夫1990年3月15日当选苏联教育科学院院士,1992年4月7日当选俄罗斯教育科学院院士,属于教育哲学和教育学理论部。1989—1991年担任俄罗斯教育科学院主席团代理学术秘书,1992年当选俄罗斯教育科学院副院长,1997年10月—2013年10月担任俄罗斯教育科学院院长,现任名誉院长。

尼康德罗夫的主要研究方向是比较教育学、教育学方法论、高等师院教学法。20世纪

70年代分析比较西方国家高等教育体系,确定了比较教育学中描述、阐释、建构的规范,对教育学的方法论问题进行了归类,对高等教育的内涵和大学生认识活动问题进行了研究。在担任教育科学院院长期间,呼吁并大力推进德育工作,促进俄罗斯传统价值观重返校园,直接促成了在小学和初中开设宗教与世俗伦理课程。

尼康德罗夫的主要著作有:《程序教学与控制论》(1970年)、《高等教育学》(1974年,合著)、《资本主义国家当代高等教育教学法问题基础》(1978年)、《师范学院教学——智育过程组织》(1984年)、《教育创造》(1990年)、《德育价值论:俄罗斯方式》(1996年)、《俄罗斯:21世纪之交社会价值》(1997年)、《俄罗斯:千年之交的社会化与德育》(2000年)、《教育学基础知识》(大学教材)等;重要论文有:《俄罗斯的东正教与教育》(1996年)、《圣经与教育》(1997年)、《苏联教育中精神与宗教》(1998年)、《东正教——俄罗斯的命运:第三个千年之交的思考》(2000年)、《个性社会化过程中的教育》(2008年)等。

四、爱德华·德米特里耶维奇·第聂伯罗夫(Эдуард Дмитриевич Днепров,1936—2015)

第聂伯罗夫1936年12月10日出生于莫斯科,2015年2月6日去世。苏联和俄罗斯教育学家,俄罗斯教育科学院院士。1988—1989年临时领导苏联人民教育委员会所属的科研组织,致力于制定当时教育改革的纲要。1990—1992年期间第聂伯罗夫担任俄罗斯首任教育部部长,其后一直担任俄罗斯高等经济学院教授、教育规划研究所所长。

第聂伯罗夫出生于海军军官之家,其祖父是苏共工作者,1937年遭镇压而流放外地并最终客死他乡。第聂伯罗夫的职场生涯继承了家庭传统,1947年开始在海军服役,1949—1954年在列宁格勒纳希莫夫海军学校学习——这是一所声誉卓著的学校,毕业生同时接受良好的普通中等教育。其后,第聂伯罗夫在伏龙芝高等海军学校领航系学习,1958年以全优成绩毕业,放弃留在列宁格勒军事研究所工作的机会而选择去北方舰队,同年加入苏共。1958—1971年先后在北方舰队和波罗的海舰队军舰上服役。

第聂伯罗夫一直坚持学习,在军队服役的第二年即开始在列宁格勒大学语言系(后转入新闻系)学习大学课程并于1961年毕业,同年在列宁格勒大学攻读副博士学位。

1961年,已经成为上尉的第聂伯罗夫前程光明,他是鱼雷艇的航海员和党小组长。这一年年中,他写信给苏共中央总书记赫鲁晓夫,建议进行民主化改革,如两党轮流执政、从军队中剥离党的部门、任命文职国防部部长等,其结果是他受到处罚——被开除出党,从上尉降为中尉,并从舰艇调回列宁格勒海军基地工作。1967年,第聂伯罗夫通过了历史专业副博士论文答辩。1971年,第聂伯罗夫因健康原因退伍并开始了教育职业生涯。

第聂伯罗夫先是担任助理研究员,其后担任苏联教育科学院普通教育学研究所苏联学校和教育史实验室主任;他领导了教育学出版社《教育遗产》专辑的科研—编辑组并成为该出版社的主编。1976年,第聂伯罗夫重返苏联教育科学院普通教育学研究所,担任科学—教育信息部主任,"俄罗斯十月革命前学校和教育学史实验室"主任。

20世纪80年代初,第聂伯罗夫开始研究当代教育问题。这段时间,苏联教育界出现了1984年教育改革,但许多著名的教育学家认为,教育改革不能适应正在进行的民主化改革。1987年,第聂伯罗夫发表了对1984年学校改革的批评,并很快成为社会—教育民主化运动的积极参与者。1987年6月1日,第聂伯罗夫在《真理报》上发表《相信教师》一文,他写道,"学校改革自身必须承受变革"。这个观点得到其他著名教育人物的支持并很快流行开来。1987年末,当国家的领导层意识到必须对此前的改革政策进行调整时,苏共中央准备于1988年2月召开教育问题全委会,第聂伯罗夫为苏共中央书记利哈乔夫准备了发言材料。

1988年5月31日国家教育主管部门成立了临时的科学—研究委员会"基础学校"(后来简称为"学校"),第聂伯罗夫被任命为负责人。他与当时苏联教育学家中的同事制定了新的教育改革的哲学—理论基础和社会—教育基础,并在1988年8月的《教师报》上刊出了新的学校章程,当年12月改革纲要在人民教育工作者全苏代表大会上得到批准,但经过相当长时间之后才获得人民教育全苏委员会和部长会议批准。

1990年7月在俄罗斯联邦最高苏维埃会议上,第聂伯罗夫被任命为俄罗斯教育部部长,由此领导了基于1988年方案和原则的学校改革,目标是去除意识形态化、民主化和恢复俄罗斯教育传统。1992年,基于第聂伯罗夫提出的方案,俄罗斯最高苏维埃通过了《教育法》。联合国教科文组织认为这部教育法是20世纪末最先进和民主的教育法之一。

在第聂伯罗夫担任教育部部长期间,俄罗斯民办学校开始发展。1991年国家对教育的投入增加了2.5倍,俄罗斯教育科学院得以重建。1992年12月,第聂伯罗夫离开教育部部长岗位,通过了教育学专业博士论文答辩,积极参加教育改革问题研究。当代俄罗斯教育领域的许多战略性和纲领性文件都有其贡献。

第聂伯罗夫出版了40余部著作,其中20部与教育理论、历史、政策相关,如《教育与政治》(2006年)、《乌申斯基与当代》(2007年)、《俄罗斯最新教育政治史》(2011年)、《19—20世纪初的俄罗斯教育:俄罗斯教育政治史》(2011年)、《19—20世纪初的俄罗斯教育:俄罗斯教育体系的形成与发展》(2011年)等。

五、弗拉基米尔·潘捷列伊蒙诺维奇·鲍利辛柯夫(Борисенков Владимир Пантелеймонович,1939—)

鲍利辛柯夫出生于1939年6月11日,是俄罗斯著名教育学家,中俄合作教育研究的策划人、参与者,教育学博士,莫斯科大学教育系教育哲学教研室主任,俄罗斯教育科学院院士(1996年)。1992—2008年担任俄罗斯教育科学院院刊《教育学》杂志主编,1997—2008年担任俄罗斯教育科学院副院长。

鲍利辛柯夫1961年毕业于莫斯科公立大学化学系,先后获得化学、教育学副博士,1961—1969年在几内亚、刚果、多哥等非洲国家任教,并任联合国教科文组织专家、自然科学学科教学顾问。

1968—1992年鲍利辛柯夫一直在苏联教育科学院和俄罗斯教育科学院系统工作,从《教育学》杂志编辑成长为主编。1992年当选俄罗斯教育科学院通讯院士,1996年当选教育哲学和教育学理论学部院士。1997年开始担任俄罗斯教育科学院副院长、夸美纽斯国际斯拉夫教育科学院院长、俄罗斯联邦政府教育领域跨部门评奖委员会专家。

鲍利辛柯夫的著作重在研究阿拉伯国家、印度和世界各国的学校教育、教育思想,在莫斯科人文大学、莫斯科大学主讲学校与教育学史、比较教育学等课程,培养了大批博士研究生,积极参与对科学—教育骨干人才的评审,在国际学术界发表演讲并开展交流,共发表、出版了500余篇(部)学术论文、专著。

2006—2007年中俄"国家年"期间,鲍利辛柯夫与时任中国中央教科所所长朱小蔓领衔开展联合研究,出版了《20—21世纪之交中俄教育改革比较》,作为"国家年"献礼书,在中俄教育界乃至国际比较教育学界产生了广泛影响;2019年,为庆祝中俄建交70周年,鲍利辛柯夫提议重启中俄教育比较研究,与李洪天等中国学者联合研究,出版了《21世纪中俄教育比较与发展趋势展望》。

六、米哈伊尔·彼得罗维奇·谢季宁(Михаил Петрович Щетинин,1944—2019)

谢季宁于1944年10月7日出生于达吉斯坦苏维埃社会主义自治共和国新毕留扎克村,为苏联和俄罗斯教育学家,俄罗斯教育科学院院士,寄宿制实验学校的创始人并长期担任校长。

1973年通过函授从萨拉托夫师范学院音乐与声乐专业大手风琴班毕业,其后在达吉斯坦基兹利亚尔担任过音乐学校校长,在别尔格罗德州"明亮的朝霞"镇担任学校校长,在那里开始进行教育实验,产生了创建重视音乐、唱歌和舞蹈教育的学校—综合体的思路。

1977年谢季宁加入了苏联共产党。离开别尔格罗德州后,谢季宁作为苏联教育科学院教学方法研究所的研究人员在基洛夫州的济布科沃村领导一个教育实验项目,旨在创建一个学校—农业企业综合体,学生要将上午的学习与下午的劳动结合起来。此外,谢季宁还进行了一系列创新:缩短课程时间,取消分数、家庭作业等。1986年,苏联教育部组建的委员会给出结论,认为该实验未能得到积极的成效,实验由此被取消。在这场冲突中产生了一种新型的学校——"快乐和光明的学校",它建立在儿童和成人平等的基础上,取代了那种苦坐教室的、压制儿童和教师个性的学校。

谢季宁为此到处奔走,竭力宣传自己的主张,并想找一个他能效力的地方。1991年,谢季宁当选俄罗斯科学院院士。1994年,谢季宁在克拉斯诺亚尔斯克边疆区捷科斯镇创建了实验寄宿学校,并一直工作到生命尽头[①]。

谢季宁的主张并不总是得到认可,有的当地学生家长提出要让孩子们回到传统的班级,由此学校分成了两部分,一批认同其理论的人团结到他身边。21世纪之初,学校拥有了广泛的声誉,得到联合国教科文组织的认可。

谢季宁一直致力于培养有理想的学生,发展学生的体育、创造能力和智力,形成了独特的教学法:自主发展(人从出生时就有了在任何领域发展的可能性,教师要大力发展学生的身体和智力以促使其独立发展)、德育(不应限制孩子的权利,而应给孩子最大程度的自由)、自然素质(考虑自然赋予每个学生的天分,通过发展学生的个性而不只是学习获得最佳效果)、个体特性(每个人都是唯一的,学习能力不尽相同,要充分了解学生,促进其提高学习能力)。

谢季宁创办的学校让孩子们在全面合作和互相理解的氛围中学习,其主要特点是:道德(通过生活方式而非强制手段使孩子形成世界观,即孩子们在道德和互敬的环境中成长);认知(人不会因获取知识而疲倦,却会终日追求新知。可以通过改变不同课程和运用教学方法吸引学生求知);精神(应该从儿童时起促使其追求美,身体和心灵的和谐让孩子们从容应对学习。如果能对自身有深刻的认识,则可以解决所有问题);勤劳(热爱劳动则让人在任何情况下舒适自若);体育(体育运动让人全面发展,孩子如果经常参加自卫性运动,长大后会勇敢地保护自己、捍卫名誉)。

谢季宁创办的学校赋予孩子全面发展的机会,孩子们获得了长足的进步:

- 积极思考,对感兴趣的事物进行深刻探索;
- 养成了教学技能,能将所学知识转授他人;
- 善于与身边人沟通,正确而有效地安排自己的时间;
- 能够进行创造性活动,善于开始新的工作;
- 理解自身的义务,遵守道德和精神规范。

谢季宁创办的学校获得了无数赞誉,鼎盛时期求学者挤破门槛,录取比例达到13∶1。但也有一些负面意见,如批评学校独裁、将学生培养成信徒。其最大的危机在于,俄罗斯实施全国统一考试之后,学校毕业生的表现没有出众之处,学生成绩甚至不及普通学校。

谢季宁是一个充满悲情的教育家,其创办的学校无论是在苏联时期,还是在俄罗斯时期都命运多舛。2019年11月10日谢季宁去世。同年,根据俄联邦教育部的要求,法院关闭了谢季宁实验寄宿学校。

---

① https://life4health.ru/biografiya-mihaila-petrovicha-shhetinina-i-o-ego-shkole/

七、叶甫根尼·亚历山大罗维奇·扬堡[①]（Евгений Александрови Ямбург,1951—）

扬堡 1951 年出生，是俄罗斯联邦功勋教师，教育学博士，2000 年当选俄罗斯教育科学院通讯院士，其后当选正式院士，莫斯科市第 109 教育中心校长，"扬堡学派"创始人；出版专著《这是关于管理的寂寞科学》《为了所有人的学校》（1997 年全俄最优秀教育学书籍）、《教育十日谈》等；学校适应模式的设计者和作者——不同水平和多种专业普通教育大众化学校的新模式，招收不同方向的班级，为不同能力的孩子提供各类服务，而不取决于他们的个性心理特点、健康、爱好和家庭经济状况。这类学校最重要的特性——不是学生去适应学校，而是学校根据孩子的可能、需要、能力去做调整。例如，除了严肃的教学计划，莫斯科第 109 教育中心拥有强大的补充教育体系：用于马术治疗的马厩、工艺美术学校、西南旅游俱乐部、剧院工作室、电影爱好者俱乐部等。

1997 年叶甫盖尼·扬堡通过了题为《自适应学校模型的理论基础和实际实施》的博士论文答辩。扬堡还担任《人民教育》杂志编委会成员多年，积极参加电视台和电台关于儿童德育和智育问题的讨论，主编并参与撰写了《20 世纪：坚守与转型文选》

在莫斯科第 109 教育中心，扬堡多年来一直领导实施将儿童学习与发展特长一体化的思想。扬堡将这套德育体系命名为"自适应学校"。在这所学校中，每个人都有自己的位置，而不取决于其个性心理生理特点和特长。也就是说，学校努力适应每一个孩子，而不是相反。在保留班级—课堂体系的前提下，第 109 教育中心根据孩子们的能力、智力发展水平和准备程度安排教育进程。教育中心有从幼儿园阶段开始的各种年龄层次和不同能力的学生：有矫正—发展学习班级，也有物理—数学、人文、医学特长班。教育的目的是：培养学生积极的自我概念，创建自适应教育学和不同水平层次学习体系。教育可以通过下列途径达成目标：基于高质量的教育—德育平台组建文科和理科班级，培养高水平毕业生进入大学学习，培养学生自我发展和创造性劳动的能力，使用个性—定向和个性化学习方法，为弱势孩子提供医疗—心理学、教育学方面的帮助，为每一位困难的孩子提供良好的条件和平等的待遇；在学校中形成平等和谐的氛围：关爱孩子，理解其困难与问题，尊重其本性，为其提供必要的帮助，教育学生自我调整。

扬堡教育理论中教育支持的原则是：非强迫性的学习；理解课程作为康复的方式；调整内容；同时调动所有感觉、运动、记忆器官和逻辑思维以接受知识；互学互助。

在第 109 教育中心，教师们使用下列个性化的手段：不同种类的支持（宣传画、提纲、概括性表格）、解题或完成任务的程序、分解复杂的任务、预警可能的错误。

[①] https://ru.wikipedia.org/wiki/

第109教育中心执行国家教育标准,使用传统和创新的纲要、教法和技艺,如学前教育的生态学纲要"我们的家园——大自然",蒙台梭利教学法等;关注孩子感官的迅速发展;采用华德福教育法的相关元素,经济和生态概念,实际运用信息技术和经济基础,重视课外实践,戏剧化、学习乐器、保健并提高体质(物理理疗室、游泳池、体育馆),各类兴趣小组(饲养动物、马术等)。

基于扬堡的理论,教育工作的基本方向包括:形成自适应学校的基本价值论以保证其思想的完整性;根据学生的不同情况,更新教育内容;运用当代教学技术拓展教育空间;多层次、差异化教学;在不同领域专家的共同努力下,在医学—心理—矫正和教学分析的基础上,对学生实施差异化培养;研制自适应学校中实施多种教育模式的管理体系。

八、维克多·安东诺维奇·萨多夫尼奇(Виктор Атонович Садовничий, 1939—)

萨多夫尼奇于1939年4月3日出生于哈里科夫州克拉斯诺市巴夫洛夫斯克村,父亲是工人,母亲是集体农庄庄员。毕业于农村学校后,萨多夫尼奇在顿涅茨克州戈尔洛夫斯克"共青团员"煤矿工作,同时在夜校学习,并以优秀成绩毕业。他1958年考取莫斯科公立大学数学—力学系,学习期间积极参加社会活动,领导了校学生会和系共青团组织。1963年,他以优秀成绩毕业并被保送攻读副博士研究生,1966年获得副博士学位后留校担任助教。1974年,他通过了博士论文答辩,1975年被聘任为莫斯科大学教授。1981—1982年,他担任功能分析教研室主任,1982年起至今担任数力系数学分析教研室主任。他在莫斯科大学先后担任了下列职务:数力系主管科研工作副系主任、副校长助理、副校长(1982—1984)、第一副校长(1984—1992)。萨多夫尼奇一直积极参加苏联共产党的工作,在数力系和莫斯科大学党委工作,1977年开始领导大学党委,20世纪七八十年代参与领导莫斯科公立大学招生委员会工作。

萨多夫尼奇1992年3月23日当选莫斯科公立大学校长(差额选举),1996年、2001年、2005年再次当选(等额选举)。

萨多夫尼奇是俄罗斯教育科学院名誉院士和监事委员会委员,从1994年始当选俄罗斯科学院通讯院士,1997年成为正式院士,同时担任科学院主席团成员,2008—2013年当选俄罗斯科学院副院长。他曾被世界多所大学授予其名誉博士。1992年始他一直领导俄罗斯大学校长联盟。萨多夫尼奇共培养了65名副博士和15名博士。

萨多夫尼奇2002年12月成为统一俄罗斯党莫斯科地区政治委员会委员,2003年参与俄罗斯国家杜马选举,但随后拒绝了杜马的任命书。2012年2月成为弗拉基米尔·普京竞选总统的正式助选人;2018年作为普京竞选总统的提名人,继续担任助选人。2019年11月国家杜马教育和科学委员会通过一项修正案,授权普京总统可无任期限制任命莫斯科大学和圣彼得堡大学校长。2019年12月,普京总统发布第578号令,授予萨多夫尼奇新的5年校长任期。

萨多夫尼奇是俄罗斯高等教育界的一面旗帜,坚定捍卫俄罗斯高校的声誉。针对世界主流大学排行榜上俄罗斯高校表现不佳的现状,萨多夫尼奇表示,这些排行榜过度看重英文学术论文数量,对俄语区大学明显不利。为此,萨多夫尼奇倡议创立了"三项大学使命"国际大学排行榜。

从2002年开始,萨多夫尼奇持续批评俄联邦教科部的一系列改革举措。他认为加入博洛尼亚进程会迫使俄罗斯高等教育标准适应欧洲要求,包括将统一水平的高等教育分为两个学士和硕士层次,进而以博士研究生取代副博士研究生。他敦请教科部更加全面地考虑加入博洛尼亚进程,因为对俄罗斯技术类和自然科学类专业的高等教育而言,原有的教育标准是相当完善的,匆忙进行改革会导致俄罗斯的科学学派遭到破坏。萨多夫尼奇要求政府官员赋予高校自行决定解决问题的方案而不是强行推进。

萨多夫尼奇还多次反对全国统一考试。他认为,统一考试不是大学招生的最佳方式,因为考试中有许多偶然性。萨多夫尼奇强烈要求莫斯科大学不能仅凭统一考试的分数招收新生。对政府当时拟实施的根据学生参加国家统一考试的成绩给予每人5 000~17 000卢布拨款的政策,萨多夫尼奇也表示了质疑。他认为,莫斯科大学生均培养成本在10万卢布以上,政府的拨款数严重不足。萨多夫尼奇表示,在高校全面实施收费教育的改革也是不可接受的。

萨多夫尼奇的意见某种程度上有了积极的反应,2006年出台的一份文件授予莫斯科大学等少数几所重点高校可以在国家统一考试成绩之外再进行加试,同时还可以根据考生参加全俄各类奥林匹克竞赛成绩单独招生。

萨多夫尼奇着力重建俄罗斯传统教育,支持大学和俄罗斯东正教会的合作,在莫斯科大学重建了圣塔季扬娜教堂。虽然从未在公开场合表明其宗教信仰,但萨多夫尼奇重视与东正教的联系,同时反对宗教教派在大学发挥作用。

九、弗拉基米尔·米哈伊尔罗维奇·菲利波夫(Владимир Михайлович Филипов,1951—)

菲利波夫于1951年出生于伏尔加格勒州乌留平斯克市,1968年中学毕业时获得银质奖章考取卢蒙巴人民友谊大学(1992年更名为俄罗斯人民友谊大学),1973年从该校物理—数学和自然科学系数学专业毕业,同年开始副博士研究生学习。1975—1976年参加苏联武装部队。菲利波夫退伍后仍回到卢蒙巴人民友谊大学,从高等数学教研室助教开始,先后任数学分析教研室主任、科研管理处主任、物理—数学和自然科学系主任、大学党委书记。1980年,菲利波夫通过副博士论文答辩;1983—1984年在比利时布鲁塞尔自由大学进修;1986年通过数学专业博士论文答辩;1987年被评为教授。

1993年菲利波夫当选俄罗斯人民友谊大学校长;1998年被俄罗斯联邦总统任命为联邦教科部部长;1999年5月25日至2002年3月9日担任联邦教科部部长。2000年兼任俄罗斯人民友谊大学比较教育政策教研室主任(该教研室同时是联合国教科文组织国际教研室)。2001年当选俄罗斯教育科学院通讯院士,2003年当选正式院士,2004—2008年担任俄罗斯教育科学院主席团成员。2005年重新当选俄罗斯人民友谊大学校长。2012年当选联合国教科文组织"为了所有人的教育"世界专项管理委员会负责人。2012年10月起,俄罗斯国家杜马委员会委任菲利波夫担任教育领域国际交流专家委员会主席。

2013年2月12日,时任俄罗斯联邦政府总理梅德韦杰夫任命菲利波夫为最高学术委员会主席。

2020年5月25日因任期已满不再担任俄罗斯人民友谊大学校长,转任学校董事长。

菲利波夫担任教科部部长期间的主要贡献:1999年通过了《2000—2004年俄罗斯联邦教育发展纲要》,加大了国家财政对教育的投资。

菲利波夫大力促进俄罗斯教育现代化,2000年1月在莫斯科克里姆林宫召开了有5 000名代表出席的全俄教育工作者会议,这次会议距离上次会议召开已有12年之久,普京总统出席了会议。会议剖析了俄罗斯教育存在的问题及解决路径,通过了《2025年前俄罗斯联邦教育国家理念》。2001年菲利波夫领导制定了《2010年前俄罗斯教育现代化构想》,得到普京总统的支持并通过俄联邦委员会和联邦政府的审批。

菲利波夫着力推进了下列工作:

- 学校教育信息化;
- 制定新的普通中学教育大纲;
- 学生从2年级开始学习外语,高中毕业时掌握两门外语;
- 在高中阶段实施专业学习;
- 优化农村教育系统并实施"学校大巴"方案;
- 规范学校教学材料出版以提高其质量;
- 实施多种分数体系对学生的学习进行评分;
- 考虑小型和特殊学校的特点,制定对中等教育按人头拨款机制标准;
- 为全俄所有中等学校装备体育器材,配备艺术文献;
- 赋予所有俄罗斯学校法人地位;
- 给予教育机构新的地位;
- 在普通教育学校和高校成立监事会;
- 在普通教育机构提高学生伙食质量;
- 推行全国统一考试,实施基于行政主体、高校和全俄奥林匹克竞赛基础上的大学录取制度;

- 实施高等学校定向培养制度；
- 增加投入维修和增加大学生宿舍以扩大招收外国留学生；
- 对高等教育机构进行分层，对重点大学实施分类；
- 制定初等、中等、高等职业教育的新一代标准。

十、亚历山大·米哈伊尔罗维奇·诺维科夫（Александр Михайлович Новиков，1941—2013）

诺维科夫于1941年12月1日出生于吉尔吉斯伏龙芝市（今吉尔吉斯斯坦首都比什凯克市），2013年9月16日在莫斯科去世。诺维科夫是当代教学法和教育理论的创建者之一，俄罗斯教育学家、功勋科学家，教育学博士，教授，俄罗斯教育科学院院士，乌克兰教育科学院外籍院士，记者协会成员。

诺维科夫的父亲是苏联国家交响乐团的小提琴手。诺维科夫早年毕业于莫斯科公立函授师范大学（物理教师专业）。1971年通过副博士论文答辩，1989年完成博士论文答辩。1995年4月6日，成为俄罗斯教育科学院通讯院士；1996年4月11日，当选俄罗斯教育科学院职业教育学部院士。

诺维科夫1966—1977年历任苏联教育科学院劳动教育与职业定向研究所助理研究员、副研究员及实验室主任；1977—1991年担任全苏青年职业—技术教育科学—教学法中心副主任、主任；1992—1995年，任莫斯科州教师进修学院副院长；1995年开始在俄罗斯教育科学院职业教育学部担任学术秘书。其后，领导俄罗斯教育科学院终身教育理论研究中心和俄罗斯国际旅游学院科学—研究中心。

诺维科夫发表了350余部（篇）学术成果，研究教育理论、教学法、教育学、劳动教育的理论与教法以及职业教育、劳动心理和生理。

诺维科夫的教学法方面的论著有：《方法论》（2007年，合著）、《教育方法论》（2002年初版，2006年再版）、《艺术活动方法论》（2008年）、《教学活动方法论》（2005年）、《教育机构中的科学—实验工作》（1995年初版，1996年再版）、《怎样撰写学位论文》（1994、1996、2000、2003年版）、《博士论文》（1999、2001、2003年版）。

教育学和教育方法的论著有：《教育学基础》、《后工业化的教育》（2008年）、《祖国教育发展》（2005年）、《新时期俄罗斯教育》（2000年）、《俄罗斯的职业教育——发展前景》（1997年）、《职业技术学校：发展策略》（1991年）等。他还出版了《俄罗斯国家意识/可能的途径》（2000年）。

诺维科夫合著或合编的教材有：《职业教育学》（1997、1999、2010年版）、《职业教育全书》（1999年3卷本）、《俄罗斯职业教育史》（2003年）。

诺维科夫还就俄罗斯教育发展问题有系统地在《专家》《职业教育》《人民教育》《教育学》

等杂志上发表论文。

诺维科夫培养了 12 名博士和 33 名副博士研究生。

参考文献：

1. Закон РФ от 10 июля 1992 г. №3266/1 《Об образовании》（последняя редакция）［Элект/ ронный ресурс］// КонсультантПлюс. URL：http://www. consultant. ru/document/cons_doc_ LAW_1888/（дата обращения：14.02.2019）.

2. Президент подписал Указ 《О национальных целях и стратегических задачах развития Рос/ сийской Федерации на период до 2024 года》（2018）［Электронный ресурс］// Президент России. 7 мая. URL：http://kremlin. ru/events/president/news/57425（дата обращения：14.02.2019）.

3. Федеральный закон от 29 декабря 2012 г. №273/ФЗ 《Об образовании в Российской Федера/ ции》［Электронный ресурс］// КонсультантПлюс. URL：http://www. consultant. ru/document/ cons_doc_LAW_140174/（дата обращения：14.02.2019）.

4. Боченков, С. А. (2013) Учитель, школа, система образования в зеркале ЕГЭ // Проблемы со/ временного образования. №3. С. 27-37.

5. Ильинский, И. М. (2004) Негосударственные вузы: кризис идентичности и пути его преодо/ления // Alma mater (Вестник высшей школы). №7. С. 3-12.

6. Ильинский, И. М. (2012) Высшее образование для XXI века // Знание. Понимание. Умение. №4. С. 3-7.

7. Константиновский, Д., Вахштайн, В., Куракин, Д. (2008) Качественное образование: доступ/ность и региональная политика // Социальная политика в современной России: реформы и по/ вседневность / отв. ред. Е. Р. Ярская. М. : Вариант. 456 с. С. 52-79.

8. Концепция развития дополнительного образования от 4 сентября 2014 г. № 1726/р ［Элек/ тронный ресурс］// Правительство Российской Федерации. URL：http://static. government. ru/ media/files/ipA1NW42XOA. pdf（дата обращения：14.02.2019）.

9. Куликова, С. В. (2004) Интеграция традиций и инноваций как основа модернизации россий/ского образования // Интеграция образования. №3 (36). С. 34-42.

10. Ляхович, Е. С. (1998) Проблемы качества и доступности общего образования в постсовет/ ской России // Вестник Томского государственного педагогического университета. Вып. 1. С. 28-34.

11. Медведев, С. (2006) Болонский процесс, Россия и глобализация // Высшее

образованиев России. №3. С. 31-36.

12. Национальный проект 《Образование》［Электронный ресурс］URL：https：//strategy24.ru/rf/projects/project/view？slug＝natsional/nyy/proyekt/obrazovaniye&category＝education（дата обращения：14.02.2019）.

13. Новикова，В. М. （2012）Проблемы и перспективы российского высшего образования // Вестник МГИМО/Университета. №6（27）. С. 282-286.

14. Образование（2019）. Официальная статистика［Электронный ресурс］// Федеральная служба государственной статистики. URL：http://www.gks.ru/wps/wcm/connect/rosstat_main/ros/stat/ru/statistics/population/education/ （дата обращения：14.02.2019）.

15. Российский статистический сборник. 2018（2018）：статистический сборник. М. ：Росстат. 694 с.

16. Русских，Л. В. （2014）Реформа образования в России：промежуточные итоги // Вестник Южно－Уральского государственного университета. Серия：Социально/гуманитарные науки. Т. 14. №4. С. 88-90.

17. Сафонова，Т. В. ，Лукина，Д. Г. （2012）Актуальные проблемы стандартизации школьного об/разования // Вестник Удмуртского университета. Серия：Философия. Психология. Педагогика. №2. С. 59-64.

18. Серикова，В. П. （2015）Возрождение и внедрение российских традиций в высшее образование // Мониторинг общественного мнения：экономические и социальные перемены. №1（125）. С. 143-150.

19. Ситаров，В. А. （2015）Стандарты образовательные // Новая российская энциклопедия：в 12 т. / ред. кол. ：А. Д. Некипелова，В. И. Данилова/Данильян и др. М. ：Издательский дом《Инфра/М》. Т. 15（2）. С. 251-252.

20. Ситаров，В. А. （2019）История образования в России：досоветский и советский периоды // Знание. Понимание. Умение. №1. С. 201-211. DOI：10.17805/zpu.2019.1.16

21. Чернявская，В. С. ，Меркулов，Д. С. （2015）Взаимосвязь результатов ЕГЭ и успешности учебной деятельности выпускников школы［Электронный ресурс］// Современные исследования социальных проблем. №6. С. 290－300. URL：http://journal/s.org/index.php/sisp/article/view/6558（дата обращения：14.02.2019）.

22. Конституции Российской Федерации/（принята всенародным голосованием 12.12.1993 с изменениями, одобренными в ходе общероссийского голосования 01.07.2020）.

23. Всё об образовании：сборник нормативных правовых актов / сост. Г. Б.

Романовский. —М. Проспект, 2017.-544 с.

24. Деркач А. М. Компетентностный подход в среднем профессиональном образовании: риски подготовки некомпетентного специалиста // Вопросы образования. 2011. № 4. С. 217-230.

25. Днепров, Э. Д. Новейшая политическая история российского образования: опыт и уроки. — Издание 2-е, дополненное. М. : Мариос, 2011. 456 с.

26. Перминова О. П. Презентация на тему: " Нормативно — правовые основы государственно— общественного управления образованием. URL: http://www.myshared.ru/slide/844304/1

27. Гриневич И. М. Правовое регулирование современного российского образования. // Молодой Учённый. № 4 (15), 04.2010 г. с. 314-316.

28. Постановление ВС РСФСР от 22.11.1991 № 1920-1 《О Декларации прав и свобод человека и гражданина》. аспоряжение Правительства РФ от 07.02.2011 № 163-р 《О Концепции Федеральной целевой программы развития образования на 2011—2020 годы》 // Собрание законодательства РФ, 2011. № 9. ст. 1255.

29. Государственная программа Российской Федерации 《Доступная среда》 на 2011—2020 годы: Постановление Правительства РФ от 01.12.2015 № 1297 (ред. от 01.02.2018) // Собрание законодательства РФ. 07.12.2015. № 49. ст. 6987.

30. Приказ Минобрнауки России от 17.05.2012 № 413 (ред. от 29.06.2017) 《Об утверждении федерального государственного образовательного стандарта среднего общего образования》.

31. Приказ Минобразования РФ от 18.07.2002 № 2783 《Об утверждении Концепции профильного обучения на старшей ступени общего образования》.

32. Сенашенко В. , Жалнина Н. Качество высшего образования и система зачетных единиц // Высшее образование в России. 2004. №5. с. 14.

33. Еремина О. В. Возможности бакалавриата в подготовке квали-фицированных специалистов // Высшее образование в России. 2010. №12. С. 140.

34. Яковенко И. , Вукович Г. Г. Российская двухуровневая система образования в контексте усиления Европейских интеграционных процессов // Современные наукоемкие технологии. 2008. №1. С. 109.

35. О практике рассмотрения судами дел об оспаривании нормативных правовых актов полностью или в части: постановление Пленума Верховного Суда РФ от 29.11.2007 № 48 (ред. от 09.02.2012) // Бюллетень Верховного Суда РФ. 2008. № 1.

36. Вопросы организации деятельности участковых уполномоченных полиции: приказ

МВД России от 31. 12. 2012 № 1166 // Рос. газ. 2013. 27 марта. № 65.

37. Об утверждении Разъяснений о применении Правил подготовки нормативных правовых актов федеральных органов исполнительной власти и их государственной регистрации: приказ Минюста РФ от 04. 05. 2007 № 88 (ред. от 26. 05. 2009) // Бюллетень нормативных актов федеральных органов исполнительной власти. 2007. 4 июня. № 23.

38. Русакова Е. М. Образовательное право в системе российского права // Юридическое образование и наука. 2010. № 3.

39. О ходе реализации приоритетного национального проекта《Образование》в 2007 году и задачах на 2008 год. //《Образование в документах》. Информационно－аналитический бюллетень. 2008. №1 (285), январь.

40. Повалко А. Пора в путь.《Дорожная карта》образования. Кадры. Ресурсы. Возможности. Информационно-аналитическое издание. -Издательский дом《МедиаЛайн》. 2013.

41. Демидов А., Луховицкий В.《Болонская система》в российском образовании // ЭЖ－Юрист. 2012. № 34.

42. Кирилловых А. А. "Комментарий к Федеральному закону "Об образовании в Российской Федерации" №273-ФЗ (постатейный)". М.: Книжный мир, 2013.

43. Проект Кодекса РФ об образовании размещен на сайте Федерального центра образовательного законодательства // Образовательное право. 2003. №12, 16, 17, 18.

44. Дудукалов Е. В., Лаптандер А. Б. Образование и наука: как продолжать модернизацию в условиях рецессии? // Наука и образование: хозяйство и экономика; предпринимательство; право и управление. 2015. № 1.

第三章

俄罗斯的教育发展战略、管理与财政投入

苏联时期教育的特点表现在国家垄断和中央集权管理,现在的俄罗斯教育系统正积极融合到世界教育空间中,追求人道性、开放性。考察这段时间的教育,可以看到两种倾向的斗争。一方面是教育现代化的技术主义观点,把教育理解为保证国家繁荣的条件。另一方面,是自由教育的人道主义观点,把人的发展看作最高的价值。

30 年来俄罗斯教育追求教育管理的最优化,利用市场机制,在教育的不同经费来源之间建立平衡。现代化进程中取得了相当大的成就,但这并不能掩盖严重的、暂时无法解决的问题,尤其是过多引进欧洲经验导致对民族传统的忽略。俄罗斯正恢复加强教育战略引领、严格监控、对改革过程进行全民讨论、加大财政投入等传统,加强国家对教育的主导。

第一节 不断调整的教育发展战略

一、20 世纪最后十年的新俄罗斯教育发展战略

苏联从 1984 年开始进行一系列连续的教育改革,以适应世界趋势。20 世纪 80 年代后期以来,向市场过渡的政治改革和教育改革都以"一切为了人类的利益"的口号进行。改革教育制度的第一阶段是思想上、哲学上和方法上的,发生于 80 年代末至 1992 年。

1986 年至 1987 年,戈尔巴乔夫被选举为苏共中央委员会总书记时,教师之间开始讨论教育计划的可变性和学校教科书的可变性的想法。1988 年,第聂伯罗夫领导的临时研究小组"学校"开始根据学生的个性发展、教学计划的可变性和在教育系统各个层次上的自由选择、学校教科书的可变性等思想,制定一项根本性的新教育政策[①]。

1988 年 12 月,全联盟教育工作者代表大会制定并批准了以下基本原则:民主化;教育的

---

① Российский статистический ежегодник 1996. Период: 1990—1995. — М: Госкомстат России, 1996 — Электрон. дан. — Режим доступа: http://istmat.info/node/23792 [дата обращения 20.11.2019]

多元化、多样性、可变性和替代性;教育的国家和民族特征;教育的开放性;教育区域化;教育的人性化;教育的人道主义化;教育差异化;发展、积极的教育性质;教育的连续性。

同时,1988年6月21日,鉴于课程和教科书可变性的想法,取消了以下内容①:

· 1948年苏联部长理事会第1898号决议《关于为高等教育机构提供教科书和教具的决定》;

· 苏联部长理事会1952年12月31日第5336号决议《关于为俄罗斯苏维埃联邦社会主义共和国教育部的中小学提供教具和实验室设备的措施》。

从那时起,提供教育出版物、图书馆和信息资源的教育过程就落在了教育机构的身上。

从1988年底到1990年中的一年半里,不可能引入新的教育战略。关于教育改革的主要立法工作始于1990年6月12日通过的《俄罗斯苏维埃联邦社会主义共和国国家主权宣言》。从那时起,第聂伯罗夫被任命为俄罗斯苏维埃联邦社会主义共和国(然后是俄罗斯联邦)的教科部部长。教育改革是在该国的政治、社会和经济制度发生根本性转变的背景下进行的。

1991年6月12日,叶利钦当选俄罗斯苏维埃联邦社会主义共和国总统;1991年7月11日,总统颁布了第1号法令《关于在俄罗斯联邦发展教育的优先措施》,要求制定一项国家教育发展计划,创立用于发展教育的基金并为非国有教育机构提供支持。也就是说,第一次宣布可以在俄罗斯苏维埃联邦社会主义共和国建立民办教育机构。该总统令还规定为一些关键计划提供资金、为教育系统的组织提供税收优惠、为购买教科书分配资金等。但是,情势危急,实际上未能征集到总统令所要求的资金。

1992年通过了《俄罗斯联邦教育法》,根据新的条件和要求开始实施改革教育的具体措施。1996年对1992年《教育法》进行了修订,改变了教育系统的管理。1996年8月22日还颁行了《俄罗斯联邦高等职业教育和高校后职业教育法》②。

1997年9月,当时的联邦科学、文化、教育、医疗保健和环境委员会拟定了《俄罗斯联邦教育发展主张》。同时,还讨论了联邦教育发展计划,该计划已成为教育领域国家政策的组织基础。应当指出,联邦教育发展计划最初是在1991年6月11日第1号法令中宣布的,直到2000年4月10日才在立法层面获得通过。

这段时间的一个重大变化是改革了教育的公共性原则。1977年《苏联宪法》第45条中体现了公共教育原则:

"苏联公民有受教育的权利。通过免费提供所有类型的教育,实施普及义务中学教育,在学习与生活、生产之间建立联系的基础上广泛发展职业、中等专业和高等教育;发展函授

---

① Постановление СМ СССР от 21.06.1988 № 771 《О признании утратившими силу решений Правительства СССР по вопросам народного образования и некоторым другим вопросам》

② Федеральный закон 《О высшем и послевузовском профессиональном образовании》 от 22.08.1996 N 125 -ФЗ

和夜间教育；向学生提供国家奖学金和福利；免费发放学校教科书；保障在学校用母语教学的可能性；为自我教育创造条件。"

苏联时期的主要教育原则是：

- 所有公民平等接受教育，不论种族和国籍、性别、对宗教的态度、财产和社会地位如何。
- 所有公民接受免费教育。
- 教学和德育统一，家庭、学校和社区紧密联系的原则。
- 根据所接受专业强制性就业（《条例》第9、17段[①]），使年轻人适应国民经济中对社会有益的工作。
- 根据苏维埃联盟教育部批准的统一课程和计划，根据特定专业的规范课程进行培训。

随着1992年7月10日通过的《教育法》和1993年12月12日的《宪法》的实施，教育原则发生了根本变化。

1992年颁行的《俄罗斯联邦教育法》第2条确定了教育领域国家政策的新原则：

- 教育的人道性质，全人类价值、人的生命与健康及个性自由发展居优先地位。培养公民觉悟、勤劳品质、对人的权利和自由的尊重，对自然环境、祖国和家庭的爱心。
- 联邦文化和教育空间的统一。在多民族国家条件下，通过教育体制保护和发展民族文化、区域文化传统和特点。
- 教育的普及性，教育体制适应求学者、受教育者的发展和准备水平及特点。
- 公立、市立教育机构中教育的世俗性质。
- 教育的自由和多元化。
- 教育管理的民主性质和国家—社会性质，教育机构自治。

《苏维埃社会主义共和国联盟宪法》第45条规定了针对所有类型的免费教育的原则以及对年轻人的义务性普通中等教育，那么1993年12月12日的《俄罗斯联邦宪法》第43条规定了仅在一定程度上实行免费教育的原则——保证"免费的学前、基础普通和中等职业教育"。因此，国家在宪法上放弃了提供免费的普通中等教育、免费的高等教育和研究生教育的保证。

教育的可变性提供了教育系统的去国家化，教育和教育机构的多种所有制形式，各种教育渠道和形式的选择。可变性为教学方法、科学概念和教科书多样性铺平了道路。1992年，俄罗斯教育部编写了15个版本的中学课程，其中包括国家和地区课程。教育机构有权选择其中一种版本，而国家标准则必须全面执行。但是，与以前的计划相比，它已大大减少（例如劳动培训变得可变了）。例如，在20世纪90年代的某些中学中，引入了一种简短的课

[①] Постановление Правительства РФ от 19.09.1995 № 942 《О целевой контрактной подготовке специалистов с высшим и средним профессиональным образованием》，—《Российская газета》от 04.10.1995

程,其中只有5个必修科目:文学、数学、计算机科学、运动训练、生命安全的基础知识①。

教育多元化的原则是基于这样的论点,即生活破坏了教育的统一国家结构,因为学校作为社会机构不能仅仅依靠国家的呼吸而生存——迟早它会遭受"缺氧"的困扰。

教育商品化:①随着1993年12月12日《俄罗斯联邦宪法》的通过,公立和市立中学可以采用中等(完全)普通教育水平的收费教育。实践证明,这种机会在20世纪90年代州和市级教育机构中都没有被抓住。②宪法规定的规范已经出现(第43条第3款),这使得有可能建立以报酬为基础进行教学的民办教育组织。

教育的人性化。俄罗斯在1992年9月于日内瓦举行的联合国教科文组织国际教育会议上,特别是在第四十三届会议上的报告中,揭示了教育人性化的概念②:

· 使学校教学注重每个学生的个人素质;

· 使学校转向孩子,尊重他的个性、尊严,对他保持信任,接受他的个人目标、要求和兴趣;

· 为揭示和发展孩子的能力和天赋,为所有年龄阶段孩子的一生、为自决创造最有利的条件。

总之,个性化将孩子置于教育的中心。学生的成长成为教学过程的主要意义。

教育的人道化。如果人性化是一个人形成的目标,那么人道化就是实现这一目标的一种形式。现在,通过研究世界的整体图景或文化方面,可以实现个人发展。通过增加有关人与人、外语知识、人的法律和经济素养等学科的比例,可以实现这一原则。

教育的差异化。"教育的差异化和流动性旨在为实施个人教育创造机会;考虑到学生成长阶段的心理生理特征,以满足他们的兴趣、爱好和能力。"③灵活地适应社会需求的系统。其目的是匹配社会需求和教育服务市场中的机会。如果在苏联时期,某些行业的专家人数是从国家"从上而下"的命令产生的,那么现在教育机构"从下而上"的请求,即对社会的要求做出了反应。

教育的积极性。教育的积极性意味着学习的中心是人格,其动机、目标、需求和个性自我实现的条件是活动。学生参与教育活动,激发学习动机,以便他为自己设定目标并找到方法。

教育的连续性。"教育的连续性确保了各级教育的连续性,以及教育空间中的多维运动:沿着这些层次的线性和顺序上升,适时地掌握它们,不仅可以继续学习,而且可以改变教育类型,这使一个人可以从一个活动领域转向另一个活动领域,等等。"这个原则的主要思想是终身教育。

---

①②История педагогики и образования в 2 ч. Часть 2. XX - XXI века 3—е изд. Александр Джуринский.

③ Закон РФ от 10.07.1992 № 3266—1《Об образовании》

二、2000—2012年教育战略及发展规划的制定

1. 2000—2003年

2000—2003年是针对出现的教育问题进行持之以恒地探索并不断解决的时期。

2000—2003年,俄罗斯通过了一系列与教育内容有着直接关系的重要文件,其中有《2001—2005年俄罗斯联邦教育发展纲要》《俄罗斯联邦教育的国家主张》(2000年,简称《主张》)、《俄罗斯联邦政府社会经济政策基本方向远景》《2010年前俄罗斯教育现代化构想》(2001年,简称《构想》)。总的说来,所有这些文件的出台,不仅证明教育的法律基础得到了巩固,而且更为重要的是证明国家又开始重视教育,把教育作为国家最优先发展的领域之一。

《主张》确定了国家的长期教育战略,并作为基本目标提出了国家对年轻一代教育的社会要求,要求用高尚的道德精神并结合本国的经验和传统对青年进行教育。《构想》是受俄联邦总统普京的委托编写的,经过国家委员会的审查并得到俄罗斯政府的批准。俄联邦总统的观点给这一时期教育改革烙上了深深的印记。

俄罗斯教育系统发展的新阶段始于2003年9月,以俄罗斯宣布准备加入博洛尼亚进程为标志。其目的是要达成开放性并提高教育的竞争能力,通过引进统一的质量管理方法和技术来提高教育质量。承认博洛尼亚宣言的原则,就要求俄罗斯走上跨国教育的道路,要求它融入世界教育空间中。这就决定了国内的教育系统必须与欧洲的模式相协调。上一时期俄罗斯教育的现代化是基于民族传统背景下的独立思考,新阶段的俄罗斯教育改革参照了欧洲教育系统标准。欧洲的经验要求下放国家教育部门的权力以及从经济效率和投资吸引力角度去发展教育系统。

由于加入了博洛尼亚进程,俄罗斯建立了教育质量社会评价体系,这一体系要求建立独立的鉴定中心,它包括一些重要成分,例如国家统考、普通教育学校、中等职业学校、高等学校鉴定程序和认证程序,等等。

2. 2004—2012年

这段时间颁布了《俄罗斯联邦教育系统优先发展方向》,并于2012年12月29日通过了第273号法律《俄罗斯联邦教育法》。

这段时间的重要举措有:

- 宣布"我们的新学校"方案;
- 2012年实际教育经费增加至2006年的180%;
- 将国家统一考试作为高等教育机构的最终认证形式和主要竞争筛选机制;
- 向人均财政支持过渡,大规模削减分校,特别是农村学校(2006年之后);
- 建立高等教育"金字塔"体系。

国家对包括教育在内的整个社会领域的财政拨款性质的改变,反映在2004年第122号

法律中,该法要求修订一系列现行法律,使之与通过的新的税法相一致。以前旨在保证教育优先的所有措施,首先是1992年《教育法》的第40条"优先发展教育的国家保障",实际上已从这个文件中消失了,这废除了教育优先性的宣言,从根本上改变了《教育法》的实质,产生了要求削减教育过程运作预算费用的一系列条款。国家削减教育经费的立场在社会上引起了一场激烈的论战。新的教育政策被看作是90年代制度危机之后俄联邦政府逐步退出教育领域。

三、2018年以来的教育发展战略

2018年5月7日,普京总统签署新的"五月命令"①,提出要不断提高俄罗斯教育水平,促使普通教育质量进入世界前十,科研能力进入世界前五。由此,政府对教育主管部委进行大规模调研,将原联邦教育和科学部分解为联邦教育部、联邦科学与高等教育部。随后,俄罗斯推出《俄罗斯国家教育方案(2019—2024)》并于2019年开始全面实施。

2018年,俄罗斯出台《俄罗斯国家教育方案(2019—2024)》,其构成了近年俄罗斯教育发展的战略框架。该方案由10个联邦级的计划组成,计划于2024年前完成,其主要目标是提高俄罗斯教育的国际竞争力,使俄罗斯的普通教育跻身世界前十;其重要内容是更新教育内容,提供必需的当代教育硬件设施,培养骨干教师,形成积极的管理机制。具体而言,该方案由10个专项组成。一是支持学校建设——保障校园的物质基础,积极建设新学校,取消第三班次(夜晚班),开发新的学习方法。二是致力于每个孩子的成功——开展补充教育,对天才孩子的职业定向提供支持。三是支持多子女家庭——给予父母教育和心理支持。四是创建数字化教育环境——在校园推广数字化技术。五是培养未来教师——积极对教师开展培训,完善教师职业成长体系。六是提高职业教育竞争力——提高对骨干人才的培养质量,为年轻职业专家提供支持。七是为每一位公民提供新的机遇——发展终身教育,完善终身教育平台及指标建设。八是开展各类社会活动——创造条件以开展论坛、技能大赛等活动,激发社会首创精神,促进学生发展。九是扩大教育出口——扩大高校和科研单位的外国学生人数,使其较现有人数增加2倍以上,同时优化条件以吸引优秀的留学生在俄罗斯就业。十是为每位公民提供进步的阶梯——给所有希望得到职业提升和事业进步的公民提供职业教育。

这段时间重点进行下列工作:

• 在缩减年度实际教育财政支出的条件下,执行2012年和2018年俄罗斯联邦总统的"五月命令";

---

① Сайт Министерства науки и высшего образования Российской Федерации. Проект повышения конкурентоспособности ведущих российских университетов среди ведущих мировых научно — образовательных центров. URL:https://5top100.ru/

• 在教师地位与其对工资满意度降低的条件下,提高国内学校教育的国际指数[特别是在 TIMSS 和国际阅读素养进展研究(PIRLS)系统中];

• 大规模减少高等教育机构。

第二节　从放权回归集中的教育管理

一、逐步放权:中央和地方各司其职

苏联时期实行的高度集中的教育管理体系,显得庞大笨重、迟滞而欠灵活,积累了不少影响教育创新的问题,当时的教育管理体系带来的不是教育的发展,而是教育发展的停滞。

俄罗斯教育管理改革实际上从 1992 年《教育法》开始的,1992 年《教育法》重新规定了不同层次教育管理机构的管辖范围,这种新的划分方式大大缩减了联邦中央管理机构在日常性直接管理方面的权限,却基本保留了其制定和实施全国性教育政策的职能,联邦管理机构在依法调节教育领域各种关系方面仍起主导作用。

与苏联时期相比,地区和地方管理部门的权力明显增强,对市级教育体系的业务管理作为特有权力被转交给地方管理部门。1992 年《教育法》重新明确了学校的权力和责任,学校自治作为国家的一项基本政治原则被置于重要位置①。

《社会经济改革条件下俄罗斯教育体系的改革和发展计划》(1992 年 8 月)是深化改革教育管理体制的一个重要文件。这项改革计划提出了三项重要任务:实现教育管理的去中心主义;改变教育管理机构的工作重心,使其关注教育体系和学校的发展;要求教育管理部门的所有工作人员都要掌握现代化的管理技术。

教育管理的去中心主义导致管理分支机构、管理对象和管理内容发生变化。行业内部的垂直型(纵向)管理仍保留了原来的结构模式(保留了四个基本层次:联邦、地区、市和学校)。但是,旧的管理体系中只有联邦层次具有管理功能,联邦管理机构制定教育目的和任务,并对这些目的和任务的完成情况进行监督;新的管理体系则逐渐给每一个层次都赋予了管理职能。这样,不同层次管理主体间的相互关系完全改变了。新的管理体系应当建立在不同层次的管理主体展开对话的基础上,建立在协商性合作的基础上,既在协调一致的目的性计划框架内共同活动,又在各自的职权范围内自主制定政策。这样,权力的分解完全不会降低中央的作用,倒是减轻了中央的负担。将相当一部分的责任"下放",而且放到最低的市

---

① 朱小蔓,鲍列夫斯卡娅,鲍利辛柯夫.20—21 世纪之交中俄教育改革比较[M].北京:教育科学出版社,2006:75-90.

级管理层次,这样可以充分发挥地方创新能力,并使管理体系更加有效运作。

教育管理改革的第二阶段与国内推行的行政改革直接相关。2004年对《俄罗斯联邦主体立法机关和国家权力执行机关一般组织原则法》和《俄罗斯联邦地方自治组织一般原则法》等联邦法律作了修改和补充。这些措施对不同的国家管理机构和地方管理机构间权力的划分产生了实质性的影响,其中对教育领域权力划分的影响同样重大。

上述这些变化导致联邦教育管理部门职权范围的压缩(特别是大大地限制了联邦管理机构直接调控地区教育系统活动的可能性)。2004年修订的《教育法》甚至规定,只有联邦一级学校的创建、结构调整和取缔规则的制定属于联邦教育管理部门职能范围,联邦教育管理机构也仅仅有权为联邦一级的学校制定劳动标准和劳动报酬标准(此前,为全国所有的学校制定类似的规则和类似标准都属于联邦教育管理机构的职权范围)。

同时,《教育法》所做的修订大大地扩大了联邦主体的职权,最实质的变化是通过补贴地方预算的方式将国家保证公民获得免费的学前教育、初等普通教育、普通基础教育和完全中等教育,甚至在学校获得补充教育的责任都交给了联邦主体。

这种转移也暴露了一些新问题。由于缺少经验,转移导致地方管理机构的组建持续时间太长;权力下放引起了地区和市级教育管理部门职能重置;地区和市级教育管理部门的管理活动实现正规化的进程非常缓慢。由于缺少相关经验,不能确定社会对教育的需求,这大大地降低了地区和市级管理部门的管理质量,教育管理改革的进展非常缓慢。

经过调整,中央和地方分别承担了不同的权力和责任。

(1)联邦层次的教育管理机构主要管理国家高等教育机构和部分中等、初等职业教育机构。按照1992年《教育法》第28条的规定,以下部分权力属于联邦管理层次:

- 制定和实施联邦政策;
- 依法调节各种关系;
- 保证公民权利受国家保护;
- 制订并落实联邦目标性计划和国际性计划;
- 制定开展职业培养的职业分类和专业名录;
- 提供独立于教育管理部门的国家评定服务;
- 研究并制定学校示范性条例,确定学校认可证的认证、评定和进行国家鉴定的程序,以及对国家和市政学校的教育工作者和教育管理机构的工作人员进行评定的程序;
- 明确制订国家教育标准的联邦部门,确保教育文件在联邦范围内具有相同的效果;
- 确定教育工作人员的教育程度;
- 给学校发放开展高等职业教育和高校后职业教育计划的许可证,并颁发有权按指定计划开展教学活动的许可证。

另外,与保证联邦一级国家学校体系运行直接相关的权力,都属于联邦教育管理机构的职权范围,其中包括创办、改造、取缔学校,甚至包括确定劳动标准和劳动报酬标准,确定联邦教育投资标准,以及一系列其他权力。

（2）联邦主体在《教育法》规定的职能范围内行使管理权,地区权力机构和市级管理机构负责由它们创办学校的经费。多数初等职业学校和大部分中等职业学校和补充教育机构都属于地区教育管理部门的管理职权范围,甚至一些联邦主体创建的高等教育机构也由地方管理。

属于联邦主体一级教育管理部门的管理职能包括：

· 制定与实施与国家教育政策一致的政策并制定相关法令；

· 创建、改建或取缔联邦主体一级的学校,给予资金投入,发放许可证(开展高等职业教育和高校后职业教育计划的教育活动许可证发放权除外)并制定相应的规则；

· 制定并实施共和国、地区教育发展计划,其中包括国家的教育发展计划；

· 建立自己的教育管理机构,(在和联邦机构协商的条件下)领导这些机构并任命其领导；

· 确定国家教育标准的地区(民族地区)组成部分,以及其他的组成部分。

从 2004 年起,联邦主体承担对公民获得免费的学前教育、初等教育、基础教育和完全中等教育甚至在学校接受补充教育的权力保障责任。为此,联邦主体对地方财政进行补贴,其补贴额度必须足以落实普通基础教育计划和支付落实这一教育计划的教育工作者的劳动报酬、购买教科书、教学技术设备、消耗性材料以及其他业务开支(但教学楼维护、公共支出除外,这部分由地方财政投资)。这就形成了地区教育管理机构和地方管理机构在对市级教育系统提供资源保证方面开展相互合作的空间。

20 世纪 90 年代教育管理上呈现中央集权制和教育大纲的统一化特点。进入 21 世纪以来,教育系统出现分权及教育机构和大纲的多样化倾向。国家教育标准坚持了俄罗斯教育空间的统一,允许不同的学校采用各种不同的教学方法去获得统一的结果。第一代普通教育标准是在 2004 年通过的,2006 年开始制定第二代标准。2012 年《教育法》的通过,在相当大程度上坚持了一定的统一性。根据 2012 年《教育法》,中央规定的基本教育计划部分占 80%,民族地区部分只占 15%,还有 5% 由学校规定。

（3）市一级的教育管理作用明显提升,而且实质性地改变了对市一级管理任务和管理职能的要求,市级教育管理部门的职能范围得以扩展,普通学校基本由市一级教育管理部门管理。近些年,部分初等和中等职业学校也交给市一级管理,甚至包括一些市级大学。

明确划分中央和地区、地区与市的责权直接影响了地区教育系统的活动。2005 年,所有初等职业教育学校都转交给俄罗斯联邦主体管理,这大大增加了地区预算的负担,于是开始压缩这类学校的生存空间。一些地区很积极地进行着这一过程,这直接导致了 2012 年以后彻底取消了初等职业教育这一层级。

到 2007 年年底,中等职业学校应转归联邦主体管理,这也影响到地区教育系统的拨款参数。从联邦预算划拨到联邦主体的预算不具有专款专用的性质,所以地方权力机构可以自由分配这笔预算。由此,许多地区的教育预算经费系统在总体上存在缺陷。

这些措施还导致对初等和中等职业教育结构的改造,加快了对这类学校的整合。

联邦主体甚至市政府少量地创办了自己的高等学校。

二、社会与办学单位参与管理

国家不直接管理民办教育机构的活动,但通过教育计划的标准化、对教育机构发放许可证和进行认证等制度对他们的活动实施监督。

社会团体积极参与教育管理:或者参与独立的学校管理,或者参与到整体性的地区教育综合体的管理中。这是由社会要求提高教育质量管理和最大程度地提高教育投资回报所决定的。参与教育事业的所有社会机构和组织可以划分为两类,教育体系内部的组织和教育体系之外的组织。学校自治机构(学校委员会、管理委员会、教育机构委员会、大学学术委员会、其他不同的学生自治组织等等)可以归入第一类。联邦、地区和地方(市级)层次的权力机构和部门管理机构设立的不同类型的社会组织(附属于教育管理部门的工作委员会、学校领导委员会、教学法委员会、学习方法委员会以及其他委员会和中心)可以归入第二类。大约三分之一的学校建有教师、学生和家长代表组成的社会委员会,这些委员会也在发挥作用。它们的作用通常是向学校管理部门提供帮助,解决物质技术问题和教育过程的资金保障问题,巩固学生所学课程并组织学生度过闲暇时间、组织学生休息。许多学校有学生自治体系,但是绝大多数自治体系都被教师视为落实自己教学计划的工具。从实质上讲,学生自治团体的作用主要是协助组织学生课外活动,根本谈不上真正的学生自我管理。

类似的情况同样存在于家长管理方面。在学校,家长管理体系只能发挥十分有限的作用。目前,基本上只有个别学校和班级的家长自治机构在起作用,它通常由学校校长和班主任建立,帮助解决日常教学组织任务。

学校里的教师委员会依旧是附属于学校的一个协商性组织,这实际上使这些组织不能成为教师自治的最好机构,也不能真正解决教师迫切需要解决的问题。

中小学、大学内部管理的改革情况是:

> 俄罗斯现行法律赋予学校很大权力。现在,学校有权完成教育过程、选择和分配师资等,并在法令、示范性条例和学校自己章程规定的范围内独立开展科研、经济以及其他活动。同时,其责任范围也随之宽泛。如果未完成职责范围内的工作,没有完全按照计划和教学过程安排落实教学计划,学校就要承担责任。学校还需要为毕业生的教育负责,在教学过程中为学生和工作人员的生活和健康负责,如果学生和工作人员的权利和自由受到损害,学校也要负责。此外,学校还要为其他一些行为负责。
>
> 高校享有最大程度的自主性,按照《俄罗斯联邦高等职业教育和高校后职业教育法》的规定,学校享有自治权和学术自由。

三、教育管理机关屡经变迁

2004年行政改革过程中创建了俄罗斯教育科学督察署(见图3-1),这个机关检查和监督的范围包括:教育领域的法令执行情况;学校教育质量;每一个教育层次结束时学校毕业生培养情况。联邦一级的服务包括制定有关标准和检查方法的文件,而且向联邦主体的教育管理机构和学校教育管理机构提供信息保证。该署还检查职称和学位授予情况,批准建立学位委员会,批准、认可和确定在国外和俄罗斯获得的文凭层次、学位层次、学衔层次,并执行其他职能。

图3-1 俄罗斯联邦教育科学督察署徽章

教育科学督察署还进行以下方面的检查工作,如对学校及其分校以及科研组织(高校后职业教育和补充职业教育领域)开展许可证认证、评定和认可工作。这些专门的检查工作随着2020年《教育法》的实行而成为独立的检查程序。通过10年的运行,已形成了执行这些职能的必要的法律基础和组织机构。

许可证检查的目的是确保学校的办学条件符合国家和地方的要求,包括是否符合建筑、卫生、保健标准,是否符合保护学生和教师健康的标准,教学场所的设备、教学过程的配套设备、教学工作人员的资格以及人员增补是否符合标准。但教育内容和教学组织和方法没有列入许可证检查对象之列。

俄罗斯法律要求国家借助于评定机制来检查教育质量。这种评定性检查每五年一次,如果学校通过评定,就会获得国家认可。同时,在获得认可证书的条件下,学校就有了发放国家教育证书的权力。学校许可证检查、评定、认可的三个检查程序相互紧密联系。在不干涉学校日常工作的条件下依照三个检查程序对教学过程的条件和结构进行专业化的外部检查。只有将三个程序全部组合后实施的检查才最有价值、最系统。

2006—2010年由于政府机构的改革、联邦一级领导人的更替、新教育发展战略的制定,管理和发展教育体系的方法发生了变化。行政领域的改革引起了教育领域相应的变革,即重组教育部,将教育部与科学部合并,成立了俄罗斯教育与科学部,下辖教育署和督察署等。

在此时期还出现以下严重问题:联邦政府不再负责地方教育任务,而根据排名和竞赛奖励优秀学校的政策,让好学校和差学校之间的差异加大,中小学分化更加严重;对城市学校和农村学校之间的差异考虑不足;重视个别问题,而没有用整体的观点解决一般问题,例如过于重视国家统一考试甚至夸大了国家统一考试的作用。

2012年12月29日出台了新《俄罗斯联邦教育法》,该法于2013年9月1日正式生效。2012年《教育法》的推行并不顺利,在一些问题上受到了批评,为此多次进行修改,到2019年3月6日已颁布了第45套修订案。

2018年一项新的管理决定对教育体系意义重大,即重新将俄罗斯教育科学部分为两个部门——俄罗斯联邦教育部和俄罗斯联邦科学与高等教育部。俄罗斯联邦教育科学督察署独立存在,这对教育体系影响重大,该署在缓和学校分化、改善学校的物质条件和技术条件、提高可管理性、更好地实现教育统一原则等方面发挥着重要作用。

【资料链接】

俄罗斯教育管理的主要问题之一是官僚主义。根据第六届国家杜马教育委员会的数据,俄罗斯每个教育机构平均每年要填写大约300份包含11 700个指标的报告。根据经济合作与发展组织的国际比较研究,俄罗斯教师在作报告、填文件及其他官僚程序上所花费的时间一直保持着世界纪录——每周超过四小时。

莫斯科所有大学的活动由18个机关控制监管,其中不包括俄罗斯联邦教育督察署。与此同时,大约80%的监管程序与教育当局的活动无关。

目前,各级政府都认识到需要对国内教育进行去官僚化这一问题,呈现出了通过制订专项计划管理,同时保留行政体系管理特点的发展趋势。管理对象数量不断增加,范围不断扩大,管理体系旨在完成目标。

第三节 捉襟见肘的俄罗斯教育财政

一、教育投入一直未达到预算

1970年苏联教育系统的经费约占GDP的7%,而当时发达国家教育经费一般占GDP的5%~6%,因此苏联当时的教育经费指标是很高的。1992年《教育法》规定教育经费不少于国民收入的10%,折算成GDP约为6%~7%。此外,在1996年颁布的《俄罗斯联邦高等职业教育和高校后职业教育法》里，国家承诺拨给高等教育的公立教育机构的经费不低于联邦预算的3%。但是由于90年代的经济衰退，低估了国家在向后工业化社会过渡时期对教育的影响，在此后的几年里都没能完成上述指标(见表3-1)。

表3-1 1990—2003年俄罗斯教育投入百分比

占比	1990	1991	1992	1993	1994	1995	1996	1997	1998	1999	2000	2001	2002	2003
政府财政占比/%	14.8	14.4	11.4	12	11.9	11.8	12.8	13.4	11.8	11.7	11	11.5	12	12
GDP占比/%	3.7	3.6	3.6	4	4.5	3.7	3.9	4.5	3.6	3.1	2.9	3.1	3.8	3.6

这段时间，俄罗斯划拨给教育的国家经费减少了一半。但是如果考虑到GDP的下降超过一半，以及1998年国际金融危机的影响，那么教育支出只相当于原来的八分之一，占国家长期财务预算的12%，这同世界发达国家相比是很低的。

1992年《教育法》极大地推动了包括民办教育在内的各种类型教育机构的发展，从根本上扩大了教育机构作为经济关系主体的活动范围。所有的教育机构在组织上都得到法人(以机构形式建立的非商业组织)的合法地位。1992年《教育法》规定教育机构在银行和其他信贷机构拥有结算账户。然而，只有一成的教育机构拥有自己的结算账户，这也只是一些职业教育机构和为数不多的中小学和幼儿园。

从2001年开始及其后续的《2010年前俄罗斯教育现代化构想》(以下简称《构想》)，奠定了新时期教育现代化的基础。根据《构想》，2006—2010年提高教育领域的资金保障应该初见成果。《构想》要求：(1)增强政府的责任，包括教育预算支出在GDP中的比重应从3.5%提高到4.5%，联邦预算中教育拨款的增长应每年不少于2.5%，也不低于全国预算的10%；(2)给予税收优惠；(3)达到经费渠道构成的有效再分配("教育投资的私人经费在国内生产总值中由1.3%增长到2.5%"，这里说的是较大力度地用预算外资金补充预算内资金)，遗憾的是，最后的定稿文件删除了这些条款。

2003年俄罗斯联邦政府批准了《2003—2004年与在2006年之前改组俄联邦预算部门的原则》，该文件确定了后来包括教育在内的部门经济中发生变化的所有内容。2004年的一些文件，例如《2010年前俄罗斯联邦教育发展战略(草案)》实际上反映了《构想》中的主要原则。例如，大大减轻国家对各级各类教育及其今后的商业化提供经费的责任。该战略草案中所引用的社会经济效率指标就是证明：如果按照2002年的总结，预算外支出比重占教育总支出的28%，2003年占35%，到2007年这个比重将应增加到58%。而实际上缩减了预算内支出，因为该战略草案所拟定的生均经费的增长甚至不能抵消所预测的通货膨胀(更何况各类教育机构在教学上支出的费用实际上在不断增长)。

根据上述文件，初等职业教育和中等职业教育机构改革的一个重要方针，就是通过企业主的投资形成财政—经济激励机制，以尽可能地补充这些机构的预算经费。对这个系统的拨款机构很快从联邦转到了地区(见表3-2)。

在高等教育方面,从统一的5~6年学制转变为两个层次(学士3~4年,硕士2~3年),这样就减少了国家的支出,因为预计升入硕士研究生的人数不超过学士的40%。

2004年,公立和市立教育机构推动了对以下财产的所有权:(1)自然人和法人以赠予、捐助或遗赠形式转给他们的资金、财产和其他设施;(2)作为其工作成果的知识产品和创造性劳动的产品;(3)本身工作所得和利用工作设施所获得的收入。以前,当年(季、月)没有使用完的经费不能放在教育机构使用,或者教育机构承办人不得把这些经费作为下一年度(季、月)的经费使用,那么,现在都成为可能。

2004年,国家进一步采取措施激活市场机制并加强教育领域的商业化。于是,对创建新的公立学校组织的法定形式的立法出现了一些修改方案。对法律的修订大大减少了对大学生的社会福利——他们免费享受高校医务部门服务的权利被取消了,对全日制学校的伙食补贴和一年一次的免费乘坐火车的权利也被取消了。

2001—2004年间,随着俄罗斯联邦第二部税法的通过,对教育机构的赋税优惠数量越来越少了。

表 3-2　21世纪初俄罗斯教育投入情况

教育层次		支出数额/10^9 卢布				支出比例/%			
		2000	2001	2002	2003	2000	2001	2002	2003
学前教育	总计	32	42.7	60.6	72	100	100	100	100
	联邦预算	0.5	0.5	0.6	0.8	1.6	1.2	1.0	1.1
	联邦主体预算	4.7	7.5	10.6	11.5	14.7	17.5	17.5	16.0
	地方预算	26.8	34.7	49.4	59.7	83.8	81.3	81.5	82.9
普通教育	总计	107.9	144	211.4	236.6	100	100	100	100
	联邦预算	0.7	0.9	1.4	1.5	0.6	0.6	0.7	0.6
	联邦主体预算	17	28.4	44.1	47.1	15.8	19.7	20.8	19.9
	地方预算	90.2	114.7	165.9	188	83.6	79.7	78.5	79.5
初等职业教育	总计	13.4	17.7	27.4	30.3	100	100	100	100
	联邦预算	8.1	11.2	19.1	21.5	60.4	63.3	69.8	71.0
	联邦主体预算	4.6	5.6	7	7.7	34.4	31.6	25.5	25.4
	地方预算	0.7	0.9	1.3	1.1	5.2	5.1	4.7	3.6
中等职业教育	总计	10.2	14.2	20	24	100	100	100	100
	联邦预算	5.4	7.5	10.4	13	52.9	52.8	52.1	54.2
	联邦主体预算	4.1	5.8	8.5	9.8	40.2	40.8	42.5	40.8
	地方预算	0.7	0.9	1.1	1.2	6.9	6.3	5.5	5.0

(续表)

教育层次		支出数额/10^9 卢布				支出比例/%			
		2000	2001	2002	2003	2000	2001	2002	2003
高等教育	总计	24.4	34	47.9	61.2				
	联邦预算	22.5	31.3	44.4	56.8	92.2	92.1	92.7	92.8
	联邦主体预算	1.6	2.3	3	3.9	6.6	6.8	6.3	6.4
	地方预算	0.3	0.4	0.5	0.5	1.2	1.2	1.0	0.8
职业进修与提高	总计	1.4	2	3	3.7				
	联邦预算	0.6	0.8	1.1	1.4	42.9	40.0	36.7	37.8
	联邦主体预算	0.7	1.1	1.7	2.1	50.0	55.0	56.7	56.8
	地方预算	0.1	0.1	0.2	0.2	7.1	5.0	6.7	5.4

2010年俄罗斯联邦政府通过的《为完善国家(市政)机构法律地位对若干俄罗斯联邦法案进行修改》的联邦法对自治单位收费服务制度作了明确规定:高等职业教育机构(高校)应向上级单位报批收费服务的人数限制,可自行决定签署有偿服务合同、明确双方义务及其他条件等问题。同时,应满足两点要求,首先,服务内容应符合机构成立的宗旨,所有服务所得收入应用于实现相关目标。其次,机构章程内应明确此类服务的完整清单。

目前,国家预算人数的实际认定标准是"录取配额"。从工作质量、内容、方式上来说,该指标有时并不符合"结果导向预算分配"机制,因为教育机构的工作成果是毕业生人数及其质量。

显然,在大学毕业生数量上,国家显然是依赖于人头定额拨款体系。由此,减少招生人数是对高校不利的。而高等教育教学质量官方评判标准之一是毕业生就业指数。换句话说,政府作为政策制定方,在一定程度上将录取配额的责任转嫁给了高校。

至于毕业生质量,通用评价标准是持有办学许可证和培养计划承认的情况,还有,例如针对高校制定的"教学效益评价标准",以及对高校教学质量独立监督。这些方法能在一定程度上影响教学活动质量,从而可能带动教学成果的进步,达到教学目标。

2012年5月,俄罗斯开始实施普京总统发布的"五月命令",推行教育机构人头定额拨款。按人头拨款的关键性原则是落实到学生头上。这就是说,教育机构依照国家(市政)指标,根据儿童数量获取学生的教学资金。因此,学校招收学生越多,学校获得的拨款就越多。学校系统优化的意义在于:学校能获得更多拨款,国家预算也能节省部分资金。

人头拨款体系应迫使学校提高教学质量,以便招收更多学生,从而获得更多拨款,达到国家教育标准。

每位学生教学的定额费用由俄罗斯联邦主体政府机关制定。学校网站应公布教育机构财政经营活动规划或预算表,以及财政和物资进项及财年支出报告。通常来说,支出标准内包含:

·教学人员固定工资及课时费；

·包括行政管理人员在内的非直接参与教学活动人员的工资；

·残疾及其他存在特殊需求儿童的教学费用，以及因此产生的间接费用，包括支付额外人员工资，采购备用教学材料和教具。

与此同时，以下各项费用均按比例上升：

·备用教学材料、基本教具，尤其是教学中需要的贵重移动资产；

·与教学人员进行专业再教育相关的费用；

·日常支出，包括通信费（含网络费用）、交通费、水电费、日常维修、卫生防疫、防火、安保警报，以及其他与教育直接相关且无法避免的费用。

人头定额拨款机制有潜在风险，可能对教学质量产生负面影响，原因如下：

第一，人头定额拨款可能没有足够的财政支持，因为教育机构拨款往往是基于"剩余原则"，特别是受援地区（预算赤字）。

第二，为节省开支，可能导致班级中学生数量超过标准人数。

第三，为节省开支，可能导致教学课程缩减至规定的最小课时。

第四，高校越来越依赖于学生数量，而无法很好地利用以前那种高效的刺激因素，如开除。

第五，对教育机构来说，拥有大量高水平师资并不合算，因为薪酬基金余额可能不足以用于支付其他教师工资。

第六，应当充分考虑人头定额拨款机制的外部影响。小型教育机构（特许机构除外）无法降低平均支出，无法承受财务压力，将纷纷关闭。这样的机构或许会并入更大的机构，由此形成很多"教育巨兽"。此类扩张致使教学效率的保障形成新的问题。

2012年《教育法》相关条款对教育机构财政经济活动实践和经验进行了总结。如此一来，以国家和地方各级政府人头定额拨款机制为基础的财政支持就得到了法律层面的保障。

联邦国家教育机构财政支持依据联邦标准规定执行；俄罗斯联邦地方主管教育机构财政遵照联邦标准和地方标准执行。上述标准均依照教育机构类型、形式和等级，以及教学大纲水平和其他依据，按照学生数量进行核算。

国家政府和教育管理机关在对小型乡村学校和同级教育机构进行财政定额支持时，应考虑到与学生人数无关的费用。

联邦国家教育机构定额拨款标准由俄罗斯联邦政府制定。

俄罗斯联邦地方和市政教育机构定额拨款标准由俄罗斯联邦地方政府制定。

地方自治机关应根据当地预算资金状况制定市政教育机构的定额拨款标准。

教育机构有权依照俄罗斯联邦法律的规定通过提供额外的收费教学和其他机构内部章程规定的服务，以及个人和（或）法人［含境外个人和（或）法人］捐赠和专用捐款获得资金。

教育机构在获取额外资金的同时，不会降低定额拨款和（或）上级主管单位的财政拨款绝对金额。

国家和市政中等职业教育和高等教育机构有权招收上级主管单位财政支持数量（配额）之外的学生：与个人和（或）法人签署有偿教育服务合同，进行专业技术人员（工人和雇员）培养，组织相应学历的专家进修；与国家政府、地方自治机关签署合同，招收指定学员，进行相应学历的专家培养；有偿教学服务不能替代财政预算支持的教育活动。否则，通过有偿教学获取的资金将由上级主管单位没收充公。

民办教育机构有权向学生收取教学服务费用，包括联邦国家教学标准或联邦国家要求范围内的教学。民办教育机构自主制定预算和非预算资金的使用范围和使用方式，包括员工薪酬和激励资金的比例。

总体来说，依照2012年《教育法》，国家保证每年将划拨国家收入10%以上的资金用于满足教育需求，并保障联邦预算、联邦主体预算和地方预算的财政能力。

二、建立新的教育薪酬体系

俄罗斯教育机构新薪酬体系原计划自2008年12月1日启用，而之前普遍使用的统一薪酬体系直到2011年6月1日才被取消。新体系不再按照统一薪酬体系根据复杂程度对工作进行分类，而是按照工作人员专业水平和岗位要求将不同岗位的人员按照专业职称进行分类。新薪酬体系的主要目的之一是根据国家（市政）教育机构工作人员的工作成果按比例提高其薪酬水平。

新薪酬体系将机构薪酬基金分为基础部分和激励部分：教师工资基础（保底）部分通过劳动合同规定的岗位职责确定，包括底薪（岗位工资）、课时费和补贴；激励奖金按照每位教师的工作效率和工作质量进行衡量。

基础教育和职业教育机构教师激励奖金金额和评选方法依照集体合同、地方法规、协议规定，并由教育机构领导审批。激励奖金不能发放给所有教师，只能发给获得突出工作成果的教师。

2014年以来，基础教育和职业教育机构教师劳动关系逐步转变为绩效合同机制。政府部门制定了规范教师薪酬制度的标准法令和指导方针，以及教育机构领导和教师工作成果的大致指标和评价标准。上述指标和评价标准是建立在劳动关系转变为绩效合同机制框架下，和各教育机构制定独立工作成果评价系统基础上的。

新薪酬体系仍存在一些问题：如教师工资的增加仍然只能依靠增加课时（增加工作量）实现；高校教师目标薪酬为当地平均工资的2倍，而同一所高校的教师工资都可能存在巨大差异；同工同酬原则基本上无法实现，等等。

根据2012年俄罗斯联邦总统"五月命令"规定，2018年前各地区应确保高校教师和科研人员工资达到所在地区平均工资的200%。虽然相关级别专家总体工资水平明显上升，但离所有高校都达标的目标还很远。比如,2018年上半年,全国45所高校教师工资未达标,而54所高校科研人员工资水平未达标。

三、近年来联邦预算中的教育支出

从2000年到2016年,俄罗斯政府在教育方面的财政拨款大约从2 150亿卢布增长到31 030亿卢布,即增加约13.4倍。在稳定的经济形势下这一增长是巨大的。

与此同时,预算中各个教育阶段的支出比例几乎没有变化,总的来说甚至有所下降。具体如下:

2006年综合预算中国内生产总值教育支出总额的比例为3.9%,2016年为3.6%。

2017年和2018年,国家在教育方面的支出增长速度慢于官方宣布的通货膨胀率,因此,即使在支出不减少的情况下,其比例在国内生产总值中也不会上升。

2018年俄罗斯联邦预算为教育事业拨款6 262.9亿卢布,2019年拨款6 238.24亿卢布,2020年拨款6 357.88亿卢布。其中,学前教育2018年获得拨款31.77亿卢布,2019年获得拨款32.24亿卢布,2020年拨款29.81亿卢布。2018年向基础教育拨款467.14亿卢布,2019年拨款456.68亿卢布,2020年拨款446.18亿卢布。2018年儿童补充教育获得拨款130.57亿卢布,2019年获得拨款121.45亿卢布,2020年获得拨款111.43亿卢布。2019年向中等职业教育拨款191.55亿卢布,2020年拨款194.67亿卢布。2019年职业培养、进修和培训获得85.73亿卢布拨款,2020年获得拨款86.82亿卢布。2019年向高等教育拨款5 060.99亿卢布,2020年拨款5195.81亿卢布。

表3-3 2012年5月普京总统令对教育的要求与落实情况

"五月命令"要求	落实情况
提高工程、医学和自然科学领域专家培养领先高校的定额拨款	政府作了领先高校支持报告,包括提高高校竞争力项目情况报告。共有21所高校参与项目,2016年项目共支出111亿卢布,2017—2019年期间每年拨款100亿至106亿卢布
增加对国家科学基金及以竞赛形式对领先高校研发工作的财政支持	2017年国家向俄罗斯科学基金投入52亿卢布,2019年为135亿卢布。俄罗斯基础研究基金会的预算拨款规模几乎保持不变:2017年为117亿卢布,2019年为104亿卢布
2020年前,根据世界高校排名,俄罗斯不少于五所高校进入世界高校百强	按照世界百强高校国际排名QS World University Rankings 2016/2017,无俄罗斯高校上榜
2015年前,将内部研发经费比例增加到国民生产总值的1.77%,高等职业教育机构在其中所占比例提高至11.4%	2015年科学研发费用共占GDP的比例为1.13%(2014年为1.09%),其中68%为国家资金,其他来自预算外。同时,高校研发工作预算外资金比例增加至41%

据统计,2015年,就经济合作与发展国家(经合组织)在综合预算中的政府教育支出比重而言,俄罗斯在33个国家中排名第22位。就国内生产总值中的教育支出比重而言,2015

年俄罗斯的排位更低——在 34 个国家中排名第 29 位①。

表 3-4 俄罗斯联邦 2018—2025 年"发展教育"国家规划经费投入②

规划实施期限	2018—2025 年
总负责机构	俄罗斯联邦教育部
财政支出预算	国家对该规划的财政支持总额 316 583.04 亿卢布,其中包括: 俄罗斯联邦 2018—2025 年"发展教育"国家规划经 2018—2025 年俄罗斯联邦教育部国家对该规划的财政支持总额 316583.04 亿卢布其中包括: 2018 年——33 879.75 亿卢布; 2019 年——35 276.17 亿卢布; 2020 年——37 302.58 亿卢布; 2021 年——38 794.69 亿卢布; 2022 年——40 346.47 亿卢布; 2023 年——41 960.33 亿卢布; 2024 年——43 638.75 亿卢布; 2025 年——45 384.30 亿卢布 其中联邦预算 43 748.50 亿卢布,其中包括: 2018 年——5 023.50 亿卢布; 2019 年——4 988.73 亿卢布; 2020 年——5 086.14 亿卢布; 2021 年——5 289.59 亿卢布; 2022 年——5 501.17 亿卢布; 2023 年——5 721.22 亿卢布; 2024 年——5 950.07 亿卢布; 2025 年——6 188.07 亿卢布
规划主要目标	(1) 让俄罗斯进入世界全名义务教育质量排名的前十名:其中包括 2018 年全名义务教育不低于 14 名,2019 年不低于 12.5 名,2020 年不低于 12 名,2021 年不低于 11.5 名,2022 年不低于 11 名,2023 年不低于 10.5 名,2024 年不低于 10 名 (2) 提升中等职业教育毕业生就业比例:2018 年——51%;2019 年——53%;2020 年——54%;2021 年——55%,2022 年——56%,2023 年——57%,2024 年——58%,2025 年——59% 提高学前儿童(2 个月至 3 岁)的受教育机会:2018 年——84.77%;2019—94.02%;2020—2025 年 100%;3 岁至 7 岁儿童——100% (3) 提升俄罗斯 5—18 岁的儿童和青少年社会责任道德观念、培养正确价值观、民族传统文化和历史教育: 学生参与度 2018 年——不低于 71.5%;2019 年不低于 73%;2020 年不低于 75%;2021 年不低于 76%;2022 年不低于 77%;2023 年不低于 78.5%;2024 不低于 80% 参与公共义务教育、中等和高等职业教育工作人员数量:2018 年——180 万人;2019—280 万人;2020 年——400 万人;2021 年—520 万人

---

① 《2015 年俄罗斯和经合组织国家的教育支出在国内生产总值总支出中的百分比(据国外 2013 年的数据)》—教育指标[Z].统计汇编(高等经济学院),莫斯科.2017:302.
② 2017 年 12 月 26 日俄罗斯联邦政府第 1642 号命令批准。

俄罗斯与世界许多国家一样,从20世纪90年代起进行组织—财政改革,其目的是保证更合理地使用投入到教育上的预算内和预算外资金。俄罗斯改革的特点在于其国家教育系统与经济状况是不完全相符的。与发达国家相比,俄罗斯经济发展还处于不利地位,但俄罗斯的教育系统发展指标已达到高度发达国家的教育综合指标所达到的水平。因此,俄罗斯得到的预算经费与教育系统的运作需求和发展是不相称的,使俄罗斯教育出现停滞。近年来俄罗斯联邦在依靠经济杠杆的同时多次试图使教育预算资金的使用合理化,但每次都在教育界引起批评,从而不得不修改政策。

参考文献:

1. Балыхин Г. А. Управление развитем образования: организационно—экономический аспект. —М. : Экономика, 2003.

2. Вердиев Д. М. , Некрасов С. Д. Основы управления школой. —Краснодар: 2000.

3. Днепров Э. Д. Пути обновления и развития российского образования на современном этапе. —М. : 2005.

4. Лебедев О. Е. Управление образовательными системами. —М. : Литературное агентство "Университетская книга", 2004.

5. Менеджмент, маркетинг и экономика образования / Под ред. А. П. Егоршина, Н. Д. Никондрова. —Н. Новгород: НИМБ, 2004.

6. Общественное участие в управлении школой . Школьные советы. —М. : Альянс Пресс, 2004.

7. Пинский А. А. Общественное участие в управлении школой: на пути к школьным управляющим советам. // Попросы образования, 2004, № 2, с. 12—45.

8. Управление модернизацией в образовании. Подходы и мезанизмы. —М. : ВШЭ, 2003.

9. Балыхин Г. А. управление развитем образования: организационно—экономический аспект. —М. : Экономика, 2003.

10. Управление современным образованием: социальные и экономические аспекты / Под. Ред. А. Н. Тихонова. —М. : Вита—Пресс, 1998.

11. Российская государственная библиотека//https://www. rsl. ru/

12. Закон РФ 《Об образовании》 от 10. 07. 1992 //http://www. consultant. ru/document/cons_doc_LAW_1888/

13. Вопросы Министерства науки, высшей школы и технической политики Российской Федерации. Постановление Правительства РФ № 25 от 11 января 1992 г. //https://www.

lawmix. ru/expertlaw/263783

14. О системе государственного управления образованием в российской Федерации. Постановление Правительства РФ № 21 от 9 сентября 1992 //https://base. garant. ru/10200125/

15. Закон РФ № 4547—1《О реорганизации федеральных органов управления высшим образованием》от 6 марта 1993 //http://www. consultant. ru/document/cons_doc_LAW_15549/

16. Приказ Госкомвуза России № 570 от 18 апреля 1995 //http://www. nica. ru/ru/about/history

17. Постановление Правительства РФ от 23 марта 2001 г. N 224 《О проведении эксперимента по совершенствованию структуры и содержания общего образования》// https://base. garant. ru/1585225/

18. 《Концепция федеральной целевой программы《Русский язык》на 2011 - 2015 гг.》Распоряжение Правительства Российской Федерации № 164//https://www. garant. ru/products/ipo/prime/doc/55070679/

19. Постановление Правительства РФ от 07. 02. 2011N 61 (ред. от 25. 12. 2015) "О Федеральной целевой программе развития образования на 2011—2015 годы"//http://www. consultant. ru/document/cons_doc_LAW_111328/

20. 《О концепции модернизации российского образования на период до 2010 года》Распоряжение Правительства Российской Федерации №1756 - р от 29. 12. 2001 //http://www. consultant. ru/cons/cgi/online. cgi? req = doc&base = EXP&n = 242634#0016040391703629808

21. Федеральный закон《Об образовании в Российской Федерации》от 29 декабря 2012 г. № 273—ФЗ //http://www. consultant. ru

22. Указ Президента Российской Федерации от 07. 05. 2018 № 204 《О национальных целях и стратегических задачах развития Российской Федерации на период до 22024 года》//http://www. kremlin. ru/acts/bank/43027

23. "О развитии образования в РФ" (2006 г.)http://www. smolin. ru/sites/default/files/content/odv/reference—source/pdf/report_council_state. pdf

24. М. Л. Левицкий. Госзадание на услуги высшей школы: критерии эффективности //Alma mater (Вестник высшей школы). - 2011.

25. М. Л. Левицкий, Е. Н. Геворкян. Предпосылки повышения эффективности экономических механизмов в образовании////Alma mater (Вестник высшей школы). 2012.

26. М. Л. Левицкий, К. В. Хлебников, О. Ю. Черкашин. Системы оплаты труда в

общем образовании: принципы, эволюция, проблемы//Alma mater (Вестник высшей школы). 2015.

27. М. Л. Левицкий. Тенденции и перспективы развития российского образования в условиях цифровой глобализации//Alma mater (Вестник высшей школы). 2018.

28. Федеральный закон 《О внесении изменений в отдельные законодательные акты Российской Федерации в связи с совершенствованием правового положения государственных (муниципальных) учреждений》 - 2010 г.

29. Указ Президента Российской Федерации от 07.05.2012 №597《О мероприятиях по реализации государственной социальной политики》.

30. Указ Президента Российской Федерации от 07.05.2018 №599《Образование и наука》.

第四章
俄罗斯学前教育 30 年

从 20 世纪 80 年代起,俄罗斯社会的方方面面均发生了巨大变化,学前教育也概莫能外。苏联政府加入了联合国《儿童权利宣言》《儿童权利公约》,这也成为学前教育学改革的法理基础。基于 Л. С. 维果茨基、А. Н. 列昂季耶夫的理论,一些著名的教育学、心理学者,如 A. V. 扎波罗热茨(1905—1981)、Д. Б. 埃利科宁、В. В. 达维多夫等对俄罗斯儿童发展理论作出了重要贡献。研究表明,每个人在每个年龄阶段都有自己的特征,学前儿童最重视情景—角色游戏,因此要制订不中断的教育计划。80 年代中后期,出现了民主教育思潮,否定独裁,肯定童年的价值,重视发展儿童的创造性、智力、独特性,重视教育的人道化和民主化;否定德育的意识形态化、集体主义和爱国主义。这样,学前教育界开始了对传统的学前教育的重新评估,从重视知识、能力的传授转向把童年视为个性成长的重要阶段并提供相应条件以培养其创造性、主动性、自主性、独立性。

1986 年,教育学和心理学家们提出了"合作教育学"的概念,与传统不同的是,基于人道主义和合作、信任的原则,教师和学生不只是为了掌握系统的知识,而且是为了创造成功、不断进步的愉快感觉和发掘每个孩子的天赋潜能。

1989 年,达维多夫和彼得罗夫斯基制定了《学前德育纲要》,进一步促进了幼儿园的革新,从习以为常的教学—课程模式向个性定向、人道主义模式转变,促进了对学前教育内容和原则的重新认识。

苏联教育科学院的学者参与了研究教育内容结构的问题。学者们认为,教育内容应该植根于人类文化经验,即物质和精神活动过程的总和。学者们制定了灵活的教育体系——知识与能力、经验与创造活动、情感价值关系经验。其价值是让学童掌握探索能力、创造经验、价值关系体系,这些都是促进个性发展的基础(如图 4-1)。

另外一位对教育内容作出贡献的是 В. С. 列得涅夫,他力主保障儿童个性全面发展,其基础应该是:个体经验及典型特点、心理功能机制和个体动力、个性特点,由此,知识的结构取决于科学知识的分类、学习的理论与实践特点、学习者年龄和个性特点。列得涅夫的概念由下列单元组成:语言教育、数学教育、自然科学教育、哲学教育、社会科学教育、天文学教育、道德教育、美学教育、工科教育、物理教育以及选修课。

苏联解体后,学前教育的内容也在调整,去除了生活中无所不在的意识形态化,调整德育内容(民主化、人文化,面向个体,反对专制,去除思想教育要求)。俄罗斯学前教育呈现新的发展面貌(见表4-1)。

图4-1 幼儿园师生互动

表4-1 俄罗斯近30年学前教育主要指标变化表

年份	学前教育机构总数/个	学前教育机构幼儿总数/万人	从事学前教育教师总数/万人
1991	87 573	843.3	99.39
1992	81 999	723.6	90.52
1993	78 333	676.3	86.52
1994	72 839	611.8	79.75
1995	68 593	558.4	75.33
1996	64 211	510.1	71.33
1997	60 256	470.6	67.16
1998	56 608	437.9	64.18
1999	53 917	422.5	61.83
2000	51 329	426.3	60.87
2001	49 981	424.6	60.53
2002	48 878	426.7	60.9

(续表)

年份	学前教育机构总数/个	学前教育机构幼儿总数/万人	从事学前教育教师总数/万人
2003	47 835	432.1	61.08
2004	47 185	442.3	61.94
2005	46 518	453.0	62.85
2006	46 168	471.3	63.88
2007	45 730	490.6	60.95
2008	45 607	510.5	58.74
2009	45 346	522.8	60.08
2010	45 111	538.8	60.51
2011	44 884	566.1	61.25
2012	44 326	598.3	62.66
2013	43 187	634.7	65.22
2014	50 979	681.4	63.03
2015	50 115	715.2	64.28
2016	49 370	734.3	65.62
2017	48 644	747.8	66.27
2018	47 819	758.2	66.98
2019	47 353	760.7	67.67

可以看到,俄罗斯学前教育30年来经过了一个量变过程:学前教育机构逐步精简,而学生人数则呈现出"U"形的变化趋势。

第一节 1991—2000年学前教育的发展

1991年2月23日,俄罗斯苏维埃联邦社会主义共和国部长会议主席签发了《关于临时规管俄罗斯苏维埃联邦社会主义共和国教育和培训体系机构(组织)活动的法令》[①],其中一项要点是"关于学前教育机构的暂行规定"。这项规定使每个机构都可以从现有的培训和教

---

① www.libussr-ru/doc_ussr/usr_18273.htm

育计划中进行选择,自己进行更改,编写有自主知识产权的教材并付诸实施。

根据上述法令,学前教育机构为2个月至7岁的儿童提供照料、监督、保健、养育和教育,并履行以下职能:保护和加强儿童的身心健康,保障儿童的智力和个人发展,关爱每个孩子的情感幸福,与家长互动,保证孩子的全面发展。

学前教育机构的类型分为一般发展性、补偿性(为需要纠正其身心发展的儿童)、照顾、监督和康复相结合型等类型。

上述法令首次规定,教师委员会可以自主选择和采用"教育培训项目",采用多种方式和形式开展儿童工作,取消了示范项目的地位。

1992年7月10日颁布的《俄罗斯联邦教育法》进一步明确了国家学前教育的政策,赋予普通教育机构制定和批准教育方案、课程的权利(第32条第6款),规定了幼儿园的法律地位并确定了其职能。

1995年1月7日俄罗斯联邦政府第677号法令批准了《学前教育机构规范条例》[①]。学前教育机构可以从州教育当局推荐的一系列可选方案中独立选择其中的一个方案,并对方案进行更改,还可以根据州教育标准的要求制定本单位的学前教育计划。学前教育机构可以独立地从州教育当局推荐的各种课程中选择课程并对其进行更改,还可根据州教育标准的要求制定本单位的课程。在此期间,开发了许多综合的学前教育计划:"彩虹"(1989年),"童年"(1991年),"发展"(1994年),"起源"(1995年)。由此,教育改革以及政府法令为学前教育机构和学生的父母提供了选择儿童教育模式的机会。

为了保护国家的统一教育空间,防止不称职的教育影响并确保最低程度的教育内容,开始制定其质量和国家教育标准。规范学龄前儿童教育和培训的内容和质量的文件是《对学龄前教育机构中实施的教育和培训的内容和方法的临时要求》。该文件有效期至2013年,直到联邦学前教育国家标准制定为止。2013年之前它们代替了标准,不是评估儿童成长的结果,而是评估学前教育工作的方法和内容,因此被用于教师认证和学前教育机构的认证。该文件评估了以下情况:

- 教育过程的战略和战术计划;
- 组织教育过程;
- 激励教师队伍;
- 教育控制过程(卫生条件,安全措施,达到特殊教育标准的要求等)。

国家采取措施,保护儿童在方案多变的情况下接受合格的教育。1995年,俄罗斯联邦教科部发表了一封指导信《俄罗斯联邦学前教育机构教育方案审查建议》(简称《建议》),其中规定,只有在教科部积极评估和推荐的情况下,才能使用该建议。该建议是在通过国家学前教育标准之前供学前教育机构使用的。另外,国家学前教育标准当时已经开始制定。

---

① http://base.garant.ru/5139337/

《建议》将计划分为综合和部分两类：前者包括儿童发展的所有领域，而后者包括一个或多个领域。这两种类型的课程都应该保持教育的世俗性，并以人为中心。至于对方案的审查，则由俄罗斯联邦教育部联邦普通教育专家委员会进行。如果该计划获得批准，则建议在学前教育机构实施。地区（地方）教育当局可以设立专家委员会来审查学前教育项目。在获得积极评价的情况下，建议该方案在地区（市、区）学前教育机构使用。教师委员会、学前教育机构认证委员会审议了部分方案，并开展专门工作。

俄罗斯联邦教育部的情况说明包含了考试的新方案，建议在学前教育机构中使用，以熟悉教育集体。1999 年，斯特基纳编辑出版了一本参考书《俄罗斯的学前教育》，其中列出了为学前教育机构推荐的项目和新技术。

20 世纪 90 年代，俄罗斯心理学和教育学家开发和测试了一套学前教育方案，其显著特点是，课程内容体现综合性的要求，即包含了儿童个性发展的所有主要方向：身体、认知言语、社会—个人、艺术—审美，并有助于培养儿童的综合能力（心理、交际、运动、创造性），形成特定类型的儿童活动（主题、游戏、戏剧、图形、音乐、建筑等）；还有其他学前教育项目，包括各种方向的教育方案，如：艺术和审美、文化、智力和发展、交际语言、环境、体育和健康、各种方向的矫正等，这些方案的实施不能影响儿童的散步、午休、活动、游戏。

学前教育机构建立了创意工作室、俱乐部、兴趣小组等促进学龄前儿童发展的灵活教育形式，使补充学前教育计划成为可能。在俄罗斯联邦的一些地区（克拉斯诺达尔、斯塔夫罗波尔、阿尔汉格尔斯克、沃洛格达、下诺夫哥罗德、罗斯托夫等），允许使用额外的方案，为从幼儿园到大学的少年儿童及学生建立一个完整的教育体系。

根据统计，1991 年俄罗斯有 8.76 万所学前教育机构[①]，而 2001 年只有 5 万所[②]。同时，在过去的十年中，在城市和城市型住区中，幼儿园的数量从 4.7 万所减少到了 2.79 万所（即减少了 40.6%），而在农村地区则从 4.6 万所减少到了 2.2 万所（即减少了 52.2%）。进入学前教育机构的儿童人数也急剧减少：从 1991 年的 843.30 万人减少到 2001 年的 424.60 万人。同时，在城市和城市型居住区上幼儿园的儿童人数从 641.1 万人减少到 338 万人（即下降 47.3%），而在农村地区则从 200 万人减少到 86.2 万人（即下降 56.9%）。可见，这种趋势在农村地区尤为明显。

统计数据表明，1991 年适龄儿童总数的 63.9% 上了幼儿园，1998 年仅为 53.9%，2001 年小幅上升到 57.2%[③]，即 1991 年至 1998 年期间，学前教育机构中的儿童入学率显著下降，然后有增加的趋势（表 4-2）。

[①] Российский статистический ежегодник 2000，Период：1990—1999．— М：Госкомстат России，2000，—Электрон. дан．— Режим доступа：http://istmat.info/node/45859［дата обращения 20.11.2019］

[②] Российский статистический ежегодник 2001，Период：1996—2001．— М：Госкомстат России，2001，—Электрон. дан．— Режим доступа：http://istmat.info/node/21317［дата обращения 20.11.2019］

[③] Образование в Российской Федерации. Статистический сборник. М.：ГУ—ВШЭ，ЦИСН，2003．С．92

表 4-2　1990—2001 年学前教育覆盖率统计① 　　　　　　　　　　单位：%

区域	1990	1994	1995	1996	1997	1998	1999	2000	2001
俄罗斯全域	66.4	57.4	55.5	54.9	53.8	53.9	54.8	54.9	57.2
城市	70.5	—	62.4	62.5	62.8	62.4	63.5	63.6	65.7
村庄	56.1	—	39.3	38.1	37.0	35.0	35.3	35.7	37.9

上幼儿园的儿童人数减少的原因之一是人口因素，俄罗斯向市场经济过渡后面临的经济危机使出生率有所下降。学前教育机构入学率下降的另一个原因是该国经济活力普遍下降，收入低、机会成本几乎为零的年轻父母没有工作，他们自己抚养年幼的孩子，不求助于学前教育机构。当然，学前教育机构的服务质量下降也是一个因素。2003 年在四个试点地区对学龄前儿童父母进行的社会学调查数据证明，幼儿园中教学内容和教育水平有所下降②。

这期间，有一份面对幼儿园家长的调查表能够说明问题："如果这个幼儿园不是您孩子的第一所幼儿园，那影响您重新选择幼儿园的主要因素是什么？"（表 4-3）

表 4-3　幼儿家长重新选择幼儿园的主要原因 　　　　　　　　　　单位：%

原因	地区			
	莫斯科	克拉斯诺亚尔斯克	彼尔姆	雅罗斯拉夫尔
住所变更	30	60	56	23
幼儿园位置不方便	10	30	6	10
幼儿园处于不良状态	5	30	11	26
饮食质量不良	15	25	11	26
医疗条件差	—	10	6	29
儿童保育质量差	45	25	17	16
儿童活动水平较低	40	35	17	13
父母财政状况恶化	5	—	—	—
父母财政状况改善	—	5	—	3
其他	—	5	17	48

调查结果显示，平均有 25% 的受访者出于某种原因将孩子从一所幼儿园转移到另一所幼儿园，而改变学前教育机构的一个普遍原因是儿童的抚养和教育条件不能令人满意：儿童保育质量差；在此期间服务质量下降的一个可能原因是缺乏教学人员，并且他们的学历不

---

① Данные госкомстата России https://rosstat.gov.ru/
② Е. В. Савицкая. НЕКОТОРЫЕ ИТОГИ ИССЛЕДОВАНИЯ СИСТЕМЫ ДЕТСКОГО ДОШКОЛЬНОГО ОБРАЗОВАНИЯ. Статистика и социология образования. Научное исследование.

足。因为从 1994 年到 2001 年期间具有 10 年以上经验的教师人数分别从 41.5% 下降到 28.5%[①]。合格人员离开学前教育与资金不足有关。

学前教育机构在 2001 年的每月平均名义应计工资为 1 364 卢布。特维尔、库尔斯克、伊万诺夫斯克、彼尔姆、萨拉托夫、下诺夫哥罗德和许多其他地区的人均最低生活水平实际上接近这个薪酬标准,而在莫斯科和莫斯科州,每人每月的平均生活成本超过 1 800 卢布[②]。

资金短缺不仅表现在教师工资低,而且在学前教育的所有领域都能表现出来。

用于学前教育机构的预算资金约占教育系统所有预算支出的 15%,约占俄罗斯国内生产总值的 0.5%;2001 年为 0.48%,2002 年为 0.56%,2003 年为 0.53%。因此,用于一名幼儿园学生的保育和教育的单位成本显得微不足道——每月约 41.7 美元。这笔款项包括维修人员的工资费用,以及幼儿园工作人员的薪资(59%,即占所有费用的一半以上)、水电费(约占 16%)、固定资产投资(约 3.5%)[③]。因此,每个幼儿园学生平均分配到的资金只有 1 990 卢布/年或 166 卢布/月。幼儿园孩子的父母被迫将自家的资金用于支持学前教育机构。

这段时间,1992 年《教育法》确保学前教育机构有权根据各种计划开展工作,呼吁以个性为导向的教学法,摆脱严格规范的教养和教学形式,这是学前教育结构调整的总体趋势。现代教育的人性化主要与对养育态度的改变有关,在这种养育中,孩子的主体性形成了。从学前教育机构类型的统一性过渡到创建灵活的多功能系统(包括新型的州立和非国家机构),可以响应人口的各种教育需求并满足他们,从而提供广泛的教育服务。

可以说,尽管过渡时期困难重重,但教育领域发生了变化,教育项目也发生了变化。俄罗斯保留了学前教育体系的传统,具有积极的特点。同时,学前教育机构的内容出现了新的、非传统的方向:如舞蹈和节奏教学、外语、各种美术新技术、计算机培训、民族文化等;鼓励儿童对正在进行的活动采取创造性态度,在活动过程中表达自我和即兴发挥;学习过程中的气氛充满情感,考虑到以个性为导向的互动——用新的交流方式与儿童互动;教师和家长之间合作的新形式和新内容正在出现。

第二节 2000—2012 年学前教育的发展

在俄罗斯现代教育实践中,各类学前教育机构种类繁多,其中最常见的是普通幼儿园和发展性幼儿园。对于需要纠正身心发展偏差的孩子,有补偿幼儿园。国家学龄前教育机

---

① Образование в Российской Федерации. Статистический сборник. М. : ГУ—ВШЭ, ЦИСН, 2003.
② Давыдова Е. А. Анализ рынка образовательных услуг в современнойРоссии// Экономика образования. 2004. No 5. C. 42.
③ рассчитано на основе данных Министерства финансов Российской Федерации об исполнении консолидированного бюджета субъектов федерации

构——"体育馆""教育中心"等已经相当普遍,还有监督保健幼儿园、组合式幼儿园等。2008年通过的《学前教育机构规范条例》,使该类机构的多样性得以系统化。2012年《教育法》允许学前组织接纳2个月大的儿童。

儿童学龄前组织有机会选择各种教育方案:如确保儿童学龄前发展的"童年";旨在发展3~7岁儿童心理和艺术能力的"发展";形成健康生活方式和习惯的"彩虹"等。意大利蒙台梭利教学法在俄罗斯学前教育体系中已经广泛流行,莫斯科幼儿教育的实践发展了本国的学前教育体系,27所高等教育机构也开展了学前教育活动。

总的来说,人口因素对俄罗斯教育系统有很大的影响。在学前教育方面,学龄前儿童人数长期下降的趋势已经结束,在儿童教育机构就读的儿童人数甚至有增加的趋势(见表4-4)。

表4-4 2000—2012年俄罗斯学前教育变化情况

项目	2000	2001	2002	2003	2004	2005	2006	2007	2008	2009	2010	2011	2012
学前教育机构数量/万所	7.02	6.34	5.13	5.00	4.89	4.78	4.72	4.65	4.62	4.57	4.56	4.32	4.14
学生人数/万人	393	419	437	454	461	475	478	481	486	492	513	521	529

在这些年中,学前教育机构数量每年显著下降2.1%~3.1%,5~6岁儿童接受学前教育的覆盖率仍然不超过70%。这样,2004年政府提出了在俄罗斯大力发展学前教育的建议,特别是针对低收入家庭的儿童。

2012年《教育法》首次将学前教育定位为第一个独立的普通教育层次(第10条第4款第2部分),首次制定了联邦学前国家教育标准,这是学前教育学说的基本核心。

学前教育内容方面的变化表现为教育界开始注重实施人本主义教育学的原则,逐步形成一种以个性为导向的与儿童交流的方式。

在影响学前教育机构儿童教育效果和质量的因素中,教育计划起着重要的作用。法律所确立的学前教育的差异性、学前教育机构类型的多样性意味着课程和教学技术的使用存在显著差异。根据2012年《教育法》第14条第5款,每个教育机构都有权独立制定或从一套可变方案中选择最充分考虑到学前教育机构具体工作条件的方案。新一代的国内项目和教学技术得到了发展。所有课程都为幼儿园教学过程的组织提供了不同的方法。

寻找和自主选择教育工作的具体形式已成为教师的常态,学前教育创新运动的规模不亚于学校教育创新运动。

2013年,联邦国家教育标准概述了学前教育应遵循的原则:儿童在各个阶段都能充分生活;根据每个儿童的个人特点开展教育活动;儿童和成人在各种活动中协助与合作;教育机构与家庭合作;使儿童熟悉社会文化规范,家庭、社会和国家的传统;在各种活动中形成儿童的认知兴趣;学前教育的适龄性;考虑到儿童发展的民族文化状况。

2000年至2012年期间,俄罗斯学前教育体系发生了很大变化:

1. 新的学前教育组织形式已经普遍存在(不仅有全日制学前教育机构,而且有儿童群体短期留守的学前教育机构、儿童发展中心等)。

2. 严谨的研究团队、先进的教育机构和富有创造力的教师个人正在为学龄前儿童开发大量新的项目、不同方向的教学技术和方法。

3. 家长的心理和教育素养水平显著提高。他们对学龄前儿童的教育、教养和发展的要求发生了变化。父母和祖父母希望成为其子女就读的学前教育机构教学过程的积极参与者(受试者);他们准备在学前教育机构规定的范围内参与实施学前教育方案。

4. 父母有权自主选择孩子开始上学的时间——没有严格的6岁或7岁的限制。因此,一些支持加速儿童发展的家长认为,有必要为他们的孩子从6岁起为入学做密集的准备。其余的则需要7岁以下儿童的教育、抚养和发展计划。

5. 学前教育机构不仅教学龄前儿童读、写、数、复杂的算术运算、一门外语等,而且培养学生的社会成熟度。

第三节 2012—2021年学前教育的发展

2012年《教育法》颁行后,学前教育目标定向为培养、训练和发展,以及监督和照顾学龄前儿童的综合性措施。学龄前教育的主要目标为:确保学龄前儿童的全面发展;形成普适的价值观,促进身体、智力、道德、审美和个人素质全面发展;为小学教育奠定基础,并保护和巩固学龄前儿童的身心健康。

《学前教育联邦教育标准》的制定也被提上日程。2014年1月1日开始执行《学前教育联邦教育标准》,对学前教育的投入由地方政府比照普通学校进行。民营幼儿园或民营教育机构也可获得政府财政支持,对特殊儿童(孤儿、残疾儿童等)免除其父母或监护人的看护费。学前教育进入制度化发展层次,成为教育链条的重要一环。

《学前教育联邦教育标准》是对学前教育的总体要求,规定了学前教育的总体原则:支持童年的多样性,确认童年是人生的一个阶段,为下一个人生阶段做准备;尊重个体发展特点,成人与儿童交往的人道主义特点;尊重学生的个性,实现教育和德育功能。该标准还专门强调了重视儿童生活状况和健康等个性需求,教育内容包含社会—交流、认知、言语、艺术—美学与体育等方面。

1. 在该标准中明确了学龄前儿童的教育内容基于以下原则:

(1) 儿童在各个阶段得到全面发展;

(2) 幼儿园根据每个儿童的个人特征开展教育活动,儿童本身成为选择教育内容的积极参与者；

(3) 儿童和成人协助合作，并且承认儿童是教育关系的主体；

(4) 支持儿童在各种活动中的主动性；

(5) 学前教育机构与家庭合作；

(6) 让儿童熟悉社会文化规范，家庭、社会和国家的文化传统；

(7) 在各种活动中形成儿童的认知兴趣和认知行为；

(8) 学龄前教育方法和儿童发展特点的充分性；

(9) 考虑到儿童发展的民族文化特点。

2. 学前教育的教育标准旨在实现以下目标：

(1) 提高学前教育的地位；

(2) 确保儿童有平等机会接受高质量的学前教育；

(3) 根据实施学前教育方案的要求，国家提供对学前教育水平和质量的保障；

(4) 保持俄罗斯联邦教育空间的统一（相对于学前教育的水平）。

3. 标准规定的学前教育的内容旨在解决以下任务：

(1) 保护和加强儿童的身心健康；

(2) 确保每个儿童在学龄前时期具有充分发展的平等机会，不论居住地、性别、国家、语言、社会地位、心理生理和其他特征，包括对健康机会的限制；

(3) 确保在各级教育方案框架内实施的学前教育目标，体现目标和内容的连续性；

(4) 根据儿童的年龄和个人特点，发展儿童的能力和创造潜力，为自己和其他儿童、成年人、世界建立统一关系创造有利条件；

(5) 基于精神、道德和社会文化价值观，将培训、教育和发展纳入社会所采取的行为规则和规范的教育过程；

(6) 形成儿童个性公共文化，包括健康生活方式的价值观、社会观、道德、审美、智力、身体素质，主动性、独立性和责任的发展，这些是学习活动的重要先决条件；

(7) 确保教育方案内容和学前教育组织形式的多样性，制定各种教育方案，同时需要考虑儿童的教育需要、能力和健康状况；

(8) 形成符合儿童年龄、个人心理和生理特征的社会文化环境；

(9) 为家庭提供心理和教育支持，提高父母在发展、教育、保护和促进儿童健康方面的能力。

4. 根据学前教育的教育标准，开发学前教育机构的教育课程，确保儿童在各种活动中的认知心理和身体发展：

(1) 社会交往发展领域。社会交往发展的目的在于使儿童掌握社会上所采用的规范和价值观，包括道德和道德价值观；发展儿童与同龄人和成人的沟通和互动能力；形成独立、专注和行动的自我调节能力；发展儿童的社会能力和智力情感、情绪反应、同理心、与同伴共同活动的能力；形成对他人的家庭和儿童以及成人社区的尊重态度和归属感；形成对工作和创造力的积极态度;在自然界、日常生活和社会中形成安全行为的基本原则。

(2) 认知发展。认知发展意味着儿童兴趣、好奇心和认知动机的发展;认知行为的形成,意识的形成;发展想象力和创造性活动;关于儿童自身、他人、世界、物质的属性和关系(包括形状、颜色、大小、材料、声音、节奏、速度、数量、计数、部分和整体、空间和时间、运动和休息等)主要观念的形成;关于家庭和祖国、社会文化价值观、国内传统和假日的想法;关于地球作为人类的共同家园、关于地球的性质特点、世界各国和各国人民的多样性及其原因和后果等多维度方面的认知。

(3) 言语发展。言语发展包括口语作为交流的手段;丰富的词汇量;语句连贯,语法正确的对话和独白语言;发展言语创造力;发展语音和语调,音素听觉;熟悉儿童文学,了解儿童文学各种类型的听力文本;把形成良好的分析和综合活动作为教学识字的前置条件。

(4) 艺术和审美发展。艺术和审美发展预示着发展语义感知和理解艺术作品、自然世界;对周围世界的审美态度的形成;关于艺术类型的基本思想的形成;对音乐、小说、民俗的感知;对艺术品中的人物表达同情;独立完成图画、音乐剧的表现形式。

(5) 身体发育。身体发育包括促进通过练习发展协调性和灵活性等身体素质;形成身体肌肉骨骼系统平衡发展、运动协调;大而精细的运动技能,以及不伤害身体的基本动作(包括步行、慢跑、软跳、双向转弯);形成关于体育的初步思考,掌握体育游戏的规则;在游戏领域发展重点和自我调节;形成健康生活方式的价值观,了解营养价值、运动模式等基本规范和规则,形成良好习惯。

俄罗斯学前教育计划包括强制部分和可变部分。强制部分采取综合办法,确保五个教育领域的儿童发展。在可变部分,由教育方案的参与者选择或开发,目的在于促进一个或多个教育领域的儿童的成长。

学前教育的教育计划通过俄罗斯联邦的官方语言实施。该方案还提供将俄罗斯联邦各民族语言作为其母语的可能性。

5. 联邦国家学前教育教育标准解决的主要任务还包括以下几个方面:

(1) 保护和增强儿童的身心健康,包括儿童的情绪健康;

(2) 保护和支持儿童的个性,发展每个儿童的个体能力和创造潜力;

(3) 形成共同的学习文化,发展他们的道德、智力、身体、审美素质,主动性、独立性和责任感,形成学习活动的先决条件;

(4) 确保教育方案和学前教育组织形式内容的多样性,考虑学生的教育需要和能力,形成各种复杂程度和重点的教育方案;

(5) 形成符合儿童年龄和个人特征的社会文化环境;

(6) 确保每个学龄前儿童具有充分发展的平等机会,不论居住地、性别、国家、语言、社会地位、心理生理特征如何;

(7) 确保学前和小学普通教育方案的连续性。

俄罗斯的学龄前教育可分为——以学前教育机构(主要是幼儿园)为主干的教育机构；以儿童教育中心、儿童美术之家等机构为主的补充学前教育机构。在这些学前教育机构中，学龄前儿童可以接受学前教育，并受到相关人员监督和照料。

表4-5　2015—2019年俄罗斯学前教育机构数量

名称	2015	2016	2017	2018	2019
俄罗斯学龄前教育机构数量/万所	5.01	4.94	4.86	4.78	4.74
同比增长/%	—	−1.4	−1.6	−1.6	−5.4

来源：俄罗斯联邦国家统计局(Федеральная служба государственной статистики РФ)

表4-6　2020—2024年俄罗斯学前教育机构数量(2022年之后为预测)

名称	2020	2021	2022	2023	2024
俄罗斯学龄前教育机构预计数量/万所	4.64	4.51	4.38	4.25	4.14
同比增长/%	−2.1	−2.8	−2.9	−3.0	−2.6

来源：俄罗斯联邦国家统计局(Федеральная служба государственной статистики РФ)

表4-5、表4-6、表4-7显示，2019年俄罗斯境内存在4.74万所各类学龄前儿童教育机构，与2015年相比减少了5.4%。同时，其他类型的教育机构数量正以每年0.8%~1.6%的速度缩减，这类机构数量下降的主要原因在于：不同种类的教育机构进行了增加和合并，教育质量的总体优化，以及长期的低出生率，导致了社会对于学龄前儿童教育机构的需求锐减。例如：俄罗斯2012年的出生人口为190万人，是历年来的最高水平；而到2019年，俄罗斯出生人口就已经降至149万人。据俄罗斯有关部门统计，未来俄罗斯的出生率将继续下降，至2024年，俄罗斯的出生人口最高可能为143万人，最低为115万人。相对应的是，2020—2024年，俄罗斯境内的学龄前教育机构数量将以每年2.1%~3.0%的速度减少，到2024年仅可能存在4.14万家学前教育机构。

表4-7　2019年俄罗斯境内不同类型的学前教育机构数量(按资金来源分类)

单位：所

类型	数量
公立学龄前儿童教育机构	46 125
民办学龄前儿童教育机构	1 120
其他类型学龄前儿童教育机构	108
合计	47 353

来源：俄罗斯联邦国家统计局(Федеральная служба государственной статистики РФ)

表4-7显示，俄罗斯境内大多数学龄前儿童教育机构属于公立的，2019年公立学龄前儿童教育机构占俄罗斯境内学龄前儿童教育机构总数的97.4%。

表 4-8 2015—2019 年俄罗斯境内不同种类的学前教育机构数量(按功能分类) 单位:所

机构类别	2015	2016	2017	2018	2019
学前教育机构	39 533	38 362	37 346	36 581	36 072
其他类型保育机构	10 582	11 008	11 298	11 238	11 281
合计	50 115	49 370	48 644	47 819	47 353

来源:俄罗斯联邦国家统计局及 BusinesStat 数据库(Федеральная служба государственной статистики, BusinesStat)

由表 4-8 可见,2015 年以来,俄罗斯学前教育机构逐年减少。

根据 2018 年 5 月 7 日《总统令》确定的目标,"2021 年前,3~7 岁学龄前儿童入园率达 100%",2016—2017 年,俄罗斯政府拨款超过 500 亿卢布建立新型学校,83 所幼儿园于 2018 年正式开放。2012 年以来共购买 1.2 万辆校车,其中 2018 年购买了 1 500 辆。

据统计,2021 年 1 月 1 日,俄罗斯 3~7 岁儿童在学前教育机构学习人数为 614 万余人,入学率达到 99.17%[1]。

俄罗斯为学前儿童配备心理教师,完善幼儿园设施与师资力量。2017 年,俄罗斯每所幼儿园平均拥有 0.69 名心理教师,每所幼儿园中平均有 9.5 名受过高等师范教育的教师。根据抽样调查,8 970 所幼儿园中共有 8 054 所(占比 89.8%)幼儿园的教师于 2016—2017 学年参加了专业培训课程,以提升自我的职业素养。此外,98.86% 的幼儿园设有可供儿童游戏的游乐区,88.6% 的幼儿园在教学活动中使用计算机及其他电子产品,75% 的幼儿园配有专业的医护人员。

在全纳教育方面,2018 年 9 月 28 日,俄罗斯联邦教育部首次召开联席会议,会议批准了"残障儿童全纳教育跨部门综合计划"项目。相关数据显示,截至 2018 年 9 月 15 日,俄罗斯 17 个州中充分接受学前教育的残障儿童数量超过 7 万人。今后的任务主要有以下两项:其一,保障 1.5~7 岁残障儿童的幼儿园学额。到 2020 年,保障所有 1~4 年级的学龄儿童接受全纳教育,保障为 5~9 年级的学生开展普通教育适应项目,为残障学生提供帮助。其二,增加心理教师及专家数量,建立区域网络专门课程、心理教学中心、社会医疗中心以及联邦资源中心,为残障儿童提供指导与帮助。

在 3~7 岁儿童入园率基本达到 100% 的情况下,俄罗斯着力提高 2 个月至 3 岁儿童的学前教育入学率,为在家学习的学前儿童的家长提供教育心理学、教学法以及咨询支持,这也是 2024 年前教育领域的一项重要任务。截至 2021 年 1 月 1 日,2 个月~3 岁儿童在学前教育机构的人数为 109.2 万余人,入园率达到 91.65%(2020 年同期为 87.4%,2019 年为 83.6%,2018 年为 79.8%)[2]。

---

[1] Доклад Правительства Российской Федерации Федеральному Собранию Российской Федерации о реализации государственной политики в сфере образования. М. 2021. С. 53

[2] Доклад Правительства Российской Федерации Федеральному Собранию Российской Федерации о реализации государственной политики в сфере образования. М. 2021. С. 54

俄罗斯的学前教育取得了一定程度的发展，但是也存在一些问题，如还没有专门的学前教育法律，学前教育缺乏专门的法律保障和规范，相关政策不够完善，监管和规范不明确，尤其是机构的组织管理没有明确的政策，这就使相关的教育政策在对学前教育发挥作用时存在一定的偏差。俄罗斯学前教育机构的数量一度减少，严重影响了适龄儿童的入园率，对普及学前教育造成很大制约，这与学前教育机构的组织管理不完善有着密切关系。

关于学前教育的组织和管理，很多规定都是从相关的教育政策中引申出来，很少有直接的学前教育法。涉及学前教育的法律主要是《俄罗斯联邦宪法》《教育法》《学前教育机构基础条例》等。《俄罗斯联邦宪法》规定了学前教育的免费性和普及性，《教育法》则在学前教育方面做了一些细致的规定，比如，国家在财政上的支持、父母的责任、地方当局的协调作用等等。虽然《教育法》体现了学前教育的发展和普及的要求，但关于学前教育机构的管理并没有明确规定，也没有提及具体如何保障学前教育的普及性。关于学前教育机构的组织管理，最具直接性的就是《学前教育机构基础条例》，该条例建立在《教育法》的基础之上，将学前教育机构分为六类，分别是幼儿园、普通发展类幼儿园、补偿型幼儿园、保健型幼儿园、联合型幼儿园以及儿童中心。《学前教育机构基础条例》对相关指标做了具体的说明，重点介绍了机构的类型、教学过程等。在该条例中也涉及管理问题，规定学前教育机构实行一长制和自治管理，同时指出该条例对民办学前教育机构仅起示范作用，而公立和市立幼儿园要按此条例进行规范。《学前教育机构基础条例》对学前教育的教学管理作了详尽的叙述，但不是专门的学前教育法。

俄罗斯当前学前教育机构的数量不足，学前教育设备老化、师资缺乏、处境不利儿童问题亟待解决等等，这些都离不开财政的支持。而关于学前教育资金的问题在政策上的模糊性直接制约了资金的运用。《教育法》规定提供免费的学前教育，而地方在具体落实上又会考虑地区经济等因素采取收费政策，这样无疑会对学前教育的普及造成影响，尤其对经济条件较差的家庭影响更大。另外，学前教育机构管理政策不完善，民办幼儿园收费颇高且数量较少，仅仅依靠公立幼儿园难以满足市民日益增长的学前教育需求。要想实现学前教育的普及，政策上的模糊性及落实上的偏差问题必须一一得到解决。

但是，乌克兰危机导致的经济形势恶化使学前教育的发展受到严重影响。政府在学前教育上的投入在 2013 年达到最高后，每年投入急剧减少，考虑到汇率、通货膨胀等因素，实际情况更加严重。

表 4-9　俄罗斯联邦预算对中小学和幼儿生均投入情况　　　　单位：万卢布

类别	2012	2013	2014	2015	2016	2017
中小学和幼儿园生均经费	8.44	9.0	8.53	7.2	6.69	6.57
幼儿园生均经费	7.76	8.74	8.33	7.23	6.46	6.38

联邦预算仅够支付人员工资（幼儿园教师人均工资普遍低于当地平均工资），而校园更新设备、实现数字化则资金不足，这必然影响教育质量的提高和儿童的发展。

参考文献：

1. Абанкина И. В., Козьмина Я. Я., Филатова Л. М. Формирование ценностей в дошкольном образовании. Мониторинг экономики образования. Информационно-аналитич. материалы по результатам социологич. обследований. Вып. № 20. М.: НИУ ВШЭ, 2016.

2. Абанкина И. В., Родина Н. В., Филатова Л. М. Мотивации, поведение и стратегии воспитателей образовательных организаций, реализующих программы дошкольного образования, на рынке дошкольного образования. Мониторинг экономики образования. Информ. бюллетень № 12 (111). М.: НИУ ВШЭ, 2017а.

3. Аналитический компонент Комплексной системы управления финансами в сфере образования (АК КСУФ) [Электронный ресурс]. <http://fin.edu.ru/web/minobr>.

4. Асмолов А. Г. Стратегия социокультурной модернизации образования: на пути к преодолению кризиса идентичности и построению гражданского общества // Вопросы образования/Educational Studies Moscow. 2008. № 1. С. 65–86.

5. Безруких М. М. Готов ли ребенок к школе? М.: Вентана-Граф, 2006.

6. Венгер Л. А., Венгер А. Л. Готов ли ваш ребенок к школе? М.: Знание, 1994.

7. Волосовец Т. В. «Родителям надо объяснять, что детство — самоценный период, задача родителей — создать условия для полноценного проживания детьми всех этапов дошкольного детства». Интервью // Современное дошкольное образование. 2013. № 3. С. 26–30.

8. Волосовец Т. В. ФГТ: внесение изменений или кардинальная переработка? // Современное дошкольное образование. 2012. № 4. С. 20–21.

9. Гуткина Н. И. Психологическая готовность к школе. М.: Академический проект, 2000.

10. Единая информационная система обеспечения деятельности образовательных организаций Российской Федерации: сводные формы по дошкольному образованию (ЕИС ОД РФ) [Электронный ресурс]. <http://eis.mon.gov.ru>.

11. Кадровая политика в условиях введения эффективного контракта в дошкольном образовании. Мониторинг экономики образования. Информ. бюллетень № 9 (129) / Абанкина И. В. и др. М.: НИУ ВШЭ, 2018.

12. Казьмин А. М. Ранняя помощь в системе дошкольного образования Москвы: от экстенсивного развития к внедрению стандартов качества // Клиническая и специальная

психология. 2013. № 1 [Электронный ресурс]. <http://psyjournals. ru/psyclin/2013/n1/58916. shtml>.

13. Кожевникова Е. В., Клочкова Е. В. (ред.) Нет необучаемых детей! Книга о раннем вмешательстве. СПб.: КАРО, 2007.

14. Козьмина Я. Я. Согласованность представлений родителей и педагогов дошкольного образования // Современное дошкольное образование. 2016. № 9. С. 34-41.

15. Максутова Н. Г., Ярыгин В. Н. Анализ стандартов оказания психоло— гических услуг детям и их семьям (отечественный и зарубежный опыт) // Клиническая и специальная психология. 2013. № 4 [Электронный ресурс]. <http://psyjournals. ru/psyclin/2013/n4/ Maksutova_Yarigin. shtml>.

16. Методические рекомендации по созданию системы ранней помощи в структуре доступного и непрерывного образования для детей с ограниченными возможностями здоровья. М.: АНО «Агентство стратегических инициатив по продвижению новых проектов»; ФГБНУ «Институт коррекционной педагогики Российской Академии образования», 2016 [Электронный ресурс]. <http://asi. ru/ upload/iblock/b3a/ Metodichka_Blue_Korr_New_1. pdf>.

17. Михайлова (Козьмина) Я. Я., Сивак Е. В. Научное родительство? Что волнует родителей и какими источниками информации они пользуются. Вопросы образования / Educational Studies Moscow. 2018. № 2. С. 8-25.

18. Нисская А. К. Дошкольная образовательная среда как фактор психологической адаптации ребенка к школе // Вестник Тверского государственного университета. 2012а. № 15. С. 273-278.

19. Нисская А. К. Представления современных родителей о дошкольном образовании. Как сделать детский сад привлекательным? // Современное дошкольное образование. 2016. № 9. С. 24-33.

20. Поливанова К. Н. Современное родительство как предмет исследования // Психологическая наука и образование. 2015. Т. 7. № 3. С. 1-11.

21. Постановление Правительства Российской Федерации от 15 апреля 2014 г. № 295-р «Об утверждении Государственной программы Российской Федерации "Развитие образования на 2013-2020 гг."».

22. Приказ Министерства образования и науки Российской Федерации от 17 октября 2013 г. № 1155 «Об утверждении федерального государственного образовательного стандарта дошкольного образования».

23. Разенкова Ю. А. Регионально — муниципальная модель ранней помощи //

Альманах Института коррекционной педагогики. 2018. № 33. Ранняя помощь: лучшие региональные практики [Электронный ресурс]. <https://alldef.ru/ru/articles/almanac-33/regional-municipal-model-of-early-intervention>.

24. Распоряжение Правительства Российской Федерации от 25 августа 2014 г. № 1618-р «Концепция государственной семейной полити- ки в Российской Федерации на период до 2025 г.».

25. Российское образование в контексте международных индикаторов: аналитич. докл. / Агранович М. Л., Ковалева Г. С., Поливанова К. Н., Фатеева А. В. М.: Сентябрь, 2009.

26. Рубцов В. В., Юдина Е. Г. Современные проблемы дошкольного об- разования // Психологическая наука и образование. 2010. № 3. С. 5-19.

27. Стандартные требования к организации деятельности службы раннего вмешательства / Аксенова О. Ж. и др. СПб.: Санкт-Петербургский институт раннего вмешательства, 2012.

28. Федеральный закон Российской Федерации от 29 декабря 2012 г. № 273-ФЗ «Об образовании в Российской Федерации».

29. Цукерман Г. А., Поливанова К. Н. Введение в школьную жизнь: программа адаптации детей к школьной жизни: пособие для учителей. 2-е изд. М.: Вита-Пресс, 2012.

30. Чумак Е. Г., Пикинская М. В., Возмилова О. В. Технология раннего вмешательства как комплексное сопровождение детей с ограниченными возможностями здоровья: метод. пособие. Сургут: Методический центр развития социального обслуживания, 2014.

31. Шиян О. А., Воробьева Е. В. Новые возможности оценки качества образования: шкалы ECERS-R апробированы в России // Современное дошкольное образование. 2015. № 7. С. 38-49.

32. Шмис Т. Г. Оценка качества дошкольного образования с использова- нием шкалы ECERS в России // Современное дошкольное образо- вание. 2015. № 7. С. 50-53.

33. Юдина Е. Г. Позиция взрослого во взаимодействии с ребенком дошкольного возраста (на материале кросс-культурного исследования) // Теоретическая и экспериментальная психология. 2009б. Т. 2. № 2. С. 26-34.

第五章

俄罗斯普通教育 30 年

图 5-1　每年 9 月 1 日俄罗斯知识节和开学日

30 年来,俄罗斯普通教育无论是数量还是质量上都发生了明显变化,表现为普通教育机构数量锐减,这是因为在学生总人数有所下降的同时国家加大了对教育机构的撤并力度。从教育内涵上,普通教育也经过了重大的改革与调整(表 5-1)。

表 5-1　俄罗斯近 30 年普通教育主要指标变化表

年份	普通教育机构总数/所	普通教育机构学生总数/万人	初中毕业(9 年级)学生人数/万人	高中毕业(11 年级)学生人数/万人	从事普通教育教师总数/万人
1991	69 947	2 093.63	189.4	108.1	155.62
1992	70 499	2 101.05	190.7	105	161.51
1993	70 355	2 108.12	187.8	98.6	168.32
1994	70 464	2 161.2	188.1	99.5	172.63

(续表)

年份	普通教育机构总数/所	普通教育机构学生总数/万人	初中毕业(9年级)学生人数/万人	高中毕业(11年级)学生人数/万人	从事普通教育教师总数/万人
1995	70 782	2 203.9	191.8	104.5	175.01
1996	70 572	2 220.29	198.7	110.5	181.15
1997	70 188	2 221.24	207.3	115.9	181.41
1998	69 613	2 197.03	221.9	125.4	181.14
1999	69 292	2 136.9	222.1	134.6	180.34
2000	68 804	2 055.32	220	145.8	176.9
2001	68 594	1 990.9	226.5	147.3	173.79
2002	67 431	1 891.84	242.2	147.7	172.09
2003	66 207	1 779.75	228.2	151.9	168.61
2004	64 908	1 663.07	213.5	154.6	163.55
2005	63 174	1 563.11	194.4	146.6	159.66
2006	61 028	1 478.78	166.8	136.5	153.78
2007	57 992	1 417.45	147.8	124.6	148.72
2008	55 792	1 382.51	134.3	108.8	142.79
2009	53 102	1 369.01	123.4	88.7	111.51
2010	50 793	1 364.24	135.4	78.3	107.9
2011	48 342	1 373.78	132.2	70.3	106.04
2012	46 881	1 380.45	125	76.5	105.48
2013	45 419	1 387.74	122	73.5	105.62
2014	44 846	1 439.87	122.3	70.1	107.62
2015	43 374	1 477.02	119.8	64.8	107.72
2016	42 621	1 521.9	123.4	63.5	107.41
2017	41 958	1 570.59	128.3	62.1	107.99
2018	41 349	1 613.73	136.5	64.8	108.28
2019	40 823	1 656.55	141.1	65.9	108.33

第一节　20世纪90年代俄罗斯普通教育

1991年2月23日俄罗斯苏维埃联邦社会主义共和国部长会议颁布了119号令《关于规范教育机构活动的暂行条例》[①]，开始对普通教育进行改革，确认了小学、基础中学、完全中学三个阶段。相比苏联时期的普通教育，俄罗斯不再将高中阶段列入义务教育，即普通教育的第三阶段成为非义务教育；另外，学生及其父母有权选择培训机构、教育形式，确定教育进程，拥有选择义务教育和补充教育条件以及单独的培训课程的权利。对学生而言，可以根据教学委员会的决定，选择个别课程，还可以自学单个科目。该条例还赋予教师选择课程、教材、教学方法的权利，并确保学生接受符合国家要求的教育。此外，除了传统的课堂教学系统外，在学生、父母的同意下，教师还享有使用其他形式的教育组织的权利（强化教学在短时间内学习更多课程，由多位老师进行联合授课）。

该条例为教育机构提供了独立组织教育过程的权力，包括选择五天或六天上学时间、将课程的持续时间从传统的45分钟设置为35分钟或40分钟，教育机构还可以引入自己的评分系统。

在引入这些教育的同时，俄罗斯发展和通过了一部旨在巩固改革成果的新的教育法，这是一个艰巨的过程。到1991年3月，该法律草案的第一版已基本完成。一年后，在俄罗斯联邦最高苏维埃举行了全面深入的讨论之后，该法律获得通过，并于1992年7月10日由俄罗斯联邦总统签署。1992年《教育法》中对联邦、地区和市级教育主管部门之间的权限和职能职责进行了划分，明确了教育机构本身的权利和义务。

与之前的立法相比，1992年《教育法》具有新的突破：下放管理职能，扩大教育机构创始人的独立性和责任，改变国家对教育机构活动的控制原则；引入"国家教育标准"的概念，作为规范教育活动的基础；加强教育内容的国家组成部分，扩大教育组织中民族群体的独立性；允许开设民办教育机构；引入"教育方案"的概念和规定；保障公民选择教育形式和教育机构类型的权利。

正如学校改革的设计者所设想的那样，创新的目的是从根本上改变教育过程的内容、教学的性质和技术、教育活动的组织。首先，儿童班级分化成强、中和弱多种类型（后者的称呼可以是"教学矫正和教学支持班"，或"职业指导和工作培训班"）；其次，通识教育和专业化的平衡。归根结底，专业化取决于对各个学科进行深入研究的学习计划的选择，或者归因于高年级的附加课程的引入。调查显示，即使在改革初期，仍有42%的学校开发了新的教育计划、组织形式和教学技术。同时，大多数学校集中于通过"区分孩子，但不区分教学方法"来

[①] http://www.libussr.ru/doc_ussr/usr_18273.htm

区分教育层次①。

这期间,完全中学学生的辍学率显著增加。1992 年《教育法》规定了义务教育为九年制普通教育,要获得完整的中学教育必须通过竞争。与 80 年代相比,进入 10 年级学习的初中学校毕业生比例降低:1982—1983 学年有 59.7% 的初中毕业生进入高中学习,1993—1994 学年这一比例只有 45.6%②。

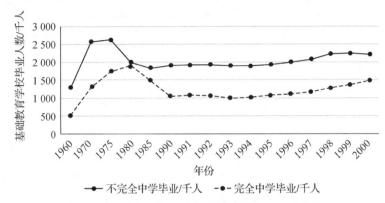

图 5-2　1960—2000 年基础教育学校毕业人数统计图

许多学校试图进行竞争性选择以提高自己的地位,传统上只有专业学校才有这项权限。由于普通教育学校不能拒绝接受学生,因此许多学校努力从地方当局那里获得"实验"的权利,并成为实验学校,如体育特长学校、语言类专业学校等。

俄罗斯联邦政府通过的《关于规范教育机构活动的暂行条例》造成了学校之间的竞争,每所学校都在努力提高自己的地位,结果发生了分层。第一类教育机构提供的培训使学生可以进入"有名望的"大学,第二类教育机构提供至少可以进入"非有名望"大学的机会,第三类教育机构在没有额外培训的情况下几乎没有机会通过大学的竞争性考试。

在此期间,教育体系的一个重要的不稳定因素是缺乏必要的经济支持:缺乏用于学校运作的资金以及物质和技术支持;在普通教育领域缺乏为教师实施社会保护的措施,导致付款延误和工资发放不及时的问题。结果,合格的教学人员离开了学校。就教师受教育程度而言,小学教师自 20 世纪 80 年代以来受过高等教育的比例有所增加,但中学教师接受高等教育的比例呈下降趋势。

1992 年《教育法》颁布后的第二年,即 1993 年,俄政府批准普通学校"基础教学计划",开始了教育内容的改革。1992 年《教育法》中关于教育内容部分的重要特点是:授权教育机关制定供各类学校使用的教学大纲和教学计划,而中央的权限是制定符合教育标准的联邦课

---

① Инновации в школе: характер и результаты // Общее среднее образование России: Сб. нормативных документов, 1992—1993. Т. 1. / М-во образования РФ. М.: Просвещение, 1993. С. 66-68

② Константиновский Д. Л., Хохлушкина. Ф. А. Формирование социального поведения молодежи в сфере образования: От 60-х годов к 2000-му // Социологический журнал. 1998. N 3/4.

程部分,它是国家一级严格规定教育内容的唯一规范性法律文件。

随后,教学计划内容的确定方法也发生了根本性变化。1993年制定的"基础教学计划"在结构上划分了若干教育领域(语言和文学、数学、自然、社会、信息学、艺术、体育、劳动训练等),在每个领域里只规定属于国家课程的学科(具体见表5-2至表5-4)。教学计划中的民族—地区课程和学校课程的内容制定,已不属于联邦中央的权限。

表5-2 小学教学计划(基础计划):1～4年级(1993年)

教育领域与课程	每周教学时数(课时)					民族—地区课程
	按学年分配				共计	
	1年级	2年级	3年级	4年级		
俄语与文学	4	4	4	4	16	16
俄语	3	3	3	3	12	—
数学	4	4	4	4	16	
周围世界	2	2	2	2	8	2
艺术	2	2	2	2	8	2
体育	2	2	2	2	8	1
劳动训练	2	2	2	2	8	2
总计	19	19	19	19	76	23
必选课程时数	1	3	5	5	14	
学生必修最大负担	20	22	24	24	90	
任选课程时数	2	3	3	3	11	
学生最大负担	22	25	27	27	101	

表5-3 初中教学计划(基础计划):5～9年级(1993年)

教育领域与课程	每周教学时数(课时)						民族—地区课程
	按学年分配					共计	
	5年级	6年级	7年级	8年级	9年级		
语言与文学: 本族语与文学 俄语与文学 外语	11	11	9	8	8	47	32
数学	5	5	5	4	4	23	—

(续表)

教育领域与课程		每周教学时数(课时)						民族—地区课程
		按学年分配					共计	
		5年级	6年级	7年级	8年级	9年级		
周围世界	物理与天文	2	3	2	2	2	6	—
	化学			—	2	2	4	—
	生物			2	2	2	6	1
	地理与生态			2	2	2	6	2
社会(历史与社会学科)		2	2	2	3	4	13	2
信息学		—	—	2	—	—	2	
艺术		2	2	2	2	—	8	4
体育		2	2	2	2	2	10	2
劳动训练		2	2	2	3	3	12	5
总计		26	27	30	30	29	142	48
必选课程时数		3	3	2	2	4	14	
学生必修最大负担		29	30	32	32	33	156	
任选课程时数		3	3	3	3	3	15	
学生最大负担		32	33	35	35	36	171	

表5-4 高中教学计划(基础计划):10～11年级(1993年)

教育领域与学科	每周教学时数(课时)			民族—地区课程
	按学年分配		共计	
	10年级	11年级		
语言与文学*	4	4	8	8
数学	3	3	6	—
自然	4	4	8	1
社会	4	4	8	2
体育	3	3	6	1
劳动训练	2	2	4	2
总计	20	20	40	24

(续表)

教育领域与学科	每周教学时数（课时）			民族—地区课程
	按学年分配		共计	
	10年级	11年级		
必选课程时数	12	12	24	
学生必修最大负担	32	32	64	
任选课程时数	6	6	12	
学生最大负担	38	38	76	

* 所学的语言与文学由地区教育管理机关和学校决定，必要时可利用选修课的学时。

由此可见，基础教学计划与以往教学计划的原则性区别是，它明确地把课程分成三类，并相应地规定了教育内容领域三类课程的管理权限。

联邦课程确保全国学校教育的一致，它的内容涉及那些具有一般文化性质和全国意义的课程；民族—地区课程保证联邦主体内各民族的特殊需要和利益，它包括那些反映民族和地区文化特点的教育内容(本族语与文学、地区历史与地理等等)；学校课程(必选课程和任选课程)反映具体学校的特点和要求。

相应地，联邦课程内容的制定和批准权限属于中央教育管理机构，民族—地区课程内容的制定和批准权限属于俄罗斯联邦各主体，学校课程内容则由学校决定。

总之，基础教学计划是一个关于普通教育机构教学内容的文件，它为各级普通学校制订具体计划提供各项主要标准：

——教育标准中三类课程的相互关系；
——基础部分与区别对待部分的相互关系；
——学习期限(总学习期限、分段学习期限)；
——基础教育领域的一周课时量、必修课程与选修课程、学生一周最大课时量；
——国家财政支持的总时数。

总之，用基础教学计划取代统一的全国学校统一教学计划，极大地促进了管理民主化、地方分权制、个人取向学习等改革任务的实现，提高了广大教师研制教学内容的主动性，使教学内容最大限度地符合了具体学校、个别学生的特点。

然而，从1996年开始，教育标准化开始倒退。这反映在1998年2月9日关于批准俄罗斯联邦教育机构基本课程的命令中(见表5-5)。

表5-5 1998年对课程进行调整情况

教育领域	具体课程	各年级每周上课时数（课时）										
		1	2	3	4	5	6	7	8	9	10	11
语言学	作为国家语言的俄语	3	3	3	3	3	3	3	3	3	—	—
	文学	6	6	5	5	8	7	7	5	5	4	4

(续表)

教育领域	具体课程	各年级每周上课时数(课时)										
		1	2	3	4	5	6	7	8	9	10	11
数学	数学 计算机科学	4	4	4	4	5	5	5	5	5	4	4
社会科学	历史 社会科学 地理					2	4	4	5	6	5	5
	周围世界	1	1	2	2							
自然科学	生物 物理 化学					2	2	4	6	6	6	6
艺术	音乐与视觉艺术	2	2	2	2	2	2	2	2	—	—	—
体育	体育 生命安全基础	2	2	2	2	2	2	2	2	2	3	3
技术	技术 劳动培训 绘图	2	2	2	2	2	2	2	3	2	2	2
选修课、一对一和小组课(每周学习6天)		2	5	5	5	5	5	5	5	5	12	12
学生每周6天的最大学习量		22	25	25	25	31	32	34	35	35	36	36
选修课、一对一和小组课(每周学习5天)		—	2	2	2	2	2	2	2	2	9	9
学生每周5天的最大学习量		20	22	22	22	28	29	31	32	32	33	33

解释性说明如下：

基础课程由两部分组成：不变和可变。

在基础课程的不变部分，充分执行了国家教育标准的联邦部分，这确保了俄罗斯联邦教育系统的统一，并保证普通教育机构的毕业生掌握必要的最低限度的知识、技能和能力，有接受继续教育的机会。

在教育领域的不变部分，除了教育领域的数学和物理、化学科目外，10%～15%的时间可以分配到教育内容的地方部分。

基础课程的可变部分确保了地方和学校部分的实施。

可变部分的课时用于学习基础课程教育领域所指的科目(包括深入学习)，学习选修课，进行个人和小组课。

本地区普通教育机构，所有年级和各级教育的学生必须承担的最低学时量由地方教育当局确定。在这种情况下，强制课时数不能超过最大允许课时数。

选修部分的课时数是按5天或6天的教学周来确定的。

俄罗斯联邦第一阶段教育改革在20世纪90年代中期完成，这一阶段的特点是由于国家政治气候的变化而产生了一种自由感，这种自由感不是面向阶级，而是面向普世价值。在这一阶段采取的步骤的实质表现在反对大一统及不同层次的教育系统——从学校到全俄罗斯——的人性化。在三到四年的时间里，创建了新型的教育机构——中学、学院、民办学校。这些机构有机会根据自己的课程和方案开展工作，介绍培训概况和选修课程。对于普通中学，制定了各种版本的课程，提出了人文、物理和数学等领域的教学专业化。

然而，课程发展对教育组织形式和内容的可变性也产生了一些弊端，特别是导致了教育机构发展的失控。课程的多样性也给教师带来了困难，但并不能保证学生的真正需要得到满足。许多教学单位还没有准备好在新的社会经济条件下工作。由于国家经济形势的普遍恶化，现代教育的问题变得复杂起来。教师工资的支付出现了延误，影响了教师从教的积极性。

20世纪90年代后半期，俄罗斯开始制定教育标准，这导致了教育标准化的回归，加强了国家对教育的控制。

第二节　2000—2012年俄罗斯普通教育

2000—2012年期间普通教育领域的发展旨在执行俄罗斯联邦总统、俄罗斯联邦政府的要求和基本文件、国家优先项目"教育"、《教育法》等。

在此期间，各阶段基础教育标准都进行了更新，制定了教师资格要求、定期认证和专业再培训程序。在专业教育方面，制定了教师大约50个专业发展方案。

这段时间，教育机构和学生人数有所减少（如表5-6），但国家宣布了普及高中教育的政策并获得高质量普通教育的条件，优化了教育机构，完善了学校物质基础和技术装备，接入互联网促进教育现代化。

表5-6　2000—2011年普通教育机构的数量和在校学生的数量

	2000	2001	2002	2003	2004	2005	2006	2007	2008	2009	2010	2011
普通教育机构/万所	7.01	6.92	6.88	6.74	6.62	6.49	6.32	6.15	5.80	5.58	5.31	5.20
普通教育学生/万人	217.1	211.2	205.6	189.6	178.1	166.3	156.1	149.4	142.7	139.1	137.3	136.8

可以说，21世纪的第一个十年，俄罗斯基础教育经历了资源大幅度更新，其"破败"现象基本得到改变。但教师队伍的年龄结构不能不引起警惕，因为几乎50%的在职教师是退休人员（17.8%）和退休前年龄人员（32.2%）。

这段时间，学生人数的减少和学校的重组措施导致学校数量大幅减少：从2000年到2009学年，学校数量减少了近1.57万所，降幅达22.4%（见表5-7）。在同一时期，学生人数减少了三分之一以上,教师人数减少了26％。师生比也在不断变化:2007年师生比为1∶9.5,2008年开始增长,2009年达到1∶10.5。

表5-7 2000—2009学年普通教育学校的数量及学生和教师的数量

年份	教育机构数量/所					普通教育机构中学生和教师平均数/人		
	全日制教育机构			夜校	合计	学生平均人数		教师平均人数
	公立学校	民办学校	合计			学生平均人数	全日制学生平均人数	
2000—2001	66400	600	67000	1700	68700	2050	2010	170
2001—2002	65000	700	65700	1700	67400	1890	1840	170
2002—2003	63800	700	64500	1700	66200	1780	1730	160
2003—2004	62500	700	63200	1700	64900	1660	1620	160
2004—2005	60700	700	61400	1600	63000	1560	1520	150
2005—2006	58700	700	59400	1600	61000	1480	1440	150
2006—2007	55700	600	56300	1500	57800	1410	1370	140
2007—2008	53500	600	54100	1500	55600	1380	1340	140
2008—2009	51000	600	51600	1400	53000	1370	1330	130

一、实施高中毕业国家统一考试

20世纪90年代,新独立的俄罗斯联邦政治经济动荡,民族矛盾激化;高等教育的学制和学位体系无法与国际高等教育体系接轨;各地区各中等学校的教学质量参差不齐,没有统一的评估和考核标准;传统自主招生考试产生的大量腐败问题和教育不公平现象日益突出,学生家庭负担加重;远离大城市和文化欠发达地区的毕业生处于与高等教育绝缘的境况,引起民众的强烈不满。

为破解困局,2001年,俄罗斯开始改革始自苏联时期的高校自主命题的招生考试制度,实行国家统一考试,并以此取代中学毕业考试和高校招生考试。国家统一考试采用统一命题、统一考试、统一评价标准。中学采用统考成绩作为中等(完全)普通教育国家总结性评价的结果,高校根据统考成绩择优录取新生。国家统一考试遭到包括重点大学校长在内的许多人的反对,但俄政府坚持推进,逐年扩大试点范围,2008年终于在全境推开(当时全俄共有83个联邦主体,见表5-8)。

表 5-8 俄罗斯国家统一考试试点时期数据统计

项目	2001	2002	2003	2004	2005	2006	2007	2008
参加统考制度的联邦主体数/个	5	16	47	64	78	79	83	83
参加试点高校数/所	16	123	464	946	1 543	1 650	1 800	1 850
参考人数占当年毕业生的百分比/%	2.3	22.8	49.5	60.3	61.6	63.5	85.5	90

2007年2月9日，俄国家杜马通过了第17—ФЗ号《对〈俄罗斯联邦教育法〉和〈俄罗斯联邦高等职业教育和高校后职业教育法〉的修正法案》，规定2009年在全俄范围内实行统考，高校依据统考成绩规定自己的录取分数线，但不能低于俄联邦教育科学督察署规定的各科目统考成绩的最低分数线。同时赋予高校的文化、体育、艺术等专业在统考基础上举行创造力附加考试的权利，并批准部分重点高校在某些专业举行附加考试的权利。2009年2月，俄联邦教科部颁布《国家统一考试实施办法》，统考在全俄范围内正式实行。

统考科目中，俄语和数学是必考科目，必考科目的成绩达到最低分数线可以获得中学毕业证书。选考科目有文学、物理、化学、生物、历史、地理、社会知识、信息学、外语（英语、德语、法语、西班牙语、汉语中任选一种）等9门，考生根据报考的院校和专业要求选择相应的考试科目。所有科目都必须通过国家规定的最低分数线，才能被高校录取。

2007年2月12日，俄罗斯总统签署了《关于修订〈俄罗斯联邦教育法〉的联邦法》。根据这部法案，自2009年起，全国统考成为常规模式，并成为中学毕业生认证的主要形式，通过考试的高中毕业生才能被大学录取。除了国家统一考试外，各科目的奥林匹克竞赛的优胜者也能被大学录取。一些大学获得了在专业科目上进行额外测试的权利。

2009年，国家统一考试第一年全面实施，所有高校均以通过国家统一考试的成绩为准进行录取。法律另外为颁发高中毕业证书制定了以下规则。如果毕业生没有通过两个必修科目中的一个，即分数低于规定的最低分数，他有权重修这门科目一次。如果两门必修课（俄语和数学）都没有达到要求的最低分数线，毕业生将无权重考，只能在下一年通过这些科目。在这种情况下，当年的毕业生就不能拿到国家统一考试合格证书。

在俄罗斯中学，获得毕业证书与通过必修科目（俄语和数学）的既定门槛有关。由此，学校现在实际上不负责其他学科知识的讲授。

2007年7月24日通过了《俄罗斯联邦关于建立义务普通教育的若干立法修正案》，有些责任转移到了学生和他们的家人身上，来自低收入家庭的孩子陷入了危险之中，因为他们无法"获得"通过国家统一考试所需的知识。这些学生的进一步教育和职业发展道路尚未确定。更确切地说，由于进入中等职业教育的教育机构需要一份毕业证书，那些没有通过必修课的人只能指望在民办教育机构学习；那些获得了高中毕业证书，但统考选修课没有获得必要分数的学生，可以进入职业学校继续学习。

2008年春夏,反对统考和支持统考的斗争急剧加剧,这主要是由于2008年国家统一考试结果显示23.5%的学生数学不及格,11.2%的学生俄语不及格。如果2008年没有实行"加1分"的规定,大约三分之一的学校毕业生将无法获得毕业证书,也无法进入大学就读。考虑到在俄罗斯接受高等教育已经成为一种社会规范,这个结果让社会震惊,与其说是因为人们看到学校教育质量急剧下降,不如说是因为进入大学再次成为许多家庭无法实现的梦想。

一些人向最高法院提起了反对国家统一考试的诉讼,为废除国家统一考试征集了签名(例如在凯梅罗沃地区,征集了4万多个签名),起草了一项法律草案,提议高校可以自愿接受高中毕业生的统考成绩。不断加深的经济危机导致地区教育主管部门对国家统一考试持谨慎反对态度,他们开始担心,如果25%～30%的学校毕业生不能通过统一考试,就会出现大规模青年失业和犯罪的威胁。对于处于危机中的大学而言,如此大量的学生(多达20万人)的流失也带来了极其不利的经济和社会后果,因为大学及其教师的预算外收入可能会减少。

大幅降低统一考试的要求,成为摆脱困境的出路。2009年和2010年的毕业生中,俄语和数学两门成绩不及格率分别只有2.76%～2.1%和3.04%～3.5%。这并不是学校教育状况有所改善的证据,而是对毕业生的要求显著降低的结果。

表5-9 2006—2010年间高中毕业生参加国家统一考试必考科目俄语、数学成绩为2分的比例

科目	毕业生获2分的百分比/%				
	2006	2007	2008	2009	2010
俄语	7.91	8.81	11.21	2.76	2.1
数学	19.99	21.14	23.48	3.04	3.5

可见,统考及大学录取机制仍需要完善,才能让社会摆脱对它的不信任。遗憾的是,在实验阶段,许多缺点没有被发现或者没有得到应有的重视,导致高等教育机构在招收申请人时严重混乱。同时,大学有时会失去相当优秀的申请人,被迫招收学习一般的申请人。2010年国家对这一机制进行了改良,申请人有权将考试成绩发给不超过5所高校、每所高校不超过3个专业以申请入学。

二、实施国家教育标准

根据俄罗斯联邦教育部2001年12月29日第1756-P号俄罗斯联邦政府令批准的《2010年前俄罗斯教育现代化构想》,借鉴国外经验,在普通教育高中阶段进行专业化的教学,这是一种差异化、个性化的教育方法,它使教育过程在结构、内容、组织等方面发生变化,更充分地考虑学生的兴趣、倾向和能力,根据高中生的专业兴趣和意向,为教学创造条件。

因此,学生有机会深入学习他们感兴趣的科目,并在进入大学时接受更全面的培训。课程分为以下几个方面:医学和生物学,深入学习生物学和化学;法律,深入学习法理学和俄语;物理和数学;人文学科,深入学习文学和历史、语言学。

2004 年,第一代联邦教育标准获得批准。随后,第二代标准分阶段通过:2009 年通过《小学教育标准》(1~4 年级),2010 年通过《初中教育标准》(5~9 年级),2012 年则通过《高中教育标准》(10~11 年级)。学校不再被称为"教育机构",取而代之的是"教育组织",在结构形成上被认为是自治和独立的。学校创建人可以是国家、市(预算或自治)或私人,也有一些组织为残疾学生开展经调整的基础教育方案的教育活动。然而,由于草率地广泛推行全纳教育,试图以完全的融合学习取代原有的特殊教育制度,导致一些有特殊教育需要的儿童失去了接受适当教育的机会。

《小学教育标准》的联邦部分旨在实施小学生的个性导向发展模式,确保达到以下主要目标:

(1) 培养学生的个性、创新能力、学习兴趣、学习欲望和能力。

(2) 教育道德情操和审美情操、情感价值观,积极对待自己和周围的世界。

(3) 掌握系统的知识、能力和技能,有开展各类活动的经验。

(4) 保护和加强儿童的身心健康。

(5) 保护和支持儿童的个性。

(6) 由于掌握了小学通识教育的学科内容,学生获得了新的教育技能,掌握了新的活动方式。

(7) 学生必须能够观察周围世界的物体:描述被观察的物体并描述其发生的变化。此外,他还必须能够比较两个物体,识别相似性和差异性,以及根据一个共同特征组合物体,区分一个部分和一个整体,具备用最简单的测量仪器进行测量的技能,并利用这些测量建立定量关系和解决问题。解决创造性的问题,即兴发挥,设计一个行动计划,并表演出想象的情况。

根据《俄罗斯联邦宪法》,初中教育是义务教育,要根据青春期的年龄特点,培养学生从事实践活动、认识世界的能力,学会自知之明、自主决定,增加学习的动力。初中时期学校教学目标的特殊性更多地与儿童的个人发展有关,而不是与他们的教育成就有关,要求实现以下主要目标:

(1) 在所获得的知识、能力、技能和工作方式的基础上形成对世界的整体看法;

(2) 在各种活动(个人和集体)中获得经验,毕业生在数学和自然科学以及社会文化领域达到现代社会所必需的功能性识字水平。

初中最重要的任务之一是培养学生自觉和负责任地选择生活和职业道路。实现这一目标的条件是坚持个性化训练。完成初中基础教育并达到毕业生培养要求的学生,有权继续在完全中学、初等或中等职业教育机构学习。

高中阶段的学校在教育现代化的进程中进行了最为重大的结构、组织和实质性的变革，其本质是确保教育的最大个人取向和可变性，促进教育的差异化和个性化。这些变化是对现代社会的要求的回应，即最大限度地发挥个人的能力和才能，并在此基础上形成具有专业和社会能力的人格，知道如何做出专业和社会选择，并为此承担责任；知道并有能力捍卫自己的公民地位、公民权利。

联邦部分的学术科目分为两个层次——基础水平和专业水平。基本水平着眼于一般文化素养的形成，更多地与培养世界观、完成社会化相联系；专业水平是根据学生的个人倾向和需要来选择的，重点是为学生继续接受职业教育或参加专业活动做准备。

（一）2004版基础教学计划在实施教学内容专业化方面所起的作用

基础教学计划是教学内容专业化和实施分科教学的重要手段，在很大程度上改变了传统做法。俄罗斯联邦教科部批准的《普通教育高年级阶段分科教学实施纲要》（2002年）所提出的教育内容分科化机制，是建立在中学高年级两种水平（基础水平和专业水平）认识之上的。纲要特别指出，"每门普通教育学科均可列入具体学校（班级）的教学计划，供学生在基础水平阶段或专业教学阶段学习"。基础课程和专业课程各种组合必须保证学校教育内容中的联邦要求并要遵守卫生防疫规则和标准所规定的学时标准。每所学校（原则上也包括每个学生）有权制订自己的教学计划。学生选择的专业教学课程和其他选修课程的总和，就构成他个人的学习计划。

根据反馈，教育主管部门在高中阶段实施专业教学并制定标准要求对基础教学计划做出某些修订。2004年，经过修订的新计划获得了批准，该计划在许多方面有别于1993年的第一个计划以及其后1998年、2001年的修订计划。

表5-10　小学教学计划（基础计划）：1~4年级（2004年）

学科	每学年教学时数				
	按学年分配				共计
	1年级	2年级	3年级	4年级	
文学	99	102	102	102	405
文学阅读	66	68	68	68	270
本族语与文学*	(132)	(136)	(102)	(102)	(472)
外语	0	68	68	68	204
数学	132	136	136	136	540
周围世界（人、自然、社会）	66	68	68	68	270

(续表)

学科	每学年教学时数				
	按学年分配				共计
	1年级	2年级	3年级	4年级	
艺术(音乐与造型艺术)	66	68	68	68	270
工艺学(劳动)	33	34	68	68	203
体育	66	68	68	68	270
总计	528	612	646	646	2432
地区(民族—地区)课程与学校课程 (每周六日授课制)**	132	238	204	204	778
每周六日授课制可容许的 最高课堂教学时数	660	850	850	850	3210
地区(民族—地区)课程与 学校课程(每周五日授课制)	132	136	102	102	472
每周五日授课制可容许的 最高课堂教学时数	660	748	748	748	2 904

* 俄语与文学的时数计入地区(民族—地区)课程和学校课程时数。
** 根据卫生防疫规则和标准(2002年4月2日第1178-02号),在1年级只允许实行每周五日授课制。实行每周六日授课制基础教学计划的总时数安排要考虑到1年级实行每周五日授课制的总时数。

表 5-11 初中教学计划(基础计划):5~9年级(2004年)

学科	各学年教学时数					
	按学年分配					共计
	5年级	6年级	7年级	8年级	9年级	
俄语	105	105	105	105	70	490
文学	70	70	70	70	105	385
本族语与文学*	(210)	(210)	(175)	(105)	(105)	(805)
外语	105	105	105	105	105	525
数学	175	175	175	175	175	875
信息学与信息技术	0	0	0	35	70	105
历史	70	70	70	70	70	350
社会学(包括经济学、法学)	0	35	35	35	35	140
地理	0	35	70	70	70	245
自然	70	0	0	0	0	70
物理	0	0	70	70	70	210

(续表)

学科	各学年教学时数					
	按学年分配					共计
	5年级	6年级	7年级	8年级	9年级	
化学	0	0	0	70	70	140
生物	0	35	70	70	70	245
艺术(音乐、造型艺术)	70	70	70	35	35	280
工艺学	70	70	70	35	0	245
活动安全基础	0	0	0	35	0	35
体育	70	70	70	70	70	350
总计	805	840	980	1 050	1 015	4 690
地区(民族—地区)课程与学校课程(每周六日授课制)**	280	280	210	175	210	1155
每周六日授课制可容许的最高课堂教学时数	1 085	1 120	1 190	1 225	1 225	5 845
地区(民族—地区)课程与学校课程(每周五日授课制)	175	175	105	70	105	630
每周五日授课制可容许的最高课堂教学时数	980	1 015	1 085	1 120	1 120	5 320

* 划给俄语与文学的时数计入地区(民族—地区)课程和学校课程时数。

** 为进行综合学科《地方志》教学,从6年级地理和生物,从8年级艺术和工艺学,从9年级历史时数中划给地区(民族—地区)课程35时数。

表5-12 高中教学计划(2004年)

	联邦课程	
	在基础水平之上开设的必修学科	
	学科	教学时数(括号内标示高一、高二每周时数)
		基础水平
必修部分	俄语	70 (1/1)
	文学	210 (3/3)
	外语	210 (3/3)
	数学	280 (4/4)
	历史	140 (2/2)
	社会学(含经济学、法学)	140 (2/2)
	自然	210 (3/3)
	体育	140 (2/2)

(续表)

	联邦课程		
	在基础水平和专业水平上开设的选修学科		
	学科	两年的教学时数(括号内标示高一、高二每周时数)	
		基础水平	专业水平
提高部分	俄语	—	210 (3/3)
	文学	—	350 (5/5)
	外语	—	420 (6/6)
	数学	—	420 (6/6)
	历史	—	280 (4/4)
	体育	—	280 (4/4)
	社会学(不含经济学和法学)	70 (1/1)	210 (3/3)
	经济学	35 (0.5/0.5)	140 (2/2)
	法学	35 (0.5/0.5)	140 (2/2)
	地理	70 (1/1)	210 (3/3)
	物理	140 (2/2)	350 (5/5)
	化学	70 (1/1)	210 (3/3)
	生物	70 (1/1)	210 (3/3)
	信息学和信息技术	70 (1/1)	280 (4/4)
	艺术	70 (1/1)	210 (3/3)
	工艺学	70 (1/1)	280 (4/4)
	活动安全基础	35 (1/—)	140 (2/2)
	共计	不超过2100(不超过30/不超过30)	
	地区(民族—地区)课程		
	共计	140 (2/2)	
	学校课程		
	共计	不少于280(不少于4/不少于4)	
	总计	达2520(36/36)	
	每周六日授课制 可容许的最高课堂教学时数	2520(36/36)	
	每周五日授课制 可容许的最高课堂教学时数	2450(35/35)	

这里出现了两个全新的情况：第一，2004年的基础教学计划是以当年颁布的普通中等（完全）教育标准草案为基础制定的。这在很大程度上决定了基础教学计划的整体内容和各学科的学时。第二，基础教学计划对教育结构和内容做了适当调整。

普通教育高年级阶段的基础教学计划发生了实质性变化。实施专业化教学后，要求缩减计划中的必修部分，即缩减以传授基础普通知识为目的的非分科教学时数。否则，学生的一周最低学习负担就要达到42~44学时。高年级阶段的基础教学计划应当为建立各类课程（基础课程、分科课程、选修课程）的有效组合提供条件，以保证形成灵活机动的分科教学体系。

普通教育基础课程，对接受各类分科教学的学生来说是必修的，它保证学生获得最低水平的普通教育，应当反映普通教育的目的、任务和功能。前述纲要提出如下的课程组合：数学、俄语与文学、外语、历史、体育、综合学科——社会学（给数理、技术科分科的学生开设）、自然科学（给人文、语文、社会——经济类分科的学生开设）。当然，实际教学中不排除学习未列入计划中的某些普通教育学科（信息学、地理、艺术等等）的可能性。这些学科不是所有学生的必修学科，可根据专业的不同把有关学科列入教学内容。

普通教育专业课程，是提高性质的课程（实际上是强化课程），决定了专业教学主要课程的专业化程度。物理、化学、生物，是选修自然科学类学科的学生所学的主要科目；文学、俄语、外语，是选修语文类学科的学生所学的主要科目；法学、经济学，是选修社会——经济类学科的学生所学的主要科目；等等。

基础课程和专业课程的组合便构成了基础教学计划的联邦课程，而高年级的其他课程（地区课程和学校课程）在计划中只列出了学时数。

选修课是学生的必选课程，是高年级分科教学的组成部分，具有三种主要功能：第一，选修课可以发挥分科课程的"提高"功能，具有深化课程的性质，开设这类课程的学校（班级）成了深入学习某些学科的传统专门学校。第二，选修课可以发展某一基础课程的内容，开设此课程的学校（班级）可保持在普通教育最低水平之上，使毗邻学科的教学保持分科教学的水平。例如，在国家统一考试时可在分科水平上参加所选考学科的考试。第三，某些选修课的设置，其目的在于满足某些学生对所分科之外的人类活动领域的认知兴趣。总之，选修课程在很大程度上弥补了基础课程和分科课程的"空白点"，可帮助学生把所学知识整合成为科学世界的完整图景，并达到劳动力市场所要求的教育效果。

2004年版基础教学计划为高年级完善教育过程提供了新条件，其中有：

——突出旨在直接帮助学生报考高等学校的教育内容（分科课程）；

——往学校教育内容里增加了新内容（选修课程、设计、研究活动），其实质是要求学校必须采用新的教学活动组织形式（讲演、课堂讨论、教学设计等等）和新的方法。

该基础教学计划提供的间接条件有：

——将分科课程（深化课程）和国家统一考试要求做了对应；

——教育内容的深化,尤其要使学校教学计划结构接近高等学校的教学计划。

比较1998年的基础教学计划,2004年的基础教学计划中某些学科授课时数发生变化,社会科学、外语和信息学增加了学时。计划实施以来,装备电脑教室的公立学校显著增加,装备电脑教室的学校占学校总数的比例从1991年52.1%增加到2004年的90.6%(城市学校里共同使用一台电脑的人数从87人降至52人,在农村则降至36人)。

在新制订的基础教学计划中缩减了自然科学和精密科学的时数,但保留了语文类学科、艺术、劳动训练、体育的学时。但在某些学校里,不同学科间的学时差别还是很大的。

基础教学计划中的另一些重大变化还有:从2年级起开设外语课,增加信息学的学时,提前开设社会学科,在高年级开设了经济学、法学和生命安全基础等课程。

2004年基础教学计划在高中阶段的革新主要有:

(1) 鉴于俄语在多民族的联邦国家中的作用日益提高,俄语也成为所有高校入学考试中的必考科目,在2004年的基础教学计划中把这门学科列入教学内容,每周1课时。由于数学和文学实际上也是各高校入学考试的必考科目,所以分配给这些学科的时数也增加1课时。加强了对外语学习的重视(《2010年俄罗斯教育现代化构想》中,提出了要保证中学毕业生熟练掌握外语),这就必须增加外语学科的学习时数,从每周2课时增加到3课时。

(2) 信息学不再是必修学科,而把它作为专业科目来学习,这样比作为基础课程学习更有针对性。作出这种决定一是由于在基础学校中所要学习的信息学的容量大大增加,二是由信息学的特点决定的——人类在这个领域中的活动能用自己的方法、手段和技术来促进人类掌握其他领域的知识及认识和实践活动。

(3) 工艺学不再是必修科目。根据专业化教学要求,工艺教育的内容应细分入相应的专业课程或选修课程中。

(4) 关键的问题是学习自然科学和社会科学等必修课的组织形式和时间问题。在人文专业分科中,建议开设综合课程自然科学。这样做有一系列优越性:节约课时(从6课时减至3~4课时),腾出的时间可用于加强其他科目(文学、语言、历史等等)的学习;以培养一般的智力技能和技巧为目标,这样的技能和技巧是在跨学科的基础上培养的;把只有1课时的学科(物理学、化学、生物学)综合起来,这样的综合课程在教学计划中就能分配得到4个课时以上,于是就能提高这些学科的教学效果。

在评价这一方案时应该考虑到三个重要情况。第一,它不只适用于普通教育学校,也适用于初等和中等职业教育系统,在那里课时不足问题更为尖锐。第二,不要求教学机构(或者个人)只选择自然科学最低水平的方案,也允许学生在人文方向的框架内选择学习所有的(或者某几门)自然科学学科,把它们作为基本标准层次上的自学科目。第三,应该强调指出,综合课程不是物理学、化学和生物学中的一些知识的总和,而是在形成完整的世界图景的任务基础上,让学生熟悉自然科学特有的认识方法,去建构综合课程。

根据教学计划,经济学、法学变成综合课程,在 10 年级时开始学习,每周 2 课时;而在 11 年级,或者放在综合课程中,或者以独立学科的形式学习经济学和法学。因此,2004 年基础教学计划没有明确规定学习经济学和法学的组织形式,每所学校都有权按其创办者规定的方式解决这个问题。

在高中阶段,教学计划中分配给联邦课程的学科(基础必修学科、分科学科、基础选修学科)的总课时,在两个学年内不应超过 2 100 课时(如果在这个范围内还有时间潜力,则把这些课时转用于学校课程);地区(民族—地区)课程的量占 140 课时;而教学计划规定的学校课程的量,不少于 280 课时,这些课时用于教授学校规定的学科,进行教学实践和研究活动、完成教育设计等等,也可把这些课时用来增加分配给教授联邦课程的基础和分科学科的课时量(如表 5-12)。

根据俄罗斯联邦政府 2003 年 6 月 9 日第 334 号令《关于在执行中等(完全)普通教育大纲的普通学校进行分科教学实验的决定》[①],实验自 2003 年 9 月 1 日开始。其任务不仅包括进行某些深化学科的教学实验,还包括使各类学生能根据自己的能力、个人兴趣平等地接受高质量教育,以及保证普通教育和职业教育的连续性等实验。

第三节　2012 年以来俄罗斯普通教育发展

从 2012 年到 2020 年无论是城市地区还是农村地区,俄罗斯基础教育机构的数量出现了一定程度的减少,但教育结构更趋合理(见表 5-13)。

表 5-13　提供普通教育的公立和市立教育机构(2014—2020 年)　　　单位:所

指标名称	2014/2015	2015/2016	2016/2017	2017/2018	2018/2019	2019/2020
提供初等、基础和中等教育课程的市立和公立教育机构数量(具有独立法人资格)	17 943	17 329	17 280	171 111	17 004	16 907
全日制教育组织数量	17 272	16 800	16 976	16 777	16 717	16 650
晚班教育机构数量	671	529	404	334	287	257
全日制教育分支机构数量	185	188	188	192	194	216

国家开始重视师资队伍建设,按照《2024 年前俄罗斯联邦发展的国家目标和战略任务》的要求,俄罗斯中小学教育质量要进入世界十强国家行列,教师是提升教育质量的关键。俄罗斯学校教师从年龄结构来看,高年龄段教师和年轻教师占比较高,高年龄段教师普遍存在

---

① https://base.garant.ru/185955/

知识结构老化问题,而年轻教师实践经验不足。改善师资质量,促进教师专业化发展成为近十年来俄罗斯教育政策的焦点。俄政府引入了教师绩效工资制度,并于2013年制定完成了《教师职业标准》草案。

从2016年开始,根据2015年12月俄罗斯联邦国家委员会会议结果,普京授权俄罗斯联邦政府着手建立"教师成长国家体系"。2017年7月到9月,由俄罗斯联邦教育科学部主持,由21世纪教师联合会工作小组研制完成的"教师成长国家体系模型"与修订过的《教师专业标准》共同在网站公开发布,邀请社会各方积极参与讨论。"教师成长国家体系"根据教师完成任务以及承担责任的难度和复杂程度的不同,确定差别化的教师岗位,与《教师专业标准》一起成为教师鉴定的依据。建立"教师成长国家体系",其实质就是建立一个教师专业成长的系统模式,主要目的是促进教师专业发展,给予教师支持。这一系统模式组成要素包括教师教育、教师鉴定、教师技能提升、教师专业标准以及提升职业(地位)声望。2017年,"教师成长国家体系"已经在13个地区试行,据俄罗斯联邦教科部设想,未来将在每个联邦主体建立地区连续教师教育体系。按照总统令的要求,在2024年前,要保证50%以上的中小学教师通过技能提升获得专业发展教育。

进一步完善联邦国家教育标准是这段时间的重要工作,国家教育标准是根据《俄罗斯联邦宪法》第43条第5款和1992年《教育法》第7条制定的,该条款规定"俄罗斯联邦制定联邦国家教育标准"。

学校教育标准的制定始于1993年,而在1994年,各门学科的首批标准已作为暂行标准获准实施。至1998年,新的规定取代了各学科的教育标准。教育标准的任务在于制定一个严格的规定结果而非过程的标准。围绕这个问题展开过激烈的争论:一些人认为草案中的规定要求过高,而另一些人则认为过低。参加讨论的多数人都认同这一点:学生负担过重,但他们也担心学生的培养质量会降低。

俄罗斯联邦教科部在2004年批准了基础教学计划所有学科的普通教育国家教育标准的联邦课程。随后,俄罗斯联邦的许多主体相继开始制定民族—地区课程。

根据相关规定,在教育实际工作中可以使用两个具有同等权限的决定教育内容的普通教育标准。

人们通常把已批准的普通教育国家教育标准联邦课程称作第一代文件。它在制定时既考虑到普通教育的现状,又考虑到了两个基本因素的结合,即教育的现有条件(物质技术条件、教学—教学法条件、干部条件等等)和公民对新的普通教育质量的需求两个方面。因此,它是过渡性和临时性的文件。在很大程度上,这是由教育法早已规定的标准模式——普通教育和职业教育的统一标准所决定的。

1992年《教育法》第7条与教育标准有关,其中规定,俄罗斯"制定包括联邦和民族—地区课程的国家标准"。根据《教育法》,标准还包括教育机构的课程、内容最低限度、对毕业生培养水平的要求、学生必修课程学习负担的最上限。《教育法》没有规定这些课程相互间的关系,也没有明确标准所规定的民族—地区课程的内容。

作为俄罗斯联邦国家政权的联邦机构规定标准的联邦课程,其中包括规定基础教育大纲的必修最低限度、学生最低学习负担、对毕业生培养水平的要求。国家教育标准是针对与获得知识和技能相关的教育目标的。同时,它又在某种程度上忽略了一些重要任务,如儿童的社会化、教育与发展。这类标准通常被叫作"内容标准"。与此类似的教育标准很早以前即获准并已付诸实施,它是由俄罗斯联邦教科部批准的。

由此可见,制定第二代标准是一项更为复杂的任务,这项工作从2006年已开始。在所面临的工作中最重要的,是要从制定第一代标准时出现的种种失误中解脱出来,分析曾犯过的错误:

——没有考虑到普通中等教育的科学—教学法、法律—规范、财政保证等重要因素的发展变化;

——没有规定标准在普通中等教育中的地位、功能、作用,由于人们对普通中等教育的目标、价值等观点的变化,问题显得尤为突出;

——标准结构的设定,没有把基础教学计划作为构成其体系的组成部分,因此标准和基础教学计划没有充分协调一致,例如,这种情况已导致基础学校教育内容可变部分的缺失;

——对普通义务教育(普通基础教育)期限的变化没有给予充分注意,结果未能考虑到许多学生在这个阶段有权利修完他们本来可以修完的基础教育;

——没有把对毕业生培养水平的要求的内容确定为标准的最重要组织部分,其结果是这些要求不具有可操作性,而标准本身只针对"最终结果"。

探寻与标准内容更为符合的、全新的文件结构,或许是在制定第二代标准道路上迈出的最重要的一步。只有做到明确规定国家教育标准在教育规范体系中的地位和作用,划定它的使用界限,才能谈论制定标准的功能模式问题。它将成为制定其整体结构的基础。此类研究的成果将会形成制定第二代国家教育标准的系统理论。

第二代标准力求不成为"右派"和"左派"、"自由主义者"和"国家强权的拥护者"之间进行政治斗争的"人质"。将个人、社会和国家对公民普通教育的需求加以系统化,建立它们的协调机制,这就为形成一种团结一致的社会—职业环境创造条件。为此,重要的是要吸引社会广大阶层人士、各级教育的专家们参加这项工作,要循序渐进地实施不同教育领域的标准,以避免重犯错误。

新颁布的《俄罗斯联邦教育法》(2012年12月29日第273-ФЗ号令)规定,联邦国家教育标准是对某一阶段的教育,和(或)职业、专业、培养方向所提出的一系列必然要求的总和,由履行教育领域政策制定和法规管理职能的联邦权力执行机构批准。由此,我们可以发现决策部门的级别有所降低:不是联邦法律,也不是俄罗斯联邦政府的法令,而是主管机构的批准令。

2012年《教育法》第二章第11条对这些标准进行了阐释。该法律条文指出:

1. 联邦国家教育标准和联邦国家要求保障：

（1）俄罗斯联邦教育空间的统一；

（2）基础教学大纲的连续性；

（3）与教育层次对应的教学大纲内容的灵活性，形成难易程度不同、面向学生教育需求及学习能力的教学大纲的可能性；

（4）在基础教学大纲实施条件及其成果的统一要求基础之上，对教育水平和质量的国家保障。

2. 除《学前教育联邦教育标准》外，联邦国家教育标准是对教育工作和按照相应层次及方向的教学大纲的学生培养情况进行客观评估的基础，无论采用何种学习形式和教育方式。

3. 联邦国家教育标准包括以下要求：

（1）对基础教学大纲结构及其范围的要求；

（2）对实施基础教学大纲的条件，包括人员、资金、物资与技术及其他条件的要求；

（3）对基础教学大纲实施成果的要求。

根据该法规第 12 条第 3 部分，基础教育教学大纲包括学前教育教学大纲、普通初等教育教学大纲、普通基础教育教学大纲、普通中等教育教学大纲；

主要的职业教育教学大纲有：

——中等职业教育教学大纲，包括高水平职工培养大纲、中级专家培养大纲；

——高等教育教学大纲，包括本科教学大纲、专家教学大纲、硕士研究生教学大纲、博士研究生教学大纲、住院医师教学大纲、助教及进修生教学大纲；

——主要的职业培训教学大纲，包括依据工人职业、职员职位进行的职业培训教学大纲、职工再培训教学大纲，职工专业技能提升的培训教学大纲。

根据 2012 年《教育法》，制定并确立了普通教育三个层次的教学标准。与之相关有三个命令：俄罗斯联邦教科部于 2009 年 10 月 6 日颁布的第 373 号令《关于批准和实施联邦国家小学教学标准》及其于 2010 年 12 月 17 日颁布的命令《关于批准实施联邦国家普通初中教学标准》；2012 年，教科部制定了《高中教育标准》（2012 年 5 月 17 日第 413 号令）。

在制定教育标准的同时，俄罗斯联邦教科部发布的 2010 年 12 月 17 日第 1897 号令中还有一项命令，其中特别指出，该标准应成为基础教学大纲的制定人员、实施教学活动的学习机构的主管人员、评估教学质量的机构的工作人员、示范性基础教育大纲及教学法的制定人员、课本编写人员、负责普通教育发展的俄罗斯联邦主体的国家权力机关（立法机关和执法机关）领导人及专家开展工作的基础。

2012 年《教育法》及在其基础上通过的新标准与上述提到的 2007 版本中描述的第一代标准相比，最重要、最本质的区别如下：

（1）执行标准的决策部门级别明显降低，决策部门为当时的俄罗斯联邦教科部。

（2）教育问题的概念机制已经发生了根本性变化。可以发现，不仅先前的概念不再被使用,而且由这些概念所代表的本质也已被摒弃。

(3) 新标准更多地"关注"教育需求结构的形式和轮廓,而不是其内容。新标准没有明确教育内容("教什么?"),它侧重于结果、教学条件及对基础教学大纲结构的要求。相比之下,第一代标准的关键要素是"基础教学大纲内容的最低标准"。也就是说,在不干涉制定此类大纲的权限的情况下,第一代标准明确了大纲中必不可少的教学内容。此类标准被称为"内容标准"或"内容性的标准"。这一点并不包含在当前执行的标准中,因此,出现了一系列问题。

(4) "基础教学大纲"这一术语引起了新的社会反响并得到了补充。在这个短语中添加"教育机构"这一词组会更加正确。因为根据2012年《教育法》,正是教育机构制定、批准并实施了基础教学大纲。

(5) 在由教育机构依法制定、批准和实施的基础教学大纲的结构中,出现了"必修部分"与"由教育工作参与者制定的部分"。"必修部分"是该标准中最重要的组成部分。但到目前为止,由于缺乏官方解释,无法对此进行具体说明。

也许,整个标准运行体系新机制的最后一个实质性区别与对示范性教学大纲的关注度急剧增加有关。2012年《教育法》(第12条,第9、10部分)规定,除当前联邦法律另有规定的情况外,应在联邦国家教育标准的基础上,结合教学层次和培养方向制定示范性基础教学大纲。此外,根据审查结果,示范性基础教学大纲将被纳入示范性基础教学大纲登记系统(即国家信息系统)。该系统中包含的信息是公开的。目前,已创建了这样的注册系统与第一批示范性基础教学大纲。

值得注意的是,2012年《教育法》中区分了"示范性基础教学大纲"和"教学大纲"这两个概念。

示范性基础教学大纲是一种教学法文献[包括示范性教学计划、示范性教学日历、示范性课程教学大纲、学科(模块)及其他组成部分],用以确定某一层次和(或)某一方向的推荐课时和教学内容,教学大纲的预期实施成果,教育活动的大致条件,包括用于实施教学大纲所需公共服务的预计费用。

教学大纲是教育的基本特征(范围、内容、预期成果)、组织和教学条件以及联邦教育法中规定的考核方式的总和,包括教学计划、教学日历、课程教学大纲、学科(模块)及其他组成部分,用于评估和教学的材料。

很明显,2012年《教育法》和教育标准将普通教育内容的"重心"转移到了教学大纲上。

由此,俄罗斯教育体系构建了以下教育内容"存在"的逻辑。

(1)《俄罗斯联邦教育法》;

(2) 教育标准;

(3) 示范性基础教学大纲;

(4) 教育机构的基础教学大纲。

显然,该体系中的前两个部分(《教育法》和教育标准)具有绝对的强制性,但对确定教学内容的影响力不大。与此同时,另外两个(示范性基础教学大纲和教育机构的基础教学大纲)可以确定教学内容,却不是必需的,仅作为教学文件。

第二代普通教育标准与第一代标准存在根本性差异。因此,只需评估其主要结构和内容特征。联邦国家教育标准是国家认可的教育机构在实施基础教学大纲实施过程中的一系列强制性要求的总和。该标准包括三类要求:(1)对基础教学大纲实施成果的要求;(2)对教学大纲基本结构的要求,包括对基础教学大纲中各部分的比例及其教学量的要求,以及对基础教学大纲中必修部分与由教学过程参与者制定的部分的比例要求;(3)对实施基础教学大纲的条件的要求,包括对人员、资金、物资与技术等条件的要求。

作为该标准的基础,系统教学法可以保障:

——做好自我发展和继续教育的准备;

——为教育体系中的学生设计、构建社会环境;

——学生积极的学习与认知活动;

——符合学生的年龄、心理和生理特征的教学过程的设计;

——毕业生个性特征的形成,即"毕业生肖像"的描绘。

教育标准还指出,教育机构的教学计划应考虑引入能够保证学生教育需求和学习兴趣的课程,包括民族文化教育课程的可能性;为了开发学生,特别是有天赋的儿童和有缺陷的儿童的潜力,可以在学生本人及其父母(法定监护人)的参与下制定个性化课程。

该标准中另一个重要的新要素便是基础教学大纲的实施条件系统——《实施基础教学大纲的条件要求》。每个教学阶段的要求自然要考虑到这个阶段教学、预期成果、主要目标和任务的相关特点,包括对人员、资金、物资与技术、教育心理、信息技术,以及教学过程中运用的教学法和信息保障的要求。

第二代标准的执行时间已长达10年。根据法律规定,标准应在一定程度上进行调整,在观念上也可有所改变。

目前,普通初等教育和基础教育第三代标准已制定并于网上公布,以便公众讨论。它们的主要特点是尝试让内容"回归"至该标准的"主体",将每门课程的要求具体化,并依据研究的年份进行了分组。

因此,先前作为标准的初始章节《基础教育大纲成果的要求》现已成为最终的章节,之后便是包含所有学科成果要求细节和具体化的附件,即教育标准定义了基础教学成果,而这些成果在所有示范性基础教学大纲和教育机构的基础教学大纲中得以体现。另外,在符合标准的基础上,也要考虑到区域社会经济发展的需要、人口的民族文化特征,可以制定多层次的示范性教学大纲。例如,基础层次的教学大纲、创新型学校的教学大纲等等,所有这些计划都应包括符合标准的教学成果,这可以理解为维护国家教育体系统一的主要手段。

这段时间,各类学校的教学计划呈现出新的特点,试以圣彼得堡市普通教育的教学计划为例——

表5-14　1~4年级教学年度计划　　　　　　　　　　　　　单位:课时

学科领域	课程	1年级	2年级	3年级	4年级	小计
必修部分						
俄语与文学	俄语	132	136	136	136	540
	文学	132	136	136	102	506
民族语言与民族文学 (针对非俄罗斯族聚居地区)	民族语言	0	0	0	0	0
	民族文学	0	0	0	0	0
外语	外语 (英语)	0	68	68	68	204
数学与信息	数学	132	136	136	136	540
社会知识与自然知识 (周围的世界)	周围的世界	66	68	68	68	270
宗教与世俗文化基础	宗教与世俗文化基础	0	0	0	34	34
艺术	音乐	33	34	34	34	135
	美术	33	34	34	34	135
技术	技术	33	34	34	34	135
体育	体育	99	102	102	102	405
合计		660	748	748	748	2 904
选修部分						
俄语与文学	俄语	33	0	0	0	33
外语	外语(英语)	0	34	34	34	102
合计		33	34	34	34	135
最大学习课时数		693	782	782	782	3 039

表5-15　1～4年级教学周计划

学科领域	课程	1年级	2年级	3年级	4年级	小计
必修部分						
俄语与文学	俄语	4	4	4	4	16
	文学	4	4	4	3	15
民族语言与民族文学（针对非俄罗斯族聚居地区）	民族语言	0	0	0	0	0
	民族文学	0	0	0	0	0
外语	外语(英语)	0	2	2	2	6
数学与信息	数学	4	4	4	4	16
社会知识与自然知识（周围的世界）	周围的世界	2	2	2	2	8
宗教与世俗文化基础	宗教与世俗文化基础	0	0	0	1	1
艺术	音乐	1	1	1	1	4
	美术	1	1	1	1	4
技术	技术	1	1	1	1	4
体育	体育	3	3	3	3	12
合计		**20**	**22**	**22**	**22**	**86**
选修部分						
俄语与文学	俄语	1	0	0	0	1
外语	外语(英语)	0	1	1	1	3
每周最多课时数		21	23	23	23	90

小学4年最少课时数为2 904课时,最多课时数为3 039课时。课外活动的课时数由学生和学校决定,最长为1 350课时。因彼得堡市以俄语为教学语言,无须开设民族语言与民族文学;少数民族聚居地区根据当地政府的规定开设民族语言与民族文学课程。

表5-16　5～9年级(初中)教学年度计划　　　　　　　　　　　　　　单位:课时

学科领域	课程	5年级	6年级	7年级	8年级	9年级	小计
必修部分							
俄语与文学	俄语	170	204	136	102	102	714
	文学	102	102	68	102	102	476
民族语言与民族文学	民族语言	0	0	0	0	0	0
	民族文学	0	0	0	0	0	0

(续表)

学科领域	课程	5年级	6年级	7年级	8年级	9年级	小计
外语	外语(英语)	102	102	102	102	102	510
数学与信息	数学	170	170	170	204	204	918*
	信息	0	0	34	34	34	102
社会科学课程	俄罗斯史 世界史	68	68	68	68	102	374
	社会知识	0	34	34	34	34	136
	地理	34	34	68	68	68	272
自然科学课程	物理	0	0	68	68	102	238
	化学	0	0	0	68	68	136
	生物	34	34	34	68	68	238
艺术	音乐	34	34	34	0	0	102
	美术	34	34	34	0	0	102
技术	技术	68	68	68	34	0	238
体育与生命安全基础	生命安全基础	0	0	0	34	0	34
	体育	102	102	102	102	102	510
合计		918	986	1 020	1 088	1 088	5 100
选修课程(五天工作日)							
俄语与文学	俄语	0	0	34	0	0	34
外语	外语(英语)	34	34	34	34	34	170
俄罗斯人民精神—道德文化基础	俄罗斯人民精神—道德文化基础	34	0	0	0	0	34
合计		68	34	68	34	34	238
最多课时数(五天工作制)		986	1 020	1 088	1 122	1 122	5 338

表 5-17 5～9 年级(初中)教学周计划　　　　　　　　　　　　　　　　　　　　　单位:课时

学科领域	课程	5年级	6年级	7年级	8年级	9年级	小计
必修部分							
俄语与文学	俄语	5	6	4	3	3	21
	文学	3	3	2	3	3	14
民族语言与民族文学	民族语言	0	0	0	0	0	0
	民族文学	0	0	0	0	0	0
外语	外语(英语)	3	3	3	3	3	15

(续表)

学科领域	课程	5年级	6年级	7年级	8年级	9年级	小计
数学与信息	数学	5	5	0	0	0	10
	代数	0	0	3	3	4	10
	几何	0	0	2	3	2	7
	信息	0	0	1	1	1	3
社会科学课程	俄罗斯史 世界史	2	2	2	2	3	11
	社会知识	0	1	1	1	1	4
	地理	1	1	2	2	2	8
自然科学课程	物理	0	0	2	2	3	7
	化学	0	0	0	2	2	4
	生物	1	1	1	2	2	7
艺术	音乐	1	1	1	0	0	3
	美术	1	1	1	0	0	3
技术	技术	2	2	2	1	0	7
体育与生命安全基础	生命安全基础	0	0	0	1	0	1
	体育	3	3	3	3	3	15
合计		**27**	**29**	**30**	**32**	**32**	**150**
选修(五天工作制)							
俄语与文学	文学	0	0	1	0	0	1
外语	外语(英语)	1	1	1	1	1	5
俄罗斯人民精神—道德文化基础	俄罗斯人民精神—道德文化基础	1	0	0	0	0	1
合计		2	1	2	1	1	7
每周最多课时数(五天工作制)		29	30	32	33	33	157

初中5年最少课时数为5 100课时,最多为5 338课时。根据学生学习兴趣和学校条件,课外活动时间不超过1 750课时(每年不超过350课时)

表 5-18　10～11 年级(高中)教学年度计划(俄语、经济学、法学为提高方向)　　单位:课时

学科领域	课程	水平	10年级	11年级	小计
必修部分					
俄语与文学	俄语	提高	102	102	204
	文学	基础	102	102	204
民族语言与民族文学	民族语言	0	0	0	0
	民族文学	0	0	0	0
外语	外语(英语)	基础	102	102	204
	第二外语(芬兰语、德语、法语)	基础	68	68	136
数学与信息	数学	基础	136	136	272
	信息	基础	34	34	68
社会科学	历史	基础	68	68	136
	社会知识	基础	68	68	136
	经济学	提高	68	68	136
	法学	提高	68	68	136
	地理	基础	34	34	68
自然科学	物理	—	0	0	0
	天文学	基础	0	34	34
	化学	—	0	0	0
	生物	—	0	0	0
	自然知识	基础	102	102	204
体育、生态和生命安全基础知识	生命安全基础知识	基础	34	34	68
	体育	基础	102	102	204
个别方案			34	0	34
合计			1 122	1 122	2 244
选修部分(五天工作制)					
社会知识	历史	地区课程	34	34	68
合计			34	34	68
最大课时数			1 156	1 156	2 312

表 5-19　10～11 年级（高中）教学周计划（俄语、经济学、法学为提高方向）

单位：课时

学科领域	课　程	水平	10 年级	11 年级	小计
必修部分					
俄语与文学	俄语	提高	3	3	6
	文学	基础	3	3	6
民族语言与民族文学	民族语言	0	0	0	0
	民族文学	0	0	0	0
外语	外语（英语）	基础	3	3	6
	第二外语（芬兰语、德语、法语）	基础	2	2	4
数学与信息	数学	基础	4	4	8
	信息	基础	1	1	2
社会科学	历史	基础	2	2	4
	社会知识	基础	2	2	4
	经济学	提高	2	2	4
	法学	提高	2	2	4
	地理	基础	1	1	2
自然科学	物理	—	0	0	0
	天文学	基础	0	1	1
	化学	—	0	0	0
	生物	—	0	0	0
	自然知识	基础	3	3	6
体育、生态和生命安全基础知识	生命安全基础知识	基础	1	1	2
	体育	基础	3	3	6
个别方案			1	0	1
合计			33	33	66
选修部分（五天工作制）					
社会知识	历史	地区课程	1	1	2
合计			1	1	2
每周最大课时数（五天工作制）			34	34	68

高中 2 年课堂学习时间不得少于 2 244 课时，不得超过 2 312 课时。课外活动安排根据

学生兴趣和学校条件达到700小时。

天才儿童培养成为重点工作。通过各种奥林匹克竞赛、青少年学术交流会、夏令营等活动发现儿童、青少年的天赋,并向他们提供支持是从苏联时期就形成的教育传统。经过20世纪90年代的失落的10年后,俄罗斯逐渐恢复并发展天才儿童的发现和培养机制。2003年,俄罗斯联邦教育部第二次出台《天才工作构想》,明确了天赋才能和天才儿童的概念,阐述了天才儿童的发现和发展方法、原则,并特别强调选拔天才儿童的过程必须同时致力于发展儿童的潜力。俄罗斯独特的儿童补充教育体系就是为满足儿童多样化的兴趣和爱好,作为天才支持与发展体系产生。在补充教育体系内俄罗斯已经建立了包括"阿尔捷克""海洋""雏鹰"等全国儿童营地、"天狼星"儿童教育中心,以及青少年科技园、专业培训班在内的天才儿童培养体系。

天才是实现科技创新的重要的人力资源保障。近些年来,对于这一问题的关注持续升温,普京也曾讲过,天才青少年是全民族的财富。在2018年4月圣彼得堡举办的大学校长联合会的发言中,普京提到,大学要为天才儿童发展创造条件。俄罗斯教育科学部部长肯定了大学,特别是莫斯科大学、圣彼得堡大学、新西伯利亚大学、乌拉尔大学、鲍曼大学在培养天才儿童方面的传统和经验,认为俄罗斯大学附属的学校在天才儿童教育方面发挥着独特的作用。完善和发展天才儿童、青年的发现、支持和发展计划是2024年俄罗斯教育发展的优先方向之一。

【资料链接】

"天狼星"与"量子场"科技园

一、建立"天狼星"教育中心

根据俄联邦总统普京的提议,以位于索契的奥林匹克基础设施为基础,由"天才与成就"教育基金会出资且负责在索契建立"天狼星"教育中心。该基金会于2014年12月24日创立,主要从事与俄罗斯联邦科技、体育和艺术活动的相关的投资和经营。[①]

当然,基金会成员负责该中心的日常运营和管理;同时,该中心日常教育活动实施许可由俄联邦教科部、俄联邦体育部和俄联邦文化部联合颁发,且该中心的日常教育活动受到上述部委支持。

"天狼星"教育中心的工作目的是为那些在艺术、体育、自然科学方面具有突出能力以及在技术创新领域取得成绩的天才儿童保驾护航,并为其长久的职业发展提供支持。

该中心已经运行数年,且儿童去该中心学习是全免费的。每月都有来自俄罗斯各地区的10~17岁的800名儿童在"天狼星"中心学习。同时,有超过100名教师和教练陪同这些儿童赴该中心学习,并在该中心提高自己的专业技能。当然,该中心的日常教育活动由来自

---

① Официальный сайт образовательного центра 《Сириус》 https://sochisirius.ru/o－siriuse/obschaja-informatsija

体育、物理、数学、化学和生物学校的高级教师以及音乐、古典芭蕾舞和美术领域的俄罗斯杰出人物负责。该教育项目通常为24天，不仅包含专业知识技能培训，也包含发展儿童课余爱好、培训高水平专家、为培训和学习人士提供与在自己职业领域内著名专家举办创造性见面会、提供一系列保健措施和在学年内提供普通教育课程等活动。

二、建立"量子场"儿童科技园

根据俄联邦战略倡议局的提议，"量子场"儿童科技园（简称"量子"）于2016年2月5日成立，目的在于实施一种新的儿童课外教育模式，以促进俄联邦新项目的推进和发展。位于卡马河畔切尔内的"量子"就是教育领域公私合作的典范。

卡马河畔切尔内市5～11年级一般在校人数为598名，每年通过"量子"教育项目进行大师班和短期游学的学生约为1 700人[①]。

目前，已有12项教育计划正在实施，此外有16项提高补充教育系统员工素质的教育计划也正在进行中。该中心已经为儿童创造力中心和儿童科技园的管理人员和教师举办了8场进修课程。目前，切尔内的"量子"已经成为一个区域教育资源中心，为补充教育教师的职业教育生涯提供方法论上的支持，并协调各种教育组织的活动，以实现不同领域如科学技术创造和机器人等领域的补充通识教育。

参考文献：

1. Концепция профильного обучения на старшей ступени общего образования. Учительская газета №42, 2002 г.

2. Рыжаков М. В., Никандров Н. Д., Леднев В. С. "Государственные образовательные стандарты в системе общего образования". М., РАО, 2002.

3. Кузнецов А. А., Пинский А. А., Рыжаков М. В., Филатова Л. О. "Структура и принципы формирования содержания профильного обучения на старшей ступени". М., 2003 г.

4. Агранович М. Л., Кожевникова О. Н. Состояние и развитие системы общего среднего образования в Российской Федерации. М.: Аспект Пресс, 2006.

5. Адриан Дж., Бентабет Э., Винокур А. и др. Белая книга российского образования. М.: Изд—во МЭСИ, 2000. <http://ecsocman.hse.ru/text/19153933>.

6. Аналитическая записка по результатам электронного мониторинга ФГОС НОО в 2011 г. Институт образовательной политики «Эврика». <http://eurekanet.ru/res_ru/0_hfile_3232_1.doc> (дата обращения: 20.02.2018).

---

① Официальный сайт образовательного центра «Кванториум» http://kvantorium.ru/1/kvantorium/

7. Баранников К. А., Вачкова С. Н., Демидова М. Ю., Реморенко И. М., Решетникова О. А. О регулировании содержания образования на современном этапе обновления системы образования в Российской Федерации // Вестник образования. 2016. № 14. С. 69–80.

8. Баранникова К. А., Реморенко И. М. Семантика стандартов: как разные страны формулируют смыслы содержания образования// Отечественная и зарубежная педагогика. 2017. Т. 2. № 5 (44). С. 45–56.

9. Барбер М. Преимущества системы ответственности и отчетности. Инаугурационная лекция в честь Эдвина Делаттра. <http://www.mhs548.ru/2/10/barber.pdf>.

10. Барбер М. Приказано добиться результата. Как была обеспечена реализация реформ в сфере государственных услуг Великобритании. М.: Изд. дом ВШЭ, 2011.

11. Блонский П. П. Избранные педагогические произведения / редкол. Б. П. Есипов, Ф. Ф. Королев, С. А. Фрумов; сост. Н. И. Блонская, А. Д. Сергеева. М.: Изд-во Академии пед. наук РСФСР, 1961. 696 с.

12. Богуславский М. В. Модернизация содержания общего образования в отечественной педагогике XX века // Отечественная и зарубежная педагогика. 2012. № 5 (8). <http://cyberleninka.ru/article/n/modernizatsiya-soderzhaniya-obschego-obrazovaniya-v-otechestvennoy-pedagogike-hh-veka> (дата обращения: 20.02.2018).

13. Вальдман И. А. Как обеспечить информационную открытость школы перед обществом: несколько уроков из международного опыта // Открытость образования: разные взгляды—общие ценности. М.: ОП РФ, 2013.

14. Гордеева Т. О. Психология мотивации достижения. М.: Смысл, 2006.

15. Гордеева Т. О., Гижицкий В. В., Сычев О. А., Гавриченкова Т. Мотивация самоуважения и уважения другими как факторы академических достижений и настойчивости в учебной деятельности // Психологический журнал. 2016. № 37 (2). С. 57–68.

16. Дербишир Н. С., Пинская М. А. Управленческие стратегии директоров эффективных школ // Вопросы образования. 2016. № 3. С. 110–129.

17. Доклад о человеческом развитии, 2016 г. <http://hdr.undp.org/sites/default/files/hdr_2016_report_russian_web.pdf>.

18. Закон РФ от 10 июля 1992 г. № 3266-1 (ред. от 12.11.2012) «Об образовании».

19. Капуза А. В., Керша Ю. Д., Захаров А. Б., Хавенсон Т. Е. Образовательные результаты и социальное неравенство в России: динамика и связь с образовательной политикой // Вопросы образования. 2017. № 4.

20. Каспржак А. Г., Логинова О. Б., Поливанова К. Н. Стандарт образования: история разработки и итоги // Вопросы образования. 2004. № 3. <http://cyberleninka.ru/article/n/standart-obrazovaniya-isto riya-razrabotki-i-itog> (дата обращения: 20. 02. 2018).

21. Каспржак А. Г., Митрофанов К. Г., Поливанова К. Н., Соколова О. В., Цукерман Г. А. Почему наши школьники провалили тест PISA // Директор школы. 2005. № 4. С. 4-13.

22. Ключевые вопросы развития национальных и региональных систем оценки качества образования (экспертный обзор) / В. А. Болотов, И. А. Вальдман, Р. В. Горбовский и др. М. : Изд. дом ВШЭ, 2016. 232 с.

23. Константиновский Д. Л., Вознесенская Е. Д., Чередниченко Г. А. Молодежь России на рубеже XX - XXI веков: образование, труд, социальное самочувствие. М. : ЦСП и М, 2014. 548 с.

24. Константиновский Д. Л., Куракин Д. Ю., Вахштайн В. С. Доступность качественного реднего образования в России: возможности и ограничения. М. : Логос, 2006.

25. Концепция общероссийской системы оценки качества образования / под ред. А. Н. Лейбовича. М. : Рособрнадзор, 2006.

26. Косякова Ю., Ястребов Г., Янбарисова Д., Куракин Д. Воспроизводство социального неравенства в российской образовательной системе // Журнал социологии и социальной антропологии. 2016. № 19 (5). С. 76-97.

27. Кузнецова М. И. Международные сравнительные исследования как элемент системы оценки качества образования // Справочник заместителя директора школы. 2014. № 7. С. 16 - 29. < https://www. menobr. ru/article/59448-qqe-14-m07-mejdunarodnyesravnitelnye-issledovaniya-kak-element >.

28. Лазарев В. С. ФГОС общего образования: блеск деклараций и перспективы реализации // Педагогика. 2015. № 4. С. 10-19.

29. Луначарский А. В. О народном образовании. М. : Изд—во АПН РСФСР, 1958.

30. Мониторинг «Зарплата и нагрузка учителя — 2018». <https://onf. ru>.

31. Мониторинг нормативного подушевого финансирования образования в регионах России / И. В. Абанкина, М. Ю. Алашкевич, С. Л. Баринов, П. В. Деркачев, И. А. Кравченко, М. В. Меркулов, Н. В. Родина, С. С. Славин. М. : НИУ ВШЭ, 2016. 91 с.

32. Мониторинг эффективности школы. Формирование образовательных стратегий учащихся: планы семей и роль школы (2014 - 2017) / под ред. Т. Л. Клячко. М. : РАНХиГС, 2018.

33. Мониторинговое исследование 《Траектории в образовании и профессии》. <https://trec.hse.ru/>.

34. Никитаев В. В. Субъекты и типология социокультурных изменений // Организация саморазвивающихся инновационных сред /под ред. В. Е. Лепского. М., 2012.

35. Перечень поручений по итогам заседания Государственного совета по вопросам совершенствования системы общего образования, состоявшегося 23 декабря 2015 года. <http://kremlin.ru/events/state-council/51143>.

36. Петренко Е. С., Галицкая Е. Г. Ресурсный потенциал семьи и образовательные траектории детей и взрослых // Вопросы образования. 2007. № 3. С. 240-254.

37. Пинская М. А., Фрумин И. Д., Косарецкий С. Г. Школы, работающие в сложных социальных контекстах // Выравнивание шансов детей на качественное образование: сб. материалов. М.: Изд. дом ВШЭ, 2012. С. 9-36.

38. План мероприятий 《Изменения в отраслях социальной сферы, направленные на повышение эффективности образования и науки》. Утвержден распоряжением Правительства РФ от 30 апреля 2014 г. № 722-р. <http://government.ru/docs/12229/>.

39. Платонова Д. П., Житков К. В., Демин П. В., Пилипенко С. Г. Образование и педагогические науки: общие тренды в высшем педагогическом образовании. М.: Изд. дом ВШЭ, 2017. 24 с.

40. Постановление Правительства РФ от 15 апреля 2014 г. № 295 《Об утверждении государственной программы Российской Федерации 《Развитие образования》 на 2013-2020 годы. <http://gov.garant.ru/SESSION/PILOT/main.htm>.

41. Прахов И. А. Динамика инвестиций и отдача от дополнительной подготовки к поступлению в вуз // Прикладная эконометрика. 2015. № 1. С. 107-124.

42. Прахов И. А., Юдкевич М. М. Влияние дохода домохозяйств на результаты ЕГЭ и выбор вуза // Вопросы образования. 2012. № 1. С. 126-147.

43. Приказ Минобрнауки России от 6 октября 2009 г. № 373 《Об утверждении и введении в действие федерального государственного образовательного стандарта начального общего образования》. <http://ivo.garant.ru/#/document/197127/paragraph/2644:4>.

44. Приказ Минобрнауки России от 17 декабря 2010 г. № 1897 《Об утверждении федерального государственного образовательного стандарта основного общего образования》. <http://ivo.garant.ru/#/document/55170507/paragraph/1:6>.

45. Приказ Минобрнауки России от 17 мая 2012 г. № 413 《Об утверждении

федерального государственного образовательного стандарта среднего общего образования》. <http://ivo.garant.ru/#/document/70188902/paragraph/2034:8>.

46. Примерная основная образовательная программа основного общего образования. <http://fgosreestr.ru/registry/primernaya-osnovnayaobrazovatelnaya-programma-osnovnogo- obshhego- obra zovaniya-3/>.

47. Цукерман Г. А. Переход из начальной школы в среднюю как психологическая проблема // Вопросы психологии. 2001. № 5. С. 19-34.

48. Ястребов Г. А., Бессуднов А. Р., Пинская М. А., Косарецкий С. Г. Проблема контекстуализации образовательных результатов: школы, социальный состав учащихся и уровень депривации территорий // Вопросы образования. 2013. № 4. С. 188-246.

49. Ястребов Г. А., Бессуднов А. Р., Пинская М. А., Косарецкий С. Г. Использование контекстных данных в системе оценки качества образования: опыт разработки и апробация инструментария // Вопросы образования. 2014. № 4. С. 58-95.

第六章

俄罗斯职业技术教育 30 年

30 年来,俄罗斯职业教育经历了转型与提升(见表 6-1),尤其是 2012 年新的联邦教育法颁布之后,初等职业教育环节被取消,中等职业教育成为培养高技能技术工人的最主要的途径(与我国的高等职业技术学院相对应)。本章的研究重点主要放在中等职业教育方面。

表 6-1 俄罗斯近 30 年中等职业技术教育主要指标变化表

年份	中等职业教育院校总数/所	民办中职院校数量/所	在校学生总数/万人	招收学生数/万人	毕业学生数/万人
1991	2 605	0	220.19	73.23	62.32
1992	2 609	0	208.99	65.17	58.53
1993	2 607	0	199.38	64.38	54.61
1994	2 574	0	187.09	62.96	53.17
1995	2 634	22	192.99	66.88	47.4
1996	2 649	41	198.63	66.78	49.64
1997	2 653	60	202.99	69.44	54.22
1998	2 631	47	206.82	71.42	54.9
1999	2 649	73	217.56	78.15	56.97
2000	2 703	114	236.08	86.72	57.93
2001	2 684	89	247.02	87.77	60.86
2002	2 816	190	258.55	90.11	66.97
2003	2 809	182	261.21	90.55	70.13
2004	2 805	168	259.96	89.02	70.27
2005	2 905	217	259.07	85.41	68.44
2006	2 847	216	251.4	79.88	69.95
2007	2 799	233	240.82	77.07	69.85
2008	2 784	249	224.41	70.3	67.11
2009	2 866	302	214.21	69.44	63.09

(续表)

年份	中等职业教育院校总数/所	民办中职院校数量/所	在校学生总数/万人	招收学生数/万人	毕业学生数/万人
2010	2 850	264	212.57	70.53	57.21
2011	2 925	260	208.17	65.96	51.8
2012	2 981	256	208.71	65.62	48.63
2013	2 709	215	198.43	63.77	43.9
2014	2 909	244	210.31	67.28	45.1
2015	2 891	246	218.02	69.63	44.59
2016	3 660	370	230.43	72.65	46.89
2017	3 682	395	238.76	74.39	50.68
2018	3 659	409	246.43	78.3	53.15
2019	3 642	428	257.62	83.24	53.98

第一节　20世纪90年代的俄罗斯职业教育

苏联时期,职业教育机构得到了企业的大力支持,而这种支持在苏联解体后的10~15年内就消失了。这是由于企业私有化以及国家已不能像过去那样对企业实行行政管理造成的。苏联解体后,职业教育机构与基本上以非国有经济的企业主为代表的各个订货人之间缺乏系统的相互联系,企业主提供的经费和物质帮助具有慈善性,职业教育机构与企业之间形成契约关系,供需直接见面。

1985年2月22日,苏联部长会议批准了《中等职业学校条例》[①]。1986年6月1日,《真理报》发表的《高等和中等专业教育结构调整的基本方向》草案宣告了教育、生产和科学的融合。

20世纪80年代末,俄罗斯苏维埃联邦社会主义共和国高等教育部制定了一套旨在使职业教育计算机化的措施,但苏联教育主管部门在新设备购置以及财务费用等方面对各部委没有真正的影响,跨部门的协调也很难解决。

1991年2月23日,俄罗斯苏维埃联邦社会主义共和国部长会议通过了第119号决议《关于管理俄罗斯苏维埃联邦社会主义共和国教育机构(组织)的临时规定》,引入职业教育机构的概念作为继续教育系统的一部分,继续教育系统应"确保根据个人的兴趣和能力、健

---

① Профтехобразование в России. Итоги XX века и прогнозы. В 2－х томах. Т. 2. Систематический сборник нормативных документов (1888 1999). М., 1999. С. 476－518.

康状况、现有条件、社会和国家的社会秩序来实现个人获取专业和资格的需求"。每个职业教育机构都制定了自己的章程和内部规定，以反映其特殊性。在职业教育机构中，可以创建夜间部门（小组）以及分支机构，可以有几个企业（协会、组织），它们之间的关系由协议规定，并且要优先为其培训工人和专家。

第119号决议明确了中等职业教育机构的主要任务是满足社会经济需求，满足个人在所选活动领域以及智力、文化、身体和道德发展方面获得专业的需求；对专家进行再培训和高级培训；为职业发展创造条件，提高人口的总体教育和文化水平。

1992年《教育法》规定，职业教育机构不仅可以由教育当局、国有企业和组织建立，而且可以由合作社、股份公司、公共组织，包括外国公民和组织在内的个人来建立。但要进行强制性国家登记，职业教育机构的类型由创始人决定[①]。

1992年3月18日的第254号[②]总统法令要求，俄罗斯联邦教育部职业教育委员会成立了一个战略中心，为职业教育活动提供科学和方法上的支持，并对职业教育的质量进行国家评估，确定教育机构许可和认证的要求和程序，为教育机构的活动提供指导和协调，在职业教育领域实施国家计划，筹措职业教育机构的资金。

1993年，400多个初级职业教育机构转变为中等职业学校。截至1996年1月1日，俄罗斯联邦约有800所职业中学－综合教育机构（数量为苏联时期职业学校的1/5左右）与高等教育机构合作举办了职业教育课程[③]。1998年，中等职业教育机构与初等职业教育机构数量比大致呈现1∶5的状态，学生人数也大致相当[④]。这段时间，国家建立了继续教育体系，2001年，超过55％的技术学校和学院在内容层面与学校、大学进行了整合，基于终身教育原则加速培训专家。在此期间，超过130所大学实施中等职业教育计划（1994年只有44所）[⑤]。

1992年《教育法》在立法层级进行了划定，确定职业学校和中学提供初等职业教育，技术学校、学院和大学的中等职业教育机构提供中等职业教育。

俄罗斯教育部于1995年发布了第772号命令进一步完善《教育法》，禁止在中学实施职业教育计划。但1990年至1991年出现的许多公立中学不想放弃向其学生颁发更具声望的职业教育文凭的机会。这期间，公立中等职业教育院校开始追求升级为大学，建立了综合性职业教育机构。俄罗斯的中等职业教育机构数量呈稳定增长的趋势。1992—1993学年，有432所大学参与职业教育，学生人数约为47万人，1993/1994学年学生数达到61.2万人[⑥]。

---

① Закон Российской Федерации《Об образовании》// Ведомости Съезда народных депутатов Российской Федерации и Верховного Совета Российской Федерации. 1992. No 30. Ст. 1797; Собрание законодательства РФ. 1996. № з. Ст. 150；1997. № 47. Ст. 5341.

② Профтехобразование в России. Итоги XX века и прогнозы. Т. 2. С. 563 - 565.

③ Профтехобразование России: Итоги XX века и прогнозы. Т. 1. С. 362

④ Михащенко А. И. Указ. соч. С. 131

⑤ Михащенко А. И. Указ. соч. С. 158

⑥ Михащенко А. И. Указ. соч. С. 134.

到 1998 年底,俄罗斯有 935 所学院参与职业教育,占中等职业教育机构总数的 35%;到 2001 年,这一数字达到 960 所(37%)[1],学院入学率占中等职业教育机构录取总数的 45%[2]。

研究有关初等职业学校和中等职业学校的数量以及学生人数的统计数字(见表 6-2、表 6-3),我们可以看到,尽管学校数量保持在同一水平,但学生人数在整个 20 世纪 90 年代继续下降,这是由于高等教育正在普及。

初等和中等职业教育领域所经历的过程,推动着教育机构的各种不同的创新模式的出现。约三分之一的初等教育机构已改造成采用初等和中等职业教育综合大纲的职业专科学校。而一部分职业专科学校改造成职业学院,在那里第二个教学阶段进行高等职业教育。我们可以把这样的趋势看作是创造一种创新模式——继续职业教育机构的前提。

俄罗斯的初等职业教育是普及的、免费的、非竞争的,初次获得初等职业教育的公民可以接受免费的教育;而公民接受中等职业教育则要通过竞争。

初等职业教育不同于其他各层次的教育,它要履行重要的社会职能,向学生提供综合性的社会性支持(食宿补助、补助金发放、服装供给等),这一切是很重要的。据调查,近初等职业学校中 75% 的学生来自贫困家庭或不完整家庭(80% 的学生家庭收入低于最低生活水平,14% 的学生进入初等职业学校的原因是"家庭物质生活状况差",其中 6% 为"饮食免费者")。73% 的学生家长是工人,7% 是职员,4% 是工程师,2% 是领导干部,失业家长占 12%。这表明俄罗斯职业教育存在等级性,在发展收费教育形式的条件下,这种等级性在客观上正在增强。

国家初等职业教育系统里拥有两种类型的学校:职业学校(约占总数的三分之二)、职业专科学校。它们的区别在于职业专科学校的教育水平高一些,包含中等职业教育层次的教育。

表 6-2 初等职业教育机构及学生数量[3]

年份	学校数量/所	在学人数/万人	招生人数/万人	培养熟练工人数/万人
1970	3 257	140.6	110.4	99.5
1975	3 672	175.2	133.7	123.0
1980	4 045	194.7	148.9	139.9
1985	4 196	198.7	152.7	137.8
1990	4 328	186.7	125.2	127.2
1991	4 321	184.1	123.5	114.1

---

[1] Бюллетень Министерства образования РФ. 1999. № 2. С. 21.
[2] Михащенко А. И. Указ. соч. С. 135.
[3] Российский статистический ежегодник, 2001. С. 221.

(续表)

年份	学校数量/所	在学人数/万人	招生人数/万人	培养熟练工人数/万人
1992	4 269	177.3	109.6	103.9
1993	4 273	174.2	100.7	92.2
1994	4 203	169.9	94.9	87.8
1995	4 166	168.9	92.8	84.1
1996	4 114	167.0	89.9	82.1
1997	4 050	166.7	88.5	80.0
1998	3 954	167.6	89.3	78.5
1999	3 911	169.4	93.1	77.0
2000	3 893	167.9	84.5	76.3

表6-2中显示招生人数下降迅速(比1980年几乎减少一半)主要与预算拨款的减少和法律禁止初等职业教育收费有关。

初等职业教育教学内容具有自己的特点：重在形成职业技能，实践教学优于理论教学(根据不同职业需要占教学大纲总学时的50%~70%不等)。

初等职业教育学校的学习期限决定于入学者的普通教育水平。9年级毕业生需要经过2~3年的学习；而11年级毕业的入学者则只需要学习1~2年。进入初等职业教育学校的学生大部分是9年级毕业生(约占报考人数的75%)，另有10%左右的考生受教育水平还要低一些。

中等职业教育情况却较好，尽管这段时期学生人数也有所减少，但中等职业学校的数量却有所增加(见表6-3)。

表6-3 中等职业教育机构及学生数量[1]

年份	职业技术学院数/所	学习人数/万人	按学校类型分学生人数/万人				1万居民中学生数/人
			全日制	夜校	函授	自学	
1970	2 423	260.63	145.18	43.45	72.0	—	199
1975	2 483	269.31	160.69	34.91	73.71	—	200
1980	2 505	264.15	157.93	33.88	72.34	—	190
1985	2 566	247.83	153.59	26.14	68.1	—	172
1990	2 603	227.0	151.45	16.38	59.17	—	153
1991	2 605	220.19	150.04	14.2	55.95	—	148

---

[1] Российский статистический ежегодник, 2001. С. 222.

(续表)

年份	职业技术学院数/所	学习人数/万人	按学校类型分学生人数/万人				1万居民中学生数/人
			全日制	夜校	函授	自学	
1992	2 609	208.99	144.19	11.58	53.22	—	141
1993	2 607	199.38	139.84	9.83	49.71	—	134
1994	2 574	187.08	132.37	9.04	45.67	—	127
1995	2 612	192.33	137.72	9.06	45.53	0.02	130
1996	2 608	197.58	143.40	9.02	45.13	0.03	134
1997	2 593	201.11	147.32	9.0	44.74	0.05	137
1998	2 584	205.16	152.22	8.74	44.07	0.13	141
1999	2 576	214.73	159.89	8.62	45.93	0.29	148
2000	2 589	230.86	169.76	8.69	51.92	0.49	160

2000年,中等职业教育机构中以"学院"命名的达到989所,有107万名学生在其中学习;当年,有114所民办中等职业教育学校,共招收了5.22万名学生。

市场经济体制为教育机构提供了新的资金来源。从理论上讲,教育机构的预算包括来自联邦、地区或市政预算的资金,工业企业协会和赞助商的投资;来自有偿课程和预科学院、体育部门等的工作;工业产品的销售、有价证券业务的收入;参与工业生产、房屋租赁的收入。但是,在有些地区或行业这些机制的实际应用并非总是可行的。

1997年7月21日俄罗斯政府批准了《初等职业教育改革方案》[①],根据从属级别(以及相应的资金来源)定义了四种类型的初等职业教育机构;1998年6月24日,俄罗斯联邦政府第832号令《1998—2000年俄罗斯联邦关于创新政策方案》获得通过[②];1999年12月1日,俄罗斯联邦杜马通过了联邦法《关于创新活动和国家创新政策》[③],将诸如"创新活动""国家创新政策"之类的重要概念引入了职业教育界。

20世纪90年代至21世纪初,教育界对职业教育体系发展还没有信心,一些地区社会经济状况持续困难,教育机构的资金不足妨碍了采用创新的教育原则和更新教育内容。

2000年的俄罗斯劳动力人口中受过初等职业教育的技术工人占总就业人数的11%,具

---

① Концепция реформирования начального профессионального образования . М. ,1997.

② Постановление Правительства РФ от 24 июля 1998 г. N 832 "О Концепции инновационной политики Российской Федерации на 1998 — 2000 годы". Текст постановления опубликован в "Российской газете" от 19 августа 1998 г., в Собрании законодательства Российской Федерации от 10 августа 1998 г., N 32, ст. 3886.

③ Постановление Совета Федерации Федерального Собрания РФ от 23 декабря 1999 г. N 535 — СФ "О Федеральном законе "Об инновационной деятельности и о государственной инновационной политике".

有中等职业教育水平的占 28.7%,具有高等职业教育的专家占 21.6%[①]。根据劳动力市场的需要,谁引入了新的综合职业清单,服务业、运输、食品和贸易等专业脱颖而出,工业和建筑业专业份额却下降了。社会上出现了社会工作者、小型企业的组织者、生态学家、设计师等崭新职业,这些专业的毕业生在劳动力市场上的竞争力提高了。同时,在 20 世纪 90 年代后期,许多教育机构开始减少对会计师、审计师和其他专家的培训,因为其人数超出了需求[②]。

1999 年研究者在奥廖尔市(Орёл)对职业学校和技术学校的学生进行的一项调查表明,超过 30% 的参与者希望在更高等级的教育机构中接受教育,即不是在职业学校,而是在大学。当初有些学生对教育机构的选择不是有意识的,职业学校和技术学校的培养任务是培训工人的,但只有 8.6% 的受访者表示愿意成为工人。结果表明,学生的要求和期望与他们的教育过程之间没有联系[③]。

在市场改革之初(1995 年)由于拨款减少,各类学校的招生数下降,但职业教育系统能够很快在收费的基础上补足招生人数。人才培养结构正在发生本质上的变化,在市场改革期间,经济和法律专业招生名额增加了 2 倍,而农业和技术专业招生则减少近 50%,同时出现新的培养方向——教育、信息化、经济和管理领域开设了 20 多个新专业。升入高校继续学习的中等职业教育学校毕业生超过 18%。中等职业技术学院的学生学习时间为 2~4 年,取决于入学者的原有教育水平。高中毕业入学的中等职业教育学校的学生比重在持续增长,已占到 68%,同时,初等职业教育学校毕业的学生继续就读中等职业教育院校,其学习期限也可能缩短。

初等职业教育机构的预算拨款占其总开支的 90.7%,中等职业教育机构预算拨款占其总开支的 20%~61%,其余部分来自有偿教育服务的收入,基本上依靠的是学生的学费。中等职业教育系统中招收的自费生大大增加,占招生总数的 65%。与此相应,来自居民的为有偿教育服务所支付的资金,在中等职业教育机构中占 28%,而在初等职业教育机构中仅占 0.2%。这就引起专门人才的培养结构发生根本变化:农业专业的招生数减少了一半,经济和人文专业的招生数提高了两倍。

国家财政的年生均预算中,在初等职业教育中相当于 750 美元,而在中等职业教育中则低一些,相当于 620 美元。通过对初等和中等职业教育的区域化来进一步提高其效率,就是把一部分初等和中等职业教育机构移交给市政府教育部门创办与管理。

1997 年俄罗斯联邦政府通过了《初等职业教育改革方案》,2003 年通过《进一步完善初等职业教育》,明确提出市场化改造,促进职业教育系统的开放性和超前发展。《初等职业教

[①] Вестник среднего профессионального образования. 2006. № 3—4 (1ё59—160). Март—апрель. С. 1.

[②] Образовательный менеджмент в профессиональном лицее: Методическое пособие / Глазунов А. Т., Зиновьева И. В., Казаков В. Г. — М., 1999. С. 43.

[③] Профиль современной молодежи // Образование и общество. Орел, 1999. №2. С. 61.

育法》草案在俄杜马讨论过，但没能获得通过。其结果是职业教育没有得到充分展开的、规范的立法解释。

可见，苏联解体后，职业教育面临着新的问题和挑战。第一个因素是从计划经济向市场经济的转变。经济改革导致生产总量急剧下降。因此，对中等职业教育机构毕业生的需求有所下降。职业教育机构数减少的另一个因素是高等教育更易获得，出现了大量面向所有人的民办大学。

向市场机制的过渡在劳动力市场的就业领域创造了一种特殊的情况，国家不再为职业教育机构的毕业生分配工作，而给予他们自由就业的权利。社会对某些专业的需求发生变化，这导致教育机构招生结构发生变化。技术、农业和人文专业的录取人数在减少，而经济和法律专业的录取人数在急剧增加。此外，中等职业教育机构传统上规模较小（如机械工程、能源、建筑、农业等），越来越多的中等职业教育机构变得多样化。为了使这些教育机构更加多样化并吸引学生，各级职业培训机构努力使教育方案多样化和不断变化，这也使职业教育比例失调，人才培养规模与经济需求不符，对高技术产业造成不利影响（例如，缺乏高素质的机器操作员），最终会恶化教育质量，降低毕业生在劳动力市场的竞争力，并导致失业率上升。

科学技术革命导致所有专业结构的变化，从而导致教育机构专业方向的根本变化；课程和方案发生了变化（通识教育学科比重增加，专业课程理论水平提高，为职业教育体系建立纵向联系创造了前提条件）；许多专业的学历都提高了，需要中等以上学历的专业即高技能劳动力比重增加，体力劳动和低技能劳动力比重明显下降；职业教育必须提高对师资、教学法、材料的要求，才能应对新的形势。

第二节 2000—2012 年的俄罗斯职业教育

这期间俄罗斯联邦通过了一系列旨在解决上述问题的具有战略意义的重要决议，其中主要有：

（1）《2010 年前俄罗斯教育现代化构想》，要求"扩大初等和中等职业教育系统师资培养规模并提高培养质量"。

（2）2002 年 6 月 5 日俄罗斯联邦政府决议《关于完善初等职业教育的决议》和俄联邦政府完成该决议的行动计划，强调了为初等职业教育系统培养职业教育师资的必要性。

（3）俄罗斯教育部（2002 年 6 月 11 日）《关于职业师范教育的现状与前景》的文件，要求有专门的职业师范教育的师资来巩固俄罗斯初等职业教育。

这个阶段，初等和中等职业教育现代化过程的方针是：与新的企业主结成伙伴关系，重组初等和中等职业教育机构，提高专业人才的培养质量，提高财政保证的水平，保证该系统的师资向着法制化、规范化的方向发展（见表 6-4 至表 6-6）。

表6-4　9年级初中毕业生升学情况

年份	毕业人数/万人	9年级初中毕业生数量变化						差额（未升学）	
		升学情况							
		升入高中		升入职业学校					
				初等职业学校		中等职业学校			
		人数/万人	比例/%	人数/万人	比例/%	人数/万人	比例/%	人数/万人	比例/%
2001	217.19	146.54	67.5	35.63	16.4	26.12	12.0	8.90	4.1
2003	205.11	138.44	67.5	34.38	16.8	25.14	12.3	7.15	3.5
2004	188.7	127.37	67.5	32.29	17.1	23.55	12.5	5.49	2.9
2005	173.71	117.24	67.5	30.35	17.5	22.08	12.7	4.04	2.3
2006	156.74	105.80	67.5	27.90	17.8	20.22	12.9	2.82	1.8

表6-5　11年级高中毕业生升学情况

年份	毕业人数/万人	11年级高中毕业生升学情况						差额（未升学）	
		升学情况							
		初等职业学校		中等职业学校		本科院校			
		人数/万人	比例/%	人数/万人	比例/%	人数/万人	比例/%	人数/万人	比例/%
2001	131.33	17.88	13.6	34.69	26.4	65.5	49.9	13.26	10.1
2003	136.86	18.8	13.7	36.67	26.8	69.42	50.7	11.97	8.7
2004	133.13	18.5	13.9	36.15	27.2	68.63	51.6	9.85	7.4
2005	129.29	18.1	14.0	35.61	27.5	67.78	52.4	7.8	6.0
2006	118.96	16.79	14.1	33.21	27.9	63.37	53.3	5.59	4.7

表6-6　初等职业教育基础数据[①]

年份	教育机构数量/所	学习人数		招收新生数/万人	毕业的技工	
		学生总数/万人	每万名居民学生数/人		毕业人数/万人	每万名就业人口中技工数/人
1970	3 257	140.6	108	110.4	99.5	155
1980	4 045	194.7	140	148.9	139.9	191
1990	4 328	186.7	126	125.2	127.2	169
1995	4 166	169.0	114	92.8	84.1	127
2000	3 893	167.9	115	84.5	76.3	118

---

① Российский статистический ежегодник. 2010 г. С. 241.

(续表)

年份	教育机构数量/所	学习人数		招收新生数/万人	毕业的技工	
		学生总数/万人	每万名居民学生数/人		毕业人数/万人	每万名就业人口中技工数/人
2002	3 843	165.1	114	84.2	74.5	114
2003	3 798	164.9	114	82.3	72.2	109
2004	3 686	160.4	112	78.3	70.8	107
2005	3 392	150.9	106	68.8	70.3	105
2006	3 209	141.3	99	63.0	68.0	101
2007	3 180	125.6	88	58.6	65.6	96
2008	2 855	111.5	79	54.1	60.5	88
2009	2 658	103.5	73	54.3	53.8	80

应该指出的是，初等职业教育不仅由技术学校承担，一些中学也参与了技工的培养。2009年，有1 940所不完全中学和1 704所完全中学开设了职业培训部。

苏联经济体系中劳动力资源的再生产是有计划的，劳动力需求是根据专门制定的劳动力成本标准计算的，同时考虑各行业和重要企业的发展计划。各行业对专业人才需求的计算是基于行业内企业15～20年的需求角度进行的。随着苏联计划经济体制的消失，国家、行业和个体企业对未来经济的发展图景已经失去了确定性。由于劳动力市场的自由化，关于人员数量、雇员报酬数额和提高其资质的决定都是在个别企业一级作出的。劳动力市场的供需不匹配相当突出，这导致了劳动力从一个经济部门自发地流向另一个经济部门。在这种情况下，大学、技工学校和职业学校失去了原来的指导方针。

各行业对不同技能水平的专家的需求不再根据国民经济发展计划来计算，不同专业教育水平之间、人文专业和技术专业学生流动之间的平衡已不再受国家管制。市场机制取代了教育系统的直接规划和管理，教育组织第一次面临着独立"倾听"劳动力市场发出信号的需要。这一时期绝大多数经济主体很难适应市场经济的新形势，它们向职业教育系统发出的信号极为微弱，有时甚至相互矛盾。

2000—2015年，俄罗斯劳动力市场发生了重大的结构性变化。就业结构在资格和行业方面都发生了相当迅速的变化。其结果是：第一，劳动力的专业资格提高，"白领"就业的要求提高；第二，劳动力从初级（农业、渔业）和次级（制造业、建筑业）部门流出。全俄职业分类法（OKZ）建立了10个扩大的专业组，涉及4个资格等级。15年内管理人员增长了2.2倍，最高资格级别的专家增长了近1.5倍；服务部门的工人增长了36.2%，中等资格级别的专家增长了12%。专业要求不高的群体数量要么保持不变（操作员、机器操作员、机械师、从事信息编制的雇员），要么减少（熟练工人减少10.9%，非熟练工人减少20.6%，熟练农业工人减少40.5%）。从工作性质来看，62%的人员属于"白领"职业，只有38%的人员属于"蓝领"职业。这表明非体力劳动已成为当今俄罗斯人经济活动的主导类型。

根据2003年进行的一项调查,绝大多数(89%)的俄罗斯青年相信,高等教育是获得高薪工作、快速职业发展和人生成功的必要条件。因此,在进入技术工人培训项目的学生人数减少的背景下,申请大学的人数增加:1990年大学入学人数只占中学毕业人数的22.5%,15年后情况发生了巨大变化——2005年一半以上(51.5%)的高中毕业生成为大学生。申请就读初等职业教育学校的人数迅速减少:1995年有40%以上的高中毕业生报考,15年后报考的高中毕业生已经不到20%(见图6-1)。

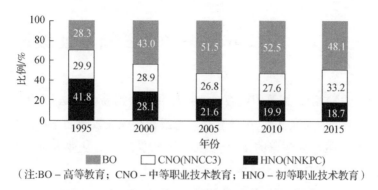

（注:BO－高等教育；CNO－中等职业技术教育；HNO－初等职业技术教育）

图6-1 俄罗斯教育部公布职业教育各阶段招生情况

在俄罗斯就业资格结构迅速变化的同时,其部门构成也发生了变化。苏联时期的遗留问题是制造业占主导地位,服务业不发达;后苏联时代,贸易和各类服务业占主导地位。正是在这些行业中出现了新的高生产率工作岗位,提高了俄罗斯经济的劳动生产率。在21世纪头十年,就业人数增长最大的是金融业(增长了两倍)、贸易(增长了44%)、酒店业(34%)、建筑业(31%)、商业服务业(31%)、公共行政(21%)。从事交通、公用事业、社会和其他服务业的人数明显减少(约5%～10%)(见表6-7)。

表6-7 中等职业教育学生专业分布百分比 单位:%

行业分布	2002	2005	2010	2014
工业	34.73	32.96	32.06	32.78
农业	14.42	11.92	8.64	8.18
建筑业	13.45	12.86	13.74	15.84
交通业	14.02	12.53	15.77	12.31
通信业	0.63	0.60	0.57	0.55
贸易与食品	10.40	16.88	14.82	17.14
服务业	2.49	2.67	4.04	3.71
其他	9.86	9.57	10.36	9.49

适龄人口急剧减少,对职业教育形成了冲击。2005—2015 年期间,伊万诺沃和斯摩棱斯克地区是中央联邦区 15~19 岁青年人数下降幅度最大的地区——这些地区的人口减少超过 50%。另外有 13 个地区(别尔哥罗德、布良斯克、弗拉基米尔、沃罗涅日、卡卢加、科斯特罗马、利佩茨克、奥廖尔、梁赞、坦波夫、特维尔、图拉、雅罗斯拉夫尔地区)的人口损失率从 45.0% 到 49.5% 不等。因此,中央联邦区中等职业教育的学生人数减少了 34.3%(从 2005 年的 91.36 万人减少到 2015 年的 60 万人)、斯摩棱斯克州减少了 48%,伊万诺沃州减少了 38%。

第三节 2012 年以来的俄罗斯职业教育

2012 年《教育法》取消了初等职业教育这一环节。根据新教育法,中等职业教育的目的是培训中级专家,满足个人在基础、中等普通教育或初级职业教育的基础上进一步提升的需要。中等职业教育是俄罗斯教育的重要组成部分,它保障了对从业人员和中层工作人员的培训,也保证了个人教育和文化水平的提高。

这期间,来自地方和联邦中央的行政影响、学生及其家庭的期望和动力、企业和劳动力市场等机构的相互协作,影响了职业教育机构的管理和拨款方式[①]。职业技术学院和大学专门提供中等职业教育,招收中学 9 年级或 11 年级毕业生。具有初等职业教育毕业证的公民,可以接受精简了课程的中等职业教育。教育的方式可以是全日制教育或函授、夜校。新生的录取是基于国家统一考试的结果。

在中等(完全)普通教育(11 年级以后)的基础上,全日制中等职业教育课程的平均学习时间从 10 个月到 2 年 10 个月不等。与全日制学习期相比,非全日制和函授教学的学习期限增加 1 年。在不完全普通教育(9 年级以后)的基础上实施中等职业教育,取决于所选专业,学习时间从 2 年 10 个月到 3 年 10 个月不等。具有相应水平的中等职业教育毕业生可以直接升入大学二、三年级以获得更高等级的专业教育。

为了提高中等职业教育的质量,2015 年俄政府制定了第四代中等职业教育联邦国家教育标准。

---

① Ф. Ф. Дудырев, И. Д. Фрумина 《 Молодые профессионалы для новой экономики： Среднее профессиональное образование в России. Издательство ВШЭ, М： 2019.

表6-8 俄罗斯中等职业教育机构2012—2017年的基本数据（以学年计）[1]

类别		2012	2013	2014	2015	2016	2017
中等职业教育机构	数量/个	2 981	2 709	2 909	3 638	3 934	3 956
	学生总数/万人	208.7	198.4	210.3	286.6	286.8	294.5
普通高等教育组织	平均学生人数/人	700	732	723	788	729	744
	入学人数/万人	65.6	63.8	67.3	109.5	95.1	96.4
中等职业教育机构教师数量/万人		11.97	11.28	12.11	13.3	13.5	13.8
每个教育机构的平均教师数量/人		40.2	41.6	41.6	36.6	34.3	34.9
师生数量比（学生数量/教师数量）		17.44	17.59	17.37	21.55	21.24	21.34

从上表可见，近年来中等职业教育机构的数量和学生总量有增加的趋势。这是由于2012年《教育法》通过后，初等职业教育走向消亡，不少初等职业教育机构升级或合并重组为中等职业教育机构，所以在短短5年间中等职业教育机构增加了近1 000所，学生人数也增加了近90万。同时，这也表明中等职业教育的重要性和受欢迎程度有所提高。中等职业教育学院入学人数和毕业人数的相关数据呈现迅速增加的态势。2012—2017年，入学人数一直在63.8万人（2013年）至109.5万人（2015年）间波动，而毕业生人数则一直在43.9万人（2013年）至81.4万人（2015年）间波动。

这期间，一些中职院校与大学合并，如2018年一所中等职业技术培训机构与公立圣彼得理工大学合并，作为后者的工商管理学院[2]。这种联合十分有效，这是因为中等职业教育机构成为大学的组成部分历史悠久，合并改造后的原中等职业教育机构教师群体在适应新的工作环境和工作方式上并不会花费太长时间。

2015年，俄罗斯联邦政府颁布了一项法令，该法令提供了一系列改善中等职业教育体系的措施，其中包括：努力使毕业生的资格符合国家的经济需要；国家和商业机构合作促进中等职业教育体系发展；监测中等职业教育课程的培训质量。具体做法包括：列出现代劳动力市场中需求量最大的专业名单，借鉴国外经验和先进技术对50个最必要的专业进行开发并更新标准，所有步骤都应该在监管层面获得批准。根据制定的标准，强化中等职业教育系统中教师的工作培训，对于技术学校和学院的负责人进行额外的专业教育的指导。2015—2020年期间，定期举行专业技能锦标赛、全俄比赛以及类似奥林匹克形式的活动，包括俄罗斯技能大赛（WorldSkills Russia）和"最好的职业"大赛，根据结果对改善中等职业教育提出建议。逐步建立资格评估和认证机制，新的监测系统将包括参加专业技能锦标赛的结果等

---

[1] Россия в цифрах. 2010：Крат. стат. сб. / Росстат — М.，2010 — 558 с；Россия в цифрах. 2015：Крат. стат. сб. / Росстат — М.，2015 — 543 с；Россия в цифрах. 2018：Крат. стат. сб. / Росстат — М.，2018 — 522 с.

[2] Санкт-Петербургский государственный экономический университет — официальный сайт — https://unecon.ru/spo（дата обращения 1.02.2021 г.）.

其他标准。

残疾人的职业教育也得到重视,提高了从事残疾人职业教育的教师的要求,在技能竞赛和奥林匹克竞赛中对残疾人进行特别提名。

参考文献:

1. Гринько В. С. Начальное профессиональное образование Российской Федерации. Статистический сборник. —М., Издат. Центр НОУ ИСОМ, 2003.

2. Анисимов П. Ф., Коломенская А. Л. среднее профессиональное образование в Российской Федерации. Статистический сборник. М., Изд. ИПСПО, 2002.

3. Профтехобразование России: итоги 20—го века и прогнозы: В 2 т. /Под научной ред. И. П. Смирнова. —М.: ИРПО, 1999. — 1 том —424 с., 2 том.

4. Смирнов И. П., Поляков В. А., Ткаченко Е. В. Новые принципы организации профессионального образования. —М., Изд. АПО, 2004.

5. Смирнов И. П., Ткаченко Е. В. социальное партнерство: что ждет работодатель? —М., Изд. АПО, 2004.

6. Закон РФ《Об образовании》.

7. Доклад президента российского Союза директоров ссузов В. М. Дёмина Источник: https://superinf.ru/view_helpstud.php?id=2980

8. Словарь — справочник современного российского профессионального образования М.: Федеральный институт развития образования (ФИРО), 2010. — 19 с. Авторы—составители: Блинов В. И., Волошина И. А., Есенина Е. Ю., Лейбович А. Н., Новиков П. Н.

9. Мухамедзянова Г. В. Стратегия развития системы подготовки рабочих кадров и формирования прикладных квалификаций. [Электронный ресурс]. URL: http://минобрнауки.рф/теСна/еуе1^5/А1е5/4 Id4701a6bfda8ac356e.pdf

10. Профессиональное образование: проблемы качества и научно—методического обеспечения / Г. В. Мухаметзянова; Российская акад. образования, Ин—т педагогики и психологии проф. образования, Акад. социального образования (КСЮИ). — Казань: Магариф, 2005. - 317с.

11. Инновационные процессы в профессиональной подготовке специалистов в России и за рубежом: материалы междунар. науч. —практ. конф. (г. Казань, 19 нояб. 2003 г.) / [Науч. редакторы Г. В. Мухаметзянова, Т. М. Трегубова]. — Казань: Издательство Казан. университета, 2003. — 323 с.

12. Блинов В. И., Есина Е. Ю., Сергеев И. С. Базовые ценности профессионального образования/ Ж. Профессиональное образование и рынок труда. №1, 2019. С. 4—15.

第七章

俄罗斯高等教育 30 年

苏联的高等教育曾经享誉世界,莫斯科公立罗蒙诺索夫大学、鲍曼技术大学等著名学府培养了一大批杰出人才并产生了世界一流的科研成果。近 30 年来,俄罗斯高等教育历经艰难,不断探索前行,在努力建设世界一流的高等教育体系方面取得了一定的成效,但仍面临严峻的挑战。下面的两张统计表某种程度上说明了问题(见表 7-1、表 7-2)。

表 7-1 俄罗斯近 30 年高等教育主要指标变化表(本科、专家、硕士阶段)

年份	高等院校总数/所	民办高校数量/所	本科、专家及硕士生总数/万人	当年招生人数/万人	当年毕业人数/万人
1991	519	0	276.28	56.59	40.68
1992	535	0	263.8	52.07	42.53
1993	626	78	261.28	59.07	44.5
1994	710	157	264.46	62.65	40.99
1995	762	193	279.07	68.1	40.32
1996	817	244	296.49	72.92	42.82
1997	880	302	324.83	81.46	45.77
1998	914	334	359.79	91.29	50.08
1999	939	349	407.3	105.9	55.48
2000	965	358	474.14	129.25	63.51
2001	1008	387	542.69	146.16	72.02
2002	1039	384	594.75	150.39	84.04
2003	1044	392	645.57	164.34	97.69
2004	1071	409	688.42	165.91	107.66
2005	1068	413	706.46	164.05	115.17
2006	1090	430	730.98	165.76	125.5
2007	1108	450	746.13	168.16	133.55
2008	1134	474	751.31	164.17	135.85

(续表)

年份	高等院校总数/所	民办高校数量/所	本科、专家及硕士生总数/万人	当年招生人数/万人	当年毕业人数/万人
2009	1114	452	741.88	154.42	144.23
2010	1115	462	704.98	139.95	146.79
2011	1080	446	649.0	120.74	144.29
2012	1046	437	607.54	129.82	139.73
2013	969	391	564.67	124.65	129.1
2014	950	402	520.9	119.17	122.62
2015	896	366	476.65	122.18	130.05
2016	818	316	439.95	115.78	116.11
2017	766	266	424.59	114.2	96.95
2018	741	245	416.17	114.79	93.32
2019	724	229	406.83	112.94	90.86

表 7-2 俄罗斯近 30 年高等教育主要指标变化表(副博士、科学博士)

年份	副博士培养单位(科研院所及高等学校)/所	副博士在读人数/个	当年毕业人数(未答辩论文)/人	当年通过论文答辩人数/人	科学博士培养单位/所	科学博士在读人数/个	科学博士毕业人数(未答辩论文)/人	当年通过科学博士论文答辩人数/人
1991	1 276	59 314	16 322	3 105	312	1 834	430	154
1992	1 296	51 915	14 857	3 135	338	1 644	617	247
1993	1 338	50 296	13 432	3 198	452	1 687	573	194
1994	1 332	53 541	12 292	2 712	351	1 850	464	168
1995	1 334	62 317	11 369	2 609	384	2 190	464	137
1996	1 323	74 944	11 931	2 881	398	2 554	574	200
1997	1 332	88 243	14 135	3 553	422	3 182	662	226
1998	1 338	98 355	17 972	4 691	452	3 684	821	312
1999	1 357	107 031	21 982	5 953	476	3 993	1 033	356
2000	1 362	117 714	24 828	7 503	492	4 213	1 251	486
2001	1 393	128 420	25 696	6 172	510	4 462	1 257	397
2002	1 416	136 242	28 101	7 411	531	4 546	1 267	411
2003	1 441	140 741	30 799	8 378	543	4 567	1 385	414
2004	1 452	142 662	32 595	10 256	533	4 466	1 451	505
2005	1 473	142 899	33 561	10 650	535	4 282	1 417	516

(续表)

年份	副博士培养单位(科研院所及高等学校)/所	副博士在读人数/个	当年毕业人数(未答辩论文)/人	当年通过论文答辩人数/人	科学博士培养单位/所	科学博士在读人数/个	科学博士毕业人数(未答辩论文)/人	当年通过科学博士论文答辩人数/人
2006	1 493	146 111	35 530	11 893	548	4 189	1 383	450
2007	1 490	147 719	35 747	10 970	579	4 109	1 320	429
2008	1 529	147 674	33 670	8 831	593	4 242	1 216	297
2009	1 547	154 470	34 235	10 770	598	4 294	1 302	435
2010	1 568	157 437	33 763	9 611	602	4 418	1 259	336
2011	1 570	156 279	33 082	9 635	608	4 562	1 321	382
2012	1 575	146 754	35 162	9 195	597	4 554	1 371	394
2013	1 557	132 002	34 733	8 979	585	4 572	1 356	323
2014	1 519	119 868	28 273	5 189	478	3 204	1 359	231
2015	1 446	109 936	25 826	4 651	437	2 007	1 386	181
2016	1 359	98 352	25 992	3 730	385	921	1 346	151
2017	1 284	93 523	18 069	2 320	223	1 059	253	65
2018	1 223	90 823	17 729	2 198	213	1 048	330	82
2019	1 187	84 265	15 453	1 629	—	955	156	82

本科和硕士阶段,在学人数随总人口数的变化而相应发生波动,2010年前后达到顶峰后逐年下降;副博士和博士在读人数和通过论文答辩人数一直呈下降态势,这基本上与国家形势紧密相关。2014年乌克兰危机后,更多年轻人开始为生计而操劳,投身科学的热情在衰减,加上国家对高层次人才培养的监控更趋严格,有能力、有毅力坚持学业的人数在减少,这将严重影响俄罗斯的高等教育和科学研究。其实,这个问题一直困扰着俄罗斯。

第一节　20世纪90年代俄罗斯的高等教育

20世纪90年代初,俄罗斯的高等教育被赋予了培训高级专家的任务,俄高等教育积极推行世界标准、融入国际教育市场体系。这段时间,国家立法允许发展民办高等教育以及在公立大学实行有偿教育,从而使普及高等教育成为可能(如图7-1)。

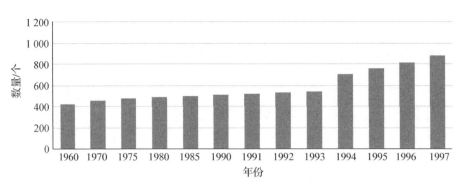

图 7-1　20 世纪下半叶俄罗斯高等教育机构数量

1994 年,俄罗斯政府批准了《俄罗斯联邦教育发展计划》,该计划为包括高等教育在内的整个教育系统的大规模转型奠定了基础。但实际上高等教育奉行的是完全相反的政策。1998 年的俄罗斯第五届大学校长大会上,与会代表提出了高等教育领域存在的重要问题:缺乏足够资金的后果和责任由高等教育机构自己承担,高校的债务无法偿还而且在不断增加,不得不停止基础建设和科技研发。

表 7-3　20 世纪 90 年代初俄罗斯的教育经费①　　　　　　　　　　　单位:%

项目	1991	1992	1993	1994	1995
1. 政府对教育的支出占国内总产值的百分比	3.6	4	4.5	4.5	3.7
2. 教育界人员平均工资占经济界人员平均工资的百分比	71	62	68	69	65
3. 教育平均工资占最低生活费用的百分比	176	174	156	—	104

分析表 7-3 可知,自 1991 年以来,俄罗斯教育经费被系统地减少了,高等教育领域宣布的融资改革并没有取得成功,这也违背了叶利钦政府的声明和承诺。

20 世纪 90 年代后半叶,高等教育的状况有所改善。1997 年 6 月 16 日,俄罗斯联邦政府决定成立一个委员会,为下一阶段的教育改革准备概念草案。在这一年中,政府通过了《1996—2000 年俄罗斯社会改革方案》以及《1997—2000 年结构调整与经济增长方案》。

1996 年 7 月 19 日俄罗斯国家杜马通过了《俄罗斯联邦高等职业教育和高校后职业教育法》,联邦委员会于 1996 年 8 月 7 日批准。该法律对高等教育和研究生教育领域提出了以下原则:

(1) 保证教育过程的连续性和一致性;

(2) 在保持和发展俄罗斯高等教育的成就和传统的同时,积极融入世界高等教育体系,将俄罗斯联邦的高等教育和研究生专业教育体系整合起来;

(3) 确定科学技术发展以及专家培训的优先领域,对工人进行再培训;

---

① A. Суворов. Что происходит с Российским образованием? // Демоскоп на Полит. ру.

(4)国家优先支持高等教育和研究生教育领域的科学研究。

国家通过以下方式确保优先发展高等教育和研究生专业教育：

(1)联邦预算提供的财政支持，用于在联邦国家高等教育机构中为在俄罗斯联邦居住的每万人口中至少 170 名学生提供培训；

(2)扩大俄罗斯联邦公民接受高等教育的机会；

(3)依法向国家高等和研究生职业教育体系中的学生（学生、研究生、博士生和其他类别的学生）提供国家奖学金和其他社会支持；

(4)为公民平等获得高等教育和研究生专业教育创造条件；

(5)为高等和研究生专业教育与科学的融合创造条件。

大学教师、学者和大学生具有学术自由，包括教师根据自己的判断提出主题、选择研究课题并以自己的方式进行的自由，学生根据自己的喜好和需求获得知识。为了控制大学人才培养的质量，引入了教育机构的认可和认证制度，由州政府根据联邦国家教育机构、联邦行政机构或高等教育机构本身的提议进行认证。认证的目的是确保大学毕业生的教育内容、水平和质量符合国家高等教育标准的要求。

该法第 5 条引入了联邦国家高等教育标准的概念，该标准旨在保障：(1)俄罗斯联邦教育空间的统一；(2)高等职业教育的质量；(3)客观评估实施高等职业教育计划的教育机构的活动；(4)承认外国有关高等职业教育的文件。

该法第 29 条规定，高等教育机构有权在教育和其他领域开展有偿活动，但前提是不影响其主要活动。

1998 年 7 月 17 日，第 600 号预算计划获得批准[①]。俄罗斯政府拒绝了拟议的重组措施，并将新的组织和经济机制引入教育部门，着手简化教师薪酬标准。允许教育组织独立设立津贴和附加费，用于管理教室和实验室。但 1998 年国家预算中的教育支出占比比 1997 年低 0.7%（1997 年为 3.6%，1998 年为 2.9%）。

1998 年 9 月 30 日，B. M. 菲利波夫被任命为俄联邦教育部部长。1998 年 10 月 10 日，俄罗斯联邦政府新任总理普里马科夫会见了俄罗斯校长联盟的代表，提出了预算经费和教育机构税收、改善教职工财务状况和社会福利以发展基础研究等问题。

20 世纪 90 年代高等教育体制改革的主要特点之一是公立大学获得有偿服务的许可。大学扩大商业活动的一个重要的动机，包括以招收学生为代价，是因为国家拨款不足。根据 90 年代中期的数据，俄罗斯联邦高等教育部门陷入困境："联邦预算资金仅能满足高等教育院校 30% 的需求。"[②]

---

① Постановление Правительства Российской Федерации от 17 июня 1998г. N 600

② Поиск, 1996 № 19 С. 3 Цит. по: Куперштох Н. А. Региональные особенности развития высшей школы в 1985—1995 гг. (на примере г. Новосибирска) // Сибирская провинция и центр: культурное взаимодействие в XX веке. - Новосибирск, 1997 С. 201

通过对新西伯利亚市的统计数据进行分析,可以得出如下结论:1993—1994 学年,有偿学习的大学生仅占大学生总数的 3%。如 1993 年新西伯利亚公立技术大学接受了 230 名中国留学生进行有偿教育①。尽管如此,该校尚未转向大规模招收自费学生。到 1996 年,该大学已经有 1 500 名学生在收费的基础上学习。也就是说,在 4 年内,自费生群体增长了 4.5 倍。1999 年,新西伯利亚各大学(公立和民办)从学费中获得的收入几乎达到其独立收入总额的 50%。分析 1999 年新西伯利亚大学总收入指标可知,公立大学在商业基础上培养学生所获得的资金份额已经超过 20%②。

回首 1990 年至 2000 年期间高等教育改革的成果,可以总结出这一时期的特点③:

- 高等教育已不再由国家垄断,民办高等教育机构出现并迅速增长。
- 教育商品化。以前高等教育的主要任务是解决国民经济问题,按照新的教育法,教育已成为向个人提供高等教育的服务。公立高等教育机构根据合同招收自费学生。
- 教育规模不断扩大。俄罗斯出现了许多高等教育机构分支机构,俄罗斯联邦的公民获得了出国学习的机会。
- 通过引入新的教育形式,例如远程学习和使用多媒体技术,教育方式更加灵活。
- 开设新的专业,科技迅速发展促使学习理工类学科的人数迅速增加。
- 资金的持续缺乏对学生和教师的生活水平以及教育质量产生了负面影响。

第二节 2000—2012 年俄罗斯的高等教育

进入新世纪的俄罗斯高等教育存在严重不足,这些问题包括:

——法令与高等教育在市场经济条件下的发展目标不相一致,在使用预算外资金、采用与科学和生产实际的有效整合形式、发展创新活动和保护知识产权方面存在着种种限制。

——教育计划适应劳动力市场现实需要的灵活性不足,教学形式不能为毕业生解决职业活动中的实际问题提供所必需的专业知识。

——高校的结构和专业目录与经济和社会发展的需求不相适应,高等学校分别从属于 22 个部和主管部门,民办高等学校和各高校的分校、代表处数量的增长得不到控制(从 1995 年起高等学校数量从 762 所增加到 2012 年的 1 046 所,同期各高校的分校增加了 4 倍,达到

---

① ТУ Информ 1993 № 2—3. С. 2

② В. Г. Шишикин. Платное обучение в системе высшего профессионального образования 1990 — е — начале 2000 — х гг. (на примере вузов Новосибирской области). "Исторические исследования в Сибири: проблемы и перспективы". 2007

③ Е. А. Фомина. ВЫСШЕЕ ОБРАЗОВАНИЕ В 80 — 90 — Е ГГ. XX В.: ПРИОРИТЕТЫ И ТЕНДЕНЦИИ

近 2 000 所)。

表 7-4　俄罗斯的大学数量和在学学生数量

项目	2002	2003	2004	2005	2006	2007	2008	2009	2010
大学总数/所	965	1 039	1 044	1 071	1 068	1 090	1 108	1 134	1 114
学生人数/万人	474	595	646	688	706	731	746	751	742

——对专业人才的培养质量缺乏有效的管理与评价系统(只有2%的高等学校有质量管理认证体系),在教育系统外部是由雇主对毕业生的专业知识做出评价。

——教授等专职教学人员的质量下降,年轻的有前途的人才流向国外和其他领域,教授平均年龄偏高(58%的教授年龄在60岁以上),大量教师从事兼职工作(从1995年起大学生数量增长1.3倍,但高等学校的常任教师只增长20%,许多教师一人多职)。

——不能充分保证高等学校所需的现代教学实验设备,尤其在社会科学和工科方面,只有40%左右的高等学校能得到满意的物质技术装备。

——在学术活动和经济活动方面存在着严重的行政管理的局限性,阻碍大学的有效管理和发展战略规划的制定。

——国家对高等教育的扶持水平很低,按平均购买能力计算花在一个大学生身上的总支出为每年1 500美元,只达到发达国家的1/10。

俄罗斯高等教育必须进行改革,从而为实现高等教育现代化准备足够的人才和资源。俄罗斯联邦政府2001年批准了《2010年前俄罗斯教育现代化构想》,文件所包含的综合措施具有相当的局限性和非系统性。这个现代化构想是在很小的范围内形成并按行政程序通过的,因为在集体和个人的思想尚不清晰时不可能提出新的创新思想和措施。

发展俄罗斯高等教育发展的纲领性文件的缺点是:文件所宣布的思想和目标与为实现它们而优先采取的行动不相一致,因为现代化战略方针的确定未能得到相应的体制结构的保障。相应的体制结构本应做出有科学根据的决定并对结果进行客观的官方鉴定和社会鉴定。改革计划在相当大的程度上是由经济领域的专家制定的,其中最关键的一些概念是建立在教育有偿服务的基础上。

因此,所实施的高等学校现代化计划,基本上只规定了一些组织和经济方面的措施:国家统一考试,改变作为办学主体的高等学校的组织和法律形式,就国家对专门人才培养和相应资源的订单的分配进行竞争,经费的多渠道来源,地区和教育服务消费者的参股,通过借贷或津贴给学生提供社会扶持。

有两种情况促使俄官方承认有必要在完善教育计划的内容和结构、教育技术、教育过程的质量管理、制度改革等方面采取一些重大的补充措施:

第一,2003年俄罗斯加入博洛尼亚进程,承担了在欧洲一体化背景下进行必要的改革的义务。既承认博洛尼亚进程的目标(文凭和资格的可比性和相互承认,保证大学生和教职工的流动,提高自主性和竞争能力以促进智力潜力的整合),开始实施达到上述目标的方法(本科、硕士二级学制,学分制,国际认证程序,毕业证书新附件)。

第二,2004年进行行政管理改革,建立了联邦教育和科学部,其职能是制定并贯彻教育政策,原来的业务管理和资源保证职能转给联邦教育署,控制质量的职能由新成立的联邦教育科学督察署实施。

2004年12月,俄罗斯联邦政府批准了《俄罗斯联邦教育系统优先发展方向》,其中占据中心地位的是"提高职业教育的质量""发展现代继续职业教育系统"和"提高教育领域的投资吸引力"。为了实现这些目标,俄罗斯制定了综合措施,完善教育内容和技术、完善教育系统结构以及教育领域的组织—财政机制和法律基础,巩固教育、科学、生产与劳动市场的联系。

作为国家教育政策基础的《2006—2010年俄罗斯联邦教育发展目标纲要》所涉及的一系列措施囊括了教育结构、内容和技术的改革,管理系统的改革,教育活动主体的组织和法律形式的改革以及财政和经济机制的改革。

2008年7月,梅德韦杰夫宣布在俄罗斯建立一个科学和教育中心网络,无论是新建的大学,还是传统的大学,将获得"研究中心"的地位。在一次关于建立科学和教育中心网络的会议上,梅德韦杰夫宣布:在顿河畔罗斯托夫建立南联邦大学,在克拉斯诺亚尔斯克建立西伯利亚联邦大学。他说:"我们需要最终决定在其他地区创建联邦大学的地点。"他特别指出,已经准备好在远东建立这样一所大学的决定。"在不久的将来,有必要考虑在乌拉尔、加里宁格勒和伏尔加地区(在喀山教育机构的基础上)建立联邦大学的可能性。"梅德韦杰夫还认为,有可能赋予俄罗斯一些主要大学"研究中心"的地位。梅德韦杰夫说,这尤其适用于莫斯科大学、圣彼得堡公立大学和莫斯科物理技术学院等院校。与此同时,梅德韦杰夫承诺,将采取切实措施发展专业大学。他说:"它们可以是以莫斯科物理技术学院为基础的核大学,也可以是以莫斯科钢铁及合金学院为基础的技术大学。"他强调,这类大学"作为俄罗斯科学的中心,应该得到优先支持"。梅德韦杰夫强调,必须"以各种可能的方式促进有竞争力的大学发展"。同时,"必须更广泛地执行国家资金的竞争性分配原则"。为了使这一竞争机制发挥作用,总统提议为学术机构、大学和其他科学组织设立一个国家基础研究计划。梅德韦杰夫指出,应制订俄罗斯科学和科学教育中心发展的长期计划,并"根据监测其活动的结果"调整其资金数额,明确具体的实施时间框架。

这期间,以国家统一考试取代高校自主入学考试,将大学生奖学金分为社会(贫困)类和学术(高分)类两部分。国家统一考试取得了积极成果,一个突出的例子是,19名来自楚瓦什的毕业生,他们没有离开所在的共和国,但考进了位于莫斯科的高等经济学院。

在21世纪的头十年,高校人数减少了30%,这是受小学、中学和高等职业教育机构的学生人数不断减少的影响。还有不少中学毕业生选择到职业学校就读,等职业学校毕业时直接报考对口高校,从而不参加国家统一考试。这段时间,公立高校中经济和管理专业招生人数的增长水平是最高的（从 114 000 人增加到 436 000 人），其在整个招生人数中所占的比重从 19％增加到 32％。社会—人文专业和矿产加工、信息学和计算技术领域中招生人数的增长也很大（增长 1.5～2 倍），服务业领域的各个专业的增长几乎达 6 倍。在增长之中占主要份额的是预算外的学生，2003—2004 学年经济和管理专业招收的这类大学生占 76.1％，服务业占 66.8％，社会—人文专业占 56.1％。在 2003—2004 学年的民办高校的招生结构中，社会经济和人文专业所招新生达 214 000 人，或者说占全部招生的 93％左右。

2003 年俄罗斯加入《博洛尼亚宣言》，2007 年 10 月，俄罗斯总统签署了一项关于实行高等职业教育分层制度的法律。这项法律规定了高等教育层次及相应的国家标准，授予"学士"（第一级）和"硕士"或"专家"（第二级——具有深入的专业化）资格。大学本科、研究生和专科项目的许可和国家认证应分开进行。根据法律规定，本科学制四年，研究生学制两年，专家必须至少学习五年。对于某些培训领域，例如医学，可以设置专门学制。只有具备"硕士"或"专家"资格的人才可进入副博士研究生阶段学习。

对俄罗斯来说，参与博洛尼亚进程更多是出于政治动机，俄罗斯大学内部质量控制体系基本上流于形式，学生和教师的学术交流（甚至在俄罗斯大学之间）的水平仍然很低。模块化的课程和学分制（credits），使学生的教育轨迹个性化成为可能。在俄罗斯的高等教育体系中，很大程度上保留了组织教育过程的传统理念，这也限制了俄罗斯全面进入欧洲教育领域的可能性，减少了其发展高等教育出口的机会。

20 世纪 90 年代末和 21 世纪初，俄罗斯高等学校的学生人数稳步增长。仅从 2000 年到 2005 年，大学生人数就从 470 万增加到 700 万，很大原因是由于苏联解体前后人口增长高峰期出生的儿童成为大学新生。

第三节　2012 年以来俄罗斯的高等教育

在这段时间，俄罗斯在高等教育领域的国家政策已基本定型。一方面，对于顶尖大学，国家通过制定战略项目对其予以支持，并进一步巩固此类大学的领先地位。另一方面，对于低效的高等教育机构，国家通过监测责令其关闭、重组或进行额外管理。这项政策不仅导致了俄罗斯大学总数的显著减少（从 2008 年的 1134 所减至 2019 年的 724 所），而且还对高校进行了分层。

今天，俄罗斯顶尖高校梯队主要由国家大学以及"5-100"项目的 21 所高校成员组成。2013 年以来，为了提升国际竞争力，"5-100"项目的高校成员获得了国家的针对性支持，也正是这些大学肩负起了跻身全球高校百强的任务。每年，仅为了发展项目的有效实施，这些俄罗斯大学就获得了相当于众多大学年度综合预算数额的政府经费。

表 7-5　2012—2019 年俄罗斯境内高等教育机构主要指标统计表

年份	教育机构数量/所			新生人数/万人		学生人数/万人		毕业生人数/万人	
	合计	按所有制划分		合计	全日制教育	合计	全日制教育	合计	全日制教育
		州立	民办						
2012	1046	609	437	129.82	67.27	607.39	272.1	139.73	61.67
2013	969	578	391	124.65	66.45	564.67	261.88	129.1	56.85
2014	950	548	402	119.17	65.37	520.9	257.51	122.62	52.72
2015	896	530	366	122.18	67.62	476.65	237.96	130.05	69.82
2016	818	502	316	115.78	67.43	439.95	240.3	116.11	49.34
2017	766	500	266	114.2	66.95	424.59	238.05	96.95	52.11
2018	741	496	245	114.79	68.84	416.17	236.98	93.32	52.61
2019	724	495	229	112.94	68.87	406.83	238.66	90.86	49.63

2012 年以来俄罗斯高等学校学生人数呈稳步下降趋势，这是由一些客观和主观原因造成的。1990—2000 年俄罗斯出现了人口危机，从表 7-6 可见，1999 年的出生人数是 1987 年的一半。这个结果导致这段时间大学入学人数和学生人数减少。

表 7-6　20 世纪末俄罗斯新生人口数

年份	新生人口/人
1987	2 499 974
1988	2 348 494
1989	2 160 559
1990	1 988 858
1991	1 794 626
1992	1 587 644
1993	1 378 983
1994	1 408 159
1995	1 363 806
1996	1 304 638
1997	1 259 943
1998	1 283 292
1999	1 214 689

2012年以后,俄罗斯高等教育发展的几个重点方向如下:

(1) 在重点大学建设大型科学中心。普京总统强调,今后几年将高度重视科技潜力的增长。他强调:"创建联邦大学网络不仅能够巩固教育发展,而且能加强科学的全面发展。……在加里宁格勒、伏尔加河地区、南部地区、西伯利亚和远东地区的一些主要大学建立大型科学中心。"

(2) 鼓励科技创新,促进教育科研融合。为鼓励科学创新,莫斯科市政府向年轻科学家颁奖。莫斯科有超过500家科研机构,包含20余万名科研人员。莫斯科市政府科学奖每年颁发给在实用技术、医学领域、人文领域等有杰出贡献或新发现的人。该奖项自2013年成立,获奖者需为俄罗斯年轻公民,获奖者可获得100万卢布奖金。此外,2017—2018年,俄罗斯政府提出"高技能人才培养"战略,并规定俄罗斯联邦教育部、俄罗斯联邦科学与高等教育部的职权,以更好地促进教育与科研融合,增强创新实力。

(3) 大力发展教育出口。进入新世纪以来,为吸引更多留学生,俄罗斯持续加大政策力度。2001年,俄罗斯政府开始恢复外国留学生政府奖学金项目,每年在全球范围内资助1万名优秀的国际学生到俄罗斯高校学习;2008年俄罗斯制定了《2020年前俄罗斯社会经济长期发展构想》,从国家发展战略的角度要求2020年前要将外国留学生占高校学生总数的比例提升到5%;2012年,俄罗斯联邦教育科学部将高校外国学生占比设定为高校效能评估的重要指标,刺激高校吸纳更多留学生;2017年,出台《俄罗斯教育出口潜力开发专项计划》,将教育出口潜力开发视为一项重要的国家任务。

为消除吸引外国留学生方面的制度障碍,2017年,俄罗斯国家杜马教育委员会会议第一次审议《简化部分类别外国留学生签证制度的法律草案》,启动相关工作,希望简化相关程序,为留学生学习、打工、就业创造便利。2018年年始,普京签署了《关于修改〈俄罗斯联邦外国公民法律地位法〉第5条第17款的联邦法律》。普京签署的《2024年前俄罗斯联邦发展的国家目标和战略任务》的总统令对在俄罗斯高校就读的外国公民数量提出了更高的要求,要求在2024年前,留学生人数至少再增加一倍,并要求继续采取综合措施,为优秀外国留学生在俄罗斯就业创造条件。

(4) 鼓励高校与企业展开科研合作。俄罗斯联邦政府于2010年4月9日颁布了《关于政府支持发展俄罗斯高等教育机构和组织实施全面打造高科技生产项目的决议》,按照该决议,促进俄罗斯科研组织和高校发展的措施之一就是与企业进行合作。根据决议内容,将对俄罗斯联邦政府实施的"发展科学技术"项目(2013—2020年)提供奖金支持,其主要目的是建立俄罗斯高校、科研机构和生产企业的联系,促进创新,发展俄罗斯高校的科研力量,提高高校教育质量,发展科学密集型生产。项目拨款为全额奖金拨款,项目申请必须有企业的参与,拨付的奖金必须为企业的高科技生产带来必要的改变。如果未能完成设定的任务,需返还全部奖金。

支持高校和企业合作将是2024年前俄罗斯鼓励科技发展与创新的重要内容,计划在

2024年前,在大学和经济部门进行合作的基础上启动不少于15个教育科学中心,保证俄罗斯进入科学研究世界五强国家行列。

这段时间,俄罗斯高等教育仍然未能解决一些问题:

(1) 高等教育质量不过关。第一,相关专业性人才严重缺乏。现阶段,俄罗斯大学普遍缺乏人才。在结构上,青年教师的比重不大。专门从事教学和研究的教师与外界交流不足,知识型和创新型人才少。

(2) 高等教育质量保障体系建设投入不足。资金投入力度不足,无法支撑高校教育质量保障体系的有效实施。尤其是在实行经济转轨后的俄罗斯,政府部门将大量财政预算与经费使用在经济发展领域,忽略了对教育领域的投入。1995年,俄罗斯联邦政府部门对教育部门的支出仅占总预算的3.86%,高等教育所占比例更低,只有2.23%;1998年,这一状况并没有得到好转,教育部门的财政支出占俄罗斯总支出的3.44%,高等教育部门财政支出仅占2.06%。进入21世纪以后,这一现象仍没有得到俄罗斯联邦政府的重视。从2001年至今,俄罗斯在高等教育方面的财政支出都没有达到2.5%。联邦政府对每名技术类专业大学生的财政支出只有500美元,投入严重不足,根本无法保障高等教育质量体系建设与完善。由此,俄罗斯高校不断增加自费生的招生规模以实现自救(见表7-7)。

表7-7 俄高校公费生与自费生数量统计

年份	学生人数/万人			入学/万人			毕业生数量/万人		
	合计	自费生	公费生	合计	自费生	公费生	合计	自费生	公费生
2012	514.38	281.48	232.9	111.06	59.65	51.41	112.71	63.15	49.56
2013	476.2	257.17	219.03	106.67	56.99	49.68	106	58.67	47.33
2014	440.66	234.56	206.1	102.13	53.55	48.58	101.79	56.56	45.23
2015	406.14	213.78	192.36	104.96	52.88	52.07	111	57.44	53.56
2016	387.38	197.26	190.12	103.83	52.17	51.66	97.24	54.01	43.23
2017	382.31	192.46	189.85	103.43	52.03	51.4	82.33	41.82	40.51
2018	378.25	187.75	190.5	104.16	51.58	52.58	81.17	40.69	40.48
2019	373.63	185.3	188.33	102.7	52.1	50.6	80.04	38.88	41.16

(3) 高等教育质量保障体系建设缺乏目标性。俄罗斯高等教育质量保障体系从精英阶段高等教育发展起步,缺乏国际性。俄罗斯高等教育质量监控体系基本上都是从欧洲国家引进的,尚未形成一个符合俄罗斯的质量保证系统,对高等教育质量的监控与提升明显滞后。

为改变俄罗斯大学在教育领域落后的现状,俄罗斯联邦教育科学督察署主持对高校进行评估。莫斯科大学校长萨多夫尼奇院士说:"预计会通过一项减少低效大学的计划。校长共同体可以在该进程中扮演专家角色。我们有一些工作要做,那些有关高等教育质量将有所改善的观点也引起了我们的兴趣。"早些时候,莫斯科大学校长也曾多次谈到,目前俄罗斯境内存在一些提供"轻量级"教育的大学。而这显然是事实。①

尽管国际社会对区域性大学的承认度普遍偏低,区域性大学的发展也面临资源匮乏的问题,但在解决具体的区域及市政问题方面,这些大学表现出了极高的参与度,并在区域发展和人们生活质量改善中发挥着重要作用。因此,俄罗斯教科部在2015年通过了"支点大学网络的发展"项目。对俄罗斯高等教育体系而言,该项目的实施可谓非常及时,尤为必要。在2016年至2018年间,为了有效实施支点大学发展计划,俄罗斯教科部拨款超过42.9亿卢布,来自高校及其合作伙伴的投资金额为94.4亿卢布。目前,来自全俄32个主体的33所大学获得了支点大学的地位。支点大学的确立旨在将大学建设成为吸引和发展人才的区域中心,保障高质量、多领域的人才培养模式。支点大学作为区域研究和创新中心,积极参与并改善城市及区域环境。

最受欢迎的发展措施莫过于制定和采用职业标准。2013年12月9日,俄联邦总统就职业标准的制定问题召开会议。随后几年,政府制定了900多项职业标准,其中的一些标准甚至引发了民众热议。2015年1月,俄罗斯教科部发布了《基于职业标准更新现有联邦国家高等教育标准的指导意见》。该指导意见由俄罗斯教科部教学法研究中心、高校各学科领域的专家成员制定。根据职业标准研究结果,联邦国家教育标准在"毕业生职业特点""基本教育计划的要求"上进行了更新。基本教育计划对毕业生经过学习后所获得的职业素养提出包括职业技能、个人素质方面的要求。事实上,俄罗斯教科部教学法研究中心的确对教育标准进行了改革。第三代教育标准已经从联邦教育标准3.0版升级到了3.0+和3.0++版。更新的内容主要涉及教育计划的培养结果。升级版本更加注重职业标准所规定的劳动力市场对人才提出的要求。

专家团队着手修改了大学的国家认证流程,并在此过程中增加了对高等教育机构质量的国家评估。评估结果过差的大学会被责令关停。在过去的6~7年间,数百所大学及其分支机构因教育质量不达标而被政府关闭。

值得肯定的是,此类竞争对大学之间的合作和学术流动产生了积极影响。越来越多的地方政府开始关注大学的发展,越来越多的大学开始建立经验交流网络。

信息教育技术得到长足发展,现在几乎每所大学都设有网络课程,从记录个别老师的单场讲座开始,到收录集测评、反馈和网络研讨会为一体的整套课程,形式不一。这将有可能促进函授教育网络的发展,一所大学的某一门课程将兼容本校和其他高校教师的授课内容。俄罗斯顶尖大学联盟就创建了一个开放性的在线教育平台,为国内外所有大学的学生提供各校优秀教授和教师的精品课程。

---

① Марина Муравьёва. Минобрнауки реструктурирует десятую часть подведомственных вузов. http://www.strf.ru/material.aspx? CatalogId=221&d_no=47352

2018年5月普京总统第四次宣誓就职后,发布了新的"五月命令"。联邦政府据此拟定了"俄罗斯至2024年提高经济竞争力和发展水平的主要措施,实施12个国家项目"。针对高校,出台了《国家教育方案》和《国家科学方案》等多个国家工程,提出到2024年俄罗斯的普通教育质量应达到世界前十,科技研究和开发能力应居世界前五。

这段时间,俄罗斯高等教育继续努力提高在世界排行榜中的位置,主要参考"QS世界大学排名""泰晤士高等教育世界大学排名"和"世界大学学术排名"三大排行榜。2017年,俄罗斯高校综合排名情况为世界第17名,期望至2024年进入前10名。这就意味着,俄罗斯将重点关注教育的现代化进程,实行适用性强,具备实践导向的、灵活的教育计划。政府将通过拨款的方式,为学术人员提供资助,开发在线教育,促进学术流动,为重点高校实施建设国际一流大学的发展计划和项目提供支持。

俄罗斯科学与高等教育部计划举办竞赛,并针对获胜高校提供国家支持。此外,政府还激励高校实施及管理教育项目的新模式,在研究和发展方面实现突破。

联邦项目"教育出口"旨在提高俄罗斯教育的国际竞争力,其目标是使在俄罗斯高校就读的外国学生人数翻一番。该项目计划在俄罗斯和国外建设必要的基础设施,开展奥林匹克竞赛,形成语言环境,完善教育项目的国际认证,促进高校与外国伙伴建立合作模式,并雇用至少5%的外国专家。

联邦项目"全民新机遇"旨在将每年参加大学终身教育计划的公民人数提升至300多万人次。为此,国家建立统一的数字平台,提供一系列支持服务,为大学的开发人员和终身教育计划的参与者提供补助金。要求高等教育机构制定大众化的高等教育课程,以全日制或是函授方式开展终身教育计划,为不同目标人群(从学生到老年人,从提升自身技能的专业人员到有特殊需要的社会团体)设置不同的课程内容。

《国家科学方案》试图促进大学和科学组织一体化,建立世界一流的研究和教育中心,发展高校和实体经济组织的合作,建立国家技术创新管理中心,确保在核心技术领域找到创新解决方案,建立世界一流的研究中心和统一的数字化互动平台,吸引外国科学家远程参与科学研究。

联邦政府实施的"人力资源开发"项目旨在改善博士研究生的培养机制。在青年研究人员的领导下,开展项目研究并建立新的实验室;提升科学技术项目和实验室主管的个人能力,并支持其在俄罗斯境内的学术流动。这种针对性支持将提高博士生的学习效率和论文质量。在此基础上,通过论文答辩的博士生人数将有所增加,博士毕业后选择从事研究员或大学教师职位的人数将会增多。

联邦项目"数字经济型人才"对高校也有积极的影响,该项目规定,到2024年底,俄罗斯所有高校都将使用"数字大学"模式。政府将在大学建立50个专家培训中心和5个国际科学教学法中心。

根据国家项目的预定任务,2024年前俄罗斯高校的优先发展方向和趋势如下:

(1) 确定战略定位,选择发展模式;
(2) 实现终身教育;
(3) 实现教育国际化;
(4) 建立开放式教育和数字化教育转型模式;
(5) 巩固高校和科学组织、学术机构及地区工业部门的合作;
(6) 发展人才潜力等。

无论如何,提高高等教育质量、保证大学毕业生在职业生涯中获得成功、发展个人潜能是所有高校共同的发展主题。

第四节 俄罗斯重点大学建设进程

建设世界一流大学是俄罗斯近20年来的不懈追求。2012年5月7日,普京第三次就任俄罗斯联邦总统,在当天发布的总统令中提出:到2020年建成5所排名世界前100的世界一流大学。由此,俄政府启动了"5-100计划",先后遴选了21所高校,每年投入近100亿卢布,着力打造自有专属的一流大学。2020年7月,俄科学与高等教育部部长法利科夫提出了新的一流大学建设方案——"学术领导力计划",新一轮的竞争即将展开。

俄罗斯建设一流大学的进程某种程度上借鉴了我国"211工程""985工程"和"双一流计划",根据自身国情,又形成了独具特色的俄罗斯风格。对其进行总结探索,对于我国今后一流大学建设乃至高等教育事业的发展有着相当的借鉴作用。

一、调整高等教育体系,加强质量监控

苏联时期,在计划经济的条件下,高校完成了"人才工厂"的功能,虽然偶有地方特点,但整体上相当稳定。从20世纪60年代起,苏联的高校形成了三种模式:一是根据地区—产业原则创建的高校,主要功能是为本地经济培养人才,创建了师范类、医学类、工科类以及行业主管部门(如农业部)下属高校。根据属地原则,全国各地形成了垂直的院校体系,位于首都的高校同时具有为地方高校提供教学法指导和骨干的功能;二是行业类高校,在全国范围内建成了一些为特定工业部门培养人才的高校,包括行业专门高校(这是苏联工业部门的一部分,如喀山航空学院)、中央专业高校(如莫斯科钢铁合金学院)、工业学院网络(如铁道学院);三是综合性大学,培养科学人才和高校教师,首先培养的是基础学科人才,同时培养地方管理精英,有时还可以培养教师。

纵观苏联历史,高等教育虽进行了诸多改革,但其体系一直完整保存。计划经济式的管理方式可以根据行业甚至工厂的需要拨款、确定招生数量、保证毕业分配并按规定发放工

资。政策由苏共中央委员会决定。高校由28个国家部委创办,但其规范—法律基础由中央管理机构(高等和中等职业教育部、人民教育委员会)制定。研究和科学开发的主要工作由科学院的下属机构完成,只有极少数大学有科研任务(如莫斯科大学、列宁格勒大学、莫斯科物理学院等)。这些特点在很大程度上决定了俄罗斯联邦以及其他原苏联国家的高等教育发展之路:第一,中等职业教育作为独立的环节得以保存,其毕业生多数继续完成了高等教育;第二,俄罗斯继承了苏联高等教育专业分工具体细化的模式。

实际上,俄罗斯高等教育政策的变化与国家经济、社会条件发展同步。高等教育系统一直在调整,改革了老的高校模式,出现了新的教育机构以适应外界的变化。

(一) 第一阶段(1990—2000年)

苏联解体后的10年,俄政府实施了"不干预政策"。20世纪90年代初即通过了《教育法》以规范高等教育等所有教育活动。这10年,俄罗斯经济持续恶化,工业产值下降36%,农业、建筑业和交通业产值分别下降20%、23%和16%,由此导致人才市场对理工科人才需求下降和工科类院校吸引力降低。与此同时,社会类和财经类专业受到热捧:人员就业在贸易领域增加了85%,在财经领域增加了103%,在国家管理领域增加了85%。

新的经济条件决定了俄罗斯高校必须走多元发展之路。从90年代中期开始,居民加大了对教育的投入,包括学习第二高等教育专业。1992年《教育法》赋予高校从事经济活动的权利,公立高校可以获得财政拨款之外的收入,包括提供有偿教育。公立高校可以在国家规定的公费生名额之外增加自费生名额,但这些名额往往投放在热门专业上,如经济、管理、信息技术和法律等。1996年俄政府曾采取了一些措施限制和调整公立高校的自费生名额,但随后又取消了。1992年《教育法》同意开设民办高等教育机构,为高等教育增加了一个新的领域。

这段时间奠定了高等教育大众化的基础,但国家和社会疏于质量监控,导致一些高校办学质量下降,出现文凭贬值等一系列消极现象。

(二) 第二阶段(2000—2012年)

从21世纪初开始,高等教育成为国家政策的优先关注对象。得益于经济复苏,俄政府出台了新的规范以提高高校的积极性,改变了高等教育体系(包括教育计划的结构),调整了高校从事教育、研究和创新活动的内容与方法。

新的规范首先表现在通过高中毕业全国统一考试加强对教育质量的监控,这对高等教育的影响也相当深远。因为全国统考是所有中学毕业生必须参加的标准化考试,既是毕业考试也是大学入学考试。这项改革始于2001年,当年只有5个联邦主体参加试验,共设8门统考科目;这一年有50所公立高校开始根据学生的统考成绩招生(当然,高校可以保留自主考试)。经过8年的试验后,2009年全俄范围内实施国家统考,共设14门科目。2017年国家规定,高中毕业生必须通过俄语和数学(基础水平或提高水平)考试才能获得高中毕业证,同时根据考生意愿选考其他1～2门科目。参加国家统一考试前,毕业班学生必须通过综合作文考试并完成所有学科的学习。全国统考从实施以来,每年都对考试内容、等级计分等进行调整。如2002年曾试验根据考分向公派生提供不同等级的奖学金,但最终未能推广。

为促进高等教育全球化,俄罗斯于2003年签署了加入博洛尼亚进程的协议,大力改变原有的专家制(5年制)人才培养体系,向学士和硕士制转轨,此举在国内遇到相当大的阻力(以至迄今仍有部分专业颁发"专家"文凭)。2009年开始,俄大力发展学士和硕士两个层级的高等教育。到2015年,12%的本科毕业生选择继续攻读硕士学位;2016年,国家公派生名额的40%投放到硕士阶段。

在结构改革上,这一阶段开始创建新型的大学分层体系以完成科学创新、社会经济发展提出的任务。2001年11月17日,俄联邦政府颁布《关于组建大学联合体的决定》,通过不同水平的高校合并或与非营利型组织重组建立大学联合体,提高教育的质量与效率。但这一计划未获得实质性进展而成为一纸空文。

2005年,普京总统在与联邦政府官员会面时提出,要创建一种新型的作为地区发展和创新活动中心的大学,以吸引优秀的年轻人才。为回应此要求,俄罗斯从2006年开始建设联邦大学。第一批列入建设计划的是西伯利亚联邦大学和南联邦大学,这两所学校分别合并了4所大学,制订了10年发展规划,并从联邦预算获得50亿卢布的定向拨款。这是俄罗斯首次实施给大学定向拨款。2009年,该计划进一步扩大,用相同的方式新组建了5所联邦大学:北方(北极)联邦大学、喀山(沿伏尔加)联邦大学、乌拉尔联邦大学、远东联邦大学和东北联邦大学。2010年在一所大学的基础上建立了波罗的海联邦大学(位于加里宁格勒市);2012年建立了北高加索联邦大学;2014年,通过合并8个学院、5所高职院、11个大学分校和7个科研机构组建了克里米亚联邦大学。至此,全俄共建成10所联邦大学。尽管这些联邦大学获得了较快的发展,但与原定目标仍有差距,未能成为所在联邦区的发展引擎并向1～2个行政主体施加影响,甚至未能成长为与首都知名高校并驾齐驱的重点大学。而且,这些联邦大学之间发展极不平衡,它们地位平等但内涵相距甚远。

其后,俄罗斯致力于实施"国家研究型大学"计划。2008年10月7日,时任总统梅德韦杰夫发布命令,批准了莫斯科物理技术学院和莫斯科钢铁与合金大学建立研究型大学的方案。第二年俄联邦政府进行了两轮研究型大学遴选,一共有29所高校被列入此行列。

联邦大学和国家研究型大学具有特殊的地位,有权自行制定教育标准。

2009年,俄政府颁布了《莫斯科公立大学和圣彼得堡公立大学法》,赋予两所大学特殊地位,其发展规划由联邦政府直接批准并可以获得专门拨款。

综上所述,国家高度关注高校的结构与制度改革。另外,对教学内容、教学方法的关注不足。值得关注的是,联邦教育标准此时得到了修订,高校获得了此前不可想象的选择教学内容和方法的自由。但这项自由只被一些具有国际竞争力的高校所运用。2006年,在世界银行的支持下,俄高校教育方案创新大赛促进了教育方案的现代化。2006—2008年国家对实施创新的教育方案给予了支持,国家财政为此投入了约400亿卢布。

(三) 第三阶段(2012年至今)

从2012年开始政府加强了对高等教育的管理,大力调整结构和包括财政投入在内的运行规则。改革最先从加强质量监控着手,其结果是导致大规模的院校合并和重组。质量监控是全方面的,可以对高校的教育、科研、财经活动、基础设施等进行全方位的客观评估。当然,评估更重视检阅办学成果(吸纳的投资数、科研经费、高水平学生数、留学生人数),对资源与结果之间的关系重视不够。但这是苏联解体后首次对高校办学活动进行的透明评审,促使高校之间进行全方面比较。高校评估使政府能够将非高效的高等教育机构标志出来,限期整改甚至关停并转。2014年,所有民办高校也纳入评估范围,先是自愿参加,后来就成为必须接受。

评估由跨联邦部委成员组成的公立高校评估委员会组织,评估结果向联邦教科部反馈。2015年教育评估的结果成为高校优化和关停的最重要依据。高校评估分为若干阶段,包括与高校主管单位、高校所在地政府、社会机构、地方高校校长联盟的代表讨论相关办学案例等。被评为低效大学的高校必须进行重组、合并入另外的大学。此举遇到来自这些高校的学生和教师的极大阻力。但根据研究,高校合并政策促使大学办学效率得到了明显提升。

高校体系调整不仅针对低效大学,也着力建立两类高水平大学:一是面向全球化教育和研究市场的全俄国家重点大学,由此启动了"5-100"计划,即面向2020年建立5所世界前100强高校;二是主要面向地区发展的地方大学,启动了支点大学建设计划,这是为了弥补地方高校与首都高校之间在人力资源和财政投入方面的差距而设立的"支点大学计划"。该计划于2016年开始实施,其目标是在非首都地区创建具有竞争力的现代化大学,使这些大学成为办学所在地的教育、研究和创新中心,同时促进大学在科学和教育活动上取得非凡成绩。支点大学应该成为所在地区未来经济发展的引擎,根据所在地的社会和经济情况,促进知识、工业和技术的发展。经过两轮选拔,全俄目前共有33个支点大学。这些大学具有一些特点:如莫斯科市和圣彼得堡市的大学不得参加竞争;在第一轮竞争中,参加选拔的高校应该是经过合并重组的大型高校(第二轮竞争取消了此规定)。支点大学准入门槛不是很高(见表7-8),经过几年建设可取得一定的成就。

表 7-8　支点大学建设指标①

序号	指标	2020 年前准入指标	预计增长（大学平均）
1	全日制本科、硕士和副博士研究生数	超过 10 000 人	增长 1.3 倍
2	硕士、副博士研究生占全体在校生比例	大于 20%	增长 1.8 倍
3	培养专业数	超过 20 个大专业	增长 1.1 倍
4	科研、成果转化经费数	教师人均超 15 万卢布	增长 1.9 倍
5	被 WoS 索引科研论文数	每 100 名教师超过 15 篇	增长 4.2 倍
6	被 Scopus 索引论文数	每 100 名教师超过 20 篇	增长 3.5 倍
7	全年财政总收入	超过 20 亿卢布	增长 1.3 倍
8	教师拥有副博士、博士学位人数	每 100 名学生超过 8 人	

经过 5 年的建设，"支点大学计划"总体上取得成功，主要表现在科研领域、促进地区创新基础设施建设、与地方协同促进社会—经济合作方面，同时，参与建设的部分支点大学在世界和俄罗斯大学排行榜上也有明显的提升。

2016 年 10 月，俄政府通过了《高校——创新的中心》的优先方案，拟对重点大学和地区创新发展中心加强支持，使俄罗斯重点大学稳步进入世界科研排行榜，在俄罗斯每个行政主体建立以高校为主体的创新中心，但这个方案未能得到认真落实。

2018 年 5 月 7 日，普京总统发布了新一任期的总统令《2024 年前俄罗斯联邦发展的国家目标和战略任务》。联邦政府制定了一系列的国家方案落实总统令，其中《国家教育方案》《国家科学方案》和《俄罗斯联邦数字化经济方案》与高等教育有关联，这些方案的子项目"提高俄罗斯高校的国际竞争力""教育出口""数字经济与终身教育的骨干"等主要是为了促进高等教育的发展，其着力点是培养科研骨干和创建"科教中心"。国家方案的重要特点是将宏观的发展目标分解，落实到具体的负责单位和责任人。但三个方案对高等教育的支持力度和相应要求都不够。

2020 年 7 月，经过重组的俄联邦科学与高等教育部提出了《战略学术领导力方案》；嗣后，根据普京总统要求，联邦科学与高等教育部对其牵头实施的《国家科学方案》进行修订，将形成《国家科学和高校方案》。

---

① Берестов А. В.，Гусева А. И.，Калашник В. М.，Каминский В. И.，Киреев С. В.，Садчиков С. М. Опорные университеты – потенциал развития регионов и отраслей // Высшее образование в России. 2020. Т. 29. № 8/9. С. 9–25.

二、实施"5-100"计划,建设高水平科技教育中心

(一)"5-100"计划喜忧参半

2012年5月7日,普京第三次就任俄罗斯联邦总统后发布了第599号总统令,其中一个目标就是到2020年前建成5所世界前100强高校。俄联邦政府据此制定了相应专项,简称"5-100"计划(全称为"提高俄罗斯重点大学在世界一流科教中心竞争力"计划)。

重点大学获得财政定向拨款后可以吸引优秀的年轻学者加盟,促进学术交流,深化国际合作,加强基础科研和应用开发。"5-100"计划某种程度上是一种"追赶"性质的,借鉴了有关先行国家的经验和教训,参与计划的高校在世界大学排行榜尤其是学科排行榜上展示了自己的进步。

在"5-100"计划框架下,大学得到国家财政资助,发展自身综合实力。与此同时,资源也被集中利用在跨学科发展领域。只有这样,大学才有机会跻身世界领先行列,这些优先发展方向也被称为战略学术单位。该战略的实施有助于提升"5-100"计划参与大学的国际学科排名。

"5-100"计划的结果测评采用综合评估模式,即世界大学学术排名(ARWU)、QS世界大学排名和泰晤士高等教育世界大学排名(THE)的学科排名结果占总分的三分之一。另有三分之一取决于大学在教育、科学、国际活动中的绩效指标和资金稳定性。最后的三分之一是专家对大学发展成果和发展潜力的综合评估,由"提高俄罗斯重点大学在世界一流科教中心竞争力"计划评审委员会(简称"国际委员会")成员,根据委员会和每所项目参与高校管理层的面谈结果进行鉴定。因此,评估结果兼具定量和定性的特点。国际委员会在项目开始之初便已经成立。在项目实施阶段,无论是对递交申请的大学进行选拔评估,还是年度评审,或是向每所项目大学提供专家建议,国际委员会都起到了至关重要的作用。委员会成员包括科学和高教领域的国内外顶级专家,以及俄联邦委员会副主席和俄联邦科学与高等教育部部长等权力机关代表。

根据两轮竞赛结果,"5-100"计划目前包含了俄罗斯14个地区的21所高校,其中2013年选拔出了15所高校,2015年选拔出了其余6所大学。大部分入选高校早在前几年,就获得了国家项目的发展补助金。其中,12所高校拥有国家研究型大学的地位,5所大学为联邦大学。莫斯科公立罗蒙诺索夫大学和圣彼得堡公立大学并未参加此次比赛,因为他们在其他国家项目的框架中,已优先得到了财政支持。应该指出的是,大学是否做好了变革准备是其参与项目竞选时的主要评判标准之一。一些具有较高科学潜力和国际声誉的大学没有被选入"5-100"计划,正是由于它们缺乏提升竞争力的野心。

为了有效实施"5-100"计划项目,俄罗斯政府从2013年至2019年总计拨款865亿卢

布,合计近17亿美元。在俄罗斯高等教育体系中,"5-100"计划是近年来获得财政拨款最多的项目之一。但与其他国家类似项目进行对比可以发现,俄罗斯政府用于支持国际一流大学建设的经费要低于平均水平。

表7-9 "5-100"计划经费投入表[①]　　　　　　　　　　　　　　单位:亿

金额	2013	2014	2015	2016	2017	2018	2019	2020	总计
卢布	90	105	105	111	106	103	100	145	865
美元	2.821	2.72	1.719	1.667	1.821	1.763	1.725	2.491	16.727

虽然资源有限,21所参与项目高校中有14所高校获得的政府预算数额要少于其总收入的10%,但"5-100"计划高校在相对较短的时间内取得了显著成绩。2016年,包括莫斯科高等经济学院、圣彼得堡公立信息技术机械与光学大学、莫斯科工程物理学院、莫斯科物理技术学院、新西伯利亚公立大学等在内的5所"5-100"计划参与大学跻身泰晤士高等教育世界大学排名(THE)和QS世界大学排名学科排名百强。2019年6月,已有6所高校(上文所述5所,加上莫斯科公立钢铁合金学院)在QS世界大学排名、泰晤士高等教育世界大学排名(THE)、世界大学学术排名(ARWU)的学科排名百强中占据了十五个席位,其中包括物理天文学、冶金工程、矿物和采矿工程、数学、计算机科学、经济学和计量经济学、社会学、政治和国际关系学等领域。俄罗斯"5-100"计划高校首次在精密科学、物理和工程学科等社会经济学科领域进入世界排名百强,近一步扩大了国家进入世界百强的学科领域范围。

"5-100"计划的参与高校为提高俄罗斯科学的国际声誉做出了巨大贡献。具体表现为:近50%的俄罗斯出版物(包括俄罗斯科学院研究所的出版物)达到了高引用率(2013年,这一数据为24%),占Scopus分析数据库SNIP科学期刊前10%。与此同时,"5-100"计划高校使自然科学类期刊、工程科学类期刊、社会和人文科学类期刊的出版数量分别增长了2.6倍、3.4倍和7.2倍。在Scopus数据库中,"5-100"计划大学的年度出版物总数增加了3.5倍。

俄罗斯高等教育能取得这样的成果,得益于高校积极谋求国际合作。与此同时,每所"5-100"计划高校都形成了由国外顶尖学者领导或参与的科研团体。例如,莫斯科高等经济学院创建了39个涵盖所有科学方向的国际实验室,莫斯科公立钢铁合金学院创建了30个国际实验室。莫斯科工程物理学院主持了38项国际合作研究,其中包括综合大科学级别的项目。新西伯利亚公立大学则主持了19项合作。另外,通过与俄罗斯科学院研究所建立联合研究中心,俄罗斯高校强化了自身的科研潜能。

---

① 资料来源:https://ru.wikipedia.org/wiki/Проект_5-100.此数据采用了各类统计的平均值。另,2013年以来卢布迅速贬值,与美元的汇率极不稳定(笔者注)。

为吸引具有国际声望的顶尖研究人员,让海外同胞学者回归并报效祖国,支持所有"5-100"计划高校青年学者的发展,国家制定了相关政策。结果,"5-100"计划高校中拥有海外博士学位的学者占俄罗斯高校工作人员总数的70%,外国教师及研究人员的数量增长了4倍,占在俄罗斯高校工作的外国科教工作者数量的55%。

虽然俄罗斯经济形势呈现下降趋势,科研生产市场较之前有所缩小,但"5-100"计划高校却通过与国内外公司形成长期战略伙伴关系,共同促进创新基础设施发展的方式,成功将预算之外的研发收入提高了2.3倍。最值得一提的是,圣彼得堡公立信息技术机械与光学大学联合了包括科学中心和大型公司在内的20多家龙头企业,组建了国家认知发展联盟。圣彼得堡理工大学正在开发计算机工程中心,项目囊括了包括空中客车公司、波音公司、通用电气公司、LG电子、华为、斯伦贝谢等在内的10多家国际领先企业。

另外,得益于教育课程较高的全球竞争力("5-100"计划高校开设了300多个新的英语课程),以及在国际市场上的积极推广,在"5-100"计划高校就读的外国学生人数增长了近2倍。也就是说,平均一个"5-100"计划高校就有1 700名外国学生,比其他俄罗斯大学平均高出5.7倍。有3所"5-100"计划高校的外国学生比例超过了25%。与此同时,"5-100"计划高校也是俄罗斯积极开拓全球在线教育市场,且能够巩固其地位的开拓者之一。有8所俄罗斯大学在Coursera国际平台上开设了在线课程,其中6所是"5-100"计划的参与高校,超过250万人次选择了该6所高校的课程,帮助它们提高国际声誉,并吸引外国学生。

此外,政府非常重视天才中小学生的培养,发展他们成为未来的优秀大学生。"5-100"计划高校在自己的框架下构建附中和附小,并与天才儿童中心建立了密切合作,扩大了自身对奥林匹克竞赛活动的参与度。目前,尽管"5-100"计划高校的数量占俄罗斯高校总数的不到3%,但是在奥林匹克竞赛中获胜的近半数俄罗斯中小学生都选择报考这些高校。

"5-100"计划主要的实施成果在于,该项目为俄罗斯高校进军国际教育科学市场创造了更多机会,并对项目参与大学学术环境的变革产生了深远影响。

在部分"5-100"计划高校中,工作人员更新比重已经超过三分之一。高校对学院氛围的管理制度进行了彻底的变革,引入了学术、管理人员的国际招募体系,引入了旨在提高科学生产力,保证教学质量的激励体制。除此之外,"5-100"计划高校的优势学科已经保证了自身在相关领域的科研水准。在此基础上,这些优势学科正逐渐转向跨学科研究,极具前景。"5-100"计划高校将英语作为第二工作语言,不仅对个别部门,而且对大学整体的学术自治起到了关键作用。

表 7-10 "5-100"计划高校、国家研究型大学、联邦大学办学指标①

办学指标	"5-100"计划高校		国家研究型大学		联邦大学	
	2012年（2015年）	2018年	2012年（2015年）	2018年	2012年（2015年）	2018年
高校受欢迎程度持续提高						
获得国家奖学金的全日制本科生（学士和专家）参加全俄统考平均分	71.9*	79.2***	68.4*	77.3***	64.8*	70.9***
外校本科或硕士毕业生考入本校继续学习的人数占在校生总数的比例	39.8%**	48.5%***	34.4%**	41.2%***	32.4%**	54.1%***
科学研究与转化的人才储备						
硕士、博士研究生占学生总数比例	21.4%**	25.0%***	21.2%**	25.0%***	17.0%**	21.6%***
国际化						
外国留学本科、硕士生占在校学生总数的比例	7.1%*	14.1%***	5.3%*	10.5%***	1.7%*	8.8%***
外籍教师占教师总数的比例	1.2%*	6.1%***	0.9%*	4.4%***	1.1%*	2.7%***
科研成果						
每100名教师发表论文被索引情况 Scopus	23.8*	139.7***	21*	119.5***	9.8*	50.9***
每100名教师发表论文被索引情况 Web of Science	23.8*	111.3***	21*	88.1***	9.8*	39.2***
近5年来每100名教师发表科研论文被索引情况 Scopus	146.1*	1 763.7***	117.6*	1 777.5***	46.4*	299.4***
近5年来每100名教师发表科研论文被索引情况 Web of Science	146.1*	1 459.3***	117.6*	1 250.7***	46.4*	226.0***
财务收入						
每名教师平均科研经费数/万卢布	305.04*	556.47***	320.97*	532.35***	287.26*	367.66***
每名教师科学研究和试验设计工作（不包含国家预算拨款、国家科研基金）平均经费/万卢布	61.26*	124.87***	76.78*	138.25***	22.94*	36.01***

注：* 2012年检查数据；** 2015年检查数据；*** 2018年检查数据

客观而言，乌克兰危机以来，俄罗斯经济形势持续恶化。国家对教育的投入不足，严重制约了教育事业的发展。总投入不足17亿美元的"5-100"计划未能实现冲刺世界百强的目

---

① Берестов А. В., Гусева А. В., Қалашник В. М., Каминский В. И., Куреев С. В., Садчиков С. М. Вклад в Проект 5-100 национальных исследовательских и федеральных университетов // Высшее образование в России. 2020. Т. 29. № 10. С. 35.

标,21所高校没有一所能够进入世界大学学术排名(ARWU)、泰晤士高等教育世界大学排名(THE)和QS世界大学排名世界百强。俄罗斯乃至前苏联地区所有高校中只有莫斯科公立大学能够占得一席之地(综合排名第80名左右)。

(二) 建设以高校为主体的科学、技术、教育融合体

1. 世界水平科学—教育中心

普京于2018年5月7日第四次就任俄联邦总统后发布了新的"五月命令",对科学方面的总体要求是:2024年前俄罗斯科研水平应跻身世界前五。在联邦政府制定的《国家科学方案》中提出了建设15个世界一流科学—教育中心的任务。这类科教中心是必须得到所在的联邦主体支持并由联邦主体出面申报的,科教中心要求联合公立高校、科研机构和经济实体单位三方面共同建设,不具备法人地位。

2019年有5家单位通过评审:

(1) 别尔格罗德州科学—教育中心——其主要研发领域为:生物技术;畜牧业的育种和基因研究、细胞技术和基因工程;作物生产的育种和基因研究、细胞技术和基因工程;保健技术;食品和兽药生产。国家研究型大学别尔格罗德公立大学、别尔格罗德公立农业大学、别尔格罗德公立技术大学、国家研究型技术大学钢铁合金学院(坐落在莫斯科市)、门捷列夫化学技术大学(坐落在莫斯科)、莫斯科公立斯坦金技术大学、莫斯科技术与管理大学等7所高校和21个科研机构、11家公司企业共同建设。

(2) 克麦罗沃州科学—教育中心——其主要研发领域为洁净煤、绿色克麦罗沃州、工业区里人的健康。克麦罗沃公立大学、西伯利亚公立工业大学、库兹巴斯公立技术大学、库兹巴斯公立农学院、克麦罗沃公立医科大学、克麦罗沃公立文化学院等6所高校和2家科研机构(俄罗斯科学院西伯利亚分部联邦研究中心"煤与煤炭化工"、公立心血管问题研究所)和8家公司企业共建。

(3) 下诺夫哥罗德州科学—教育中心"技术平台2035"——其主要研发方向为创新生产、元件与材料、智能交通系统、高科技个性化医疗和医疗仪器、先进数字技术、生态和消除环境危害等。国家研究型下诺夫哥罗德公立大学、下诺夫哥罗德公立技术大学、下诺夫哥罗德公立建设土木大学、俄罗斯联邦卫生部所属伏尔加河沿岸研究型医科大学、下诺夫哥罗德公立工程—经济大学、莫斯科通信与信息技术大学等6所高校和6家科研单位、16家公司企业共建。

(4) 彼尔姆边疆区科学—教育中心"合理使用地下资源"——其主要研发领域为碳氢化合物、固体矿物、新材料和新物质、动力机械制造、生产和服务的数字化和自动化、领土的生态和安全、化学技术。国家研究型彼尔姆工科大学、国家研究型公立大学等2家高校和俄罗斯院彼尔姆联邦研究中心、27家公司企业参与共建。

(5) 西西伯利亚州际联合科学—教育中心:由秋明州、汉特-曼西自治区、亚马尔-涅涅茨

自治区3个行政主体共同创建,其主要研发领域为:人、动物与植物生物安全;北极:"冰冷世界"的资源和周围环境质量、北极地区的人;石油天然气行业数字化。该中心由10所高校、14个科研机构和7家大型企业共同参与建设。

2020年12月3日,俄政府总理米舒斯京签署命令,公布了新一轮竞争后胜出的5个世界一流科学—教育中心:以萨马拉州、奔萨州、坦波夫州、乌里扬诺夫斯克州和摩尔达维亚共和国为依托打造"未来工程"科教中心;以斯维尔德洛夫斯克州、库尔干州和车里雅宾斯克州为依托打造"先进生产工艺和材料"乌拉尔跨区域科教中心;以阿尔汉格尔斯克州、摩尔曼斯克州和涅涅茨自治区为依托打造"俄罗斯北极:新材料、工艺和研究方法"科教中心;以图拉州为依托打造"图拉技术"科教中心;以巴什基尔共和国为依托打造"欧亚世界一流"科教中心。新一批5个科教中心更加重视集成、跨学科、跨区域,吸引了更多的高校参与建设,以"未来工程"科教中心为例,5个联邦主体共同申报,以"新一代发动机和燃料系统、智能交通系统、航天技术和系统、新工科相关领域、技术工程的人工智能"为主要研发方向,吸纳了19所重点高校(国家研究型萨马拉大学、萨马拉公立医科大学、萨马拉公立技术大学、萨马拉公立公路交通大学、陶里亚蒂公立大学、萨马拉公立农业大学、公立伏尔加河沿岸邮电大学、坦波夫公立技术大家、奔萨公立技术大学、国家研究型摩尔达维亚公立大学、乌里扬诺夫斯克公立大学、圣彼得堡公立大学、圣彼得堡公立工业大学、乌里扬诺夫斯克公立技术大学、萨马拉公立文化学院、国家研究型喀山技术大学、南俄公立工业大学、圣彼得堡公立电子技术大学、莫斯科公立斯坦金技术大学)、6个科研单位和17家企业公司。

2020年,俄联邦政府向第一批5个科教中心拨付7亿卢布经费,2021年拟拨付12.8亿卢布。政府鼓励科教中心更多地筹集预算外资金形成良性发展,首批5个科教中心2019年和2020年分别吸引预算外资金53.56亿卢布和70亿卢布。2020年底,联邦科学和高等教育部对首批5个中心运行一年总结时指出,科教中心的建设还需建立严格的行政架构,让地方长官积极地参与中心建设,加大对中心建设的支持力度,同时中心的科研工作应更加聚焦地方经济优先发展方向,推动地方经济转型和就业。

2. 国家技术创新中心

国家技术创新中心项目启动于2017年,旨在打破技术壁垒,巩固俄罗斯企业在国际市场的竞争力,搭建高校、科研机构和企业界合作平台(见表7-11)。中心通过与大型技术企业、科技组织组成集团的形式开展教学和科研活动。根据俄联邦政府决定,项目执行和监管由俄罗斯风险公司(PBK)承担。项目启动以来,依托教育和科研机构已经成立了14个国家技术创新中心,开展攻关项目200余个。2017—2020年间,国家预算资金投入78亿卢布。2019年,各中心收入近40亿卢布,吸引预算外资金超19亿卢布。

2020年彼尔姆公立大学获批建设光子学中心,莫斯科鲍曼技术大学获批建设工艺现代化与特定性质材料研发中心,国家资助为期4年,每个中心获得资助总额约为6.5亿卢布。

表 7-11 2017—2020 年俄罗斯国家技术创新中心名单

序号	年份	参与建设高校和机构	中心名称
1	2017	莫斯科物理技术学院	人工智能国家技术创新中心
2		莫斯科大学	量子技术中心
3		俄罗斯科学院化学物理问题研究所	新型移动能源技术中心
4		圣彼得堡彼得大帝理工大学	新生产工艺中心
5		俄罗斯科学院生物有机化学研究所	生物特性控制技术中心
6		远东联邦大学	神经技术学、VR/AR 技术中心
7	2018	莫斯科大学	大数据存储与分析中心
8		伊诺波利斯大学	机器人技术和机电一体化中心
9		莫斯科电子技术学院	感应技术中心
10		圣彼得堡大学	分布式总账技术中心
11		莫斯科钢铁冶金学院	量子通信技术中心
12		莫斯科动力学院	电力传输和分布式智能电力系统技术中心
13		斯科尔科沃技术学院	无线通信和物联网技术中心
		圣彼得堡公立信息技术机械与光学大学	机器学习和认知研究中心
14	2020	彼尔姆公立大学	光子学中心
15		莫斯科鲍曼技术大学	工艺现代化与特定性质材料研发中心

3. 国家工程中心

俄罗斯联邦《国家科学方案》中的联邦项目"发展科研研发先进基础设施"规划建设国家级工程中心。该项目由联邦政府提供资金支持,为期三年,每个项目金额为 3 亿卢布。相关资金可用于购买设备、软件程序、房屋维修、员工技能培训、研发补充职业项目、专利服务和交通服务。规定除政府补贴外,项目还应当从实体经济机构吸引不少于项目总量 30% 的资金。入选高校和科研机构应当具有工程咨询服务的能力,能够构建高效的工程专业人才培养体系和将研发成果转化投入市场的能力。

2020 年底,俄联邦科学与高等教育部、农业部、卫生部和文化部所属的 11 所高校通过竞争选拔入选。工程中心的建设方向包括:道路建设,农业和林业综合体,食品和加工工业等领域机械制造、辅助工艺,机械制造用工业机器人技术和数字智能技术、微电子技术,医疗和制药工业,化学和生物技术,产品设计,新材料等。

入选高校及中心包括:莫斯科动力学院新一代功率动力工程中心;俄罗斯农业大学农业用地土壤改良工程技术和工艺中心;俄罗斯医科大学工程中心;圣彼得堡技术大学全俄第一分子分层技术工程中心;阿尔泰技术大学化学生物技术机械制造中心;克里米亚联邦大学遗

传和细胞生物技术中心；沃罗涅日林业技术大学工程中心；喀山文化学院工程中心；乌法石油技术大学工程中心；莫斯科汽车公路技术大学汽车公路工程中心；萨马拉大学工程中心。

三、"战略学术领导力"计划成为重点大学建设新蓝图

2019年1月1日开始，俄罗斯启动了13个国家方案，其中包括《国家教育方案》和《国家科学方案》。因行政管理部门的改革和人员调整（教育主管部门分拆为联邦教育部、联邦科学与高等教育部，2020年初总统重新任命了两个部的部长），上述两个方案需要进行整合。2020年7月，联邦科学和高等教育部推出了"科学和大学"国家方案，目前正等待国家立法部门审批。

"科学和大学"国家方案的实施时间从2021年1月1日开始至2030年12月31日，旨在保障高等教育和补充职业教育的入学率，提高科学和高教领域的吸引力，加大科研成果转化的力度，从而保障俄罗斯联邦进入世界科学研究和转化十强，建立高效的高等教育体系。该方案由四个联邦计划组成：(1) 集成：使科学、高等教育和企业集成力量；(2) 研究潜力：根据优先研究方向开展大规模的科学和科技项目；(3) 基础设施：为科学研究和培养优秀人才加强基础设施建设；(4) 骨干力量：为了地区、行业和科研转化领域的利益发展人力资本。其中第一个联邦计划"集成"包含：①战略学术领导力计划；②建设世界一流科学—教育中心；③高校、科研机构和企业共建科学—产业合作机构；④建设技术工程中心。

2020年12月30日，俄政府总理米舒斯京签署政府令，批准科学与高等教育部提交的《2021—2030战略学术领导力计划》（简称"优先-2030"计划），通过国家补贴的形式支持高等教育机构与科学机构联合培养俄罗斯科技、行业经济和社会领域优先发展方向所需人才，开展突破性科研和研发、新的艺术创作和社会人文项目，以及在经济和社会领域推广高科技。

上述政府令规定：

1. 在"优先-2030"计划框架内，通过竞争选拔确定受资助的高校和科研机构发展计划，入选单位的发展计划目标应包括：

(1) 以国家科技、行业经济和社会领域发展为宗旨，改革、制定、推行高等教育和补充职业教育领域的新教育计划；

(2) 组建高等教育机构网络，实施教育计划，在教育、科学及其他机构，包括实体经济机构和社会机构参与下，开展艺术创作和社会人文项目；

(3) 为教育机构开展教育、科学、艺术创作、社会人文活动创造物质技术条件；

(4) 通过落实管理及科教人员再培训，吸引知名学者和实践型专家到高校工作，提升高等教育系统和研究、研发领域人力资源素质；

(5) 实施包括联合科研和开展创作、社会人文项目在内的科教工作人员和学生国内学术流动项目；

（6）吸引外国留学生来俄学习，协助优秀留学生在俄就业。

2. 与其他教育机构和（或）科学机构签订互助协议、但不组建新法人机构而联合实施发展计划的教育机构，不论这些机构隶属于哪个部门，都可获得额外的发展支持。

上述政府令要求科学和高等教育部于 2021 年 3 月 1 日前拟定并根据规定程序向联邦政府提交有关政府令草案，主要内容有：组建支持"优先-2030"发展计划理事会，批准理事会条例及其成员名单，确定入围高校选拔工作程序，确定联邦预算拨款资助程序等；拟定和批准能够反映计划实施动态的计划成效考核专项指标清单。

上述政府令还建议各联邦主体考虑给予入围高校额外支持。

至此，俄罗斯重点大学建设进入新的十年计划。

高水平大学是培养骨干人才、科研创新和社会服务、文化传播的重要平台。俄罗斯从政府到大学对此重要性均有清醒的认识，不断推出新的建设方案。但囿于经济总体形势不振，俄罗斯对教育的投入严重不足，重点大学得到的建设资金与世界著名大学相差甚远，由此导致大学难以吸引精英人才，实验设备与基础设施老化；加之高校管理体制、运行机制均守成有余，创新不足，俄罗斯一流大学建设成效不彰。可以预见，如果不从根本上改变目前的投资和管理体系，改变教育发展理念，俄罗斯高水平大学建设在相当长的时间里将难以见到明显成效。

参考文献：

1. DOI：https://www.economy.gov.ru/material/directions/makroec/ekonomicheskie_obzory/min

2. DOI：https://openknowledge.worldbank.org/bitstream/handle/10986/34219/Russia-Recession-and-Growth-Under-the-Shadow-of-a-Pandemic.pdf?sequence=4&isAllowed=y

3. DOI：https://www.minobrnauki.gov.ru/ru/press-center/card/?id_4=2784

4. DOI：http://kremlin.ru/acts/bank/28121

5. Постановление Правительства Российской Федерации от 13 июля 2009 г. № 550 (http://static.government.ru/media/files/41d4849541e446a28b4d.pdf)

6. Указ Президента Российской Федерации от 07.05.2012 г. № 599（DOI：http://www.kremlin.ru/acts/bank/35263）

7. О продлении до 2020 года государственной поддержки ведущих университетов России в целях повышения их конкурентоспособности среди ведущих мировых научно-образовательных центров.（DOI：http://government.ru/docs/20415/）

8. Опорные Университеты России О проекте.（DOI：http://flagshipuniversity.ntf.ru/project）

9. Паспорт национального проекта "Наука и университеты" (проект)

10. DOI: https://mgimo.ru/about/news/inno/opublikovan—proekt—programmy—strategicheskogo—akademicheskogo—liderstva/

11. DOI: https://xn——m1acy.xn——p1ai/ru/news/obyavleni-pobediteli-konkursnogo-otbora-2020-goda1607069801

12. DOI: http://ноц.рф/

13. DOI: https://minobrnauki.gov.ru/press—center/news/?ELEMENT_ID=27170

14. Берестов А. В., Гусева А. В., Калашник В. М., Каминский В. И., Куреев С. В., Садчиков С. М. Вклад в Проект 5-100 национальных исследовательских и федеральных университетов // Высшее образование в России. 2020. Т. 29. № 10. С. 30-45.

15. Распоряжение Правительства Российской Федерации от 31.12.2020 г. № 3697-р (DOI: http://government.ru/docs/all/131905/)

16. Упарвление в высшей школе: опыт, тенденции, перспективы. Руководитель авторского коллектива В. М. Филиппов. -2-е изд. —М.: Логос, 2006. 488 с.

17. Балыхин Г. А. управление развитием образования (организационно—экономический аспект). —М.: Экономика, 2003, 428с.

18. "Мягкий путь" вхождения российских вузов в Болонский процесс. ОЛМА—ПРЕСС, 2005. 252 с.

19. Актуальные экономические проблемы российской высшей школы/ Под ред. Е. Н. Жильцова, С. Н. Голоуховаой, В. П. Панкратовой. М.: МГУ, ТЕИС, 2005. 175 с.

20. Байденко В. И. Компетентностный подход к проектированию государственных образовательных стандартов высшего профессионального образования. — М.: Исследовательский центр проблем качества подготовки специальситов, 2005. 114 с.

21. От знаний к благосостоянию: интеграция науки и высшего образования для развитя России (Серия "Актуальные вопросы развития образования"). — М.: "Алекс", 2006. 396 с.

第八章
俄罗斯民办教育 30 年

第一节　20 世纪 90 年代俄罗斯的民办教育

20 世纪 90 年代开始,俄罗斯教育由持续已久的国有一元化体系迅速向多元所有制结构(包括公立、民办、公司等)、多种职能、多重目的的教育体系转化。90 年代初,国家教育体系处于严重危机状态,第一批民办学校和民办高等学校作为公立学校对立方出现,学校的创办者力图使学校区别于"苏联式"的普通学校,以个别化的态度对待每一位学生,并且选择生活所需要的课程,提供良好的饮食,开设较多的外语课和体育课程。

民办学校从其存在之初就受国家调控,并像公立学校一样要分别通过许可证检查、鉴定和认证;民办学校与公立学校相比,它所不同的仅仅是民办学校的投资基本不是来源于国家财政,而是依靠民间投入。

按照法律规定,民办学校的创办者可以是国家政权机构、地方管理机构、在俄罗斯境内注册的各种所有制形式的国内和国外组织,国内、国外社会和个人基金会,社会和地区组织,俄罗斯公民和外国公民。同时,允许上述机构或个人共同创办民办学校。如果创办者中没有国家机构人员,那该组织就定性为民办的。由此,俄罗斯的民办教育与民办教育是同一个概念,包含所有不是政府创办的教育机构。

从授予民办学校许可证开始,民办学校就有权开展教学活动,国家教育管理机构和地方管理机构根据检查委员会的结论发放许可证。宗教学校的许可证按照宗教领导机构的文件规定颁发。检查委员会检查的对象和内容是,民办学校开展教育教学的条件是否符合国家和地方的卫生和健康标准要求、防火安全要求、教学场所的设备要求、教学过程的配备要求、教学工作人员的教育资格要求以及人员的补充等要求。在许可证中注明了检查标准、最多学生人数以及该许可证的有效期(有效期不得超过 5 年,通常与民办学校校舍的租赁期限一致)。教学过程的内容、组织和方法并非检查对象。

检查委员会通常由教育局的代表和 1~2 名公立学校的校长组成。检查的费用由民办学校支付。如果根据检查结果得出否定性结论,主管部门可以根据结论拒绝向民办学校发放许可证,但学校的创办人可以提出申诉。

民办学校具有被国家认可的地位,并有权向毕业生颁发同等教育层次的国家证书,证书上的印章带有俄罗斯联邦国家徽章,颁发国家证书的权力从通过国家鉴定时产生,相应的证书证明民办学校已通过国家鉴定。鉴定证书证明民办学校实行的教育计划的层次、毕业生培养的内容和符合国家教育标准的质量要求。

国家鉴定是在对民办学校进行评定的基础上进行的,对学校的鉴定是根据学校的创办人或者校长向教育管理部门提出申请后开展的,对民办学校的评定每五年进行一次,而且吸收重点学校和社会团体参与对民办学校的评定。评定的费用由民办学校支付。确定民办学校毕业生的培养内容、水平和质量是否符合国家教育标准的要求,是评定的内容和目的。在中小学中,评定工作在毕业班开展——小学的4年级、初中的9年级、高中的11年级。评定通常以对该年级学习的所有课程进行测试的形式进行,如果50%以上的被测试毕业生的所有课程都获得肯定性评价,可以被认为是通过了评定。对于新建立的民办学校第一次评定是在第一批毕业生毕业后,但应是在学校第一次获得许可证的三年后。

民办教育可以增加教育服务对象,给教师以自由,也可以进行教学上的实验。俄罗斯的民办教育是在社会政治制度发生变化、进入市场经济之路之后兴起的。1992年通过的《俄罗斯联邦教育法》使民办教育合法化(见图8-1)。

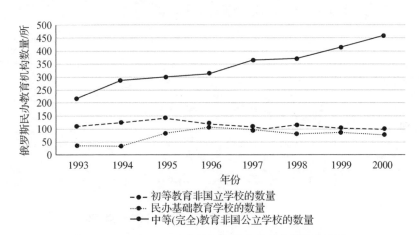

图8-1　1993—2000年俄罗斯民办教育机构数量变化

民办学校主要完成下列任务:

——系统落实学生和家庭选择优质教育的权利,并通过组织多样的教育形式和教育内容完成社会对教育的预定任务;

——将大量的预算外商业性资金吸收到教育这一社会领域,这些资本投入的目标是形成更多的人力资源;

——保证形成稳定的、质量有保证的教育基地;

——将新的组织形式和个别化对待青年的方式引入教育实践;

——制定国际化现代教育的社会和经济效益标准以及教育质量标准。

民办教育从产生时刻起就不属于危机状态下所出现的暂时的教育形式。相反,民办教育最初是作为超前的、统一的国家教育体系中的特殊成分出现的。20世纪90年代俄罗斯民主化浪潮涌动,民办教育的发展受到极大推动。1992年俄罗斯只有不超过30所民办学校在运作,到1993年底就有了250所,以后每年都增加80~100所,1998年共计有750所。

按照1992年《教育法》(第5条第4款),国家具有对非国有教育组织进行投资的责任,国家对通过国家认证、执行国家普通教育计划、提供有偿教育的民办学校的学生提供补偿,费用数额由相同类型的国家和市政学校的国家统一教育费用标准确定。在一些地区,国家的补足部分包括所有各项开支,但在莫斯科和圣彼得堡只包括教师工资。

随着各种类型的教育机构的出现,学生出现了社会分化,只有富裕家庭的孩子才能负担得起在民办教育机构学习的费用。

1992年《教育法》规定了在国家教育标准框架内提供收费教育的权利,公立大学和州立大学均享有这项权利。这样,公立大学中的公费生比例迅速下降,1995年公立大学的公费学生有91%,而2002年只有56%,其余的学生都是付费学习的。民办大学必须按照国家高等职业教育的标准开展教育活动。民办大学是按照俄罗斯民事立法为非营利组织规定的组织形式和法律形式创建的教育机构,并由个人、商业或公共组织进行管理。1992年《教育法》生效以来,民办大学的数量开始迅速增长(见图8-2)。

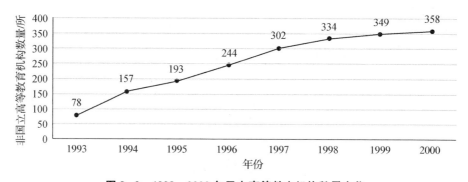

图8-2　1993—2000年民办高等教育机构数量变化

1992年《教育法》将民办大学归类为教育系统中的次要角色,将公立大学的利益放在首位,规定了公立大学的特权,而民办大学则不能享有。立法并未明确界定民办大学的地位、权利和义务[①]。

---

① Растопшина Ирина Александровна. Развитие негосударственного высшего образования в России в конце XX — начале XXI вв. . Московский гуманитарный университет, Кафедра истории. ДИССЕРТАЦИЯ на соискание ученой степени кандидата исторических наук. Москва 2006.

(一) 民办教育面临的法律上的矛盾

1. 法律确定教育机构只有在获得国家许可证后才有权进行教育活动。颁发许可证的目的是确保教育机构根据要求组织教育活动。①

许可证是国家性质的,旨在确保俄罗斯公民接受教育的权利,并为各种教育机构的运作和发展提供法律保障。不论高等教育机构的组织和法律形式如何,向其发许可证的权利只有联邦教育管理机构——俄罗斯教育科学部。俄教科部试图更改许可标准,定义教育组织权利和义务。教育组织(主要是非政府组织)有义务向大学所在地的区域校长委员会提出许可申请。校长理事会的否定意见是拒绝向教育组织颁发执照的明证②。这种许可程序为确保国家组织的垄断地位创造了条件,不适当地限制了教育领域的竞争。

2. 高等学校从获得国家认可之日起,就有权签发国家认可的高等教育和研究生专业教育文件③。国家认证的目的是确立教育机构的法律地位,监督教育过程的有效性,保护公民在国家教育标准规定期限内接受教育的权利。具有国家许可的高等教育机构至少每五年进行一次认证。获得教育机构认证的条件是,连续三年至少有一半的毕业生获得最终认证的积极结果。新建教育机构的初次认证可以在学生第一次毕业后进行,但必须在获得许可证的三年后,只要其毕业生中至少有一半对最终认证持肯定态度即可。

3. 根据俄罗斯《高等教育和研究生教育法》第8条第3款④,大学的分支机构是独立许可的,并且是高等教育机构的一部分。如果民办教育机构被认可为另一所教育机构的一部分,则它不能被认可为独立教育机构。法律的这一条款在很大程度上阐明了与公立大学合作建立民办大学的必要性。但是,与公立大学建立伙伴关系对民办大学不利,因为大学颁发的文凭是公立大学的文凭。

4. 民办大学接受国家认证所需的专职教师的最低比例取决于大学的存续时间。对于存在不超过1年的大学,专职教师的比例应至少为15%;对于已有1~3年历史的大学这一比例至少为20%;3~5年的大学至少为30%;对于有5~9年历史的大学这一比例至少为40%;对于已经存在9年以上的大学,这一比例至少为50%⑤。但世界经验表明,在发达国家,目前正在提出教师更专业化和放弃聘用常任职员的做法⑥。世界银行报告说:"大学必须

---

① Постановление Правительства РФ от 18.10.2000 No 796 "Об утверждении Положения о лицензировании образовательной деятельности"//Вестник образования. 2001. С. 3-16.

② Голубкова Н. С. Особенности реализации конституционного права на образование в негосударственном образовательном учреждении в России. М., 2002.

③ Закон РФ от 10.07.1992 No 3266—1《Об образовании》, ст. 27.

④ Федеральный закон от 22.08.1996 No 125—ФЗ《О высшем и послевузовском профессиональном образовании》,—《Российская газета》от 29.08.1996 No164, с. 8, п. 3.

⑤ Негосударственный сектор высшего образования в России: Современные проблемы и отношения с государством. СПб., 2004. 14-15. http://ecsocman.edu.ru/db/msg/203240.html

⑥ Плаксий СИ. Качество высшего образования. М., 2003. С. 502

能够对劳动力市场不断变化的信号做出快速反应,并迅速适应技术变革。这可能需要一个更灵活的系统来招聘和安置教师并评估他们的工作质量。"①

(二)民办教育市场异常活跃引起了人们对所提供服务质量的怀疑

在公众意识中,民办大学的负面形象开始形成。主要原因如下:

· 这些大学的名字——"民办大学"。从外行人的角度来看,名称本身表明这些大学与国家无关。

· 这些大学从成立之初就已成为收费教育的象征。20世纪90年代初的俄罗斯人尚未做好从家庭预算中支付民办大学学费的心理准备。当然,许多公立大学实行收费教育的事实被掩盖了。

· 所有人都可以补充录取,这是俄罗斯特有的一种现象。这里的教育质量极低,学生来自富裕家庭,他们不能通过竞争进入公立大学。②

也有学者为民办教育正名,伊林斯基在他的《教育革命》中表明,民办教育机构的行为符合国家和整个社会的利益,因为通过吸引各种来源的预算外资金扩大了受教育人口数,部分减轻了国家财政的负担;使教育服务更靠近学生的居住地;使实施新的教育理念和教学方法成为可能;允许开发新的经济渠道;为高等教育、科学和文化领域的员工带来额外的收入,同时保持社会精神领域的人才潜力。③

这段时间,大约10%的俄罗斯学生在民办教育机构学习;民办大学的学生人数从50人到3 000人不等;典型的普通民办大学中大约有600名学生,其中一半是全日制学生。一所民办大学的教师平均人数约为100人,其中25名是专职的。平均而言,民办大学中65%以上的教师具有副博士学位和相应职称。多数民办大学还雇用10~25名科学博士、教授(见图8-3)。

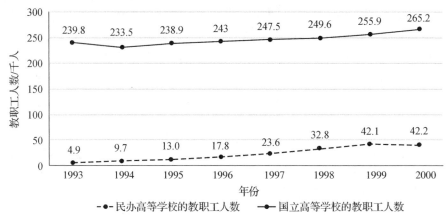

图8-3 1993—2000年公立及民办高等学校的教职工人数

---

① Формирование общества, основанного на знаниях. Новые задачи высшей школы: Доклад Всемирного банка. М., 2003. С. 41.
② Ильинский И. М. Образовательная революция. М., 2002. С. 414.
③ Ильинский И. М. Образовательная революция. М., 2002. С. 428.

尽管俄罗斯在1992年走上了市场经济的道路,教育系统也成为市场经济的一部分,但国家与民办教育之间没有公平的竞争。这是由于以下因素[①]:

- 公立大学处于更有利的条件下,不但接受政府的资助,同时还能提供有偿的教育服务,而民办大学的资金仅通过提供有偿的教育服务来提供。
- 公立大学从政府获得免费的教育和物质资源,而民办大学多靠租赁或购买校舍和设备。
- 对民办教育机构进行许可和认证过程中,民办大学遇到潜在的歧视。
- 俄罗斯的民办大学是相对较新的新生事物,处于形成阶段,机会非常有限。

第二节 2000—2012年俄罗斯的民办教育

21世纪初,一方面,民办教育得到了承认,但另一方面,俄罗斯需要什么样的教育改革,民办教育应该在其中占据什么样的位置,还没有得到明确的界定。当时出现了以营利为主要目标,而非以教育质量为主要目标的大学,在公众意识中造成了民办教育的负面形象。2004年7月22日通过了修订版的《教育法》,情况发生了根本性变化。根据该法,国家对民办教育的政策支持和保障措施完全被取消了,对民办教育的保障性条款没有被列入相关法令。按照国家标准,向在经过认证的民办学校学习的个人补偿部分学费的条款也被取消了。

根据所有联邦法律都要符合《俄罗斯联邦营利税利法》的规定,民办教育所有的税收优惠都被剥夺了,其结果是明显降低了民办教育的工作成效。民办学校和民办高校需要承担支付一系列税收的责任,包括财产税、土地税、广告税等等。实际上,修订的《教育法》将那些按照国家认证的计划开展工作的民办中小学和大学等同于包括银行和赌场在内的商业组织。

现代俄罗斯特有的人口变化过程对各层次教育发展造成了严重影响,20世纪90年代人口下降对普通教育的影响最大:与1995年相比,2004年适龄中小学学生人数减少了13.2%,到2010年则减少了36.4%。但2006年接受高等教育的学生人数处于增长状态,2010年与2006年相比学生人数下降了16%。到2006年,民办高校的比重已占高校总量的36.9%,在其中学习的大学生的比重占13%。民办高校分校的增长尤其迅速,2012年时已有326所(公立高校的分校有1 371所)。

民办学校的新生入学数明显减少。1995年,好的民办学校可以招收2～3个班的1年级新生,十年后招收一个10～12名学生的班级都有问题,出现这种情况是因为有经济支付能

---

① Растопшина Ирина Александровна. Развитие негосударственного высшего образования в России в конце XX — начале XXI вв.. Московский гуманитарный университет, Кафедра истории. ДИССЕРТАЦИЯ на соискание ученой степени кандидата исторических наук. Москва 2006, с. 132.

力的居民已转向那些有声望的公立学校,因为公立学校的教学质量和教学条件在这段时间都有所改善。

民办教育机构已成为俄罗斯教育体系中一个引人注目的现象,其潜力大大增加。它们的产生是由客观的社会经济条件造成的,而这些条件与特定人口群体对建立新型教育机构的需求有关。

1992—1998年,民办大学的创建数量最多。2000年以后,民办大学获得较大发展,578所民办高校占俄罗斯高等教育机构总数的46%。其中,554所大学拥有开展教育活动的许可证,393所大学拥有国家认证。

2005年1月1日,俄罗斯有1 000多所民办学校(其中708所已通过认证)在实施学前、初级、基础、普通(中等)教育计划,但这些学校的学生人数所占儿童总数不足2%。俄罗斯的有钱人70%集中在莫斯科和圣彼得堡,相应地民办教育也在那里深深地扎下了根。绝大多数民办中小学和民办高校在俄罗斯联邦的大城市中(莫斯科有587所,圣彼得堡有224所,罗斯托夫有72所,等等)。俄罗斯近600所民办高等学校,其中300所左右在莫斯科,150所左右在圣彼得堡。

与这些学校并存的还有数万所补充教育机构。这些补充教育机构为儿童入学做准备,开展语言培训;为升大学做准备,开展初级职业培训;等等。民办教育整体上吸收了几百万学生。

这段时间,教育界对民办大学的认识更加明确。《俄罗斯联邦宪法》从立法上阐明了在国家机构之外进行的教育过程的本质:"人人有权自由利用其能力和财产从事法律不加禁止的企业和其他经济活动。"莫斯科人文大学校长伊利因斯基认为,民办高等职业教育机构是根据俄罗斯联邦宪法和法律设立的,作为一个相对自由的非营利企业自筹资金和自治组织,在俄罗斯以合同形式向消费者提供有偿教育服务。这一定义意味着民办大学是:

· 民间社会的自由、独立主体。

· 自负盈亏的经济代理人,与有偿的概念不同。如今,公立教育机构也提供有偿服务(在一些州立大学,这种支付金额达到80%)。

· 在俄罗斯法律框架内运作的自治、自我发展的机构。

· 提供教育服务并收费的企业组织。

与公立大学不同,民办大学重视个性化教育。公立大学的教授很忙,学生每周只能在其办公时间与其联系一次;民办大学的学生可以随时通过电子邮件或电话与老师联系。教师的工作量也会影响教学效果,公立大学每位教授平均可以有60名学生,在民办大学,这一数字只有前述的1/6。民办大学的第二个显著特点是重视国际交流和英语教学,而且民办大学与商业部门密切合作,许多教师也是大公司的负责人,这意味着学生可以在著名的公司实习,甚至可以在那里找到工作。此外,民办大学的企业文化也非常发达,在大公司工作的著名民办大学毕业生愿意从母校招聘人才。

民办大学的主要缺点是教育成本高。大多数基金会不为民办教育发放奖学金，因此教育只能通过贷款或个人（家庭）储蓄来提供资金。民办教育机构允许延期支付资金，在这种情况下，有的学生毕业后才开始交学费。

在民办学校，强调开放性和平等性的小班化教育占主导地位，在教育实践中引入了各种教育体系并展开丰富的活动。与公立学校相比，民办学校教学成绩的平均指标普遍偏高：根据 2002—2003 学年的评定，小学是 98％ 比 90％，中等教育阶段是 85％ 比 70％，高级中学是 83％ 比 70％。

居民对民办学校感兴趣的另一个原因是困难儿童和有特殊需要的儿童可以在民办学校获得好的教育，这样的儿童在普通学校通常处于"边缘"状态并总是落后，他们难以融入公立学校。民办学校规模较小的班级对这些儿童有帮助，这类学校班级学生人数平均为 10～12 人，而公立学校班级学生的平均数是 25～35 人。民办学校中困难儿童数量是其他学校的 1.5～2 倍，他们在民办学校得到了较好的教育。据一所学校统计，入学时有心理问题的学生民办学校中占 12％，经过心理矫正培训后，这类儿童减少到了 2％。

对高等教育而言，优惠的录取制度以及一般来说较低的教学要求，使民办高校对学生有着较强的吸引力。

民办学校灵活地采用不同的教育形式、教育方法和内容的实践，同时开展使不同类型的教育（其中包括普通教育和补充教育）一体化和连续化的实践，并且组织学生在一天或更长时间内开展内容丰富的活动。

民办学校吸引了俄罗斯各个地区以及独联体和波罗的海国家甚至更远国家的大量留学生，为形成俄罗斯教育输出体系创造了条件，同时提高了俄罗斯教育的声望。

民办学前机构被当作补充教育机构而不是正规教育机构对待。这些年，大城市对幼儿教育服务的需求显著增加，特别是在莫斯科和圣彼得堡等大城市。这是因为曾经被全世界视为独一无二的苏联学前教育体系已经走向衰落（从 1992 年到 2002 年学前教育机构减少了一半多，学生人数也减少了 51％）。但是由于场地不足、租金贵，这样的服务非常昂贵而且并未服务于大众。

大城市（例如莫斯科）对民办教育的需求显示出一些特点，现在人们不仅仅是寻找名声好的民办学校，而且要看学校是否离家近。分布在城市优质社区（如市中心）的学校开始壮大，市郊的学校却开始失去生源；教会学校的水平和声望在上升，特别是在大城市。

受物质条件的影响，俄罗斯开始出现社会分层现象。由于不同阶层居民的教育需求不同，教育也在分化。那些财阀（占居民总数的 0.2％）会很快把孩子送到西欧国家的各类学校学习，中高收入的俄罗斯"新贵"们（2％）开始为自己的孩子寻找俄罗斯最好的学校。非中心区域（小型和中型城市）的民办学校基本上是由过去的教育管理人员以及过去公立学校校长们创办，这些学校很快从城市的领导者那里得到了闲置的场地，同时享受公共支出优惠和租赁优惠。很多这样的学校完全不用交付租金（无偿使用教学场地），而且还享有与同等层次的公立学校相同的国家财政投资,因而这些学校的学费定额不高(一个学生每月为 50~100 美元),从家长那里获得的收入用于增加教师收入以及改善学校物质技术基础。随着法律不断完善,这些学校的发展很大程度上取决于地方政权的决定。

以莫斯科为例,已有 10~15 年历史的民办学校的学费相当于每月 400~700 美元。这类学校通常要向学生收取 500~2 000 美元的入学费,这类学校通常是长期租用过去的机关幼儿园和市立幼儿园,学校在固定设施方面投入了大量资金(修整校园和教学楼,购置优质的桌椅和其他有利于工作的必要设施)。这些学校的教学质量相当高,师资队伍稳定。学校拥有可以上网的计算机室,良好的餐厅,医务室以及不少于 10 000 册藏书的图书馆,有些学校还有接送学生的校车(需要单独付费)。调查表明,从 2005 年 9 月 1 日起大部分这样的学校将学费提高了 20%~25%,以补偿税收、场地租用费以及可能失去的国家预算投入。即使这样,它们仍拥有大量的学生。

大城市(包括莫斯科)中精英型学校占近 12%。这类学校每月的学费相当于 800~2 000 美元,入学费达 50 000 美元。进入这类学校的条件只有一个标准:学校接受所有准备支付规定数额费用的人。高水平、高收入的教师有能力帮助最差的学生。这类学校一定有独立的教学楼,教学楼周围还有相应的空间,而且一半的精英型学校的教学楼都已经被学校作为校产买下,其他学校也是长期租赁(10~15 年)。除了高质量的教学楼之外,工作间和办公室的设备条件也很好,这类学校通常有自己的体育综合设施(温暖的体育馆,可以打篮球和网球,而且可以踢足球等),很多学校还有游泳池。餐厅每天自己做三次热餐。医疗部有自己的医生,有些学校甚至有牙医。夏季安排有语言实习,学生可以去英国、美国以及马耳他(需要另付费)。

在民办中学教育的发展过程中,地区和市政府的支持发挥了至关重要的作用。在一些地区,例如特大城市莫斯科、圣彼得堡、萨马拉、罗斯托夫、叶卡捷琳堡对民办学校教育提供地区支持,因此民办教育的发展取得了重大成功。值得一提的是,俄罗斯的民办中学至今仍比民办大学和学院获得更多的国家支持。这是因为民办中学在更积极地创造竞争环境,吸纳了大批热衷于教育事业的教师,他们抓住机会实现了自我定位和发展,乐于开展商业活动。相较于民办大学,开设和发展民办中学要容易得多。如今,各个地区的民办与公立学校无论是在教育质量方面,还是在课外活动方面都存在激烈的竞争。例如,民办中学的学生数量在总人数中所占比重虽小,但是他们在各类奥林匹克竞赛中取得优异成绩的比重却很高。在"启蒙"出版社和俄罗斯新大学共同举办多年的学校网站的竞赛中,民办中学获得了相当一部分奖项。为了提高竞争力,民办中学一直以来都聘请高水平教师,并且民办中学的教学质量至今仍然不低于高水平的民办学校。事实表明,民办中学往往能为国家统一考试提供更好和更深入的准备,这决定了学生能否继续接受高等教育和获得大学公费名额。

俄罗斯(基本是在莫斯科和圣彼得堡)有一些民办的寄宿学校,多数在郊外。最近,由于寄宿制的城市学校更加多样化,因此对这类学校的需求在减少,这类学校的收费差不多相当于精英学校的收费,而教育质量却只能赶超"大众型"学校。

俄罗斯近期出现了公司学校,这类学校并不从家长那里收取费用,而有强有力的公司基金会扶持或者由生产性企业支持。在莫斯科,天然气工业以及其他机构创办了这样的学校。这些学校有很好的物质基础,拥有豪华的教学楼和优秀的教师。按照学校章程,公司职员的孩子在这里学习。

民办学校学生的社会成分按以下阶梯组成:"大众型学校"的学生家长是知识分子、科研工作者、低级管理人员、商业人士(收入为500~1 000美元)的孩子。外国公司的中层管理人员、中小型商业企业的管理人员、出版社和医疗中心的领导,消费能力强的医生和律师(收入为1 200~5 000美元)的孩子在"基础型学校"。在"精英学校"学习的学生家长是高层管理人员、杜马代表、政府成员的孩子,有时还会有一些与犯罪机构和非法资本有种种关系的人物(月收入在5 000美元以上)的孩子。

就民办学校学生家长的社会地位而言,经营大型商业(石油、天然气、汽车)的占7%,经营中小型商业的占38%,私营公司职员占42%(其中包括有8%左右的外资介入的公司),科研工作人员和知识分子占11%,艺术工作者占2%。其余部分民办学校学生来自中上水平的小康之家,10%来自收入水平不高的家庭,其中也有来自无社会保障的群体家庭。

就民办学校的学生家长的教育水平而言,接受过高等教育的家长占80%,接受中等职业教育的家长占10%,接受中等普通教育的家长占10%。多数民办学校资金100%来自私人投资,但也有一些额外的收入,如得到认证的学校有15%~25%的资金来源于国家财政投入,75%~85%来自学生缴纳的费用。2003—2004学年36%的全日制民办学校享有国家的财政投入(2002年这一比例曾增加到44.5%)。

在民办学校创建之时,创办者不一定要使用全部申报数额的资金,但是应当有必要的支出经费(用于装备教室、餐厅,购置教学材料和电脑)。同时,在创办民办学校时,最重要的是要有上课的场地。根据俄罗斯法律,学校有权开展经营性活动或者其他可以带来收益的活动,这是法律允许的,但它的合法活动必须是非商业性的。像所有商业性机构一样,在缴纳营利税(通常22%)之后,学校的创办者可以分得剩余的资金,但是,现在只有民办高等学校有实际的盈利。

长期以来,民办学校并没有享受财政投入(首先是中小学校),这使它们不能够真正地巩固学校物质基础、拥有藏书、吸引高水平的专业人员、广泛使用现代化的教学设备,这从本质上阻碍了教育现代化进程,无法保证必要的教学质量。

民办教育是需要商业界实际注入资金的领域,也是将货币资本转化为教育资本和社会资本的领域。民办学校真正显示出整个地区教育投资的实际水平和投资效果。2003年预算外投入占教育总支出(不同的资金来源)的35%,2004年达到43%。民办学校依靠吸引预算外资金运作,由于破坏性使用和不符合职业要求地使用,大量的民办托儿所、幼儿园和学校的校舍安全堪忧。

教学场地问题对于多数民办学校而言都是非常尖锐的问题,仅有4%的民办学校和10%的民办高校有自己的校舍。现在,与民办学校签订的租赁属于教育局的场所(这些校舍以前基本是90年代初关闭的机关幼儿园和托儿)的合同一般不超过5年,可以续签。基本上租赁属于公立高校场所的民办高校,与相应的所有者签订租赁合同,租赁期为3~15年,还有可能改变租金额。租金逐年提高,所有者可以拒绝延长租赁合同,学校永远处于弱势的一方。

民办学校最大的开支项目是支付工资和税收(占35%)。除了必须缴税外,学校还需要缴纳大量的附加税收,首先是营利税,实质上学校根本谈不上营利(尽管部分学校账户的进项被国家解释为营利)。

民办教育机构是教育工作者、管理者和服务人员最可靠的雇主。尽管俄罗斯的民办学校数量不多,但是教学人员和其他工作人员所占比重却很高(占全国教师总数的1/12),因为工作人员和学生的平均比是1∶3(公立学校是1∶12)。多数民办学校都能保证高水平的师资:8%的民办学校的教师是科学博士或副博士,6%是年轻的专家。民办高校的教师基本上是公立高校的教授和教师。教师队伍的年龄结构呈现高龄化:21%的教师年龄在60岁以上,9%的教师年龄超过65岁。2005年,民办高校30岁以下教师的比重增长到23%,而在1998—1999学年,这一比重为11%。教育领域的非国有组织有益于留住那些优秀的、年轻的教学和管理人员。由于在民办学校工作,教师的社会经济条件得到改善,其中包括学校工作人员的孩子可以免费或者以优惠的学费在本校读书,得到更高的工资(民办教育领域的工资比公立教育领域工资高一倍),于是,出现了与教育领域相反的"人才流入"情况。

与全国所有学校一样,民办学校教师和管理干部人员老化而且不足,民办学校人员流动性强而且人员不稳定。这是因为一方面,民办学校在为空缺岗位寻找候选人时实际上无从选择;另一方面,聘请的教师总是在不断地寻找报酬更高的工作。这种趋势尤其为大城市所特有,特别是那些民办学校集中的大城市。

第三节　2012年以来俄罗斯的民办教育

虽然一些民办学校发展很快,但是发展过程中存在不少问题。例如由于创办时间短,基础薄弱或者急于追求市场效应,不少民办学校在教学质量上渐渐暴露出问题。比如学校没有足够的教室,一些民办大学的图书馆里没有足够的教材(因俄罗斯大学生自己不购买教材,而是向图书馆借用),校园防火设备等硬件设施不完善;学校的很多教师没有固定编制,而是在学校进行兼职的;另外,教学计划中没有安排学生课外活动,学校收费太贵。在俄罗斯政府的清理整顿中,已经有民办学校被亮了"红牌",有的甚至被勒令停止办学。

20世纪90年代大批幼儿园和托儿所被迫关闭,21世纪初莫斯科地区的幼儿园数量与苏联时期相比几乎减少了一半。2012年5月7日普京再次就任俄罗斯联邦总统后要求保障儿童进入幼儿园学习。各方采取了紧急有效的措施以满足居民对幼儿园的迫切需求,民办学前教育机构的数量也因此增加了8倍之多。截至2017年,全国开办了2 000多个家庭学前班。

由于相关部门通过了关于扶持民办学前教育发展的决议,莫斯科及一些州成功解决了幼儿园数量不足的问题:建立了数百所幼儿园——通常将自己家或租用小型场地作为教学场所。根据立法和各地区公共机构的决定,民办学前教育机构可享受一些优惠条件,其中包括:给予房屋租赁优惠,提供贷款和补贴,并针对这些机构的运作出台了专门的规范性文件。

21世纪初,学前教育机构得到了一定发展,并将仍然是民办中小型教育事业中极具吸引力的领域之一。与此同时,公私合营的模式也得到了积极发展。随着时代的发展,民办教育的支出比重已渐趋稳定(如图8-4)。

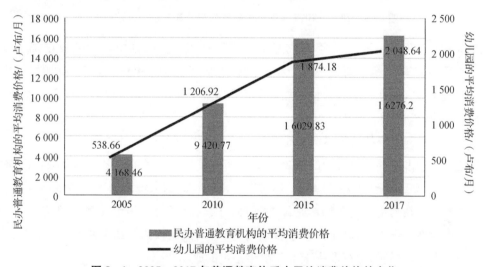

图8-4　2005—2017年普通教育体系中平均消费价格的变化

可见,民办普通教育机构的投入逐年俱增,但幼儿园所获资金一直较少,维持在普通教育所获资金的1/8左右。

居民对有偿教育服务的态度在很大程度上与居住地有关:民办教育在大型城市得到了居民的关注和支持;而在小城市和村镇,对民办学校采取支持态度的居民不超过10%~12%。这是因为在一些小城镇,一所公立学校就足以满足生活在该地区的所有学生的需求。在小城镇也很难找到热衷教育、冒险创业、开办民办学校的专业人士,并且居民对替代教育的需求相对较低。

经济发展水平和大城市居民的心态是民办学校发展的前提。在莫斯科和圣彼得堡这样的大型城市现在有一百多所民办中学,在这些地区,民办教育被视为公立教育的优质替代品。对有偿民办普通教育的需求已经形成,这种需求会在外部和内部因素的影响下发生变化,但仍将继续存在。

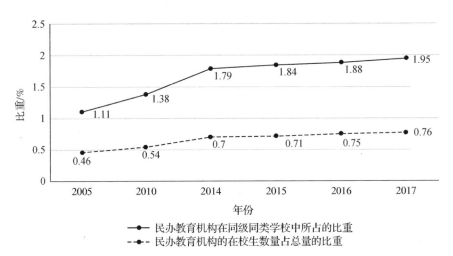

图 8-5　2005—2017 年民办中学的数量及其在校生人数变化

民办中小学在 1992—1993 年间快速增长：仅一年时间,民办中学的数量增加了 9 倍。从 1992 年到 1998 年,每年新建 80～100 所民办中学,到 1999 年初,已有 750 所民办中学。进入 21 世纪以来,民办中学的数量增加了不到 10%,而其在校生人数的比例不到全国学生总数的 1%(如图 8-5)。

民办教育机构在联邦的地域分布也有其特点。中央联邦管区和西北联邦管区的民办学校数量最多——占民办学校总数的 2/3,主要分布在莫斯科和圣彼得堡。民办教育机构平均每年的学费为 300 000～400 000 卢布,通常工资水平较高的大城市居民才能承担得起。

民办教育面临的主要问题仍然是经费不足。因为对于公立和市立教育机构而言,财政支持具有决定性的作用,而对于民办学校而言,只有居民的投入。由此可见,民办中学没有稳定的经费来源,它们的生存取决于下一学年招生的成功率。

在 1996 年和 2004 年,《教育法》进行了两次修订,之后民办教育的发展状况不甚乐观。例如,2004 年以来,民办中学和学前教育机构的房屋租赁支出比例大幅增加,约占总预算的 20%～40%。这对教育机构的预算来说是一笔巨大的花销。目前俄罗斯每 30 所民办学校中只有一所拥有自己的教学楼,其余的都要租赁教学楼。

民办大学的数量在 2012 年之前不断增长,达到 620 所,几乎与公立大学的数量相当,民办大学在校生人数超过 100 万人。2012 年开始,俄联邦教育科学督察署加强了对教学质量以及教学过程中组织方法条件的监督要求。然而,并非所有民办大学都能满足这些要求,因此民办大学的数量开始减少。

俄联邦教育科学督察署采取了更加严格的措施,迫使民办大学进行整合。规模小的民办大学开始并入规模大的民办大学,这些大型民办大学通常在校生数量达到数千人,拥有自己的不动产和完善的基础设施：高质量的教学基地、实验室、图书馆、计算机设备和其他现代高等教育机构所需的必备设施。数量减少促使一批优质的、强大的新型教育机构出现,对比一系列参数可知,这些学校如今并不逊于领先的公立大学。

目前,公立大学的学杂费收入占大学总预算的10%~50%,其主要收入仍然来自国家财政支持。在民办大学的收入结构中,有偿教育服务的收入构成了主要部分,约占总收入的90%~100%。另有几十所民办大学的收入来自捐赠和自己的不动产,这在预算中只占到百分之几,但这一比例仍高于公立大学,这表明民办大学能更加积极地运用市场机制筹措经费。

如今,俄罗斯的民办高等教育机构比较发达,在校生占全国大学生总数的1/7。经认证的民办高等教育机构的数量占大学总数的1/3,而在开设紧缺专业(法律、经济学、社会学)的大学中,民办大学则占很大比例。从科学计量学指标来看,许多民办大学甚至能与公立大学相抗衡。到2013年初,进入QS世界大学排名的30所俄罗斯大学中,有4所民办大学(圣彼得堡欧洲大学、新俄罗斯大学、斯科尔科沃科技学院和俄罗斯经济学院)。

2012年俄罗斯政府开始分配公费名额表示对民办大学给予支持,部分著名民办大学获得了公费名额,约占招生控制名额总量的1.5%。由此可见,教育科学部有意在高等教育领域创造一个竞争环境。民办大学希望教科部能给予他们更多支持,所得公费名额能占预算名额总数的7%~10%(正如教科部部长所说)。实际上,民办大学的预算名额每年都在减少,民办大学也无权参与政府主导的重点大学建设项目从而获得更多的支持。

近十年间,由于民办教育能更有效地利用教育发展的财政资源,其发展速度已经超过了公立教育机构。《2020年前俄罗斯社会经济长期发展构想》中提道:"一定要确保提供高质量教育服务的民办教育机构享有和公立教育机构平等的准入条件。为其提供国家和市政融资发展教育基础设施。"

2014年普京总统强调了在教育领域创造和发展竞争环境的必要性,如果没有民办教育的发展,这是不可能实现的:"要消除社会领域对民办教育的歧视,为其扫清障碍,提供融资渠道。"

参考文献:

1. Рекомендации парламентских слушаний "Перспективы развития отечественной системы образования", Москва, 25 ноября 2004 г.

2. Модернизация российского образования: взгляд с муниципального уровня. РАО, Институт управления образованием, Москва, 2003 г.

3. Рекомендации Всероссийской научно－практической конференции "Модернизация образования и вклад негосударственного сектора в повышение образованности граждан России" Министерство образования РФ, Союз Ассоциаций НОУ России, Москва, 2002 г.

4. От негосударственной — к общественной школе: модель и стратегия. Практико-ориентированная монография. Под общей редакцией А. Л. Вильсона. М., 2002.

5. Негосударственные образовательные учреждения: методика создания и деятельности. Справочник. Вып. 2. — М.: Часная школа, 1998.

6. Материалы 2 — ой международной конференции "Негосударственная школа на рубеже 21 века", Серия. "Негосударственная школа в современных условиях", АСНОУ, под общей редакцией А. Л, Вильсона, М., 2000.

7. Материалы научно-практической конференции "Образование 21 века: проблемы и перспективы", Сборник научно — методических материалов, — Сотавитель и научный редактор: Н. Ю. Синягина, —М., 2001.

8. Солоницын В. А. Негосударственное высшее образование в России. —М., 1998г.

9. Негосударственная высшая школа России— становление, состояние, перспективы развития. Под ред. В. А. Зернов— М., 2009г.

10. Аналитический центр при Правительстве Российской Федерации. Бюллетень: развитие негосударственного общего образования в России. — июнь 2018г.

11. Аналитический центр при Правительстве Российской Федерации. Бюллетень: развитие негосударственных вузов в России. — март 2018г.

第九章
俄罗斯的儿童补充教育30年

第一节 俄罗斯补充教育法律基础与结构

一、补充教育得到法律保障

俄罗斯的补充教育奠基于1918年,在世界范围内独树一帜,影响深远。

20世纪90年代校外教育开始向补充教育转型,改变了补充教育机构的种类,精简了相关元素。俄罗斯联邦的儿童补充教育成为教育体系不可或缺的一环的地位是1992年颁行的《俄罗斯联邦教育法》赋予的。1995年俄政府颁布了《儿童补充教育机构规范条例》,1999年则通过了《考核儿童补充教育机构的相关方法》,以此规范这类机构的活动。其后又推出了《组织与实施普通教育大纲中的补充教育活动的相关制度》,统一管理所有的补充教育活动。

2012年12月29日颁布了第273号俄罗斯联邦法律《俄罗斯联邦教育法》,第一次将补充教育作为教育的一种形式,致力于满足人在智力、精神—道德、体育和(或)职业完善方面的需要,却又不追求提升文凭。在这部法律中将基础教育和补充教育进行了界定,补充教育本质上是自愿的、主动的。

如果说,1992年《教育法》目标在于满足公民、社会和国家等多方面的教育需求,2012年《教育法》则追求补充教育要以人为中心。根据法律,补充教育包含了多种形式:儿童补充教育、成人补充教育,乃至补充职业教育。由此,补充教育大纲也分成两类:一是补充普通教育大纲——补充全面发展大纲、补充职前教育大纲;二是补充职业教育大纲——职能培训大纲、重新就业培训大纲。

俄罗斯教育科学部于2013年对补充教育的目的和教育活动的特点以补充教育大纲形式进一步确认,其目的相当宽泛:发展能力、加强体魄、进行德育、发展与支持天才学生、职业定向、面向生活的社会化与适应、培养学生的文化素养。

补充教育的重点是如何开设不同年龄段的班级,如何使班级与个人的课业相结合,实施包括假期在内的全年的大纲,根据个人学习计划组织教学(包括提高水平),考虑让学生父母参与课程。由此,通过法律确定了补充教育成为最符合当代世界要求的教育形式。

俄罗斯联邦政府于2014年出台《儿童补充教育发展纲要》,补充教育被赋予了更重要的意义:在工业化社会向信息化社会转变的过程中保障个人、社会和国家的竞争力,保障个人发展和自由选择不同活动的权利[①]。

二、从事补充教育的机构

根据《俄罗斯联邦教育法》,补充教育机构和职业补充教育机构可从事补充教育。同时,学前教育机构、中小学、职业教育机构、高等院校均可进行补充教育。从事补充教育必须获得办学许可。

俄罗斯的补充教育保留了一些苏联的特点:提供无偿教育(不是全部,有些教育是收费的),校外教育机构有独立的系统。这段时间,民办的补充教育机构(包括营利型和非营利型)迅速涌现。

1988年时,俄罗斯苏维埃联邦社会主义共和国有5 000多个少先队员"活动宫""之家",9 209所少年儿童体育学校,9 210所儿童创造学校(音乐、美术、舞蹈学校),1 714个青少年工作站,1 183个少年自然界研究者工作站。20年后(2008年)俄罗斯联邦中这个数据下降为共有1.6万多个,再过近10年(2017年)则下降为13 046个。根据全俄人民阵线调查,关闭或合并补充教育机构的主要原因是地方政府对教育的投入不足。

2017年俄罗斯共有56 302个实施补充教育大纲的机构,从2015年至2017年共增加了24 226个。补充教育机构与正规学校各自从事着补充教育,前者的总数只有后者的1/4,却承担了40%的补充教育工作。"网络互助"是补充教育机构的教师到学校给孩子们上课,这种方式目前正迅速普及。因为俄罗斯大多数地区的财政并不支持补充教育,学校与课外教育机构合作可以解决这类问题。青少年休养与康复营地,如全俄儿童中心"阿尔捷克""小鹰""海洋"等成为补充教育的别具特色的一个组成部分。

86%的补充教育机构属于市级政府所有,11%属于州(共和国)一级所有,民办的机构只占2.6%。

补充教育机构根据所属的部门、拥有的基础设施、教学内容和方法开展教育活动,现阶段的补充教育继承了苏联时期课外教育体系的优长。苏联时期的校外教育在全盛时种类齐全,隶属于各个行业主管部门(教育、文化、道路水上交通、企业等),各相关机构中的部门也在发挥作用(儿童部门、工人文化宫的部门、儿童公园、地方俱乐部等)。

---

① Приказ Минобрнауки России от 29 августа 2013 г. № 1008.

根据统计,2017 年俄罗斯共有 13 046 个独立设置的补充教育机构,其中民办的补充教育机构共有 363 家。公办的机构多数由市级政府部门创办,国家层面的(州级及以上)的机构在资金投入、师资保证、基础建设方面具有优势,因为国家层面的补充教育机构都在行政主体所在地的中心城市。

绝大多数补充教育机构隶属于教育、文化、体育部门,大约有 5 000 家属于俄罗斯联邦文化部(音乐、美术、舞蹈学校以及艺术学校),其余部分俄教育部和体育部各占一半。

文化部、体育部创建的补充教育机构多实施职前普通教育纲要,其内容由联邦国家要求决定,这种教育的实施时间相当长,贯穿普通教育和职业教育阶段。为进行这类补充教育,文化部和体育部往往要进行选拔。各主管部门所属的补充教育机构具有不同的特点,如体育类补充教育机构的学生一般是高年级的,而教育部的补充教育更多面向身体有残疾的孩子。从性别上看,参加补充教育的女孩较多(占 60%),学习体育的孩子中男孩多于半数,但学习艺术的男生只占总数的 30%。

体育类补充教育机构一般位于条件较好的地区。2009 年教育部所属的体育类学校划转体育部,其功能也从教育服务转向竞技准备。

2012 年新的教育法颁行后,补充教育机构的种类也进行了调整:学校占 38%、体校占 22%、奥林匹克运动学校占 4%、"中心"占 23%、"宫"占 2%、"家"占 8%、"站"占 3%。可见最多的是"学校"(运动和艺术、音乐学校、美术学校)和"中心"(儿童补充教育中心、青少年创造力发展中心、儿童创造中心、校外工作中心、少年儿童技术创新中心、青少年儿童旅游远足中心等)。"学校"更多隶属于文化和体育部,"中心"和"站"多属于教育部。"中心"一般要求是多科性的(不少于 4 个培养方向),所以能成为"中心"的一般是过去的多科性教育机构("站"、俱乐部),或者是服务市级地区、中小城市的多专业机构。"站"一般是单科性的,要保证一个方向的多种教学纲要的实施,这就要拥有专业对口的教学骨干和设备。

教育部下属的补充教育机构数量不占优势,州(区、共和国)一级的大型机构为"宫"(青少年儿童创造活动宫,青年、先锋及中小学生活动宫等)和"家"(儿童创造之家、青少年之家等)。

这些补充教育机构的分类法对教育和管理思想的影响不大。补充教育机构的法律地位取决于财政来源,80%以上的机构是国家拨款单位。

第二节 政府民间共同促进补充教育

一、俄政府主导儿童补充教育

2014 年 12 月 4 日普京总统在国情咨文中要求重视补充教育的普及性,俄联邦教育科学部给各行政主体下发了补充教育的教学法指南以及预防不利局面延续的有关手段。但因这份文件不具备实际的财政投入方面的影响力,各地也就未制订相应的发展规划;同时,各主管部门因缺少协调,导致资源利用效率下降。

近年来,俄各地出现了创办新的补充教育机构的现象,如伊万诺沃州、圣彼得堡市等地区。2013年开始,俄经济发展部开展创建青年创造创新中心以发展青少年掌握高新技术的能力。目前,在全国数十所城市已经开办了300多个这样的中心,多数中心并不具备补充教育资质,但事实上它们是补充教育的一个有机组成部分。

2016年开始,全俄范围内开始创建儿童创造科技园"量子场",其经费来自联邦预算。2020年,全俄开设了135个"量子场"科技园和85个流动"量子场"科技园,分布在76个行政主体,莫斯科市、鞑靼斯坦共和国等开设了不止一家科技园。科技园基础设施和设备更加完善,提高了地区补充教育的水平、丰富了内容。现在科技园也扩大了教学内容,不只培养技术创造力,还增加了国际象棋、艺术活动等。根据《国家教育方案》要求,到2024年全俄85个行政主体应开设245个"量子场"儿童科技园,为偏远地区和乡村孩子打造340个流动"儿童量子场"科技园。其最终目的是使200万少年儿童可以在常设的科学技术基地学习并发展其工科方向的特长[1]。

根据普京总统提议,在索契市的奥林匹克公园开设了"天狼星"教育中心,面向在自然科学、数学、绘画、音乐、舞蹈、冰球、滑冰等方面已经取得重大成绩的10~17岁的天才少年儿童,由专业学校的骨干教师或俄罗斯艺术界的著名活动家执教。"天狼星"教育中心卓有成效的工作使国家做出了进一步扩容的决定,即2023年以前在全俄65个以上的行政主体创办"天狼星"教育中心。

在联邦层面,高等院校也积极参加补充教育,如莫斯科19所重点高校共同创办了"教育技术支持中心网络"。莫斯科的高等职业教育学院也积极参与补充教育。《国家教育方案》要求2024年前在高水平大学创建100个补充教育中心,每年吸引4万名以上的儿童参加活动。

2016年底俄政府推出了"儿童补充教育"优先方案,提出儿童补充教育不仅要在机构数量上得到增长,还要在组织形式上进行创新。在全俄所有行政主体创建儿童补充教育区域网络,吸引职业教育学院、高等院校、体育和文化机构、科学和社会机构、经济部门等各类机构共同参与,这样的设计是为了打通部门壁垒,提高经费的使用效率,最终促进补充教育的普及性。

二、民办补充教育机构成为有益的补充

民办补充教育正在迅速发展,其重点方向是创办语言学校(班级)和儿童发展中心。据

---

[1] https://roskvantorium.ru/kvantorium/perspektivy_razvitiya/

不完全统计,2015年民办补充教育机构占教育机构总数的1.3%,到2017年增加到2.6%。调查显示,12.7%的中小学生接受了商业培训机构的服务,而在大城市这一比例则达到17%。民办补充教育的兴起与城市中产阶级的壮大相关,对学校教育的不满也是原因之一。

民办补充教育在莫斯科、圣彼得堡等居民人数100万人以上的城市发展最快,而居民人数在50万人以下的城市的民办补充教育的培养方向相当狭窄,而小城市的民办补充教育则微不足道。行政主体一级的市场潜力取决于居民的财政状况、家庭准备投入的力度和当地文化发展程度。

民办补充教育机构可分成营利型公司(有限责任公司和无限责任公司)、个体企业、非营利型组织;从规模上可分为大型(网络型、多科型)、中型(有1个以上的培训方向)和小型机构(只有1个培训方向)。

民办补充教育机构的优势在于拥有良好的物质技术基础,在培养孩子的过程中大力使用现代技术手段。这类机构重视广告宣传,致力于企业形象和品牌建设。没有冗余的管理环节也使其能自由和积极地开拓市场。此外,重视受教育者的需求、增加服务环节、更新培训内容和教学形式、实施个性化教育等,这些都是民办补充教育的优势所在。

民办补充教育的教师队伍更加年轻、充满活力,创造了一种不同于学校的氛围。这类机构成功地解决了公立补充教育机构普遍存在的师资问题,其选择教师的标准是在本专业领域的能力而非师范教育的学历。民办补充教育通常只有一两个培养方向,根据学生需求和自身师资、物质条件决定。民办补充教育机构面向各个年龄阶段的人群,采取灵活的作息时间,大量提供短期培训,如编程、网页设计、机器人技术、职业定向、记忆思维语言发展等,因为这些培训的成果显而易见。

补充教育在地区之间存在相当大的差距,对物质条件较差的居民子女而言,接受补充教育也有相当大的障碍。因为对补充教育的资金投入和信息支持都相当不足,对于民办补充教育机构而言,要获得办学许可难度更大,因为对卫生、办学空间、设备的要求都很高。

三、补充教育的入学率不断提升

补充教育是非强制性的,儿童及其家长可以自行选择是否参加。俄罗斯政府一直把提高5～18岁儿童补充教育入学率作为重要工作,2012年5月7日的第599号总统令和2012年11月颁布的《2013—2020年教育发展国家方案》提出不仅要创造更多的补充教育机会,而且要鼓励儿童及其家庭参加补充教育。

根据统计,2017年俄罗斯共为2 490万人次的5～18岁少年儿童提供了补充教育,去除重复情况,应有1 630万名少年儿童参加了培训,占适龄少儿总数的79%,达到历史新高(这一比例在2010年为54.9%,2013年为58.6%,2016年为67.7%,呈稳定提高趋势)。

因补充教育的投入主要是地方财政,俄罗斯补充教育各地发展不均衡,有的地区已经达到总统令提出的目标,有的地区只有不到一半的少儿参加补充教育,而且这种情况仍然在持续。

根据调查,学校的补充教育吸纳了67%的学生,校外补充教育则吸纳了76%的少儿参加。

从法律角度来看,俄罗斯的补充教育不是无偿的,但普京总统在2012年的"五月命令"中要求参加补充教育的少儿中应该有50%由国家财政给予支持免费学习;2012年6月1日颁布的《2012—2017年保护儿童权益国家战略行动》则规定应该有60%的少儿接受免费的补充教育。

2017年,17.5%的补充教育是有偿的,根据专业不同收费情况也不同,如职前运动培训只有1.4%的项目是有偿的,而社会—教育方向的收费比例较高,达到30.7%(尤其是外语学习)。

据统计2020年,5~18岁的城市少年儿童中,有2 070万人次参加补充教育(占同龄人总数的145.5%);在农村有420万人参加培训(占总人数的73.1%)。城市学生中不参加校外培训的比例为18%~20%,农村学生这一比例为23.8%。农村孩子多参加大众体育类、军事类、旅游类补充教育,很少参加外语培训和科研活动。农村孩子进入艺术学校、音乐和美术学校等的人数也相应比较少。因家庭经济原因,农村孩子外出参加各类比赛的机会也受到限制。学生家长因自身受教育程度和收入情况对孩子的补充教育态度各异,受教育程度和收入低的家长对孩子参加补充教育的热情明显不及学历层次和收入高的家长。为了让来自不同地区、不同阶层的少年儿童更多地接受补充教育,在2019年颁布的《国家教育方案》中专门设立"为了每一位孩子的成功"这一联邦项目,旨在在所有的地区建立让全体儿童参加高质量补充教育的机制。

客观而言,俄罗斯的补充教育入学率相当高,政府拨款的力度也相当大。补充教育是最容易出现教育不平等的领域,需要国家更多的关注,因为这对社会稳定和人力资源的优化都有一定的影响。

第三节 补充教育的管理

一、补充教育的内容丰富多彩

补充教育没有国家标准,这也是多数专家坚持的原则。

俄罗斯现行法律规定了补充教育的结构包括技术类、自然—科学类、体育—运动类、艺术类、旅游—地方志类、社会—教育类等6个方向。当然,这种分类具有很大的人为性,近来一些方向出现整合的趋势。

最普及的方向是艺术类(占总数的32%)、体育—运动类(占总数的24%)和社会—教育类(占总数的 22%),技术类占总数的 8%。

通过调查中小学生家长发现,中小学生参加学校的兴趣小组等补充教育首要选择体育运动类(43%的学生参加),其次为艺术类(35%的学生参加)和各门学科类(35%的学生参加),而科学、技术、军事—爱国活动类的兴趣小组吸引力相对较小。

调查显示,40%的补充教育机构得到国家或地方政府的支持实施艺术类补充教育,艺术类的补充教育项目占补充教育项目总数的 25%;30.6%的补充教育机构在政府支持下进行体育运动类补充教育,体育运动类的补充教育项目占总数的 10.3%。

各类补充教育机构的教育重点不尽相同:公立机构的更多与艺术相关,高校偏重技术方向,而民办机构多实施体育—运动类和社会—教育类(包括外语学习)项目。

通过对参加补充教育的学生家长调查显示,48.4%的学生家长认为艺术类(舞蹈、绘画、实用艺术、音乐)等最受欢迎;36.8%的学生家长更青睐支持体育—运动类的专业;喜欢外语类和技术类方向的学生家长分别占 8.3%和 6.8%。

学生年龄不同其选择也有一些不同:幼儿园孩子喜欢艺术课和为入学做准备的课程;低年级学生更多选择艺术类和社会—教育类方向;高年级学生逐渐重视学校课程和为高考做准备,对体育—运动类专业更感兴趣,比低年级学生更多地选择技术、科学和手工类补充教育。

补充教育的重点在艺术和体育类,文化知识类教育一般在学校完成。因为补充教育没有联邦国家教育标准、教学指导委员会、统一的教材和参考书,所以要从上而下更新内容是相当困难的,近年来开始了从下而上变更补充教育内容的尝试。同时,创建了联邦创新基地网络,通过竞争支持参加教育内容更新的办学机构,建立了各类计划和最优化实践的资料库。俄罗斯多年来一直举办全俄补充教育大纲竞赛,引导补充教育内容更新。

二、补充教育的财政投入

2017 年,俄中央和地方财政共投入 2 230 亿卢布(从 2012 年的 885 亿卢布逐年递增:2013 年为 1 282 亿卢布、2014 年为 1 713 亿卢布、2015 年为 2 173 亿卢布、2016 年为 2 249 亿卢布),超过当年对中等职业教育投入的 2 026 亿卢布。事实上,中小学内的补充教育的费用都包含在基本办学经费内。2017 年,学生在补充教育机构学习的平均经费为 2.06 万卢布。从绝对数上看,每年都在递增:2013 年为 1.38 万卢布,2014 年为 1.72 万卢布,2015 年为 1.88 万卢布,2016 年为 1.96 万卢布,但考虑到物价因素,增长并不大,各地区学生支出标准也不同。

预算内经费一直占补充教育机构经费的九成以上,但也有逐年递减之势(2011 年为 94%,2013 年为 92%,2015 年为 91.2%,2017 年为 92.1%),预算外经费呈逐步增加之势。

不同主管部门下属的补充教育机构经费结构也不同,教育部门下属的补充教育机构的财政支出占 91.4%,文化部门的为 89.6%,体育部门的为 82.5%。

一个有趣的现象是:高收费的补充教育一般都在大城市,而小城市和乡村的补充教育收费相当低。莫斯科的补充教育收费率达50%,其他百万人口以上的城市比例为38%,10万～100万人口的城市收费比例为32%,在小城市和乡村收费比例低于25%。

补充教育机构的建筑陈旧,苏联时期主要安置在19世纪或20世纪初的建筑里。例外的情况是,20世纪80年代在各地建成了许多少先队活动宫,建筑风格在当时颇具原创性和先进性。从80年代末起,补充教育机构的建筑物更加陈旧。即使在国家经济好转之后,补充教育机构也未能像普通教育机构和学前教育机构一样得到专项资金的支持。例外的情况是,体育类补充教育机构得到了联邦和地方政府的大力支持。2010年以后,补充教育机构开始得到联邦和地方财政的支持对建筑物进行大规模整修,补充教育建筑物需要维修的比例从2011年22.3%降到2017年的17.7%。整体而言,市级政府所属的补充教育机构的物质条件最弱。

调查显示,对补充教育的财政拨款只够发放教职工的工资,而更新物质基础以适应时代要求却存在问题。解决这个问题最有效的途径就是国家与民间力量合作,这方面的典型案例就是创建"量子场"科技园。

三、补充教育的师资队伍

俄罗斯补充教育师资问题一直未引起足够的重视,除技术类教师人数不足引起关注外,其余专业教师相对有保障。近年来,俄政府要求增加5～18岁学生参加补充教育的受益面,师资来源与质量开始成为关注的热点。新的补充教育大纲要求教师不但具有专门知识技能,还要有技术(包括数字技术),为此,颁布了《儿童与成年人补充教育教师职业标准》。

2017年,俄罗斯共有87.49万名教职工在补充教育系统工作,其中教师人数为21.96万名,占总数的25.1%。如果聚焦到9 572个补充教育机构,则共有13.3万名在编教师。另外还有5.38万余名教师和1 123名教师兼管理人员在这些机构兼职。这一年,补充教育机构缺编数为2 315名,主要是在居民人数在10万人以下的小城市和乡村。可喜的是,近年来补充教育机构的师生比出现逐年下降的趋势:2012年为1:49,2013年为1:45,2014年为1:43,2015年为1:40,2016年为1:36.4,2017年为1:38.3。

补充教育系统教师中71%是本科毕业生,其中60%就读于师范大学。从专业上看28.9%的教师专业为"教育学",24.2%为"文化与艺术",21.3%为"体育与运动",7.9%为"人文社会科学",4%为"自然科学、技术与工艺"。

多数补充教育系统教师是全职工作,但有三成教师承担两份以上的工作。在公立的补充教育机构中,教师平均工作时间为每周23.6小时;市立和民办补充教育机构教师每周平均工作时间分别为23.2小时和19.7小时。补充教育系统教师的工资水平(2017年平均工资为19 730卢布)略低于普通教育系统的教师(2017年前者为后者的94.1%),呈逐年上升趋势(2011年时这一比例为65%)。

在平均工资相当低的前提下,不少教师从事补充教育的动力是热爱工作的创新性和自我发展的机会(44%的教师持这种观点),有与孩子们交往的机会(43.1%的教师持此观点)。

补充教育师资的培养经历了一个变化过程,1993年,俄联邦教育部将"小组导师"更名为"补充教育教师"[①],其培养单位为中等职业教育机构——文化艺术类中专、师范学校和高等师范学校,毕业生主要从事课外补充艺术和体育教育。2007年,师范学校开始培养补充教育教师,2011年颁行了"补充教育教师"中等职业教育标准。现在,全俄23个行政主体的39所师范专科学校仍在培养"补充教育教师",而本科学校根据"师范教育""教育心理学"专业的国家标准培养具有本科和硕士学历的补充教育师资。培养补充教育师资数量最多的是艺术方向的专业(声乐—合唱、舞台艺术、舞蹈、音乐、造型艺术、实用创作、艺术-美学等),而体育类、科技类、旅游类、社会教育类的专业占比都不大。

【链接】

俄罗斯跻身儿童补充教育体系发达国家20强

2021年初,俄教育部副部长杰尼斯·格里鲍夫介绍,"俄罗斯的儿童补充教育是世界上独一无二的,具有将优秀的教育传统与儿童的教育、学习和发展连接在一起的统一国家体系"。俄罗斯的儿童补充教育已经覆盖1 590万名5~18岁的儿童和青少年。

教育部德育、补充教育和儿童休养领域国家政策局局长娜塔莉娅·纳乌莫娃指出,补充教育对提高儿童的学习成就、自律性和技能养成有积极的影响,丰富的选择可以使孩子们顺利地社会化,展示在普通教育体系习得的优秀成果。她介绍道,"俄罗斯跻身儿童补充教育体系发达国家20强。当代补充教育体系保留了创作之家、儿童旅游中心、儿童艺术学校、体育学校等形式"。她强调,2020年对整个教育体系来说是实验之年,"这一年的挑战来自改革教学内容和方法。远程技术只是临时性的,在线教学现实存在,也不排斥全日制学习"。而且远程教育可以扩大教育的覆盖面,身处偏远地区的孩子们也可以学习到补充教育内容。她对国家教育工程框架内的联邦项目"为了每一位孩子的成功"进行了中期总结,"到2020年底前,全俄开设有135个"量子场"(Кванториум)科技园、85个流动"量子场"科技园、30个科学合作之家(Научная Коллаборация)、71个数字教育媒体中心、27个天才青少年区域中心,各类教育机构新增52万个名额。为1 122所中小学共修缮761座体育馆、528家中小学体育俱乐部,并为307个露天体育设施配备器材。项目的"预期目标是,到2024年前补充教育覆盖80%的5~18岁的儿童和青少年,到2030年覆盖率达到82%"。

文化部地区发展和重点项目局副局长让娜·阿列克谢耶娃介绍了文化部和教育部联合主办的"中小学文化教育"项目。"项目以学生的精神、美学和艺术发展,提升青少年一代的文化素养为目标。文化数字化是项目的组成部分之一,正是文化的数字化使以远程的形式了解艺术作品成为可能,目前已有大量的提升儿童文化素养所必需的数字化资源,如国家电子图书馆,Культура.РФ平台和Артефакт平台,以及剧院、博物馆、音乐厅的网站等等。"

---

① Приказ Минобразования России от 25 января 1993 г. No 21.

参考文献：

1. Александров Д. А., Тенишева К. А., Савельева С. С. Связь внеклассных занятий с учебными успехами и самооценкой подростков // Вопросы образования. 2017. Т. 4. С. 217-241.

2. Асмолов А. Г. Дополнительное персональное образование в эпоху перемен: сотрудничество, сотворчество, самотворение // Образова — тельная политика. 2014. № 2 (64). С. 2-6.

3. Березина В. А. Дополнительное образование детей в России. М.: Диалог культур, 2007.

4. Бурдяк А. Я. Дополнительные занятия по школьным предметам: мотивация и распространенность // Мониторинг общественного мнения: экономические и социальные перемены. 2015. № 2. С. 96-112.

5. Голованов В. П. Становление и развитие региональной системы дополнительного образования детей в современных социокультурных условиях: монография. М.: Центр 《Школьная книга》, 2001.

6. Дополнительное образование детей: история и современность: учеб. пособие для академического бакалавриата. 2-е изд., испр. и доп. // Литератураотв. ред. А. Л. Пикина, Н. Г. Тихомирова, Н. А. Мухамедьярова, А. В. Золотарева. М.: Юрайт, 2018.

Евладова Е. Б., Логинова Л. Г., Михайлова Н. Н. Дополнительное образо — вание детей. М.: ВЛАДОС, 2002. С. 180.

7. Золотарева А. В., Куличкина М. А., Синицын И. С. Концепция обеспечения доступности дополнительных общеобразовательных программ // Ярославский педагогический вестник. 2018. № 6. С. 61-74.

8. Иванюшина В. А., Александров Д. А. Социализация через неформальное образование: внеклассная деятельность российских школь — ников // Вопросы образования. 2014. № 3. С. 174 - 196.

9. История и теория дополнительного образования детей: учеб. пособие / под ред. Б. А. Дейча. Новосибирск: НГПУ, 2016.

10. Королева Д. О., Хавенсон Т. Е., Андреева А. А. Ландшафт образовательных инноваций: содержание и структура. Сер. 《Факты образова — ния》. Вып. 5 (14). М.: НИУ ВШЭ, 2017.

11. Косарецкий С. Г., Куприянов Б. В., Филиппова Д. С. Особенности участия детей

в дополнительном образовании, обусловленные различиями в культурно－образовательном и имущественном статусе семей и месте проживания // Вопросы образования. 2016. № 1. С. 168-190.

12. Куприянов Б. В., Косарецкий С. Г., Мерцалова Т. А., Семенова Т. В. Учреждения дополнительного образования детей (данные статистики и мониторинга экономики образования) // Вопросы образования. 2013. № 2. С. 209-231.

13. Михайлова Н. Н. О подходах к реализации интеграции и интегративности в дополнительном образовании // Информационно－методический журнал 《ВНЕшкольник》. 2018. № 2. С. 9-14.

14. Мониторинг эффективности школы. Дополнительное образование школьников (2013 - 2017 гг.). М.: РАНХиГС, 2018.

15. Поволяева М. Н., Попова И. Н., Дубовик И. М. Развитие неформальногообразования в современной России и за рубежом. М.: ООО 《Новоеобразование》, 2015.

16. Поливанова К. Н., Сивак Е. В. Доступ к дополнительному образованию. Влияние характеристик семьи? // Образование и социальная дифференциация: коллективная монография/ отв. ред. М. Карной, И. Д. Фрумин, Н. Н. Кармаева. М.: Изд. дом ВШЭ, 2017. С. 416-430.

17. Поплавская А. А., Груздев И. А., Петлин А. В. Выбор организаций дополнительного образования детей в России: к постановке проблемы// Вопросы образования. 2018. №? 4. С. 261-281.

18. Рощина Я. М. Факторы образовательных возможностей школьниковв? России. Препринт WP4/2012/01. М.: Изд. дом ВШЭ, 2012.

19. Собкин В. С, Калашникова Е. А. Ученик основной школы: отношениек? дополнительному образованию // Вопросы психологии. 2013. №4. С. 16-26.

20. Чендева И. В. Педагоги дополнительного образования как социально－профессиональная группа: автореф. дис. канд. соц. наук. Екатеринбург: Уральский гос. ун－т им. А. М. Горького, 2002.

21. Щетинская А. И., Тавстуха О. Г., Болотова М. И. Теория и практика современного дополнительного образования детей. Оренбург: Изд－во ОПТУ, 2006.

22. Яковлев Д. Е. Содержание повышения квалификации и переподготовки педагога дополнительного образования: автореф. дис. канд. пед. наук. М., 2000.

23. Ясвин В. А. Педагогический мажор дополнительного образования. Системная модернизация и инновационное проектирование. М., 2014.

第十章

30年来俄罗斯师德师风建设与德育工作

第一节 俄罗斯的师德师风建设

师德师风建设相辅相成。师德是基础，重于对教师个体从事教育工作的伦理要求；师风重群体，重于对教师群体师德的塑造。

俄罗斯师德师风建设有良好的传统。苏联时期，一批享誉世界的教育家，如马卡连柯、苏霍姆林斯基等，都是师德楷模，其教育思想影响深远。

近30年来，俄罗斯对教育投入持续下降（根据俄国家审计署2020年统计数据，近几年俄对教育的投入占国内经济总产值的3.6%～3.8%），教师的工资处于社会中低层，优秀的年轻人才不愿意进入教育行业。在职教师的负担沉重，教育部规定教师年教学时间应达到900学时，不少教师为了增加收入，承担了更多工作量。这些现象与苏联时期的尊师重教传统大相径庭，教师的工作积极性严重受挫。

尽管如此，俄罗斯教育界仍有一批在苏联时期成长的老教师在坚守，对新入职的教师发挥着示范作用，在经济不景气的大背景下依然选择教育行业的年轻教师接受了良好的职前培训。根据2016年的调查，近2/3的教师认为现有报酬标准不足以吸收优秀的年轻人从事教育工作；70%的教师并不愿意改行，一是因为他们的事业心，另外也是因为离开教育行业难以就业，但这种情况也影响了其从教的热情。

2017年和2018年俄罗斯总统大选前后教师的生存状况有所改善，因为普京总统对教师报酬标准提出了明确要求。可以说，爱教育、爱学生的优良作风仍然是俄罗斯教育界的主流。同时，俄教育主管部门和学校加强制度与机制建设，保证教师面貌、师德师风处于相对稳定的状态。

一、从制度上明确教师的义务

俄罗斯重视法制建设，《俄罗斯联邦宪法》第2章《人与公民的权利与自由》第37条规定了所有人有参与劳动和获得报酬的权利。对教师的权利和义务主要在《俄罗斯联邦劳动法典》和《俄罗斯联邦教育法》中做出规定。

（一）立法保证教师必须履行的职责

1. 《俄罗斯联邦劳动法典》对劳动者提出要求

《俄罗斯联邦劳动法典》是包括学校教职员工在内的所有劳动者应该遵循的，第21条"劳动者的基本权利和义务"中规定了劳动者的权利和义务，其中劳动者的义务主要有：

· 诚实履行劳动合同赋予的职责；

· 遵守内部劳动法规；

· 遵守劳动纪律；

· 遵守既定的劳动标准；

· 执行职业健康和安全方面的规定；

· 爱惜雇主和其他工作人员的财产（包括雇主持有的第三方财产）；

· 如出现对人的生命和健康有威胁，以及对雇主财产（包括雇主持有的第三方财产）有损害的情况，要立即通知雇主或直接报告上级。

2. 《俄罗斯联邦教育法》具体规定师德要求

1992年，俄罗斯颁行了第一版《俄罗斯联邦教育法》，及时为教育立法；2012年，颁行了新的《教育法》，全面规范各类教育活动，其第五章《开展教育活动的组织的教育工作者、领导及其他工作人员》对教育工作者的权利和义务做了规定，作为针对所有教师的总体要求。

第47条"教育工作者的法律地位，教育工作者的权利与自由及落实保障"第3项规定教育工作者享有下述学术权利和自由：

（1）教学自由、表达自己意见的自由、职业活动不受干涉的自由。

（2）选择和使用合理的教学形式、手段、教学及育人（道德教育）方法的自由。

（3）在落实教育计划、单独的学科、课程、教程（模块）的范围内主动创新，开发和应用独创性教学及育人（道德教育）计划和方法的权利。

（4）按照教育计划和教育法律法规的规定选择教科书、教学参考资料、其他教学及育人（道德教育）材料的权利。

（5）参与制订教育计划，包括教学计划，教学日程，学科、课程、教程（模块）工作计划，教学法资料及教育计划的其他组成部分。

（6）开展科学、科技、创造性和研究性活动，参加实验和国际活动，开发和应用创新的权利。

（7）免费使用图书馆和各类信息资源，按照开展教育活动的组织内部规范规定的程序使用通信网络和数据库、教学和教学法资料、博物馆馆藏，实施优质教学活动、科学和研究活动时使用所必要的物质和技术设施的权利。

（8）依据俄罗斯联邦和地方法律法规的规定，免费享受教育组织的教育、教学法和科研服务的权利。

（9）依据该组织既定章程规定的办法参与教育组织管理的权利，包括参加合议管理组织。

（10）参与教育活动问题的讨论，包括通过管理组织和社会组织参与。

（11）依据俄罗斯联邦法律法规规定的形式和程序加入专业社会组织。

（12）向教育关系参与者争端解决委员会提出申诉。

（13）维护职业荣誉和尊严，对违反教育工作者职业伦理标准的行为进行公正客观的调查。

第48条"教育工作者的义务和责任"规定教育工作者履行下列义务：

（1）开展高水平职业活动，保障按照被批准的工作计划教授学科、课程、教程（模块）。

（2）遵守法律、道德和伦理标准，遵循职业伦理要求。

（3）尊重学生及其他教育关系参与者的荣誉和尊严。

（4）发展学生的认知积极性、独立性、主动性和创造能力，培养其公民意识、在现代社会工作和生活的能力，形成健康、安全生活方式（所需的）素养。

（5）运用有教育学根据的、能够保障教育质量的教学及育人（道德教育）形式和方法。

（6）鉴于学生身心发展的特点及其健康状况，保证健康受限群体接受教育必须的特殊条件，必要时与医疗机构进行合作。

（7）系统提高自己的职业水平。

（8）依据教育法律法规规定的程序，参加是否适合所承担职务的鉴定。

（9）依据劳动法律法规的规定进行入职体检和定期体检，以及按照雇主的指示进行非例行性体检。

（10）依据俄罗斯联邦法律法规规定的程序，学习并参加劳动保护领域知识和技能的测试。

（11）遵守教育组织的章程，遵守开展教学活动的组织条例、内部劳动规章。

同时规定，包括民办教育机构在内的教育工作者，无权在该机构内向学生提供导致教育工作者利益冲突的有偿教育服务。教育工作者不得利用教育活动做政治宣传，强迫学生接受或放弃政治、宗教或其他信仰，煽动社会、种族、民族或宗教纠纷，基于社会、种族、民族、宗教或语言属性特征及对宗教的态度宣传鼓吹公民的排他性、优越性或劣势，其中包括告知学生有关历史、种族、宗教和民族文化传统的不实信息，以及鼓动学生进行违反《俄罗斯联邦宪法》的行为。

（二）"大学章程"明确师德要求

俄罗斯各类学校均提出师德建设标准。高等教育机构均制定各校的根本大法"大学章程"。以俄罗斯排名第一的莫斯科大学为例,《莫斯科大学章程》中第六章《莫斯科大学的工作者和学生》对师生的权利与义务进行了规定。该章程指出,莫斯科大学师生员工的权利和义务是由俄罗斯联邦法律、《莫斯科大学章程》及其《学校内部管理规程》《集体协议》和大学其他规章决定的。

1. 根据《莫斯科大学章程》,莫斯科大学师生员工有权:
(1) 参与解决莫斯科大学发展中最重要的问题;
(2) 加入工会和其他社会组织;
(3) 使用莫斯科大学教育和科学资源、社会后勤服务,使用学校图书馆档案和藏书。

同时,莫斯科大学师生员工必须做到:
(1) 遵守该章程的规定并执行莫斯科大学管理机构的决定;
(2) 确保教育过程和研究的高效率;
(3) 保护莫斯科大学的财产;
(4) 对于违反该章程规定的义务的师生员工将按照联邦法律、大学章程、内部管理规程等制度给予纪律、物质和民事责任方面的惩罚。

2. 《莫斯科大学章程》专门规定了教师的权利和义务。
(1) 科学和教学工作者有权:
①参与选举并当选莫斯科大学学术委员会、院系学术委员会(研究机构)的成员;
②为完成本职工作,获得组织、物质和技术方面的支持;
③根据俄罗斯联邦法律,确定教学内容;
④选择最能满足学生个人特点并确保教育质量的教学方法和手段;
⑤参与科学研究,确保教育内容具有较高的科学水平,并获得新的基础知识;
⑥根据章程和有关协议,免费使用莫斯科大学图书馆、信息资料、教育和科研单位的服务,以及大学社会后勤和其他单位的服务;
⑦按照俄罗斯联邦法律规定的方式,对莫斯科大学行政管理部门的命令和指示提出上诉。

(2) 科学和教学工作者必须:
①确保教学和科学过程的高效率;
②遵守《莫斯科大学章程》《学校内部管理规程》《集体协议》《莫斯科大学伦理法典》以及莫斯科大学的其他规章,遵守莫斯科大学管理机构的决定以及劳动保护和安全要求;
③根据学生所选专业和方向,培养学生的公民意识、工作能力等专业素质;
④培养学生的独立性、主动性、创造力;
⑤系统地提高自己的能力。

二、师德师风建设的保障机制

（一）法律规定对教师进行鉴定

《俄罗斯联邦教育法》第五章第48条规定：教育工作者不履行或不当履行承担的义务，依据联邦法律规定的程序和情况承担相应责任。教育工作者如不履行或不当履行第48条第1款规定职责，在鉴定时将予以考虑。

在第49条中明确了鉴定具体要求：

1. 对教育工作者进行鉴定的目的是在对其职业活动做出评估的基础上，确认其是否适合所承担的职务；按照教育工作者自身意愿，确定教育工作者的职业资格等级。

2. 每五年进行一次旨在确认教育工作者是否适合所承担职务的鉴定，由开展教育活动的组织自主成立的鉴定委员会对其职业活动进行评估。

3. 针对联邦部委所属教育机构的教育工作者的职业资格类别开展的鉴定，由部委组建的鉴定委员会进行；联邦主体管辖的、市立的和民办教育机构教育工作者的鉴定，由联邦主体权力执行机关组建的鉴定委员会鉴定。

4. 教育工作者鉴定规则的制定，由在教育领域行使制定国家政策和进行法律规范调整职能的联邦权力执行机关，与在劳动领域行使制定国家政策和进行法律规范调整职能的联邦权力执行机关协同负责。

（二）普通教育系统师德师风建设机制

1. 联邦教育部完善《教育工作者新职业规范》

2019年9月2日，俄联邦教育部和俄联邦人民教育与科学工作者职业联盟向俄联邦主体教育主管部门和教科工作者联盟各地分会发出通知，要求各类教育机构成立"教育活动争议协调委员会"，更新伦理规范，并提供了新的规范模板，其中第二部分《教育工作者职业伦理规范》中提出，教师必须意识到对国家、社会和公民的责任，做到：

（1）尊重学生和其他教育活动参与者的荣誉和尊严；

（2）不从事影响圆满完成教育工作的活动，包括人际的、财产（金融）的或其他利益相关的活动；

（3）对学生、家长（或法定代表人）和同事友好，有礼貌，态度温和和关心；

（4）宽容和尊重俄罗斯联邦和其他国家人民的习俗和传统，关注不同社会群体的文化和其他特点，促进不同种族和宗教学生间的互动；

（5）履行工作任务时，不论对象的性别、种族、国籍、语言、出身、财产和职业地位、居住地、对宗教的态度、信仰、属于何种社会团体等，均应遵守自然人和公民的权利和自由平等的原则；

（6）衣着外表要与所实施的教育计划相符合；

（7）不在社交媒体和互联网中发布儿童可以访问的有害其健康和(或)发展的信息；

（8）避免可能损害教师和(或)从事教育活动的组织的荣誉、尊严和声誉的情况。

根据此模板，俄联邦行政主体教育主管部门制定具有自身特点、符合本地需要的教师伦理规范，也有中小学制定本校教师伦理规范，尤其是民办学校更重视这方面的建设。

2. 定期举办优秀教师评审

俄罗斯从30年前即开始"年度中小学教师"大赛，在俄罗斯有广泛的社会影响。该评比由俄罗斯教育部、全俄教育工会和《教师报》编辑部联合举办。比赛持续半年时间，共有四个阶段，动员全国中小学的教师参与。

第一阶段由教育机构主办。

第二阶段市级政府教育管理机构主办。

第三阶段由联邦行政主体(州、共和国层面)的国家教育主管部门主办；这一阶段的参与者都被授予各行政主体"年度教师"称号，同时从全国选出15名优胜者进入决赛。

第四阶段由联邦教育部主办，又分为三个阶段——15进10、10进5，并最终选出1名冠军。

俄联邦教育部在每年10月5日教师节前在克里姆林宫大礼堂举办颁奖典礼，邀请社会知名人士和著名演员为获奖教师颁奖，冠军将获得一尊水晶鹈鹕雕塑并担任一年联邦教育的"社会顾问"，主持次年的"年度教师"评比活动。

近年来，俄教育部扩大了评选范围，连续举办"年度校长""年度幼儿教师""年度特教教师"等活动，使从教者得到更多鼓励。

（三）高等教育系统师德师风建设机制

2012年全俄大学校长联盟委员会推出了《高校工作人员职业伦理规范》，第五章规定了高等教育机构的原则：

——责任：高等教育工作者的行为要符合政权、学生、雇主、各阶层居民的利益，回应社会在精神、经济、社会和文化领域的需要；

——教育空间的统一；

——实践的连续性；

——教育与科学的融合；

——教学和德育的平衡；

——面向社会。

该方案确定了大学的三个基本价值观——知识、服务、学术自由，并就这三个价值观规定了大学教师伦理规范。

1. 基于知识价值层面的伦理规范

（1）支持、发展和教导学生形成世界科学图景，反对伪科学知识；

（2）学习、保存和发展所在高校乃至俄罗斯学术界前辈的教育和科学成就；

（3）将自身职业活动定位于培养高水平人才、取得高水平科学成果和在社会中创造高水平的精神文化；

（4）保持对俄罗斯科学和教育的归属感：重视和尊重俄罗斯同行的活动，在工作中积极使用俄罗斯科学家的成果，包括优先引用俄罗斯同行的科学文献，参与俄罗斯大学校际科研—教育组织和项目；

（5）保持与所在高校的自我认同，在与俄罗斯和国外单位开展科学和教育活动中，包括在其他单位工作和出版科学成果过程中强化这种认同；

（6）参与国际间的知识交流和学术实践，将本身工作与世界一流的学术标准和研究趋势联系起来；

（7）将自身的教学实践建立在积极的科学研究的基础上，提高学术能力，及时吸收学生参与科研工作；

（8）培养发表作品的主动性，公开刊发科研成果（科研工作与安全领域有关的情况除外）；

（9）在评估同事和学生的学术成就时遵循客观性和公正性原则，尊重他们的学术地位；不允许透过作者的民族和宗教信仰的棱镜来判断其科学和教育活动成果；

（10）在版权问题上坚持诚信，抵制抄袭和违反引文规则，在得到许可发布之前严守大学科学研究的秘密。

2. 基于服务价值层面的伦理规范

（1）根据自身工作的目标，了解学生、雇主、社会各阶层和国家的利益所在；

（2）承认自己是高等教育机构的平等成员，珍惜其声望和利益；为大学的发展而不懈努力，遵循大学章程和各项规章制度、管理命令和决定；

（3）根据经济和社会的需求及时调整教学和科研活动，努力将科学成果转化为高科技，带动学生加入大学创新企业的工作；

（4）关注国家在科学和教育领域的政策规定，跟踪大学与社会、商业组织之间制定的学术发展建议；

（5）促进学生发展广泛的实践技能和其他能力，提高学生面向未来的专业水平和竞争能力；

（6）参与学术流动和交流，促进俄各地区高等教育机构教育经验和科学学派的交流；

（7）将自身的科学和教育工作与学生的和谐培养相结合，使年轻一代拥有俄罗斯文化—历史和精神价值，培养其公民角色和专业创造力，以及对民族起源、宗教信仰、社会地位和身体健康状况的宽容态度；

(8) 尊重传统宗教信仰,加强精神文化的道德基础,抵制负面社会现象在大学团体和学生教育过程中滋生;

(9) 抑制腐败现象,视其为对个人尊严的侮辱、大学声誉的损害、历代大学员工的成果践踏;

(10) 不与学生发生个人和商业关系,大力发展教师和学生团体之间的学术对话。

3. 基于学术自由层面的伦理规范

(1) 将学术自由与对大学和国家的责任统一起来,学术自由意味着科学和教育成果必须符合俄罗斯社会道德和法律规范;

(2) 尊重和关注大学同事的学术地位,赞赏同事的个人和专业背景,学术讨论时相互尊重;

(3) 充分发展学生的教育和科学潜力,相信发掘学生的潜力是导师和学生的最高目标;培养学生在专业和生活中的创新能力;

(4) 支持高等教育机构正常运行,确保个性的表达和发展;支持同事和学生在科学出版物和演讲中公开发表学术观点;

(5) 了解教师和学生的学术情况,这是大学所有科研一教育学派工作的基础;

(6) 不断丰富知识,促进个人发展,改善社会的精神文化。

(四) 学校层面的师德师风建设机制

联邦层面形成师德师风建设机制后,各级学校、院系、教研室、学科协会也制定了相应的伦理规范。试以莫斯科大学为例进行分析。

1. 《莫斯科大学章程》《学校内部管理规程》明确对教职工的奖惩

《莫斯科大学章程》第119~122条提出:为莫斯科大学的员工在教育、教学法、科学、德育工作和本章程规定的其他活动中取得成功,给予各种形式的道德和物质鼓励;莫斯科大学为教师、研究人员和其他员工提高技能创造必要条件;对连续在莫斯科大学从事25年以上科学工作和教学的教授,根据莫斯科大学学术委员会的决定授予"莫斯科大学功勋教授"的荣誉称号,对其他在莫斯科大学连续工作至少25年的员工可以授予其"莫斯科大学功勋教师""莫斯科大学功勋研究员""莫斯科大学功勋工作人员"的荣誉称号;学校定期举办年度科学会议"罗蒙诺索夫报告会",对于在科学工作和教学中取得杰出成就的教师授予"罗蒙诺索夫奖",对年轻学者授予"舒瓦洛夫奖"和"莫斯科大学青年学者委员会奖",具体规定由莫斯科大学学术委员会批准。

《学校内部管理规程》明确了教职工聘用与解聘的程序,规定了教职工和校方各自应承担的义务、教职工工作时间、奖惩规定。该规程阐释了对教职工的惩处种类(记过、训诫、开除)和实施条件。

2. 《莫斯科大学伦理法典》全面规范教师言行

《莫斯科大学伦理法典》由"前言""宗旨""大学全体成员共同义务""教师和科研人员义务""学生义务""法典适用范围""贯彻本法典的机制"等部分组成。

其中,"教师和科研人员义务"包含的内容有:

(1)教学活动:莫斯科大学的教师应成为学生师表,将在莫斯科大学的工作作为主要职业活动;对所教学科应有深入的研究;应有高超的教学技能;应公正客观地评价学生的知识和能力;与学生交往要拒绝发生会影响学习效率和学业成绩公正性的关系,如商业合作、借贷、收授礼品等;不得有恐吓、迫害的行为,与大学生和研究生交往不得有侵略性;不得贬损大学生和研究生的名誉和长处,不得对其使用粗鲁的语言;不得因大学生和研究生的国籍、种族、性别和其他特点而歧视他们。

(2)研究活动:为莫斯科大学的科学成就贡献自己的力量、知识和经验;科研要遵循成果公开的原则,接受批评、复查,允许其他研究人员使用;尽最大可能减少科研成果对人、动物和周围环境的不良影响,遵守生物伦理和生态规则;进行医学—生物学、社会学和其他以人为研究对象的科研要绝对遵守维护实验对象权益的规定;不得抄袭、侵占未经发布的创意;使用同行科研成果时必须遵守科技界引用的相关规定并注明出处;不得损害共同研究人员的权益;充分发挥专家和评审人的作用,追求科研方案和成果的客观性;作为专家、评审人和领导者要对未发布的科研信息保密;促进学生和研究生的科研进步,培养其从事科研活动的能力。

(3)与同事的关系:无论是私下交往还是公开交流意见均应保持尊重的态度,不得蓄意损害其职业声誉;不得恐吓、迫害、侵犯同事的私人生活,不得侮辱、扩散有损同事的虚假信息。

(4)对大学的关系:尊重莫斯科大学的传统、历史和象征;遵守《莫斯科大学章程》《学校内部管理规程》和学校发布的各类管理规定;对待同事违反法律、学校章程和伦理法典的行为持零容忍态度;在其他单位兼职从事研究、教学和社会工作不得损伤莫斯科大学的利益,不得影响履行自身义务;珍惜莫斯科大学在科学和创新领域的荣誉,保护其优先权和专利权。

3. 院系层面的师德师风建设

莫斯科大学高等商务学院制订了自己的伦理规范,由商学院的教职工和学生代表大会确认通过,其规定更加具体。该规范由"前言""总则""师生员工共同遵守行为规范""教师职业伦理""学生行为伦理""师生相互关系""工作人员行为规范""与外界机构和合作伙伴以及媒体交往的伦理规范""结语"等部分组成。

在"师生员工共同遵守行为规范"中要求师生遵守作息时间,得体衣着,礼貌待人,语言得体,以"您"互称,尊重他人的宗教和政治观点,爱护公物和他人劳动成果,积极参加学院的文化活动,上课和会议期间保持电子设备静音,在会议和研讨会及音乐会中保持安静和秩序,不在学院宣传政治和意识形态观点。

在"教师职业伦理"中规定了教师必须做到:与学生建立互相尊重和平等要求的关系,保持客观和公平;不将自己的观点强加给学生;努力培养学生的自立、创新、负责、批判性思维、自我监督、自我教育、善良、诚实、敬业、爱国、宽容、尊重法律和他人的自由等品德;为人师表,教育学生对学习过程形成专业态度,课前有准备,按课程表上下课,及时批改学生作业并反馈;在教学和德育过程中,教师无权采取与社会公认道德规范相冲突和损害学生利益的措施;教师不应与学生讨论自己的同事和其他同学的职业和个性特点,评估其行为;禁止以直接和间接的言语向学生暗示可以用金钱和礼物换取正面的评语或其他特权。

师德师风建设的最终成果应该是教师对伦理规范内化于心,外化于形,除了外在的制度和机制建设,更要加强对教师的培养与引导。俄罗斯重视对教师的职前教育,师范院校强化对师德的培养,莫斯科大学鼓励所有博士研究生选修教育学专业,培养职业伦理,为未来在高校工作做准备。

俄罗斯教育界师德师风建设成效显著,教师违反伦理、法律的情况鲜见于媒体。社会各界更多关注政府能否保证对教育的财政投入,提高教师的收入和社会地位,从而吸引优秀的年轻人从事教育,尤其是到边远地区工作。为鼓励教师积极从事德育工作,普京总统要求,从2020年9月1日开始政府给全俄所有中小学班主任每月发放5 000卢布津贴。

【资料链接一】

俄罗斯教师收入问题影响教育长远发展

教师在实施任何教育发展战略中的关键作用都是显而易见的。当然,教师的地位与一个国家的教育质量之间不存在直接的联系,不像通常所说的那样:"地位越高,质量越好。"但是,存在负相关。如果教师的收入低于经济的平均水平,并且他的工作量明显高于其他行业的工作者,则不可避免地会出现双重负面选择:优秀的生源不会报考师范院校,与之相对应的,来学校工作的也不是中高等师范学院的优秀毕业生。

众所周知,根据俄罗斯联邦总统2012年5月7日第597号法令,到2018年,包括学前教育机构和中等职业教育机构在内的全体教师的工资应不低于该地区的平均工资。然而,全俄人民阵线(ONF)的专家称,2016年对5 000名俄罗斯教师进行了调查,发现:俄罗斯联邦85个地区中有75个没有执行该总统令。

全俄人民阵线(ONF)专家对1 300名教师进行的另一项调查[①]显示,俄罗斯教职工短缺情况如下:

数学教师——4%;

外语教师——39%;

俄语语言文学教师——30%;

---

① 全俄人民阵线发现俄罗斯学校教师短缺[EB/OL].(2018-07-30)[2018-09-12]. https://www.rbc.ru/society/30/07/2018/5b5ae5709a7947020db02fd3.

小学教师——26%。

与此同时,2017年9月28日在国家杜马的"政府时刻"会议上,基础教育部部长奥莉加·尤里耶夫娜·瓦西里耶娃表示,俄罗斯学校教师的岗位空缺仅占1.1%。

全俄人民阵线数据库再次对统计学和社会学之间这种根本性差异进行了阐释,根据该数据,俄罗斯教师2016年的平均工作量为每周28节课,即超过了其薪酬该有工作量的1.5倍。考虑到备课、检查作业、填写文件和孩子思想教育等工作,总负荷大大超过每周60小时。俄罗斯联邦总统国民经济和行政学院数据显示,2018年与2017年相比,兼任双份工作的教师(每周36节课)人数从7%增加到13%①。可以确认:全国八分之一的教师要么没有在过正常的生活,要么就是并没有给孩子们应有的教育关注和个人影响。在这种负荷下的情绪倦怠几乎是不可避免的。

俄罗斯教育工作的报酬也存在严重的不平等。根据一项特别研究,2017年亚马尔-涅涅茨自治区一名教师的年平均工资超过96 000卢布,而在阿尔泰地区只有大约2万卢布,即相差4.8倍②。2018年,莫斯科政府宣布,首都教师的年平均工资是107 000卢布。国家同工同酬的原则没有被破坏,但被忽视了。

【资料链接二】

俄罗斯加大对青年学者的支持

青年学者的研究和创新活动是科学技术领域发展的重要推动力,是确保国家未来在国际舞台上影响力的关键因素之一。20世纪90年代苏联解体后,俄罗斯国内政治局势不稳定,经济状况普遍恶化,社会冲突激烈,大批优秀的科研工作者在工资水平下降、科研经费骤减、缺乏社会保障、失业等一系列压力下选择出国工作或者转行。人才外流,尤其是青年学者和研究人员的减少,对国家整体教育和科研造成了消极影响,导致俄罗斯科技发展缓慢,综合国力和国际影响力下降。

普京总统2012年重返克里姆林宫以来,俄罗斯颁布了一系列法令,采取了积极有效的措施来促进本国科技创新的发展,激发青年学者投身科研的热情。截至目前,俄罗斯已经逐步从国家层面建立起一套有效的措施支持系统,包括政策支持、经费支持、公派留学、科研基础设施建设和社会保障等,旨在为那些从事尖端科技和俄罗斯经济现代化方面研究的青年学者提供多方面保障③。

---

① 学校效率监测. 近年来教师工作发生了哪些变化(2014—2017年)[EB/OL]. (2018-04-25)[2018-05-21]. https://www.ranepa.ru/images/News/2018-04/25-04-2018-1-monitoring-otchet.pdf.
② 丹妮琳娜·安娜. 希望的效果已经耗尽[J]. 教师报,2017(40).
③ 在《2025年前俄罗斯联邦国家青年政策准则》中,对"青年学者"一词进行了定义,即"35岁以下获得副博士学位或40岁以下获得博士学位的教育或科研机构的工作者,30岁以下的未获得高等教育机构学位的研究生、研究员或教师"。

一、政策支持

为了改善俄罗斯联邦的科研和人才培养现状,国家制定了一系列促进科技、科研和创新发展的规范性法令。

(一)《俄罗斯 2013—2020 年国家科技发展纲要》。该纲要的主要内容包括俄罗斯科技优先发展方向、科技经费投入、科技人才培养等,旨在通过科研体制改革,国家政策、资金等手段,提高科研部门的竞争力和行动力,推动俄罗斯科技的全面振兴。

(二)《2014—2020 年俄罗斯科技综合体优先发展研发方向联邦专项计划》。该计划致力于确保俄罗斯的科研成果(包括青年学者在内)对实现俄罗斯联邦社会经济长期发展战略目标的贡献。在该计划中制定了一些指标,如增加 39 岁以下青年学者在研究人员总数中的比例(从 2014 年的 33%增加到 2020 年的 35%),降低研究人员的平均年龄(从 2014 年的 47 岁降至 2020 年的 43 岁),等等。

(三)《2014—2020 年创新俄罗斯科学与科教人员联邦目标纲要》。该纲要强调了青年创新人才培养的目标和任务;建立"选拔—培养—留住人才"的培养机制;增加国家对科学研究的经费投入;加强师资队伍和基础设施建设等关键性问题。

二、经费支持

俄罗斯越来越重视对青年学者的经费支持,主要方式是在竞赛的基础上为优胜者提供科研经费补贴和奖助学金。据统计,从 2014 年至 2019 年,科研项目经费提高了 1.8 倍——从 125 亿卢布到 347 亿卢布。与此同时,国家支持的研究项目的比例也有所增加,是原先的 1.3 倍。四年间,获得资助的人数增加了约 43%,尤其是 39 岁以下的学者(增长率约为 60%)。

面向青年学者的经费支持包括为青年副博士和博士提供的俄联邦总统科研基金,为青年学者和研究生提供的总统奖学金和政府奖学金以及由基金会提供的科研基金等,用于支持青年学者的科学、科技和和创新活动。

(一)俄罗斯联邦总统奖

俄罗斯联邦总统奖是对青年学者学术贡献的最高认可,该奖项设立于 2008 年,奖金总额度 250 万卢布,目的是为青年学者和专家提供支持,激励他们积极参与到科技创新活动中。该奖项每年会授予四名俄罗斯联邦公民,以表彰他们在自然科学、技术、人文科学、经济和社会领域的研究和创新活动中取得的重大科研成果。

(二)俄罗斯联邦总统科研基金

俄罗斯联邦总统科研基金是根据 2009 年 2 月 9 日颁布的第 146 号俄罗斯联邦总统令《关于加强国家对俄罗斯青年学者——副博士和博士的支持办法》设立的,其目的是为从事俄联邦科学和技术发展重点领域的基础科学和应用科学研究的俄罗斯青年学者(副博士和博士)和俄联邦顶尖科研团队提供经费支持和物资保障。

俄罗斯联邦总统科研基金以津贴的形式分两年发放。在竞争基础上,每年向竞赛获胜者发放400笔津贴(每笔60万卢布)用于35岁以下青年副博士的科学研究,以及60笔津贴(每笔100万卢布)用于40岁以下青年博士的科学研究。此外,每两年举办一次竞赛,向国内领先的学术机构提供50笔(每笔267万卢布)科研基金。

(三)俄罗斯联邦总统奖学金

为了支持青年学者在俄罗斯经济现代化建设的重点领域开展的科学研究,俄联邦教科部与俄联邦总统科研基金委员会于2014年起,共同举办了一项针对青年学者(35岁以下)和研究生的俄罗斯联邦总统奖学金竞赛。奖学金按月发放,每人每月20 000卢布,自2016年1月1日起,奖学金额度调整为22 800卢布。按照规定,2012年获得奖学金的总人数不能超过500人,2013年起调整为1 000人。

(四)科研和学术发展基金会

俄罗斯还设立一些大型国家科研和学术发展基金会为青年学者提供资助:

1. 俄罗斯基础研究基金会(РФФИ):该基金会成立于1992年,旨在支持基础科学研究和基础科学领域的国际合作。35岁以下的俄罗斯公民或者39岁以下获得博士学位的人都可参与该基金会举办的竞赛。该基金会设立以来,已经支持了10万多个项目,大部分资金用于支持特定知识领域的科研,其余的则用于国际和地区竞赛,以及物质技术基础的发展。

2. 俄罗斯国家科学基金会(РГНФ):该基金会成立于1994年,主要目的是支持人文科学领域的研究和人文知识的广泛传播,振兴本国的人文科学传统。

3. 俄罗斯科学基金会(РНФ):该基金会成立于2013年,旨在为基础科学和探索性研究、科研人才培养和在特定科学领域处于领先地位的研究团队提供资金支持。据统计,从2015年至2017年,参与该基金会项目的青年学者(39岁以下)的比例逐年增加,由45%增加到55%。

三、公派留学

根据俄罗斯联邦总统于1993年9月6日颁布的第613—rp号《批准俄罗斯联邦总统奖学金的规定》,政府设立了俄罗斯联邦公费留学总统奖学金,为那些在基础科学和应用科学研究方面取得明显成果的大学生和研究生提供出国留学经费(包括学费、生活费、一次国际往返机票、签证、医疗保险以及在当地的交通费)。俄联邦教科部每年举行一次全俄公开赛,教育机构的大学生和研究生(获得教育机构的学术委员会推荐的俄罗斯联邦公民)都可以参加该竞赛。

2020年俄罗斯联邦公费留学总统奖学金的年度预算拨款为240万美元,共收到来自俄罗斯一流大学和联邦行政机构的内设机构负责人(包括文化部、卫生部、体育部、外交部、运输部、紧急情况部和农业部)推荐的200多份申请。随后,俄联邦科学与高等教育部召开了选拔委员会会议,根据已批准的俄联邦公费留学总统奖学金竞赛评价标准、指标及其权重清单,对申请人的申请材料进行了评审。最终,来自全俄各地的40名大学生和60名研究生获得了公派留学的机会。

四、设施建设

在科研基础设施建设方面,政府部门实施了一些联邦项目,努力创建世界一流的科学和科教中心。

(一)"百万基金"计划

自 2010 年起,俄联邦教科部根据俄罗斯联邦政府第 220 号决议启动了"百万基金"计划。"百万基金"计划是俄罗斯大学、科研机构与世界一流学者以及国外科学、教育和创新领域的顶尖科教中心之间的国际合作计划。该计划的重要任务之一是激励青年学者投身科学、教育和高科技领域。

在该计划框架内,俄罗斯在十年间建立了 270 多个由世界顶尖科学家(包括学术同行)领导的科学实验室,在 20 个专业方向开展重要的科学研究。实验室的任务是开展突破性的基础科学和应用科学研究,其研究成果可用于包括实体经济在内的重要领域。

2019—2021 年该项目的联邦预算为 30 亿卢布。在第七届竞赛举办过程中,特别强调了要强化青年专家在科学研究中的参与度——39 岁以下的科学家的比例现在不仅应至少占研究团队的 50%,而且还应每年至少增长 2%。

据统计,现在实验室中 39 岁以下的科学家所占的平均比例为 56%,并有两名青年科学家在 2020 年 2 月被授予了总统奖。2020 年俄联邦教科部举办的第八届"百万基金"竞赛还将资助 35~40 个建立世界一流实验室的项目,每个项目的资助金额高达 9 000 万卢布。

(二)"科学"国家方案

"科学"国家方案是俄罗斯重要的联邦项目之一,实施日期为 2018 年 10 月 1 日—2024 年 12 月 31 日,总投资计划约为 6 350 亿卢布。"科学"国家方案的主要目标之一就是提高俄罗斯对国内外一流学者以及年轻有为的研究员的吸引力。

"科学"国家方案包括三个子项目:联邦项目"发展科学和科学生产合作"、联邦项目"在俄联邦创建先进的研发基础设施"、联邦项目"研发领域的人力资源开发",其项目经费分别为 2 143.962 亿卢布、3 496.85 亿卢布和 709 亿卢布。其中联邦项目"在俄联邦创建先进的研发基础设施"的主要目标是建立先进的实验基础设施,用于科研、发明和创新活动,以确保俄罗斯联邦在科技发展的优先领域的研究跻身世界前五;资助开展学术研究活动的一流科研机构更新至少 50% 的仪器设备。

据统计,2019 年划拨了 43.5 亿卢布用于 120 个重点科研机构的基础设施更新,2020 年还将有 142 个机构获得购买设备的经费支持。

五、社会保障

社会保障主要指的是为青年学者提供住房方面的支持,这也是他们面临的最迫切的社会问题。

(一)《2011—2015 年住房联邦专项计划》

《2011—2015 年住房联邦专项计划》中针对青年学者(副博士——35 岁以下、博士——

40岁以下)提供财政支持做出了相关规定,财政支持的形式是提供社会补助金用于购买住房。该项目对申请者提出了一些要求和限制:至少有五年科研机构的工作经验;每人只有一次机会获得此补助金;申请人在获得该补助金的五年内不得主动与雇主中止雇佣合同。

据《2011—2015年住房联邦专项计划》官方统计,2015年有1 920个家庭(包括青年学者在内)获得了此项目提供的住房补助金。

(二)"在住房保障和住宅公共服务方面为公民提供国家支持"政府专项计划

确保公民住有所居是提高俄罗斯公民生活质量、实现国家安全战略目标的重要方式之一。为此,俄罗斯实施了"在住房保障和住宅公共服务方面为公民提供国家支持"的政府专项计划。该计划的主要目标是在2019年至2025年间为267 130户公民提供住房。拥有至少5年科研经验的副博士(不超过35岁)和博士(不超过40岁)都有权申请此类住房。

据俄联邦科学和高等教育部公布,俄联邦政府2020年已经颁发了98份住宅许可证(2019年和2018年分别颁发了154份和42份)。

通过综合施策,俄罗斯科研队伍趋于稳定,2017年9.23万人进入科研队伍,同期流出人员为9.88万人。俄罗斯青年从事科研的积极性明显提高,2010年以来,50~59岁年龄段的科研人员减少了40%,而30~39岁年龄段科研人员新增了50%。随着2018—2024年"科学""教育"等国家方案的实施,俄罗斯的教育和科研水平将有望迅速提升。

第二节 俄罗斯大力实施德育发展战略

1991年12月25日,苏联正式解体。伴随苏联远去的不仅是昔日的大国荣耀,还有一整套行之有效的凝聚人心、提振士气的德育制度与举措。

30年来,俄罗斯德育工作经历了摧毁旧制、探索新路与重建秩序的阶段。20世纪90年代,俄罗斯德育水平急剧下滑;在世纪之交,学者们曾多次尝试将西方德育模式照搬到俄罗斯。但是,进入20世纪后的近20年时间证明,俄罗斯的德育不能按照任何外来模式开展,因为它有自己历史悠久的传统和价值观念,有自己的地域、民族以及历史文化特点。

俄罗斯的"教育"(образование)一词下分两个概念:教学(обучение)和德育(воспитание)——前者传授知识,后者培养人格;前者相当于中国的智育,后者是广义的"德育",在中国教育学术语中找不到完全对等的概念,它包括了中国的德育、体育、美育和劳动教育等所有概念内涵。

2020年是俄罗斯德育重点年。为巩固普京总统第三任期以来的德育成果,将其落实到2012年颁行的《俄罗斯联邦教育法》中,7月22日,俄罗斯国家杜马通过《俄罗斯联邦教育法》修正案;7月24日,俄罗斯联邦委员会进行了确认;7月31日,普京总统批准了这一修正案。11月12日,俄罗斯联邦总理米舒斯京发布第2945-p号令,批准《关于实施〈2015—

2025年俄罗斯联邦德育发展战略〉2021—2025年的活动方案》。德育,再次成为俄罗斯教育领域的焦点。

回顾近30年俄罗斯德育的成败得失,对我国的教育改革具有相当的启示作用。

一、20 世纪 90 年代俄罗斯的德育

(一) 20 世纪 90 年代初的德育危机

1991年之前,苏联的教育在内容和组织方面都属于由政党和国家导向的共产主义教育体系。在苏联时期的俄罗斯,对共产党的忠诚、忘我地为共产主义建设事业服务,都是共产主义德育的最高意义。共产主义教育要求社会的(阶级的)价值无条件地高于个人的价值,要求对共产主义的敌人毫不妥协,但是它也宣布劳动是人类的和社会的最高美德,要培养强烈的爱国主义情感和社会正义感。

苏联时期建成了严密的社会德育工作系统,明确地安排了德育目标的层级,详尽地编制了每一层次(十月儿童组织、少先队组织、共青团组织、共产党组织)德育的内容。学校、家庭、社会人士、补充教育机构、大众传媒、党的教育组织的协调一致活动,创造了持续教育的统一空间;把所有的社会公民都吸纳入这一阵容;这样的协调活动存在于人的整个一生。

1980—1990年之间,共产主义教育系统遭到了有针对性的摧毁,但代替它发挥社会效果的教育系统却没有建构出来。在 20 世纪 60 年代"解冻"之后开始的价值的贬值、理论与实践的脱节、现实与所宣扬的理想之间的鸿沟,动摇了共产主义价值的威信。20 世纪 80 年代中期是"公开性"时期和否定"阶级斗争"理论的时期,共产主义意识形态在苏联的威信扫地以及与之相伴随的对社会教育价值的否定,导致整个教育遭到抛弃。在这样的背景下政府逐渐离开教育,不再把教育看作自己政策的优先方向之一。1991 年 1 月,在苏联解体前,俄罗斯联邦教育委员会的决议《关于普通教育机构中教育活动的民主化》,就指出对儿童的"社会化"已达到了不能容忍的程度。在消除这些要求的背后实际上就是要取消对年轻一代的统一的社会管理组织。一方面,教育的非政治化具有某种新的性质并有助于克服专横的教育的极端形式;但另一方面,对国家不愿意承担建立新的教育系统的责任进行某种辩解,而把新的教育系统说成是填补传统教育的"漏洞"。

关于新的俄罗斯国家对解决教育问题的态度,最典型的陈述是 1992 年《教育法》的开始几行:"本法中的教育是指为个人、社会和国家而进行的有目的的教学培训过程,在此过程中公民(受教育者)达到国家规定的教育水平。"不难发现:社会被放到了第二位,这正是上面提到的否定态度的直接后果,这种否定态度是 20 世纪 90 年代初的社会意识所特有的。结果甚至在过了一年后,俄罗斯联邦教育部得出了一个令人不安的结论,即"儿童组织的利益被忽略了,在一些地区不许他们使用教学机构的场所,毫无根据地精简了辅导员的职位。在儿

童活动和教学法活动方面的科研被压缩了"。

尽管承认教育系统中的危机形势,也承认国家扶持力度之弱已达到了不可容忍的地步,但是管理机关依然坚持:"不允许国家机关和官员干预社会团体的活动,就像不允许社会团体干预国家机关和官员的活动一样。"(俄罗斯联邦教育部委员会1993年4月14日决议)俄罗斯联邦教育部委员会在为履行联合国儿童权利公约和保证俄联邦儿童的生存和发展宣言而通过的决议附录中(1996年),坚定地强调了国家在为儿童发展创造条件方面所起的特殊作用。国家扶持的基本方向和形式包括:信息保证,为青年和儿童组织培养干部,给予纳税优惠,对儿童和青年组织的活动给予资助,为各项计划和方案拨款。

(二) 20 世纪 90 年代后半期的德育回归

1. 补充教育成为德育的重要载体

20世纪90年代中期,俄罗斯儿童和青年的教育状况威胁到国家民族的安全,因此国家做出了一些努力去恢复对教育问题的关注,其主要的注意力集中在补充教育系统上。在俄罗斯联邦教育部委员会1994年11月23日的决议中,补充教育被描述为把教育、教学和发展客观地结合成一个统一过程的范畴。其优越性在于:增加儿童利用课余时间的主动性,丰富教育领域和教育活动种类的多样性,使其具有适合于各种不同年龄和多种职业的特点。

"补充教育是对教育过程进行人道主义革新的源泉"这一观点值得肯定,因为补充教育为发展儿童的创造天赋、自决、自我实现和自我发展创造了广泛的可能性。必须指出,补充教育系统,基本上是唯一从苏联时代保留下来的教育活动领域。2002年,俄罗斯有近2万个补充教育机构,其中8 900个是德育系统的、5 800个是文化系统的、1 800个是体育系统的、1 800个是社会组织的机构。在这些机构学习的6~17岁的少年儿童超过1 300万人[①]。但是,仅仅只有国家对补充教育机构的扶持,对于整个教育系统的健康发展是不够的。补充教育有助于发现和发展儿童个人的兴趣、内部潜力,能为儿童的个性自我发展创造条件。

1997年12月16日的《议会听证会关于现代条件下儿童和青年教育的建议》,建议俄罗斯联邦政府"在1998年形成国家的教育理念,并制定以对成长中一代实施公民教育、道德教育、体育和美育为目标的教学大纲"。

以个性为导向的教育理念依据的原理是,个性的特征是具有独立性、自主性、反省倾向性、创造能力以及具有对自我完善和不断地提高自我修养的需求。以个性为导向的教育的人道主义范式最主要的思想包括:

——儿童的利益优先于国家的、社会的、各种社会团体的和教育过程的其他参加者(教师、家长和行政管理机关)的利益。

——必须个别地对待受教育者,必须考虑到受教育者的个性特征和内在特性,这就要求

---

① О положении детей в РФ. Государственный доклад. 2003 г. М., 2004.

有针对性地进行教育设计。

——儿童及其天赋和能力有全面、充分发展的必要性和可能性,教育系统的目标要定位于使之现实化和个性的自我实现。

——目标是宽泛地理解儿童的利益,千方百计地帮助儿童发展各种各样的兴趣,对儿童进行社会和教育的支持,在受教育者周围营造发达的社会文化环境和人文心理氛围。

2. 复兴民族教育思想

20世纪末探索的第二个方向是复兴民族教育思想。民族教育的思想家们认为由于缺乏实际上被一个民族的绝大多数人从内心接受的思想,而酿成了现代俄罗斯生存的悲剧。他们认为,在俄罗斯发展的现阶段必须复兴东正教的精神,这种精神在除了20世纪之外的整个俄罗斯的历史上,是教育过程发展的无可争辩的道德基础。在教育教学过程中应该与东正教的意识结合起来。民族教育观念的基础使俄罗斯教育具有以下特征:

——高尚的精神,这是俄罗斯人特别关注绝对的、永恒的范畴;

——开放性,这是俄罗斯文化和教育对外部影响的开放能力、吸收外国价值观念的能力,在保持自己的独特性和唯一性的同时从精神上丰富和改造它们的能力;

——传统性,这是依靠民间文化、民间教育学和经验获得人的发展规律。

民族教育把热爱祖国和渴望更多地了解祖国看作社会思想的核心。有一种思想认为,任何人都必须掌握的知识是"读、写和算的技能,自己的宗教原理的知识和自己祖国的知识",现代民族教育的理论家把祖国看作是一种思想、一种能把分裂的俄罗斯社会团结起来的思想,而把对祖国的爱,看作是教育的动力。对民族教育普遍形式的探索就是在这样的思想平台上进行的。20世纪末,民族教育的拥护者提出要复兴修正过的"东正教、君主专制、人民性"的三合一,这样的三合一从19世纪中期起巩固了俄罗斯国家的帝国势力。

这一派思想家提出必须返回到俄罗斯东正教的传统,其结果就是使宗教教育在包括学校在内的社会中的地位问题具有了现实意义。这是一条社会教育的道路,其使命是要培育新的一代公民,使他们热爱自己的祖国,追求高尚的道德价值和理想。

3. 家庭努力发挥德育功能

在俄罗斯的转型时期,从前的那些对教育过程起调节作用、为儿童进入成年生活做准备的法律、社会规范和规则都被抛弃了,而新的法规尚未制定。在批判、责难社会教育的形势下,正是家庭成为成长中一代的最重要的保障之一。俄罗斯社会学者研究认为,家庭对儿童的影响,现在比学校、大众信息手段和街道对儿童的影响大得多:在儿童成长中,家庭的影响占40%,大众传媒占30%,学校占20%,街道占10%[①]。大部分家长都强调家庭所起的教育作用正在增强。在优先的生活价值问题的答案中,75.5%的家长把对儿童的教育作为其中

---

① Отчетная научна продукция исследовательской группы "Стратегия и механизмы развития воспитания детей в условиях формирования российского общества". Социальный мониторинг воспитания детей в Российской Федерации (2000—2004). М., 2004.

的基本价值,放在第二位的是幸福的夫妻生活,第三位是健康的身体,第四、第五、第六位分别是物质方面满意、职业活动和与朋友有意义的交往①。

但九十年代俄罗斯家庭所陷入的经济危机状况使其难以完成教育任务,为数众多的家庭不得不在市场经济条件下"挣扎",其贫困化的趋势令人担忧。许多家长为减弱物质困难对孩子的影响做出了巨大的努力,他们承担着保持家庭安康的重任,已不能充分顾及孩子的教育。在社会和经济因素的影响下出现的一种普遍现象是人生存、全面发展和社会化所必需的条件以及物质和精神资源的匮乏。许多家庭尽管做出了巨大的努力但仍不可能让自己的孩子获得合格的教育,不能保护并增强孩子们的健康。令人不安的统计数据表明,不完整家庭的比重在不断增长,未婚妇女生育的子女的数量在增长,被剥夺了抚养权利的家长的数量达到恐怖的地步。

1993年,在100对已婚夫妇中有59.9对离婚,2003年,离婚比例达到73.2%。1993年非婚生子女的比重占18.18%,2002年占29.45%。1993年,1 200多起诉讼是关于剥夺家长权利的;2002年,这类诉讼近5 000起。经济问题、社会的不稳定、夫妇之间复杂的人际关系,导致家长与孩子之间关系的疏远②。

物质条件比较好的家庭也不是总能胜任自己对孩子的教育义务,这是由一系列原因造成的。组织复杂、瞬息万变的现代世界对进入这个世界的人提出严酷的要求。分析现代俄罗斯家庭的状况可以发现,家庭在儿童社会化方面所起作用的增强与家庭所处的危机状况之间存在矛盾。

4. 青年形成了新的价值观

现代社会环境所特有的价值和规范的不确定性,造成未成年人犯罪、卖淫、吸毒、流浪等负面现象不断增长(2002年全世界有1 000万名左右流浪儿童,其中的1/10来自俄罗斯)③,在参与刑事犯罪的未成年人中,16岁以下的未成年人的比重在增长。2002年被追究刑事责任的少年人数达到47 000人之多,其中1/3的人既不在学校上学,也不参加工作④。

一系列社会学研究表明,现代青少年对自己的力量、对个人成就的定向明显高于对社会有意义的价值定向。青少年对公民问题的态度就很典型,很多青少年不满意自己的现状。研究资料表明,三分之一左右的17岁青少年或多或少地对国家存在负面评价。青少年对国家的消极评价占优势:只有6.1%的回答者认为,有理由为俄罗斯在世界社会中所

---

① Собкин В. С., Марич Е. М. Социология семейного воспитания. Дошкольный возраст. М., 2002.
② "俄罗斯社会形成条件下儿童教育发展战略和机制"研究小组科研成果《俄联邦儿童教育社会调查(2000—2004)》(莫斯科,2004年),第195、208页。
③ Воспитать человека. Сборник нормативно — правовых, научно — педагогических, организационно — практических материалов по проблеме воспитания. — М., 2002, С. 81.
④ "俄罗斯社会形成条件下儿童教育发展战略和机制"研究小组科研成果《俄联邦儿童教育社会调查(2000—2004)》(莫斯科,2004年),第64页。

处的地位感到骄傲;9.7%的回答者为俄罗斯的武装力量的强大而自豪;5.1%的回答者为国家的民主改革、法制和公民自由的发展感到骄傲;12.3%的回答者相信,今天的俄罗斯人没有什么东西值得自豪的。调查表明,认为俄罗斯以往的文化传统已完全丧失的观念已在青少年中稳固地形成,时年17岁的回答者中持这种意见的人占51%;23%的被调查者认为,在失去旧传统的同时,新的传统尚未形成。与此相联系的是出现了儿童向西方文化价值观的转向。在这种心理的支配下,儿童就不能认真地接受诸如善良、公正、正派、爱国主义等价值观。

二、21世纪初俄罗斯的德育工作

(一)国家通过立法强化德育

经过了10年的中断之后,俄罗斯于21世纪初逐渐重建德育系统,制定并批准了《2001—2005年俄罗斯公民爱国主义教育国家方案》和《2006—2010年俄罗斯公民爱国主义教育国家方案》。2006—2010年为这些方案拨款总额达49 780万卢布,其中的37 805万卢布由联邦预算拨款,而11 975万卢布来自预算外资金。方案的目的是发展公民的爱国主义教育系统,这一系统在培养爱国主义情感和意识的基础上能够保证完成团结社会,各阶层和巩固俄罗斯各族人民的统一和友谊的任务。方案提出的目标具体体现在以下一系列任务中:使青年面向祖国文化的价值,培养青年对祖国、对俄罗斯的文化和历史价值的认识,培养对自己祖国的自豪感,培养对宪法、国家的标志物、祖国语言、人民的传统的尊重感。要完成这些任务就需要分阶段地采取以下措施:以整合的形式进行爱国主义教育(整合国家机关、社会组织和家庭的力量);编写有关问题的教学法建议和教学大纲;完善鼓励并支持儿童的自我教育组织、法制和财政机制;提高教育工作者的职业专长;有的放矢地利用国家标志物的潜在价值。

精神—道德教育的发展,要求为年轻一代掌握世界文化和本国文化的精神价值创造条件,使他们能有准备地、独立地选择有道德的生活方式,形成人道主义的世界观、审美修养和艺术品位,追求完美并把精神价值付诸生活实践之中。

这段时间,俄罗斯教育系统中形成了一种新的教育文化,它的特点是:教育实践的多元化、多样化,教育教学技术和心理咨询作用的提高,教育教学活动主体的自由程度的提高。对俄罗斯统一教育空间的各层次教育活动进行分析,能发现以下趋势:

——由各个教育机构编写和实施教育大纲;
——教学的教育作用越来越大;
——补充教育和文化机构的文化教育功能正在加强。

教育途径的多样化并不否定作为教育基础的人道主义原则的统一性。人道主义原则在学前教育阶段就已开始贯彻。在学前机构采用的大纲有"虹""和谐""我们周围的世界""我、你、我们""共同的创作"。它们的内容为培养儿童热爱家乡的情感,扩大情感体验的范围,发展人道和道德的情感,掌握共同活动中的交际手段。

普通教育学校的教育体系要完成一些综合性的任务:让学生吸收文化价值体系,掌握俄罗斯文化和本民族的文化,培养社会理解力,形成全人类的道德规范。学校中恢复了军人荣誉博物馆、地方志博物馆,这些博物馆以及诸如"纪念""渊源""仁慈"等探索小组在有效地开展活动。教育大纲中有各种各样的措施对儿童进行德育和美育。这样的措施有:举办节日,例如"知识日""和平日""城市日";举办展览,例如"我的家乡""民间手工艺";举办维多利亚戏①,例如"你知道自己的城市吗""我的祖国";举办以"战争中人的命运""我家的历史"等为主题的作文竞赛。

学生参与有社会意义的活动才能形成学校的文化教育空间。学校对经济困难的家庭给予人道主义的援助,去儿童之家、军人医院举办巡回音乐会,参加生态保护行动。

公民教育要求在儿童的意识中形成公民的价值观,培养儿童对法规和社会生活规范的尊重,保证培养公民所需的条件,保证儿童能为参与国家的社会、政治生活做准备。公民教育的一些现实问题反映在"俄罗斯青年(2001—2005年)"这一联邦目标计划中。这一计划中最重要的几项是:国家对社会团体和组织活动的扶持,为提拔有才能和专门知识的年轻人进国家政权机关创造条件。儿童和青年的社会活动要求弱化代际矛盾,引进各种年龄阶段的人的自我教育与合作机制,给予青年公民以社会生活经验,促成青少年的社会化。现代俄罗斯儿童和青少年的社会组织的优先方向是:制定发展公民社会的青年研究机构的行动纲领;制定法律,推动建立市一级的跨部门社会支持中心;国际一体化,发起国际社会运动以培养儿童和青少年的社会主动精神。2001—2005年,为实施"俄罗斯青年(2001—2005年)"计划所必需的总费用为40.35亿卢布,其中联邦预算承担8%左右,联邦主体预算承担90%多,预算外经费占0.5%。

(二)开设德育课程和开展多样活动

具有特殊意义的课程有《公民学》《俄罗斯人民精神和道德文化的基础》《社会知识》,以及与研究各地区的历史和文化有联系的课程(《莫斯科学》《顿河哥萨克人的历史》等)。

5~9年级学生学习《公民学》,即在初中阶段学习这门课程。儿童在教学过程中获得有关公民社会、人在社会关系中的地位、人的权利和义务、伦理道德、个人主义和集体主义等初步概念。该课程具有实践性,不仅要求复现理论知识,还要求解决问题性任务,塑造有利于个人发展的情境,学生在这样的情境中必须独立解决冲突,做出道德选择。

---

① 维多利亚戏是一种竞答游戏,参加者要回答一个总题目中的许多问题。

从 2009 年开始,俄罗斯普通教育系统开始在 4~5 年级开设有关俄罗斯人民精神和道德文化的基础课程,这是第二代教育标准中引入的新的学科领域。国家教育标准规定,俄罗斯人民精神和道德文化的基础课程应当保证:

• 培养精神发展、道德自我完善的能力;培养宽容的品质,尊重他人宗教信仰自由与言论自由;

• 了解蕴含在俄罗斯民族文化传统之中的道德规范和精神理想,并以此为基础,在个人行为、过度消费中有意识地进行自我约束;

• 形成关于世俗伦理、传统宗教文化的基本概念,了解其在俄罗斯和人类历史文化发展中的作用,在形成公民社会和俄罗斯国家体制过程中的作用;

• 理解道德、信仰和宗教对于个人、家庭和社会生活的意义;

• 了解传统宗教和公民社会在俄罗斯国家体制发展中发挥的历史作用[①]。

在高年级,即在 10~11 年级学习"社会知识",每周两课时。这门学科的基本内容包括这样一些主题——"个人和社会""自我认识""世界观""国家和社会""经济知识原理""哲学知识原理"等。

"公民学""俄罗斯人民精神和道德文化的基础""社会知识"等课程属于联邦课程,在地区一级可以开设有利于德育和爱国主义教育的补充课程,"民族学"就是其中的一门。这门学科具有综合性,内容是由与民族志、历史、文化有关的问题组成的。课程的目的是扩大对祖国历史和文化及与其他国家文化相互作用的认识,培养爱国主义情感、民族自豪感和对历史的尊重感。

在生活、职业选择过程中对青年进行经济和劳动教育,其目的都是为了使青年更有成效地社会化并积极融入生活。朝着这一方向发展的战略目标是:为儿童认识劳动的社会意义和个人意义创造法律的、社会的和经济的、社会文化的条件。学生应掌握经济知识,形成经济思维,培养劳动活动的技巧,获得与生活计划相一致的补充教育,发展自主性、积极性和首创性。其基本措施有:更新劳动教育和经济教育的内容和形式,促进国有企业、私人企业和社会组织与教育教学机构、青少年职业指导机构相互作用,国家支持对劳动价值、职业化的宣传,创造条件吸引儿童参加各类对社会和对个人有益的活动。

俄罗斯许多教育机构中都有一些法律知识和经济知识俱乐部在开展活动,主要实施以下计划:"社会主动性"(有计划地吸收学生参加改变校内外环境的活动)、"人类共同体和儿童"(吸引孩子参与社会创造)和"领袖"(掌握参加各种团体和领导这些团体的经验)等。建立职业发展中心以解决学生的社会化问题,这些中心开展心理训练和适应训练,对个人的能力和个性倾向性进行诊断,发现个体的潜力。

俄政府依然很重视补充教育的发展,在市和地区层级上共有 10 种类型类似的机构,这

---

① Программа курса "Основы духовно-нравственной культуры народов России".

十种类型是：中心、宫、家、俱乐部、儿童工作室、站、儿童公园、学校、博物馆、健康—教育夏令营。这些组织能保证儿童兴趣、能力和创造潜力的发展，使他们适应新的社会现实。国家博物馆活动计划中包含对年轻一代的教育，并把这种教育列为工作的一个独立且非常重要的方面。例如，在公立历史博物馆中设有学生研究室、历史小组、地方志小组、艺术小组，安排具有戏剧化因素的主题旅游；在俄罗斯现代史公立中央博物馆开办了祖国历史爱好者俱乐部、青年博物馆专家学校。

（三）重视大众传媒的德育功能

大众传媒对实施国家教育计划起着特殊的作用。大众传媒被看作是最有影响的社会教育手段，其对相当一部分儿童和青少年的世界观、目标、价值观的形成所起的作用逐步加强。大众传媒对青年一代的影响体现为各种各样的行为模式、价值系统和道德方向，同时培养他们的各种兴趣，甚至影响儿童和青少年的语言能力。遗憾的是，今天的大众传媒更多的是对成长中的一代产生非正面影响。有时，它们使青年形成能轻松挣钱的想法，传播暴力思想和暴力方式，把罪犯说成英雄，为不道德和不守纪律辩解。大众传媒的自由与新闻工作者对社会的责任之间的关系，是现代俄罗斯"最头痛的"问题之一。这个问题的有效解决与完善调整大众传媒与政权和社会之间关系的立法相联系，与信息产品的生产者履行新闻道德规范相联系。

大众传媒的使命是以保证完成国家对儿童进行道德教育和公民爱国主义教育为目标，生产出版物、电影和计算机产品，保证发展儿童影院、电影院和电视演播室。近年来俄罗斯积极支持大众传媒对教育价值观、道德原理、健康的生活方式、科学教育开展宣传活动。大众传媒对儿童的影响出现了重要变化，这种变化的实质在于更重视对提供给儿童的信息、行为榜样、活动规范、生活方式进行监控，揭露俄罗斯现实"内幕"的、宣传犯罪价值观的、引导产生人民生活暗无天日和没有出路思想的电影的数量大大减少了。大众传媒正在积极寻找时代的正面英雄。并非所有的影视产品都能符合审美要求，但是其内容的转向证实了大众传媒在教育活动方面做出的某些积极的改进。国家采取的一系列措施，其中包括实施由教育部、文化部跨部门参与的《儿童和青少年的精神——道德教育》刊物出版计划，对大众传媒的健康发展起了引导作用。

三、2012年以来的俄罗斯德育

（一）完善德育工作的法律和机制

在当代俄罗斯，德育作为一种社会机制和现象，受到了来自国家和社会的密切关注。2012年5月7日，普京总统开始第三个总统任期，德育工作得到进一步强化。

第十章　30年来俄罗斯师德师风建设与德育工作

从2012年开始,俄联邦从国家层面颁行一系列联邦法律、法典修订措施,颁布了新的针对教育领域的法律和条例、俄罗斯联邦总统令以及俄罗斯联邦政府决议和指示。这些法律法规和决议确定了俄罗斯德育政策在整个教育系统内以及家庭、培训教育等其他教育领域的战略目标、任务和实施机制。确定教育领域国家政策主要方向的文件有:《俄罗斯联邦宪法》、《俄罗斯联邦教育法》、2015年12月31日俄罗斯联邦总统令《俄罗斯联邦国家安全战略》、2015年12月30日俄罗斯联邦政府决议第1493号文件(2018年11月20日修订)《2016—2020年俄罗斯公民爱国主义教育国家方案)》、2016年12月29日俄罗斯联邦政府决议第1532号文件(2019年3月29日修订)《俄罗斯联邦国家项目"推行国家民族政策"批准令》、2015年5月29日俄罗斯联邦政府第996号文件《2025年前俄罗斯联邦德育发展战略》、联邦定向项目《加强俄罗斯民族统一及俄罗斯各民族文化发展(2014—2020年)》、2018年5月7日俄罗斯联邦总统令第204号《2024年前俄罗斯联邦发展的国家目标和战略任务》、《国家教育方案》(2018年12月24日由俄罗斯联邦总统府战略发展以及国家计划主席团通过的第16号文件)以及教育部颁布的普通教育、职业教育国家教育标准实施批准令等等。

2012年《俄罗斯联邦教育法》中明确规定了德育的目标:"德育作为一种社会活动,以使个人、家庭、社会和国家受益为前提,以社会文化和思想道德价值观、既有的社会行为规范为基础,旨在促进个体发展,为受教育者创造实现自我定位和社会化的条件。"(第2条第2款)这些包括培养某些重要个人品德的指标在《联邦国家普通教育标准》中得到了具体阐释,教育标准中所提出的要求("毕业生个人面貌")反映了德育教育的所有传统方向。

2015年通过的《2025年前俄罗斯联邦德育发展战略》中儿童和青少年的德育教育被视为首要任务,旨在促进个体的和谐、全面发展,"培养道德高尚的个体,弘扬俄罗斯传统精神,掌握必要的知识和技能,善于在当前社会条件下实现自我并投身和平建设与保卫祖国的事业"。

近年来,俄罗斯联邦对旨在解决家庭德育问题的联邦法律、方案和项目进行了一系列修订和补充。联邦计划"为了每一位孩子的成功"旨在实现以下目标:以俄罗斯联邦各民族思想道德价值观、历史和民族文化传统为基础,塑造和谐发展、有社会责任心的个体。

可见,当代俄罗斯的德育有着稳固的法律基础,植根于俄罗斯历史、文化发展中形成的思想道德价值观。此外,德育观念和战略的基础是正直、公平、仁爱、爱国、崇善以及对家庭和祖国的责任感。

除了法律支撑外,俄罗斯有相应的社会文化基础设施,能够有效促进儿童社会化,实现不同教育机构德育一体化,包括非学历教育、文化、科学、体育运动等方面的教育机构。德育发展是教育体系发展的重要方向,这就需要实现联邦以及国家教育标准中的德育要求,充分利用教学大纲中教学课程的德育潜能,针对儿童需求、兴趣爱好和能力形成个人发展轨迹的教育体系和技术。创造条件团结统一社会各界以及国家的力量,促进家庭德育,培养父母对儿童家庭德育的责任感。大力提高父亲、母亲身份以及多子女家庭的社会地位和威望,增加家庭休闲娱乐的基础设施,推广优秀家庭德育经验,提供来自以传承家庭观、道德价值观为宗旨的家庭联合会、家长联合会的帮助,为家长提供家庭德育启蒙、咨询条件。

近年来,社会化机构和公民协会在德育教育中发挥了非常重要的作用:通过支持学生自治,吸引青年参与社会重大项目,包括参与志愿者协会,扩大俄罗斯德育领域国有和私有机构的合作。

国家和社会对当代俄罗斯德育问题的重视程度可以从对已实施的国家计划的内容、技术和创新成果进行分析得知。在实施《国家教育方案》的过程中,俄罗斯制定了一系列涉及德育方向、促进个性形成的联邦计划。在这些联邦计划中,以2024年为期,实施"当代学校""为了每一位孩子的成功""多子女家庭援助""数字教育环境""未来教师""每个人的新机遇""社会积极性""教育输出""每个人的社会通道"等计划。每一个计划都在联邦以及各地区范围内同时实施,鼓励国内主要科研教育院校参与其中,吸收符合俄罗斯国情的国外先进经验。例如,根据《国家教育方案》,要实现德育目标——依托俄罗斯联邦各民族思想道德价值观、历史和民族文化传统,塑造和谐发展、有社会责任心的个体,需要解决5~18岁儿童、青少年的非学历教育覆盖问题,此外,还需吸引学生参与由普通教育、中等和高等职业教育的教育机构组织的社会联合活动。按照计划,到2024年,在5~18岁儿童、青少年中非学历教育的覆盖率应增长9%,参与普通教育、职业教育的教育机构组织的社会联合活动的人数应增长3倍以上。

俄罗斯联邦总统令、政府决议、联邦主体的法律法规规定了权利和义务,确立了教育活动主体的功能作用机制。教育领域的法律文件分析结果表明,德育体系国家与非国家监管制度正在不断靠拢,国家社会文化教育以及德育管理理念在不断发展。

国家通过立法、给予经济资助等途径大力支持从事德育工作的非商业化机构和协会。已实行的《国家教育方案》推出以下计划:

——制定、完善以及贯彻社会—商业团体的教学建议,吸引社会、商业协会参与实施教育和德育教学的大纲;

——吸引儿童参与"量子场"科技园的活动,以完成俄罗斯联邦主体范围内非学历教育发展的任务。

2019年在非商业组织"俄罗斯——一切皆有可能"的平台上要实施6项不同计划("职业进修""商务导航MSP""感恩表白"活动、慈善计划"跟我一起梦想"等)和13场竞赛("俄罗斯领袖""我的第一笔生意""俄罗斯志愿者""青年专家"联盟、俄罗斯残疾人运动会等等)。上述计划的任务为青少年实现职业价值提供帮助并创造必要条件。青少年社会联盟"俄罗斯青少年联盟"旨在为年轻人找到人生定位、实现自我价值和职业成长提供帮助。每年大约有400万名年轻人参与该青少年社会联盟组织的教育发展项目和计划。该联盟在俄罗斯联邦77个主体设有分支机构和代表处,其工作在大学、专科院校、中学范围内以及各类活动中开展。

当代俄罗斯德育内容围绕民族核心价值观展开,每一种价值观都不局限于一门课程、一种形式或是一种德育教育活动。所有价值观都贯穿整个德育体系、德育机构以及德育教育活动的不同层次,旨在塑造俄罗斯的和谐个体、和谐公民以及和谐爱国者。在新的社会文化环境中所有这些项目、计划、活动、技术能够确保学生对家庭、地区文化共同体、俄罗斯联邦开放的、多民族统一性的认同感。

(二) 重视俄罗斯民族身份认同和爱国主义的培养

俄罗斯德育工作的首要任务便是培养俄罗斯民族身份认同和爱国主义。俄罗斯民族身份认同包含多个方面,包括个体对民族、地域、宗教和意识形态的认同感。这种认同建立在祖辈、父辈们的优良传统和理想以及对未来俄罗斯平稳发展的信念之上。俄罗斯民族身份认同形成的先决条件是让年轻一代坚信必须时刻准备并且能够承担起责任,努力为俄罗斯的利益而奋斗。

全球化进程、俄罗斯国内社会的发展以及近年来国际社会上某些国家对俄罗斯的不友好态度和行为要求俄联邦密切关注培养公民性和俄罗斯民族身份认同的问题,且要面向所有年龄段的公民,尤其是年轻人。作为个人品德,俄罗斯民族身份认同的培养与国内社会发展接轨,拥有创造性的个体是社会发展的基础环节。培养公民性和俄罗斯民族身份认同需要先解决以下矛盾:形成公民身份认同与继承本民族的精神思想和文化历史优良传统两者之间的矛盾。

解决这个矛盾的关键在于俄罗斯不同民族思想道德与文化历史优良传统多样性中的统一。多样性中的统一是保障不同民族间达成一致以及俄罗斯政治文化完整性的重要条件。这就是对基于民族之上的俄罗斯公民身份认同的定义。共同的精神、历史和文化财富将俄罗斯所有人联合起来并将其称为一个民族。

通过培养公民性来建立俄罗斯民族身份认同的过程包含政治立法、经济、教育和精神方面的基础。培养儿童、青少年的俄罗斯普遍的民族身份认同植根于以下几个概念:国际主义、爱国主义、俄罗斯共同体。当今时代背景下,国际主义的内容得到了新的补充,并非阶级斗争思想,而是基于全人类价值观,整个德育工作围绕俄罗斯统一民族的内部一体化展开,立足于俄罗斯共同的、丰富的文化多样性。培养儿童、青少年俄罗斯民族身份认同的要素有:俄语作为俄罗斯民族身份认同的重要组成部分、俄语语言文化作为共同的文化财富(包括文学、绘画、芭蕾舞、音乐、建筑、民间创作等等)以及历史作为强有力的联合因素。在当下,爱国主义、爱国主义教育以及培养俄罗斯民族身份认同在俄罗斯社会生活和国家权力部门的工作中占据重要地位。

围绕道德观、整个国家共同的基本价值观念、国民理想以及其他价值方针而展开的爱国主义教育将公民、社会和国家团结统一起来。爱国主义作为一种重要的价值观,统一了社会、思想精神、意识形态、文化、军事历史等成分。爱国主义是俄罗斯的民族宗旨,是团结社会、增强国家实力的核心要素。目前,俄罗斯国内有超过25 000个爱国者联盟、俱乐部和中心,包括儿童和青少年组织。俄罗斯联邦78个主体范围内建立了军事爱国教育中心、公民(青年)服军役培训中心。俄罗斯联邦的教育机构中有超过7 000个武备班和哥萨克班。爱国主义教育是整个德育过程中最重要的部分,执行公民爱国教育的任务,在共同的价值观和俄罗斯民族身份认同的基础上充当了联合不同民族、不同文化团体的黏合剂。爱国主义教育能够培养公民、儿童和青少年对祖国未来的责任心,对俄罗斯国家历史、现代象征符号的尊重,促使他们深入了解伟大的文化遗产。

2015年俄罗斯联邦政府颁布的《2025年前俄罗斯联邦德育发展战略》对儿童和青少年的爱国主义教育发挥了极其重要的作用。该战略旨在确立儿童、青少年德育和社会化教育领域国家政策的优先方向,确立德育机构的发展方向和机制。近年来,在爱国教育、历史学习以及与伪历史做斗争方面,吸引儿童、青少年参与爱国计划效果显著,例如"记忆的列车"、"乔治丝带"、爱国公民组织"俄罗斯不死军团",这些计划已经成为整个俄罗斯社会甚至全世界的标志性事件,凝聚了来自不同国家、持不同宗教信仰的人们。

俄罗斯联邦爱国主义教育体系中,政府对国家计划《2016—2020年俄罗斯公民爱国主义教育国家方案》的投入巨大。12个国家部门、8个联邦机构和部门参与了该方案的实施,此外,参与协同工作的有俄罗斯联邦主体权力执行机构、联邦国家预算机构、全俄罗斯社会国家组织、社会及非商业组织、哥萨克军事团体等。爱国主义教育是国家权力机构、社会机构和家庭的系统化的、有目的的活动,旨在培养公民强烈的爱国意识、对祖国的忠诚、积极履行公民义务以及宪法规定的维护国家利益的义务。该方案是面向所有社会阶层、各年龄段公民的爱国主义教育,同时,优先教育对象为儿童、青少年。

爱国主义教育不仅在联邦层面,同时也在俄罗斯的各地区推进。在联邦主体范围内建立了爱国主义教育工作体系,在延续成效显著的传统爱国主义教育模式的同时,还借助现代多媒体技术手段和信息资源采用了一系列新的形式和技术。以联邦主体儿童、青少年爱国教育倡议和计划的主题和内容简介为例:近年来,中央联邦区成功实施了"空中学校"计划;莫斯科市"我的祖国——我的俄罗斯"项目取得了不菲的成绩;布良斯克州举办的弘扬青少年在伟大卫国战争中的首倡精神的计划具有巨大的爱国主义潜力;伊凡诺沃州通过"州内旅行"计划实现地方志的学习;利佩茨克州的"故乡日"计划很有意思;莫斯科州的慈善活动"生命之花"为身体有缺陷的儿童提供支持和援助;斯摩棱斯克州政府下属协调委员会的工作为各地区提供了宝贵的经验;坦波夫州的"开放社会教育环境下的精神道德遗产复兴"计划配备了高水平技术设备;雅罗斯拉夫尔州的中学生游学和地区政治文化教育体系发展项目也很有意义。

爱国主义教育体系中包含以下内容:

- 纪念伟大卫国战争胜利以及其他俄罗斯战争史上重大事件的活动,例如:参加"俄罗斯不死军团"游行活动、"俄罗斯——一切皆有可能"等；

• 再现俄罗斯战争历史事件和英雄事迹；为青少年组织侦察部队、国防体育营地、战争题材的爱国歌曲联欢节；

• 青少年德育教育中的军官、哥萨克集团系统（包括武备班、武备中学、相关主题的课外军事教育）；

• 全方位学习地方志活动（例如举办地方志主题的"故乡日"、旅行、集会、奥林匹克运动，组织志愿者活动）；

• 跨民族交流基础之俄语主题活动（中学生、大学生俄语以及其他民族语言竞赛和奥林匹克竞赛）；

• 有神职人员参与的宗教主题活动；

• 围绕公民爱国主义教育、精神道德以及体育教育开展的大学生论坛（有老师、文化活动家、神职人员和社会团体的参与）。

爱国教育工作应使用国家象征标志，采用传统的以及创新的手段。共同的历史、功勋卓著的过去、民族英雄、民族文化乃至整个俄罗斯的文化一起塑造了共同性、对俄罗斯的归属感以及国家自豪感。有必要指出的是，爱国主义和爱国主义教育在跨学科研究、定向培养项目计划以及新的价值体系中进行，与民族利益和俄罗斯社会安全接轨。

（三）德育工作成为国家战略

1. 制订行动计划保证实施"德育发展战略"

2015 年颁行的《2025 年前俄罗斯联邦德育发展战略》是俄罗斯近 10 年德育工作的指导性文件。该文件由"总纲""战略目标、任务、优先方向""德育发展的主要方向（包括发展德育的社会因素、基于当代科学成就和民族传统更新德育过程）""实施战略的机制"和"预期成果"等五部分组成。其中第三部分中的"基于当代科学成就和民族传统更新德育进程"中明确了德育的内容：公民教育、爱国主义与形成俄罗斯认同、精神与道德教育、吸引儿童了解文化遗产、普及科学知识、体育与形成健康文化、劳动教育与职业定向、美育等。

2016 年 3 月 12 日，俄联邦政府通过第 423-р 号令《实施 2015 年 5 月 29 日俄罗斯联邦政府第 996-р 号令批准的〈2025 年前俄罗斯联邦德育发展战略〉的 2016—2020 年活动计划》，共包含 7 个大项 39 项活动：完善德育领域的法律—制度；完善德育领域的组织—管理机制；发展人力资源潜能；发展德育领域的科学—方法论机制；发展德育领域的财务—经济机制；发展德育领域的信息机制；监控德育发展战略的实施情况。通过实施该活动计划保证德育发展战略得到落实。从 2016 年开始，俄联邦教科部都要对过去一年计划的落实情况进行总结。

2020 年 11 月 12 日，俄罗斯联邦政府第 2945-р 号令颁布《关于实施〈2025 年前俄罗斯联邦德育发展战略〉2021—2025 年的活动方案》。该活动方案与上述活动计划一脉相承，共包含7个大项33项活动,其中第一项"完善德育领域的法律—制度"第1条即要求联邦政府各部委根据《俄罗斯联邦教育法》修正案对本部门的相关法令进行调整,完成时间为2021年第四季度。不少活动要求每年都要举办,例如:第3条要求俄联邦政府有关部委每年"实施和分析各地方政府实施德育战略的方案"并由联邦教育部汇总;第6条要求联邦教育部、文化部、体育部、自然资源部等每年更新补充教育方向的社会—教育、美术、自然科学、技术、旅游—边疆学、体育运动的内容和教法;第14条要求联邦教育部、科学与高等教育部、联邦主体的有关权力单位每年调查德育领域的最佳实践、最新形式和方法;第19条要求联邦教育部及其下属机构在2021—2025年期间分析德育方案实施和完善德育手段的情况。

2. 修订《俄罗斯联邦教育法》强化德育教育

2020年7月,俄罗斯国家杜马、联邦委员会通过对《俄罗斯联邦教育法》修正案并获得普京总统批准,从9月1日开始实施。这次修正就是为了调整或增加有关德育的条款。其主要内容包括:

(1) 第2条第2则中对德育进行了重新定义

"德育是一种以个性发展为目标的活动,为了个人、家庭、社会和国家的利益,在社会文化、精神—道德价值观、俄罗斯社会广泛接受的行为准则的基础上为学生的自我定向和社会化创造条件,培养学生的爱国主义、公民意识、尊重祖国保卫者的历史和祖国英雄的功勋,遵守法律和秩序,尊重劳动人民和长辈,互相尊重,珍惜俄罗斯联邦多民族的文化遗产和传统、珍爱大自然和环境。"

(2) 对第2条第9则的修订如下

教育计划——是指教育的基本特征(规模、内容、预期成果)和组织—教育条件,表现为教学计划、年度教学时间表、课程工作纲要、具体课程、学科(模块)、其他成分、评估和教学法资料,还包括本联邦法律规定的德育工作纲要、德育工作年度计划和考试方式。

(3) 对第2条第10则的修订如下

示范性基本教育计划——教学—教学方法文件[示范教学大纲、示范年度教学进度表、各门课程的示范工作纲要、课程、学科(模块)及其他元素,也包含本联邦法律规定的示范性德育工作纲要、德育工作年度计划]规定了一定教育层次和(或)一定教育方向的建议教育规模、教育内容、教育计划掌握的预期结果、教育活动的示范性条件,包括为落实教育计划提供国家服务的标准成本的示范性结算方案。

(4) 对第12条第9则增补下列内容

"9-1 示范性基础普通教育大纲、示范性中等职业教育大纲、示范性高等教育大纲(本科大纲和专家大纲)必须包含示范性德育工作大纲和示范性德育工作年度计划。"

(5) 对第12条增补单独一条

"12-1 组织学生德育教育的基本要求:

1. 除非本联邦法律有单独规定,各类教育机构中的学习者在掌握基础教育纲要的前提下,其德育工作的实施应基于教育大纲中的德育工作纲要和年度德育工作计划,这些德育纲要和计划由教育机构独立制定并批准。

2. 学习者在掌握基础教育大纲、中等职业技术教育大纲、高等教育大纲(学士和专家大纲)的前提下,各类教育机构实施德育工作必须基于上述教育大纲中的德育工作纲要和德育工作年度计划,这些纲要和计划应根据本法第9-1条和第12条规定的示范教育大纲、示范性德育工作大纲和示范性德育工作年度计划制定和批准。

3. 根据本法第26条第6则规定,学生委员会、家长委员会、学生代表机构(如果已成立)有权参与制定德育工作纲要和德育工作年度计划。

总统令要求,《俄罗斯联邦教育法》修正案从2020年9月1日生效,所有教育机构都必须将修正案内容向学生和家长(法定监护人)通报。

3. 加强对青年的德育工作

2020年12月30日,普京总统签发了《俄罗斯联邦青年政策法》(N489-ФЗ),这是统筹全俄青年工作的纲领性文件,其中对德育工作提出明确要求,第6条"实施青年政策的基本方向"中第1款和第2款均是德育方面的:公民教育、爱国主义教育和传统继承教育,尊重俄罗斯国家历史,尊重俄罗斯联邦各民族的历史文化传统;在青年中形成民族间(种族间)、不同信仰间的和谐关系,预防与制止在青年团体活动中出现极端主义。

俄罗斯30年德育工作跌宕起伏,大破大立,近年来有了明显的回归苏联传统的倾向。但苏联之路毕竟是回不去了,因为那时的培养目标是为共产主义、为祖国建设事业培养全面发展的公民,现在重视培养追求幸福的个体。近年来,俄罗斯经济形势恶化、国计民生发展受到极大制约,年轻一代对国家的认同和对未来的期待出现了一些负面因素,可以预见,俄罗斯德育工作的振兴之路还很漫长。

【资料链接】

铭记重大历史事件 进行爱国主义教育

2020年是世界反法西斯战争(俄罗斯称"伟大的卫国战争")胜利75周年。因新冠疫情影响,每年5月9日胜利日当天举办的阅兵式延期在6月24日举行。围绕"胜利日",俄政府举行了一系列纪念活动,以缅怀先烈,捍卫和平;俄罗斯大学生开展了铭记"二战"历史的实践活动,提升爱国主义情怀和公民责任意识。

一、俄罗斯充分利用纪念"二战"胜利推进爱国主义教育

1945年5月9日,纳粹德国对苏联正式签订投降书,宣布无条件投降。1945年6月24日,莫斯科举行了胜利大游行,以庆祝伟大的卫国战争胜利。俄罗斯纪念"二战"胜利的相关活动体现了对青年的爱国主义教育理念。此外,俄罗斯每五年出台《俄罗斯公民爱国主义教育国家方案》,专门针对公民的爱国主义教育进行规划。

1. 俄罗斯纪念"二战"胜利相关活动

自1945年开始,每年的5月9日为俄罗斯的法定节日——胜利日,以庆祝伟大的卫国

战争胜利。在胜利日,俄罗斯的许多城市举行阅兵、燃放烟花,人们佩戴圣乔治丝带以示庆祝。在莫斯科,还会举办向无名烈士墓献花圈的典礼。

2012年之后,在胜利日举着退伍军人的肖像游行的"不朽军团"广为流行。2012年,"不朽军团"首次在托木斯克出现,"不朽军团"成员举着曾经参战的自己祖辈的肖像游行。2013年,"不朽军团"已经几乎遍布整个俄罗斯。2015年,俄罗斯总统弗拉基米尔·普京也举着自己父亲的肖像,加入到"不朽军团"游行中。这一活动不仅纪念了保卫祖国的先辈,更能让年轻一辈记住他们的功绩,亲身体验先辈为自己带来的光荣之感,珍惜现在的和平生活。

2. 将纪念"二战"胜利融入爱国主义教育

俄罗斯的爱国主义教育国策《俄罗斯公民爱国主义教育国家方案》针对不同社会群体、不同年龄阶段的人,构建了俄罗斯公民的爱国主义教育体系。

该方案每5年为一个周期,至今已出台4次。2001年2月16日,俄罗斯首次颁布2001—2005年的方案,明确爱国主义教育概念、内涵;其后,分别出台了3个公民爱国主义教育方案:2006—2010年的方案提出改善爱国主义教育体系,优化爱国主义教育结构;2011—2015年的方案要求健全爱国主义教育体系;2016—2020年的方案指出扩大更多社会组织参与爱国主义教育,尤其提出要为确保军事爱国组织(俱乐部)在各领域、多形式的专业活动中的协调互动创造条件,以提高培养青年保卫祖国的准备和服兵役的效率。

2016—2020年的方案专门提出,要培养青年保卫祖国的道德和心理准备,无论在和平时期还是战争时期,都要忠于宪法,依法服兵役,具有高度的公民责任感;为征召俄罗斯联邦武装部队和其他军事组织创造条件;研究并实施对青年进行军事爱国主义教育方面的经验,培养其对军事及公务的积极态度;开发军事爱国游戏和媒体程序,积极利用互联网培养青年群体的爱国情怀;更新有关权力部门的相关法律法规框架,以便解决军事技术支援的问题,成立具有爱国主义倾向的公共组织,旨在履行军事爱国主义教育义务。针对18~24岁的高等教育阶段群体,方案侧重于加强其军事爱国主义教育和精神道德教育等,提高其服兵役的积极性。

2020年9月,俄罗斯将开始讨论新的方案,并将于年底正式公布。该方案将提高国家教育体系的效力,有助于促进儿童的精神面貌、道德和智力发展,并将使他们更多地参与影响其权益的决策。

二、俄罗斯大学生开展铭记"二战"历史实践活动

正如莫斯科的无名烈士墓的铭文所说:你的名字无人知晓,你的功绩永世长存!到目前为止,尚未确定在伟大的卫国战争中牺牲的士兵的确切人数,很多战士被列为失踪。俄罗斯多所高校成立搜索小队,每年俄罗斯高校的大学生们作为小队成员都会对战争遗址进行考察,为烈士建档,与参战者的亲戚联络。大学生们已经确认了数百名在反法西斯战争中牺牲的士兵的名字。

1. 开展实地考察工作

下瓦尔托夫斯克公立大学学生搜索小队"探路者"的队员、大二学生尼古拉·叶利斯特拉托夫参加了在克里米亚共和国、伏尔加格勒州和罗斯托夫州的5次搜寻考察活动,这些活动旨在寻找、纪念在卫国战争中牺牲的士兵。他已经找到5名烈士的遗体,最近的一次考察活动是在塞瓦斯托波尔。叶利斯特拉托夫在搜索考察过程中发现了三名被铁丝网缠住的战士的遗体。2020年4月28日,根据俄罗斯联邦国防部第273号人事令,叶利斯特拉托夫因在确定烈士姓名和失踪战士方面做出了巨大的个人贡献,荣获俄罗斯联邦国防部三级勋章。

"理工志愿者"是以圣彼得堡彼得大帝理工大学的青年爱国主义教育中心为基地创立的一个搜索小队。"理工志愿者"小队已经第五次到达卡累利阿共和国。仅在2020年开始搜寻之后,小队已经找到了78名遇难士兵的安息地,成功辨识出20个士兵的墓碑。

2. 开展历史档案组建工作

特维尔公立技术大学的搜索小队"恢复"从事历史档案活动。近两年,根据军事记事册和档案文件,该小队确定了10位在战争中遇难,并被安葬在军用墓地中的士兵的名字,但至今他们仍被认为是失踪人员,目前正在将他们的名字刻在墓碑上。2020年6月,举行了第360师第1197步兵团中士弗罗尔·布利诺夫的追悼活动,布利诺夫中士于1942年5月牺牲。特维尔公立技术大学负责德育和社会工作的副校长亚历山大·伊万尼科夫指出,青年对爱国主题活动的关注与日俱增,年轻人想了解有关自己国家、祖先、家乡的历史,他们渴望保留真实的历史。"恢复"搜索小队为纪念伟大的卫国战争中阵亡的英雄付出了巨大的努力,他让学生们参与到搜索工作中,为青少年爱国主义教育事业做出了巨大贡献。为寻找战争中遇难士兵的家属,"俄罗斯搜寻动态"网站按地区设立了"前线归来"专栏。

3. 筹建卫国战争博物馆并搜集展品

楚瓦什乌里扬诺夫斯克公立大学的"圣乔治丝带"搜索小队已经从摩尔曼斯克州到塞瓦斯托波尔进行了15次搜索考察。8月下旬,"圣乔治丝带"搜索小队第5次赴塞瓦斯托波尔进行考察。搜索小队的任务之一就是在楚瓦什乌里扬诺夫斯克公立大学的历史地理学院建一座伟大的卫国战争博物馆。在经验丰富的下诺夫哥罗德的搜索小队"库尔干"的帮助下,展览会成功举办。迄今为止,博物馆的展品总量已达350件。

罗斯托夫顿河公立技术大学有两个大学生搜寻小组:"英勇"和"灭鼠器"。学生们研究伟大卫国战争的历史,寻找战争的遗物、士兵的安葬地和迁葬地,以及寻找遇难士兵的家属。"英勇"小组每年都会开展搜寻活动。他们在苏联士兵的装备中,找到了一些军需用品:军用饭盒、小水壶、私人物品、军用密封容器以及带有个人编号的军人名牌。小队将找到的展品分别转交给罗斯托夫顿河公立技术大学历史中心、顿河畔罗斯托夫和罗斯托夫州的博物馆,并作为爱国主义题材展出。搜索小队"灭鼠器"参加了在罗斯托夫州、克拉斯诺达尔边疆区和克里米亚共和国的搜索考察活动,活动在发生过伟大的卫国战争的战场上开展,小队组织了针对顿河流域消失的田庄和集镇的考察活动,同时也为大学博物馆收集了展品。

参考文献：

1. Распоряжение Правительства РФ от 29. 11. 2014 N 2403-р 《Об утверждении Основ государственной молодежной политики Российской Федерации на период до 2025 года》. —URL：http：//docs. cntd. ru/document/420237592（дата обращения 08. 08. 2020）.

2. Государственная программа Российской Федерации 《Развитие науки и технологий》：утв. Распоряжением Правительства РФ от 20. 12. 2012 г. № 2433-р // Собр. Законодательства РФ. 2012. № 52. Ст. 7569（утратила силу в связи с принятием Постановления Правительства РФ 《Об утверждении государственной программы Российской Федерации "Развитие науки и технологий" на 2013—2020 годы》 от 15. 04. 2014 г. № 301 // Собр. Законодательства РФ. 2014. 5 мая. № 18（ч. I）. Ст. 2150.

3. ФЦП 《Исследования и разработки по приоритетным направлениям развития научно—технологического комплекса России на 2014—2020 годы》：утв. Постановлением Правительства РФ от 21. 05. 2013 г. № 426（ред. 21. 07. 2014 г.）// Собр. Законодательства РФ. 2013. 3 июня. № 22. Ст. 2810.

4. Концепция федеральной целевой программы 《Научные и научно—педагогические кадры инновационной России》 на 2014—2020 годы：утв. Распоряжением Правительства РФ от 08. 05. 2013 г. № 860-р.

5. Указ Президента РФ от 30. 07. 2008 г. № 1144（ред. От 01. 07. 2014 г.）《О премии Президента Российской Федерации в области науки и инноваций для молодых ученых》// Собр. Законодательства РФ. 2014. 7 июля. № 27. Ст. 3754.

6. Указ Президента РФ от 09. 02. 2009 г. № 146 《О мерах по усилению государственной поддержки молодых российских ученых - кандидатов и докторов наук》// Собр. Законодательства РФ. 2009. 16 фев. № 7. Ст. 812.

7. Указ Президента РФ от 13. 02. 2012 г. № 181 《Об учреждении стипендии Президента Российской Федерации для молодых ученых и аспирантов, осуществляющих перспективныенаучные исследования и разработки по приоритетным направлениям модернизации российской экономики》// Собр. Законодательства РФ. 2012. 20 фев. № 8. Ст. 987.

8. Стипендия Президента РФ для обучения студентов за рубежом. —URL：https：//misis. ru/students/scholarship-prog/mejdun-stipend/e7fac1ee4431fc31/（дата обращения 07. 08. 2020）.

9. Минобрнауки России подведены итоги конкурса на стипендию Президента РФ для

обучения за рубежом на 2020/21 учебный год. —URL：https：//minobrnauki. gov. ru/ru/press—center/card/？ id_4＝2893（дата обращения 06. 08. 2020）.

10. Мегагранты：чем занимаются лаборатории，открытые в рамках программы. —URL：https：//minobrnauki. gov. ru/ru/press-center/card/？ id_4＝2774（дата обращения 02. 08. 2020）.

11. Национальный проект《Наука》. —URL：https：//futurerussia. gov. ru/nauka（дата обращения 02. 08. 2020）.

12. Отчет об оказании услуг по проведению независимой оценки показателей результативности и эффективности программных мероприятий ФЦП《Жилище》на 2015—2020 годы，их соответствия целевым индикаторам и показателям за 2015 год // DOCPLAYER. URL：http：//docplayer. ru/28655855-Otchyot-obokazanii-uslug-po-provedeniyu-nezavisimoy-ocenki-pokazateley-rezultativnosti-i-effektivnosti-programmnyh-meropriyatiy. html（дата обращения：06. 08. 2020）.

13. Ведомственная целевая программа " оказание государственной поддержки гражданам в обеспечении Жильем и оплате жилищно — коммунальных услуг"：утв. Министр строительства и жилищно—коммунального хозяйства Российской Федерации от 9 сентября 2019 г. N 17-П/05.

14. Как государство поддерживает молодых ученых. —URL：https：//minobrnauki. gov. ru/ru/press-center/card/？ id_4＝2856（дата обращения 04. 08. 2020）.

15. Конституция Российской Федерации（Принята всенародным голосованием 12 декабря 1993 года с изменениями，одобренными в ходе общероссийского голосования 1 июля 2020 года）.

16. "Трудовой кодекс Российской Федерации" от 30. 12. 2001N 197—ФЗ（ред. от 11. 10. 2018，с изм. и доп. ，вступ. в силу с 01. 01. 2019）.

17. Устав федерального государственного образовательного учреждения высшего профессионального образования《Московский государственный университет имени М. В. Ломоносова》，принят Советом Ученых советов — Конференцией МГУ 19 марта 2007 г. и утвержден постановлением Правительства Российской Федерации № 223 от 28 марта 2008 г.

18. Письмо Министерства просвещения РФ и Профессионального союза работников народного образования и науки РФ от 20 августа 2019 г. N ИП — 941/06/484 "О примерном положении о нормах профессиональной этики педагогических работников".

19. Кодекс этики преподавателей，работаников и обучающихся высшей школы МГУ（2016 г. ）

20. Правила внутреннего распорядка. Московский государственный университет им. М. В. Ломоносова. Введены в действие приказом ректора МГУ от 10 сентября 2008г. №660.

21. Пряжников Н. С. Морально－психологическое самочувствие работников высшей школы в условиях "Стабильного" реформирования системы образования // Вестник Омского университета. Серия "Психология". 2018. № 1. С. 56－64.

22. Осипов Г. В. Россия: национальная идея и социальная стратегия // Вопросы философии. 1997. № 10.

23. Никандров Н. Д. Россия: социализация и воспитания на рубеже тысячелетий. М., 2000.

24. Отчетная научная продукция исследовательской группы "Стратегия и механизмы развития воспитания детей в условиях формирования российского общества". Социальный мониторинг воспитания детей в Российской Федерации（2000—2004）. М., 2004.

25. Собкин В. С., Марич Е. М. Социология семейного воспитания. Дошкольный возраст. М., 2002.

26. Воспитать человека. Сборник нормативно－правовых, научно－педагогических, организационно－практических материалов по проблеме воспитания. М., 2002.

27. О состоянии и перспективах развития воспитания детей в РФ: Аналитический доклад. М., РАО РФ, Минобразования РФ, ГосНИИ семьи и воспитания, 1999.

28. Метлик И. В. Религия и образование в светской школе. М., 2004.

29. Россия — Китай: образовательные реформы на рубежеXX － XXI вв.: сравнительный анализ / Отв. ред. Н. Е. Боревская, В. П. Борисенков, Чжу Сяомань. М., 2007. 592 с.

30. Стратегия развития воспитания в Российской Федерации на период до 2025 года. Утверждена распоряжением Правительства Российской Федерации от 29 мая 2015 года № 996－р

31. Стратегия национальной безопасности Российской Федерации до 2020 года. Утверждена Указом Президента Российской Федерации от 12 мая 2009 г. № 537.

32. Борисенков В. П. Поликультурное образовательное пространство России: история, теория, основы проектирования: моногр. / В. П. Борисенков, О. В. Гукаленко, А. Я. Данилюк. - М. - Ростов. - н/Д: Изд—во РГПУ, 2004. - 576 с.

33. Джуринский А. Н. Концепция и реалии мультикультурного воспитания: сравнительное исследование: моногр. - М., 2008.

34. О. В. Гукаленко Безопасность детей и молодёжи в поликультурном пространстве

России: монография. - Москва: МАКС Пресс, 2017.-304 с.

35. План мероприятий по реализации в 2016—2020 годах Стратегии развития воспитания в Российской Федерации на период до 2025 года, утвержденной распоряжением Правительства Российской Федерации от 29 мая 2015 года № 996 - р. Утвержден распоряжением Правительства Российской Федерации от 12 марта 2016 г. № 423-р

36. Россия — Китай: образовательные реформы вXXI веке: сравнительный анализ / Отв. ред. В. П. Борисенков, Мэй Ханьчэн. М. : Наука, 2019. 662 с.

37. План мероприятий по реализации в 2021—2025 годах Стратегии развития воспитания в Российской Федерации на период до 2025 года. Утвержден распоряжением Правительства Российской Федерации от 12 ноября 2020 г. № 2945-р.

38. Закон Российской Федерации "О молодежной политике в Российской федерации". М. , 2020.

第十一章
俄罗斯教育国际化 30 年

第一节 20 世纪 90 年代教育国际化

一、参与国际组织,签署合作协议

在国家和教育机构层次上,高等教育领域的国际化通常被理解为一个过程,在该过程中,提供教育服务的目标、职能和组织具有国际意义。高等教育领域的国际化概念传统上包括两个方面:内部国际化和外部国际化(国外教育、跨国教育)。

教育国际化包括以下形式的国际合作:

- 个人流动性:学生或教师出于教育目的的流动性;
- 教育计划的流动性和机构的流动性;形成新的国际教育计划标准;
- 纳入国际规模和教育水平的课程;
- 机构间伙伴关系:建立战略教育联盟。

1993 年 7 月 25 日,俄罗斯联邦与联合国教科文组织发布了合作备忘录[①]。俄罗斯联邦与联合国教科文组织互动的目的是着重于支持和发展该国的民主变革,保护和发展文化与自然遗产,转让科学、教育和传播领域的世界成就,培训教科文组织活动各个领域的人员。

俄罗斯方面表示愿意:

- 积极参与欧洲发展教育的合作计划,特别是与亚洲及太平洋国家的区域间和次区域合作;
- 派遣专家在各国实施联合国教科文组织的项目;
- 为提高外语知识、扩大师生交流做出贡献;

---

① ПРОГРАММА ИНФОРМАТИЗАЦИИ ОБРАЗОВАНИЯ В РОССИЙСКОЙ ФЕДЕРАЦИИ на 1994—1995 гг.

- 全面支持21世纪国际教育委员会的成立和活动。

1992年,在联合国教科文组织的支持下,俄罗斯参与了"国际职业培训项目"。该项目汇集了全球163个国家的260多个中心,传播职业教育和培训的最佳实践。对俄罗斯而言,"国际职业培训项目"具有实际的内容[①]:
- 促进俄罗斯与国际组织和有关国家组织之间发展教育、文化、科学、技术和商业合作;
- 在俄罗斯和国外组织进行专业人才、专家的培训;
- 在国家和国际两级组织举办展览、会议、研讨会和其他活动,执行相关项目和方案;
- 代表政府机构、国际和公共组织参与者的利益。

通过20世纪90年代的欧洲委员会和欧洲联盟,俄罗斯参加了几个国际合作项目,其中最有成效的是TEMPUS计划。TEMPUS计划是一项由欧盟资助的计划,旨在主要通过大学间合作项目来支持东欧、中亚、西巴尔干和地中海等伙伴国家的高等教育现代化。该计划的主要目标是在执行《里斯本战略》和《博洛尼亚进程》的背景下,扩大欧洲联盟与伙伴国家之间在高等教育领域的合作。该计划自1994年开始在俄罗斯运作。

1990年11月6日,《欧洲大学学习期限一般等效公约》获得通过[②]并于1997年1月1日生效。该公约的主要原则是,当事方承认学生在另一方的高等教育机构中度过的任何学习时间。俄罗斯也积极参与了该公约。

二、培养外国留学生

20世纪80年代,苏联在外国学生人数方面仅次于美国,位居世界第二。1990年在苏联大学学习的外国学生为12.65万人(其中有70%在俄罗斯苏维埃联邦社会主义共和国学习),随着苏联解体,俄罗斯大学中的外国学生数量减少至原来的1/3~1/2[③],1991年只剩下3.93万人。

苏联解体以后,俄罗斯联邦外交部于1992年1月20日发布第13号口头文件,通知各国驻莫斯科外交使团代表,称俄罗斯将继续行使由苏联与各国缔结的国际条约所规定的权利和义务,俄罗斯联邦政府作为苏联政府职能继承国,代替苏联执行了与国外签订的相关条约。因此,大约有5万名外国公民得以继续在俄罗斯接受教育,并由俄联邦政府财

---

① НАЦИОНАЛЬНЫЙ ЦЕНТР ЮНЕВОК В РОССИЙСКОЙ ФЕДЕРАЦИИ. Ломакина Т. Ю., Интернет—журнал《Проблемы современного образования》2012, No 3

② Европейская конвенция об общей эквивалентности периодов университетского образования (ETS N 138) (рус., англ., фр.). Бюллетень международных договоров, N 3, март, 1998 год

③ Россия на мировом рынке образовательных услуг. Ф. Э. Шереги, Н. М. Дмитриев, А. Л. Арефьев (Полностью материал "Российские вузы и международный рынок образовательных услуг" опубликован в книге " Научно — педагогический потенциал и экспорт образовательных услуг российских вузов (социологический анализ)". Москва. Центрсоциальногопрогнозирования. 2002, с. 9-28)

政部出资。

与苏联时期相比,在俄罗斯的外国留学生人数大幅增加了。然而不是由外在的客观因素形成的,而是由主观因素即苏联解体造成的。苏联解体后,对于俄罗斯联邦而言,来自独联体国家和波罗的海各国的学生就变成了外国公民,并自动进入外国留学生的行列,由此而增加了留学生的人数总额。来自独联体和波罗的海国家的留学生人数在1992—1993学年达到顶峰,但随后就开始下降,这些"近邻国"向俄罗斯留学移民流量减少主要是由客观因素导致的。首先,政客们意图孤立俄罗斯;其次,美国、欧洲、阿拉伯国家的基金会、组织和高校的积极挑衅,在独联体国家和波罗的海国家广泛推广国际交流项目和语言培训,设立奖学金和海外留学奖学金,这不可能不对教育移民的流向产生巨大影响。独联体和波罗的海国家的许多留学生逐渐把目光转向西方国家。1996—1997年,俄罗斯高等教育中来自上述相邻国家的学生人数也减少为原来的2/7。根据联合国教科文组织的统计①,1996年,在俄罗斯学习的外国学生的比例约为全球外国学生总数的5%(总数超过150万)。1998—1999学年,来自独联体国家和波罗的海国家的在俄留学生人数降到最少,仅2.85万人(如图11-1)。

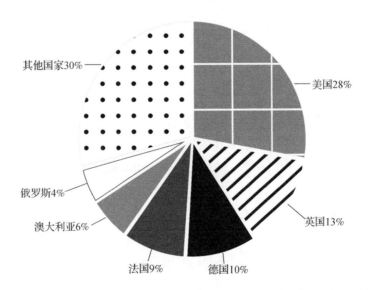

其他国家包括②:4%—加拿大,3.4%—日本,2.2%—比利时,1.7%—奥地利,1.6%—意大利,1.5%—瑞士,1.3%—西班牙,1.2%—黎巴嫩,1.2%—乌克兰,1%—土耳其,0.9%—罗马尼亚,0.8%—瑞典,0.8%—南非,0.8%—阿根廷,0.7%—挪威,0.7%—叙利亚等。

图11-1 各主要留学目的国留学生所占份额

---

① UNESCO Statistical Yearbook. Paris,1999. Reference 1. Table Ⅱ.17.
② UNESCO Statistical Yearbook. Paris,1999. Reference 1. Table Ⅱ.17.

就培养外国学生的经济效率而言,俄罗斯教育部的专家认为,1999 年约为 1 亿美元,也就是说,俄罗斯在 1999 年国际教育领域中的收入占财政份额不超过 1%①。

1992 年以来,来自独联体的学生人数急剧下降。到 2000 年,只有来自哈萨克斯坦的学生人数与 1992 年相比保持在大致相同的水平。

三、出国学习与交流

20 世纪最后十年,移民立法的自由化使得俄罗斯学生出国接受教育成为可能。在 90 年代中期的学年开始时,在国外大学就读的俄罗斯学生总数约为 1.3 万人。

在 20 世纪的最后十年中,俄罗斯开始了彻底变革,影响了社会的各个方面,科学领域也没有幸免。最显著的变化发生在研究人员的数量上。"在 1991—2001 年期间,研究人员人数从 107.9 万人减少到 49.8 万人,即减少了超过一半。最令人担忧的是,研发人员的外流伴随着所雇用人员的专业、技术和人口结构的恶化。在 1990—2001 年期间,博士学位研究人员人数从 12.7 万人下降到 8.2 万人。"②

一种"人才流失"是智力移民。俄罗斯科学家工会主席 V. 卡利努什金(Kalinushkin)认为,"1991—2000 年有 50 万至 80 万名科学家在国外找到了工作。西方估计更真实——最高数字是 20 万"③。我们注意到,在一般情况下,来自俄罗斯的移民有明显的"人才流失"迹象。在 20 世纪 90 年代,每五个移民有一个受过高等教育,其中包括前往以色列的(30%),前往美国的(超过 40%),前往加拿大的(60%)。在前往德国和以色列的总人数中,约 80%是从事科学和教育工作的人。从前苏联抵达以色列的 40.5%的移民,受教育期限为 13 年或更长。

美国顶尖大学的许多部门都雇用来自俄罗斯的移民工作,包括学者和俄罗斯科学院的相应成员。移民中有杰出的科学家,如 A. A. 阿布里科索夫和 R. Z. 萨格杰耶夫院士。成千上万的俄罗斯程序员和信息技术、计算机设备领域的专家在硅谷公司和美国的其他科技园区工作(见表 11-1)。"21 世纪初,在美国,成立了一个软件和计算机技术领域的俄语专家协会,成员有数万人。科学领域的专家流出不仅发生在国外,也发生在国内其他经济领域(即所谓的科学家的内部移民)。从科学领域转向其他行业的人数估计为 150 万。"④科学家在商业中的转变已成规模。早在 1991 年,超过 15 万科学家在各种商业机构工作。

---

① Подготовка специалистов для зарубежных стран в России, с. 9-10.
② 托匹林,马拉哈. 俄罗斯高素质人才的就业和移民变化[J]. 社会学研究,2004(11):134-135.
③ 《俄罗斯的移民和安全》(2000)。
④ 《俄罗斯的移民和安全》(2000),第 43 页。

表 11-1　来自俄罗斯联邦的移民（包括 1993—2003 年的高素质人才）

类别 \ 时间	1993	1994	1995	1996	1997	1998	1999	2000	2001	2002	2003
移民总数/人	64 593	66 995	73 525	65 095	149 461	133 017	129 704	83 438	62 548	89 589	79 380
受过高等教育的移民数/人	13 015	12 908	14 057	13 424	28 697	25 539	24 903	16 020	12 009	16 479	14 463
受过高等教育移民的比例/%	20.2%	19.3%	19.1%	20.6%	19.2%	19.2%	19.2%	19.2%	19.2%	18.4%	18.2%
移民中的科学副博士/人	11	2	6	20	—	—	—	—	—	83	59
移民中的科学博士/人	2	4	0	2	—	—	—	—	—	22	14

所谓的"内部泄漏"对俄罗斯科学造成了重大损害。外国移民占 10%，而内部人才流失占 90%：20 世纪 80 年代末—90 年代初，成千上万的专家被迫离开科学界。

"2006 年与 1990 年相比，研发领域的就业人数减少了 58.5%，从 194.34 万人减少到 80.71 万人"①，而主要人员崩溃发生在 1990—1994 年。如果以前只是个别科学家离开了俄罗斯，那么在 2000—2001 年，整个科学团队、实验室都被撤销了。多年来的改革使俄罗斯已经失去了大约三分之一的科学潜力。

"据一些分析师称，20 世纪 90 年代人才外流的直接损失约为 500 亿美元。90 年代初以来，每隔 5 到 7 年，由于智力移民，俄罗斯便损失了一份年度财政预算。"②国家科学干部的老龄化，由创造性生产时代的人员流出以及年轻人的流入减少造成，已经达到了令人震惊的地步。"在俄罗斯科学院的许多研究所，科学家，特别是科学博士的平均年龄是 60 岁或更高，副博士是 53 岁，其余的研究工作者是 49 岁。值得注意的是，在 20 世纪 60 年代初，俄罗斯科学家的平均年龄只有 38 岁。"

俄罗斯"人才流失"高峰发生在 1989—1992 年。那一时期去国外定居的人占各行各业工作人员的 10%（约 75 000 人），仅莫斯科大学一所学校就流失了 10% 的教师。从 1992 年到 1996 年，"人才外流"仍然在持续。许多人移居国外。西方国家很快就意识到俄罗斯作为科学和劳工人员供应者的潜力，并欣然接受了这些人。1992—1996 年，85% 以上的移民科学家定居在德国、美国和以色列。20 世纪 90 年代，大约 4.5 万人移民国外，虽然只占科技人员的 4%，但多是年轻的、最有进取心的人离开了俄罗斯。仅在 1990 年，美国就接收了 800 名拥有高级学衔的俄罗斯公民，以及大约 1 万名在其行业中具有较高资质的俄罗斯公民。

移民海外不只是因为经济原因，1990 年对移民情绪的研究表明：受访者对俄罗斯的工

---

① 苏皮扬. 人才流失：全球和俄罗斯的趋势[J]. 人与劳动，2003(7)：40-43.
② URL：http://www.cdi.org/Russia/jonson/6607-z.cfm.

作条件最为不满——缺乏关键的自然科学设备,科学工作声望灾难性下降,与外国科学家缺乏正常联系等,排在第五的因素才是钱。

第二节　2000—2012年俄罗斯教育国际化

一、独联体国家之间的合作,加入博洛尼亚进程

苏联解体之后,独联体国家于1997年1月17日出台了统一教育空间构想,确定了建立统一教育空间的基本原则、方针、条件和阶段,其特点就是国家教育政策的统一性,国家教育标准、大纲以及培养和评价科技人才和科技教育人才方面的标准和要求的一致性,公民在独联体成员国领土上的所有教育机构中,享有平等的教育机会并能自由地实现自己的受教育权。

2001年末,独联体成员国政府首脑批准了实现2001—2005年构想的跨国计划。为了给统一教育空间打下规范的、合法的基础,为了建立能保证这一空间有效地发展并有效地履行职能的机构,必须采取一系列措施,这一跨国计划涵盖所有必需的内容。

实现这一构想的机构是在上述协议的框架内成立的"教育合作会议"。教育合作会议负责起草教育领域内各个方面的计划草案,研究和总结成员国在维护学生和教育工作者的社会权利、培养和评价科技人才和科技教育人才方面的经验,研究和总结成员国在相互承认学生和教育工作技能证书等效性方面的经验。

合作成员国政府首脑还签署了教育领域的跨国协议：

——关于信息交流的协议以及信息交流构想；建立高等学校分校的程序和分校履行职能的程序；协调发放从事教育活动、评估和委派教育机构的许可证的工作；合作培养放射生态学、辐射安全防护、放射生物学和交叉科学方面的专家。

——批准了为保证独联体成员国公民就学而向这些国家公民提供普通教育机构的协议草案,以及关于普通教育机构中的学生和教育工作者的社会保护协议。

——关于相互承认中等(普通)教育、初等和中等职业(专业)教育证书和证书等效性的协议；关于在职干部进修和再教育方面合作的协议；关于建立联合大学的协议；职业、专业和熟练度的分类模型草案及其应用程序协议。

——准备出版独联体成员国教育系统术语和定义的统一词典。

独联体成员国的议会通过了一系列示范性法律:《教育法》《高等职业教育和高校后职业教育法》《成人教育法》《条件受到限制人群的教育法》《独联体成员国示范性教育规范的构想》。处于起草阶段的有《中等普通教育法》《校外教育法》《教师地位法》《学前教育法》。

形成统一教育空间的方针之一是在政府首脑会议的层次上做出决定,赋予一系列教育机构和科研中心独联体成员国基地组织的地位①。它们的工作方向规定如下:培养专家;深入研究高等教育和大学后职业教育计划;协同独联体成员国科研组织进行科学研究;专家进修和再教育,培养科学教育师资,发展、深化教育和科研组织的合作;深入研究、核准和传播教学方法和科研资料;制定并实施跨学科研究,组织国际会议方案,以及采取其他措施来解决在独联体成员国形成统一教育空间过程中出现的问题。

在这一方面最为关键的是教育系统的信息化②,这是与资源整合的必要性以及对每个国家提出提高参与积极性的需求联系在一起的,后又详尽地制定了关于协调这方面工作的协议和实施协议的措施。2003年,确定了作为基地的一些教育和科研机构(俄罗斯联邦的人民友谊大学是从事这方面工作的基地)。

欧亚大学协会(ЕАУ)为独联体统一教育空间的形成做出了重要贡献,该协会建议俄罗斯谨慎地、协调地、同步地与独联体国家一起进入博洛尼亚进程。2005年通过了两个重要文件:(1)《关于成员国学术专业的统一证书和科学教育工作者的培养和鉴定程序细则示范法令草案》;(2)《关于控制独联体成员国教育质量的标准和监控技术的协议的建议》。第一个文件确认了俄罗斯联邦最高学位评定委员会(ВАК РФ)拟订的科学专业证书为基本专业范畴;建议俄罗斯教育部和哈萨克斯坦教育部继续制定关于科学教育工作者的培养和鉴定程序细则的示范法令。

《俄罗斯联邦教育的国家主张》(2000年)指出,国家的使命是"结合我国的经验和传统",保证"积极地进入教育服务市场,使教育机构和教育工作者广泛地参与国际组织和团体的教育项目"。巩固和发扬俄罗斯高等学校所具有的一系列优点成为一体化的重要条件,其中最主要的优点是"教育的科学性、基础性和百科全书式"。俄罗斯高等学校努力寻找与世界体系一体化的最佳方案,选择加入博洛尼亚进程,采用其教育标准实施合作。2003年秋天,俄罗斯加入博洛尼亚进程,其动机是需要获取新的动力,使高等教育现代化,以培养基于全新教育体系的新专业人员。2004年,俄罗斯参与博洛尼亚进程的组织、规范和方法基础开始形成。2004年,成立了一个在俄罗斯实施博洛尼亚进程规范的小组。2005年,《2005—2010年在俄罗斯联邦高等职业教育体系中实施博洛尼亚宣言各项规定的行动计划》获得批准,主要大学和组织根据《博洛尼亚宣言》确定发展的主要目标。

为保障平稳地进入博洛尼亚进程创造条件,《俄罗斯联邦教育系统优先发展方向》(2004年)要求通过立法对《俄罗斯联邦教育法》《高等职业教育和高校后职业教育法》以及其他法

---

① 2000—2003年期间被赋予基地组织地位的机构有:莫斯科公立语言大学(语言和文化专业)、莫斯科公立罗蒙诺索夫大学(培养基础自然科学方面的专家)、圣彼得堡公立大学(培养社会经济和人文科学领域的专家)、俄罗斯联邦教育部比较教育政策中心(研究教育政策)。

② 这里包括各国在以下方面采取的措施:发展远程教育,采用信息交流技术以保证教学质量并有效地管理教育机构和系统的资源。

令做出修改和补充。这些修改要保证:(1) 建立两个层次的高等教育系统;(2) 发展继续职业教育;(3) 吸引企业参与教育政策;(4) 发展科学和教育的一体化进程。

二、来俄留学人数恢复增长

学生选择留学国家往往取决于学费和生活费,以及获得签证的难易程度。俄罗斯教育服务出口主要从三个方向进行:直接吸引外国公民到俄罗斯大学接受培训、在国外开设俄罗斯大学分校和向国外推介俄罗斯教育项目。

进入新世纪,俄罗斯政府赋予大学自主的国际活动权,其中包括可以自主选择留学生,可以就学术交流、科学技术合作等问题签署双边条约。尤其在俄罗斯联邦教育和科学部制定的《俄罗斯教育机构为外国培养人才国家政策构想》的基本条例中,除了采取措施完善法律依据以协调解决外国公民的招生、教学和毕业问题,以及他们进入、离开和逗留俄罗斯领土的手续问题,还对成立针对在外国的俄罗斯高校教育服务方面的信息咨询中心体系的形成做出规定。

俄罗斯国民教育体系向新阶段的过渡始于 2003 年加入博洛尼亚进程,赴俄留学的外国公民人数有所增加,虽然人数在逐年增加,但与教育水平领先的国家相比,这一增长率是微不足道的,并且这些留学生大多来自独联体、亚洲、非洲和中东国家。

表 11-2 1990—1991 学年至 2011—2012 学年在俄罗斯联邦接受全日制和函授教育的外国大学生总人数的动态及其在全俄高校大学生中所占比重的变化[①]

年份	在俄外国留学生人数/千人	俄罗斯联邦的学生总数/千人	全俄外国留学生人数的占比/%
1990—1991	89.6	2 824.5	3.17
2000—2001	72.4	4 741.4	1.53
2005—2006	113.8	7 064.6	1.61
2006—2007	126.2	7 341.4	1.72
2007—2008	147.6	7 461.3	1.98
2008—2009	166.4	7 513.1	2.21
2009—2010	175.6	7 419.0	2.37
2010—2011	187.3	7 049.8	2.66
2011—2012	198.5	6 490.0	3.06

---

① Арефьев А. Л. Экспорт российских образовательных услуг: Статистический сборник. Выпуск 9 / Министерство науки и высшего образования Российской Федерации. — М.: Центр социологических исследований, 2019. — 29 с.

1989—1990学年（苏联解体前夕），亚洲、非洲和拉丁美洲发展中国家的公民占所有俄罗斯外国大学生的78%，20%左右的留学生来自东欧。到2003—2004学年，情况已有所改变，来自亚洲、非洲和拉丁美洲的大学生比重从78%减少到54%，同时出现了新的一大类外国留学生，这就是来自独联体国家的公民，人数超过了其他外国学生的三分之一。同时，在俄罗斯学习的来自独联体国家和波罗的海国家的学生，每四个中有一个是俄罗斯族。来自东欧国家的学生比重的减少是最明显的（从20%降至1.5%），他们转向去西欧的大学学习。

在俄罗斯高等学校的全日制部学习的外国学生组成中，按民族国家划分人数最多的哈萨克斯坦公民，占第二位的是中国公民，第三位为越南公民。

外国公民在俄罗斯高校中所要学习的专业结构发生了巨大的变化：1989—1990学年53%的留学生学习工程技术，18%的人学习自然科学、人文学科和教育学，17%的人学习医学，7%的人学习农学，只有5%的人学习经济学；而在2003—2004学年，学习医学专业的人数上升为第一位，愿意学习自然科学、精密科学和计算机科学的人相对要少。

2005年，在俄罗斯的600所高校（其中23%是民办的）中以面授方式学习的外国公民有68 000人左右，还有15 000多人在函授部（基本上是独联体和波罗的海国家的公民）和夜校部以及按远程教学计划学习，总的说来比苏联时期少了一半。被称为国家奖学金领取者（依靠联邦预算内经费学习的学生）的外国公民所占比重大大缩减：从1991年的93%减少到2004年的8%。一半以上的外国大学生在150所较大的大学中学习，首先在一些综合性大学、医学院和工学院学习。在俄罗斯高校的学生总数中，留学生占1.3%。

苏联时期不少外国公民都在俄罗斯高等学校中学习5~6年的专家计划，由于俄罗斯加入博洛尼亚进程，学习学士和硕士学位课程的人的比重开始增长。

2003—2004学年外国公民的年平均学费相当于2 000美元，其中在莫斯科的高等学校学习每年要3 000美元。

发展俄罗斯教育服务出口可以吸引更多资金进入俄罗斯，主要是在教育部门，同时也大大提高俄罗斯高等教育的竞争水平，这会产生倍增效应，影响到科研发展、师资队伍水平、研究生培养质量等，最终将给俄罗斯经济带来丰厚的红利。根据经济合作与发展组织（OECD）编制并于2013年公布的报告，2000—2011年期间，国际学生流动性增加了一倍多。就2011年外国学生入学人数而言，世界高等教育的领头羊是美国（16.5%）、英国（13%）、德国（6.3%）、法国（6.2%）、澳大利亚（6.1%）。只有4%的外国学生在俄罗斯学习。

在独联体国家开设联合大学是俄罗斯教育出口的一个重要举措，俄罗斯-吉尔吉斯（斯拉夫）大学（比什凯克市）、俄罗斯-塔吉克（斯拉夫）大学（杜尚别市）、俄罗斯-亚美尼亚公立大学（埃里温市）、俄罗斯-白俄罗斯大学（莫吉廖夫市）应运而生。这四所大学是双方相互依附的（双边）大学（它们的全权创办者是两个国家的教育部），学校中的教学语言基本上是俄语，并按俄罗斯的教学计划进行教学，学业结束时发给毕业生两个国家的文凭。几乎所有这些大学的经费主要依靠俄罗斯联邦的联邦预算①。这些大学的共同特点是:它们建立在独联体所在的过去是苏维埃共和国的领土上,在友谊和合作的国际条约框架内形成统一的教育空间。俄罗斯联邦国家政权机关的代表必须进入这些大学的监管委员会。

以面授方式在上述每所大学中就读的大学生有 2 000 人至 7 500 人不等。在其组成中俄罗斯族和说俄语的居民(包括在那些国家领土上生活的俄罗斯公民的孩子)占了相当大的比重(在俄罗斯吉尔吉斯大学中占到 50%)。此外,在这些大学中学习的还有其他国家的公民。

三、俄罗斯师生出国工作学习

2003 年,在国外留学的俄罗斯大学生(加上短期出国交流的学生)约有 5 万人②。根据经济合作与发展组织(经合组织)的官方数据,2006 年有 3.474 万俄罗斯人在经合组织成员国学习。根据《经济合作与发展组织教育概览 2008》(*Education at a Glance* 2008: *OECD Indicators*)报告,2006 年在外国大学就读的俄罗斯人数达到 4.92 万人。③

俄罗斯学生在国外留学,这一过程本身是一种积极的现象。但是有一个事实在俄罗斯官方中引起了严重的不安,这就是根据社会学研究的结果,相当一部分的大学生被问询到是否打算留在国外工作时,想脱离祖国的俄罗斯大学生占 1/4~1/3。同时,获取知识和技能的动机以及获得酬劳占主导地位。2001—2002 学年通过网络进行的问卷调查结果表明,计划在国外的大学学业结束后返回俄罗斯的学生只占 20%~50%。

统计数据表明,俄罗斯大学生的基本流向是去美国接受高等教育,1993—1994 学年在美国学习的俄罗斯大学生只有 654 人,到 2001—2002 学年就达 6 643 人。除美国外,对俄罗斯大学生吸引程度较高的国家(由高到低)依次为:德国、法国、英国、土耳其、塞浦路斯、波兰、芬兰、中国。

在 1991 年苏联解体后,俄罗斯政府在教育、国家科学和技术领域的财政预算与之前的指标相比下降了约 90%。研究人员和教师的工资很低,没有钱购买先进的设备和必要的实验设备。所有这些都抑制了俄罗斯科学和教育领域正常工作的发展。因此,高等院校的科学家、教授和副教授以及其他专家离开了他们多年的工作岗位。他们在其他领域工作,或直接到国外工作。

俄罗斯科学家基本上在条件更好的地方工作——西欧和北美。根据俄罗斯联邦国家统

---

① 例如,俄罗斯-亚美尼亚大学 2003 年的预算,俄罗斯方面提供的经费占 85.3%,其中包括大学校舍的改建。科研经费主要依靠大学自身的预算外经费(21 万卢布)和 Сорос 基金(78.6 万卢布)。

② Леденева Л., Некипелова Е. Миграция выпускников вузов за рубеж — потеря для российской науки. //Человек и труд. 2003. № 5. С. 23.

③ URL:http://www.oecd.org

计委员会的统计,从1999年到2004年,约有340 000人离开俄罗斯前往非独联体国家,几乎每13名移民就有一位科学家。当然,并非所有专业的专家都会离开。主要的移民群体是程序员、生物技术专家、分子遗传学专家。以下是一些关于俄罗斯移民流入方向的统计数据(表11-3)。

表11-3 俄罗斯移民的主要流入国　　　　　　　　　　　　　　　　　　　单位:人

从俄罗斯联邦出境人数		1997	2000	2005	2007	2008	2009	2010	2011
总计		232 987	145 720	69 798	47 013	39 508	32 458	33 578	36 467
独联体国家	合计	143 675	80 510	35 418	30 726	25 542	20 326	21 206	22 283
	阿塞拜疆	4 302	3 187	1 274	1 355	1 258	1 130	1 111	1 248
	亚美尼亚	2 578	1 519	620	728	1 032	983	698	964
	白俄罗斯	18 928	13 276	6 034	5 302	3 954	2 573	2 899	2 622
	哈萨克斯坦	25 364	17 913	12 437	10 211	7 483	7 232	7 329	6 175
	吉尔吉斯斯坦	6 296	1 857	473	668	648	674	641	969
	摩尔多瓦共和国	5 715	2 237	786	629	551	648	617	771
	塔吉克斯坦	2 474	1 158	434	464	637	610	694	1 056
	土库曼斯坦	1 532	676	125	111	90	62	105	191
	乌兹别克斯坦	7 370	3 086	595	722	948	677	834	1 990
	乌克兰	69 116	35 601	12 640	10 536	8 941	5 737	6 278	6 297
其他国家	合计	89 312	65 210	34 380	16 287	13 966	12 132	12 372	14 184
	澳大利亚	297	176	209	139	202	172	184	249
	阿富汗	146	25	11	12	16	11	14	37
	保加利亚	668	180	124	132	163	125	110	194
	越南	385	33	45	22	31	21	32	92
	德国	48 363	40 443	21 458	6 486	4 916	4 115	3 725	3 815
	希腊	886	314	155	116	98	80	92	105
	格鲁吉亚	3 286	1 802	691	603	572	629	459	415
	以色列	12 873	9 407	1 745	1 202	1 040	894	947	977
	西班牙	106	160	320	388	348	318	296	405
	意大利	193	273	249	254	254	265	300	370
	加拿大	1 333	841	628	571	516	457	497	471
	中国	1 222	658	456	56	53	57	248	507

(续表)

从俄罗斯联邦出境人数		1997	2000	2005	2007	2008	2009	2010	2011
其他国家	拉脱维亚	636	365	211	271	226	167	139	181
	立陶宛	1 162	376	213	276	215	173	153	173
	美国	9 087	4 793	4 040	2 108	1 722	1 440	1 461	1 419
	土耳其	356	104	85	78	81	101	147	247
	芬兰	923	1 142	737	692	620	685	517	480
	瑞典	151	195	110	137	157	102	128	136
	爱沙尼亚	702	385	225	280	301	223	206	266
	其他国家	6 537	3 538	2 668	2 464	2 435	2 097	2 717	3 645

根据表11-3,我们可以得出一些关于移民的结论:第一,移民的总数很大;第二,近年来移民的人数有所减少,移民的情况有所改善;第三,去德国的人仍然很多,2005年的人数略多于21 000人,去美国和以色列(同时期4 040人和1 745人)的人位列其后。这些只是官方统计数据。实际上,为了寻求更好的生活而离开的人数几乎是不可能计算的。据统计,超过五分之一的移民是科学家、医生和教师。人才外流,丰富发达国家的人力资本,对俄罗斯的经济状况产生负面影响,加剧了该国本来就很困难的人口状况。

实际上,苏联解体后,人才流失的现象在俄罗斯变得越来越严重。许多研究表明,正是在这个时候,高素质的科学家和专家以及俄罗斯青年们的移民欲望有所增加。两个群体,有时重叠(例如年轻的计算机工程师),一般而言更加专注——专业、受过教育并准备好充分利用他们在科学领域的知识,以及在俄罗斯研究机构工作而感到失望的年轻工人,被迫寻找新的海外工作机会。一般来说,时间背景在智力移民中起着一定的作用。通过这次移民原因的概括,可以将他们分成两组:推动供应国的因素和吸引受供国的因素。

人才外流的问题造成了以下后果。

第一,国家智力精英损失,对苏联解体后俄罗斯经济的进一步发展产生了重大影响。对俄罗斯联邦而言,缺乏知识人才储备意味着未来不可能实现正常发展。

第二,研究人员的再生和科学发展基础受到严重影响,破坏了智力潜力再生的人口模式,这可能导致较低的允许限制。

第三,科学领域的专家老龄化。从事科学工作的人的平均年龄在增加。这个平均年龄在2008年是46岁,其中,副博士为53岁,科学博士为60岁。值得注意的是,50~70岁的科学家比例超过50%,而在80年代末期,这一比例没有超过27%。

第四,俄罗斯人才流失海外威胁着国际安全。在俄罗斯,大约有8 000名活着的科学家参与了40多个科学项目,这些项目很多是为了外国公司的利益而进行的,例如美国能源部或五角大楼。火箭技术、核物理等领域的专家前往第三世界国家,以提高其军事水平。根据这些数据,约有20%的俄罗斯此类专家具备管理或从事核武器生产的广泛知识。显然,俄罗斯人才流失海外不仅威胁到国家安全,也威胁到国际安全。

第五,内部人才流失。一个科学家由于各种原因未能在他的科学活动中取得具体成果,可以进入企业,或者干脆改变他的活动范围。而这些给国家带来了在教育、科学等方面的巨大损失,并造成了间接经济损失。许多科学家认为,这个问题很可能会比人员外流更突出。

第六,刺激受供国在各个领域,特别是在军事领域的发展。

此外,俄罗斯在世界上的地位正在下降,在此情况下,其安全受到威胁。

为了解决俄罗斯的人才流失问题,普京总统要求:"我们必须确保我们的同胞的知识、经验和研究渠道首先服务于整个俄罗斯的科学研究。因此,至少我们应该允许国际科技合作通过'双向通道'。在不久的将来,政府应为前往其他国家的科学家重返俄罗斯创造条件。积极发展俄罗斯与外国研究团体的关系。"

在苏联解体后,俄罗斯政府采取了一系列有效措施来建立这种关系,包括法律支持和财政支持。

首先,在法律支持领域,1990年以来,《关于保护俄罗斯科学技术潜力的紧急措施》《俄罗斯科学发展的学说》《关于科学和国家科技政策联邦法》《2010年科学技术发展的政治基础和俄罗斯联邦的未来》和其他重要法律等有100多部。这些法律在确保俄罗斯科技人员队伍稳定、促进技术人才创新方面发挥了一定的作用。

其次,从财政支持的角度来看,俄罗斯正在积极寻求科学研究领域的多元化金融模式。在财政限制方面,俄罗斯政府正在努力增加资金对科学技术的贡献,1996年8月23日,俄罗斯通过了《关于科学和国家科技政策联邦法》,法律规定至少4%的联邦预算用于科研。

俄罗斯建立了一个补贴各级人才的制度,补贴或奖学金的提供者是政府、企业以及外国资金。2005年2月3日,普京发布了120号总统令,内容如下:"从2005年1月1日,总统每年设置500万卢布补助金,以支持35岁以下的年轻硕士学位的研究工作。"2005年总统补助金额为12亿卢布,然后是每年15亿卢布。同一天,普京发布了121号总统令,规定如下:"……每年应建立100个俄罗斯联邦总统的补助金,以支持40岁以下年轻医生的研究工作,补助期为2年,2005年补助金总额为4 000万卢布,此后每年金额为5 000万卢布。"[1]

俄罗斯私营公司也开始投入一定数量的资金用于技术专家的教育。例如,俄罗斯科学院、

---

[1] 宋兆杰,王续琨.俄罗斯科学人才流失及其警示意义[J].科学学与科学技术管理,2006,27(6):154-158.

西伯利亚石油公司和俄罗斯第四冶金公司共同创建了一个基金会,三年共资助 350 人,博士每年 5 000 美元,硕士每年 3 000 美元。外国的基金会组织也为俄罗斯科学技术的发展提供一些财政支持。据统计,25%最成功的研究所的预算资金来自国外。三分之一的基础科学研究与外国投资有关,特别是在物理学和生物学等学科中,外资占总投入的 70%～80%。

科学研究领域的多元化金融模式扩大了俄罗斯研究经费的规模,促进了技术专家的回归。

第三节　2012 年以来俄罗斯教育国际化

一、签约情况

表 11-4　2015 年俄罗斯与国外签署的双边合作协议(按地区和合作类型划分)　　　单位:个

合作协议类型	地区											
	黑海地区	亚太地区	美国加拿大	北极地区	非洲	巴尔干地区	近东国家	独联体	波罗的海国家	欧盟	拉丁美洲	南奥塞梯地区
教育证书互相承认协议	7	11			29	4	2	6	1	7	8	1
教育领域合作协议	10	4		1	3	1		1	8		4	1

表 11-4 显示了俄罗斯正在积极地与国际教育组织、协会和高校进行合作。其中俄罗斯与独联体国家在教育领域的合作成果最为明显,这些国家非常重视教育和科学领域与俄罗斯的一体化进程[①]。

今天,俄罗斯高等教育领域的国际化包括两个方面的意义:一是内部国际化,这意味着在俄罗斯教学机构比如大学里创造一种国际化的文化和氛围,促进不同文化之间的理解。与此同时,高校的教学计划、科研项目的开展都有国际化体现。例如,相关课题和研究工作符合国际标准,吸收国际先进的资源和经验,相关项目与国外合作伙伴共同实施。二是外部国际化,这是通过各种教育技术和各种行政协议向外国提供教育产品和服务的过程。

这段时期,俄罗斯积极利用教育国际化来提升俄罗斯科学、文化、教育在世界舞台的竞

---

① Российские документы [Электронный ресурс]// Болонский процесс. URL:http://www.bologna.ntf.ru/p12aa1.html

争力和影响力。根据俄罗斯联邦在2008年制定的《2020年前俄罗斯社会经济长期发展构想》，俄罗斯教育国际化转型的主要任务是：

（1）发展教育服务出口，即在俄罗斯大学培训外国学生。根据规划，外国学生培训的收入将占到教育系统财政收入的10%。

（2）提高科研质量（基础科学和创新）。促进俄罗斯科研人员的对外交流，吸引高级专家和学者参与俄罗斯高校教学。

（3）提高教学质量。教育国际合作的重要内容是科学家、教师和学生之间的学术交流。通过和世界其他国家科研和高校等机构签订科学和文化领域的国际合作协议，促进学术交流，共同开展课题研发等，为相关领域培养人才储备。

二、来俄留学

2013年到2017年间，俄罗斯的外国学生由20.2万人增加到29.1万人，同比增长了44%。其中全日制学生占比增加了90%，占留学生总人数的73%。值得注意的是，有2.23万名全日制留学生在俄罗斯联邦以外的俄罗斯高校学习。

就教育资金保障的来源而言，2017年，32%的外国公民获得俄罗斯联邦预算体系的各类预算拨款，68%以个人或以法人身份（自费）进行学习。

70%的全日制外国留学生来自前苏联国家，其中20%的外国留学生来自哈萨克斯坦，约10%的外国留学生来自乌兹别克斯坦和塔吉克斯坦。外国留学生总数占前10位的国家中，只有中国（7.5%）和印度（4.4%）这两个国家不属于前苏联国家。80%的全日制学生来自亚洲国家，12%的全日制学生来自欧洲国家，7%的全日制学生来自非洲国家。留学生人数排名在前10位的国家占俄罗斯联邦留学生总人数的75%以上。目前，共有来自170多个国家的学生留学俄罗斯。

留学生主要集中在本科以上的层次，也有一些学生选择在中等职业技术学院（相当于我国的高职）学习。俄罗斯中等职业教育的国际竞争力较弱，不仅与落后的教学设备、在组织生产实践方面存在的困难相关，还归因于其教育体系与其他高水平国家之间存在的差异。比如，在俄罗斯，一个从中等职业教育机构和按中等普通教育大纲教学的大学毕业的人才，获得的是中等技术水平的文凭，而在欧洲或北美，在类似职业培训院校学习的毕业生可获得学士学位，拿到工程师文凭。因此，2012年以后在俄接受中等职业教育的外国留学生总人数相对较少。

2017—2018学年共有3.03万名外国留学生在俄接受中等职业教育培养，其中2.62万人是全日制学生，4 100人为函授生（如表11-5）。

表 11-5　在俄接受中等职业教育(全日制和函授制)的外国学生总人数动态
及其在俄罗斯中等普通教育机构所有学生中的占比变化[①]

年份	外国留学生总数/千人	学生总数/千人	占比/%
1995—1996	6.0	1 929.9	0.31
2000—2001	5.1	2 360.8	0.22
2005—2006	7.7	2 590.7	0.30
2010—2011	12.1	2 126.0	0.57
2015—2016	24.6	2 180.0	1.13
2017—2018	30.3	2 387.7	1.27

在俄中等职业教育院校的大多数留学生选择的是经济和管理专业,在技术类专业中,车辆、建筑以及计算机信息技术是留学生的优先选择专业。

在中等职业教育机构中,人数不断增长。全日制和函授制留学生几乎也都来自独联体国家,而来自"远邻国"的留学生比例仅有5%。在俄罗斯接受中等职业教育的人数最多的国家中,乌克兰在2012—2015年间超过哈萨克斯坦和其他前苏联国家留学人数指标,占据领先地位。

表 11-6　2012—2013 学年至 2018—2019 学年在俄罗斯联邦接受全日制和函授教育的外国
大学生总人数的动态及其在全俄高校大学生中所占比重的变化[②]

年份	进入俄罗斯大学的外国公民人数/千人	学生总数/千人	外国公民在俄罗斯大学所有学生中所占的比例/%
2012—2013	225.0	6 075.0	3.70
2013—2014	250.2	5 647.0	4.43
2014—2015	282.9	5 209.0	5.43
2015—2016	296.2	4 766.5	6.22
2016—2017	313.1	4 399.5	7.12
2017—2018	334.5	4 245.9	7.88
2018—2019	335.4	4 161.7	8.06

俄罗斯高等教育机构中人数不断增加的外国留学生几乎都来自前苏联加盟共和国。比如在2004—2005学年至2017—2018学年间,来自独联体国家的全日制留学生人数增长了

---

① Арефьев А. Л. Экспорт российских образовательных услуг: Статистический сборник. Выпуск 9 / Министерство науки и высшего образования Российской Федерации. — М.: Центр социологических исследований, 2019. — 30 с.

② Арефьев А. Л. Экспорт российских образовательных услуг: Статистический сборник. Выпуск 9 / Министерство науки и высшего образования Российской Федерации. — М.: Центр социологических исследований, 2019. — 29 с.

3/4,而函授制外籍学生人数增长了近 100%。在这段时间内,来自欧洲(包括隶属于欧盟的波罗的海国家)和北美的全日制高等教育机构的外国留学生仅增长了 2 700 人,仅占全日制外国留学生总增长率的 1.5%(见表 11-6)。

俄罗斯高校对外教育的另一重要载体是联合大学、分校、教育咨询中心和俄罗斯高等院校的海外分支机构。2017—2018 学年在这类机构(主要分布在独联体国家)学习的外国学生共有 4.22 万名。

在俄罗斯高等教育机构学习的全日制外国学生的主要来源国,是俄罗斯的"近邻"和"远邻"的亚洲国家,尤其是"近邻国"哈萨克斯坦,是 2008—2018 年间增长人数最多的外国学生来源国。(如表 11-7、表 11-8)。

表 11-7 2008—2009 学年至 2017—2018 学年俄罗斯高校全日制留学生来源国人数排行榜 单位:人

国家	学年		2008—2009 学年至 2017—2018 学年间的变化
	2008—2009	2017—2018	
哈萨克斯坦	13 720	41 285	+27 565
中国	16 798	29 172	+12 374
土库曼斯坦	2 315	22 093	+19 778
乌兹别克斯坦	3 710	16 954	+13 244
塔吉克斯坦	2 226	16 291	+14 065
乌克兰	4 231	13 078	+8 847
印度	5 135	13 176	+8 041
吉尔吉斯斯坦	1 388	6 896	+5 508
白俄罗斯	3 541	5 482	+1 941
越南	3 750	4 758	+1 008

表 11-8 2017—2018 学年全日制和函授制外国留学生层次的分布

培养方案	全日制留学生/人	函授制留学生/人
预科生	25 012	—
学士	114 678	62 035
专家	57 536	5 362
硕士	21 802	7 402
实习生(包含技能进修培训班)	28 288	2 125
见习医学研究生	4	—
临床医学研究生	2 538	—
副博士	6 953	701
博士	53	—
总计	256 864	77 625

在 2008—2018 年,在俄罗斯高等教育机构进行全日制学习的外国公民所学专业的主要变化,是选择工程技术类专业的人数增多了,并且现在已经成为留学生人数最多的专业,而医学专业则排在第二位。

而函授制教育方案中,经济学专业是留学生们的首选,在此之后曾经排在第二位的法律专业,如今也被工程技术类专业所取代。人文社科类专业的函授留学生比例也有所增加。

2018 年,俄罗斯拥有超过 1 000 名全日制外国留学生的高校有 60 多所,其中的 33 所高校全日制留学生人数超过 1 500 人。在这一组公立高校中,外国本科生、实习生、研究生、公立高等学校全日制系预备班学员的外国留学生占了 1/4 以上的比例。

2017—2018 学年全日制外国留学生人数最多的大学是俄罗斯人民友谊大学(РУДН),其次是两所圣彼得堡的顶尖大学之一——喀山(伏尔加河沿岸)联邦大学,还有一个毫无疑问是俄罗斯排名第一的莫斯科公立大学(МГУ),但其外国留学生人数在俄罗斯高校中排名第五(见表 11-9)。

表 11-9　2017—2018 学年全日制外国留学生数量最多的高校排行榜　　　　单位:人

大学名称	外国留学生人数
俄罗斯人民友谊大学	14 896
圣彼得堡公立技术大学	5 928
喀山联邦大学	5 564
圣彼得堡公立大学	5 563
莫斯科公立大学	4 454
俄罗斯公立高等经济大学	3 292
库尔斯克公立医科大学	2 994
克里米亚联邦大学	2 861
别尔哥罗德公立研究大学	2 861
莫斯科公立医科大学	2 645

函授制外国留学生的分布又是另外一种景象了,留学生人数最多的学校主要是民办大学。这不是偶然,要知道全日制外国留学生就读的俄罗斯大学中,民办大学只占 2.7%,而函授制留学生就读的大学中,民办学校约占 35%。

近 40% 全日制和 2/3 的函授制外国留学生都就读于莫斯科和圣彼得堡的高校,因为首都高校的文凭向来都被视为最具权威性的。然而近年来,外国留学生在地方大学就读的比例随着这类高校教学质量的提高而有所提高。

2017—2018 学年,俄罗斯高校的海外分校、联合大学及研究单位的外国留学生人数减少了一半,仅有约 4.22 万人。同时,攻读学士/专家、硕士、博士这三个高等级别教育的学生人数仅为 3.93 万人,包括 2.69 万名全日制学生和 1.24 万名函授制学生,另外有 2 300 名学生在海外学习的是预科课程和俄语语言培训课程,还有 492 人参加的是俄罗斯补充职业教育培训项目。

2017—2018学年在海外提供各类教育服务的俄罗斯高校总数约43个,包括在独联体国家的4所联合斯拉夫大学、33个俄罗斯大学的海外分校和48个其他分支机构及合作机构,而承接这些项目的国家仅剩下25个。

在俄罗斯联邦境外,2017—2018学年,有88个国家的2.1万多名中学生接受了俄罗斯普通教育阶段的培养,通过了俄罗斯国家统一考试,并获得普通中学毕业证书,其中包括在86所俄罗斯驻80个国家大使馆附属学校的8 700名学生,和1.23万名在其他中学和教育机构的学生。其中85%以上的孩子接受的是全日制教育,其余的是函授制和远程网络教育。

此外,2017—2018学年俄罗斯科学文化中心和俄罗斯合作代表处在60个国家开设的68个俄语语言班有1.82万名外国学生,而苏联时期类似语言课程在近90个国家拥有约60万名俄语学习者(如图11-2,表11-10)。

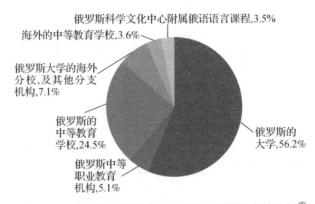

图11-2　俄罗斯不同类型教育机构俄语学习者的比例①

表11-10　2017—2018学年就读外国公民人数最多的俄罗斯海外高校②

大学名称	留学生人数/人
俄罗斯-吉尔吉斯(斯拉夫)大学	9 654
俄罗斯-塔吉克(斯拉夫)大学	7 019
俄罗斯普列汉诺夫经济大学	3 789
车里雅宾斯克公立大学	3 205
俄罗斯—亚美尼亚(斯拉夫)大学	2 695
莫斯科公立大学	2 645
俄罗斯公立社会大学	2 113

---

① Арефьев А. Л. Экспорт российских образовательных услуг: Статистический сборник. Выпуск 9 / Министерство науки и высшего образования Российской Федерации. — М.: Центр социологических исследований, 2019. — 526 с.

② Арефьев П. А. Образовательная деятельность российских вузов за рубежом // Образование и наука в России: состояние и потенциал развития. Ежегодник. 2019. Выпуск 4. — 470 с.

2014年5月20日，在俄罗斯联邦总统弗拉基米尔·普京正式访问中国期间，俄罗斯联邦科学和教育部与中华人民共和国教育部签署了成立莫斯科公立大学和北京理工大学联合大学的合作谅解备忘录。

莫斯科公立大学与北京理工大学于2014年9月5日正式签署合同成立了深圳北理莫斯科大学，根据双方事先商定的组织、职能和资金安排，建立两国联合大学的项目进程得以正式启动。

联合大学的主要任务是根据俄罗斯最好的教育方案，在中国培养出两国在亚太地区开展实施经济项目所需的年轻专业人才，以促进两国文化间的对话和两国人民的相互理解。

2017年深圳北理莫斯科大学开办了五个系别：语文系、生物系、经济系、计算数学和控制论系，以及材料科学系。同年还通过历史上第一批硕士研究生专业教学大纲——"当代俄语语言及文化""纳米技术""基础和系统生态学"，以及本科生专业教学大纲——"俄罗斯语言文学""应用数学和信息科学""化学、物理和材料力学""经济学"。

该校采用中、俄、英三种教学语言，由莫斯科公立大学的教授和来自世界其他一流大学和科研中心的专家学者按莫斯科公立大学的教育标准进行授课。

2017年，深圳北理莫斯科大学录取了第一批学生：118名本科生和26名硕士研究生，2018—2019学年该校大学生人数增至600人。

2017—2018学年来自俄罗斯各类教育机构外国留学生的总收入为1 274亿卢布（相当于19.6亿美元），其中3/4的收入来自在俄罗斯境内的全日制教育机构，而且主要来源并不是教育服务费，而是日常生活费。2006—2018年，俄罗斯出口教育服务的收入增长超过4.5倍。

外国公民在俄罗斯高等教育机构公费学习的约有40%，超过60%的留学生是自费学习的。俄罗斯政府每年为外国公民提供共1.5万个高等教育公费名额。此外，一些独联体国家的学生有资格与俄罗斯公民共享公费名额。通过国家交流项目和高校合作计划来到俄罗斯高校学习的留学生也享受公费教育。

虽然在俄罗斯高等教育机构接受全日制免费教育的学生所占比例相当大，但这并未降低高校的价值。因为无论是公费还是自费留学，所有外国学生对其留学接待国和大学都极其重要。要知道，来自外国学生在俄留学期间的日常支出为提高国民经济增长率做出了很大贡献，此外，各类外国留学生的到来能够保障高校教师的岗位名额，2018年俄罗斯高校为保障留学生的培养设立了大约2.5万个教务工作岗位。

俄罗斯联邦科学与高等教育部社会学研究中心分别在2015年和2018年进行过全俄留学生问卷调查，两次问卷调查结果显示：外国留学生对在俄罗斯高等院校的留学质量满意度下降了，满意度低的主要原因是缺乏实践经验和对俄语的掌握不足导致对教材的理解困难。俄语不及格的问题主要是"远邻国"留学生的问题，然而，来自前苏联的非斯拉夫国家，特别是在来自中亚的留学生中也开始出现这种现象，这与独联体和波罗的海国家的中学对俄语的学习和用俄语进行教学的总体比例下降有着直接关联。

2017年5月,时任俄罗斯总理梅德韦杰夫首次提出了"俄罗斯教育出口"的构想。在不到5个月的时间内,该项目的完整模型就得以形成并进入实施阶段。俄罗斯政府已经选定了39所高等教育机构,将优先在这些机构中施行俄罗斯教育出口项目。该项目期限为2017年5月至2025年11月。

该项目的主要目标是提高俄罗斯教育在国际教育服务市场的吸引力和竞争力,成倍增加俄罗斯联邦教育出口服务的收入。实施优先项目应提高俄罗斯教育方案对外国公民的吸引力,改善他们在俄罗斯学习期间的生活和居住条件,提高俄罗斯教育品牌在国际教育服务市场的知名度和地位。

为了提高教育方案对外国学生的吸引力,就不得不制定并实施高校教育出口项目模型,其中包括对外国留学生的支持服务。这一模式将首先在20所高校进行试点,2021年在全国所有高校推行。该项目将发展新形式的联合培养方案和英语教学方案,发展外国留学生在线教育、游学路线和暑期学习夏令营,建立统一的俄罗斯教育系统互联网搜索引擎。另外,还将完善留学生招生和教学的规范性框架,认可外国教育文凭,外国教师入境、出境和居留程序等文件,以及解决国际合作框架内教育活动的税收问题。除此之外,还将通过俄罗斯驻外代表机构和主要媒体,加强俄罗斯教育品牌在国外的推广,并组织俄罗斯各大学的综合代表参加国际展览会。

2018年5月7日颁布的第204号总统令《2024年前俄罗斯联邦发展的国家目标和战略任务》提出了至少将在俄高等教育和科学机构中学习的外国公民人数增加不少于一倍的任务,并将落实一系列优秀外国留学生在俄就业的措施[①]。

此项任务受俄罗斯联邦科学和高等教育部委托,将在2018年12月7日获批的国家教育项目中的"教育出口"项目的框架内落实[②]。

具体来说,到2024年,联邦教育项目中接受全日制高等教育外国公民的数量将达到42.5万人(见表11-11)。

表11-11 外国留学生的数量(2019—2024年) 单位:万人

目标值	以2017年12月31日为基础值	年份					
		2019	2020	2021	2022	2023	2024
接受全日制高等教育外国公民的数量	21.0	24.1	26.8	30.2	34.1	38.2	42.5

俄罗斯的高等教育系统有潜力实现这一宏伟目标,但同时也应当考虑到一些高校中几乎普遍存在的客观限制因素,诸如缺乏基础设施、缺乏有利于外国学生适应的英语社会环境、外语授课项目少、缺乏学校间统一学分转换系统、存在一些较大的常规性障碍问题等。

---

① URL:http://www.kremlin.ru/acts/bank/43027.
② URL:https://futurerussia.gov.ru/obrazovanie.

三、出国留学

根据2016年公布的数据,约有7.25万名俄罗斯人在国外学习,约占俄罗斯学生总数的1%(约550万人)。此外,这个数字在稳步增长:在20世纪90年代中期,有13 000名俄罗斯学生在国外学习,到2007年这一数字已上升至37 000人,2013年达到了50 600人。

至2018年,俄罗斯公民留学第一目的国是中国,根据联合国教科文组织的统计,2018年来中国留学的俄罗斯人有17 400人(2019年近20 000人)。排在第二位的是德国,有9 900名俄罗斯人去德国学习。第三是捷克,有5 900人去捷克留学。但在2013年,去美国留学的人数则位列第二,去捷克留学的人数位列第五。根据美国国际教育协会的数据,在2016—2017学年,在美国学习的俄罗斯人数为5 400。

2015年,有3 900名俄罗斯人在英国学习。2017年,俄罗斯是英国民办学校入学儿童人数最多的来源。据莱坊公司(Knight Frank)数据,从2005年到2017年,入学英国民办学校的俄罗斯儿童数增加了77%。2005—2006年,有343名俄罗斯儿童入学,2016—2017年有608名儿童入学,至2018年总共有3 000多名俄罗斯人正在英国的民办学校学习。

至2018年,3 600名俄罗斯人在法国学习,2 800名俄罗斯人在芬兰学习。从2017年开始,芬兰对俄罗斯公民提出了高等收费教育,因此这个国家的俄罗斯学生数量明显下降。

在俄罗斯困难的经济形势下,申请留学的人数并没有减少,反而增加。而俄罗斯留学生人数不仅在欧洲或美国的大学中增长,近年来俄罗斯学生去亚洲留学变得更加流行(见表11-12)。

选择亚洲国家,与较低的教育成本以及俄罗斯政府与这些国家的合作扩大有关。

除了获得国际文凭的愿望外,俄罗斯公民正在考虑在学习国找到工作的可能性,并可能留在那里永久居留。大多数俄罗斯公民出国留学读硕士学位是因为近几年更多的成年人清楚地了解他们在学习后如何选择工作目的国家或地区,其次,由于学习时间较短,获得硕士学位的成本较低。

表11-12 2016年俄罗斯公民出国留学人数统计　　　　　　单位:人

国家	2016年	2012年
共计	70 475	63 592
中国	16 197	15 103
德国	9 953	9 480
捷克	5 305	3 455
美国	5 203	4 688
英国	3 933	3 604
法国	3 599	3 643
芬兰	2 799	2 206

(续表)

国家	2016年	2012年
意大利	2 178	1 737
白俄罗斯	1 953	2 061
乌克兰	1 814	2 878
吉尔吉斯斯坦	1 377	927
土耳其	1 158	—
亚美尼亚	1 140	903
加拿大	1 140	483
奥地利	1 128	1 004
哈萨克斯坦	1 097	1 315
瑞典	1 011	594
澳大利亚	880	968
荷兰	794	556
波兰	754	585
以色列	750	—
西班牙	733	2 152
沙特阿拉伯	572	520
挪威	550	624
拉脱维亚	509	387
阿拉伯联合酋长国	414	458
瑞士	364	420
韩国	349	330
日本	336	366
新西兰	320	325
保加利亚	288	255
阿塞拜疆	270	177
蒙古	254	287
爱沙尼亚	230	—
比利时	213	273
埃及	210	231
丹麦	195	187
立陶宛	182	236
塞浦路斯	166	174
格鲁吉亚	157	

注："—"代表数据缺失或难以统计。

2013年俄罗斯教育部出台《俄罗斯联邦发展学术交流方案》以促进俄罗斯师生流动,此方案阐明俄罗斯政府促进对师生流动所进行的全面措施及将来的发展计划。

最近几年俄罗斯大学除了师生交换项目之外,还跟欧美国家大学展开"双学位"计划的合作。"目前俄罗斯600所大学之中只有40～50所大学与欧洲大学合作并实行'双学位'计划,相关专业方向十分有限(仅有一两个方向)。俄罗斯人民友谊大学、高等经济学院、莫斯科公立国际关系学院等大学承担俄罗斯大部分'双学位'合作。学生大部分学习时间(81%)在国外大学度过,毕业生获取双方大学的国家标准文凭,除了文凭之外还可以获得相关的证书附件。"①

俄罗斯其他大学在国际奖学金计划的帮助下也加入了国际大学"双学位"项目,如雅罗斯拉夫公立技术大学(ЯГТУ)在德国DAAD奖学金计划的帮助下与德国维尔道应用技术大学设立了共同本科生培训计划。2011级经济信息专业方向的本科生毕业后获取两国大学的"双学位"文凭②。

两所或多所大学的合作计划有助于学生在国内与国外培养专业综合素质,体会他国留学与生活经验,增加学生的就业机会。

给俄罗斯学生提供更多与奖学金计划有关信息:欧美国家教育费用高,生活费很高,而大多数俄罗斯教师与学生经济情况比较差,可以自费出国深造的人并不多,这是对俄罗斯师生国外流动的最大挑战。不过最近俄罗斯越来越多的大学加入了国际奖学金计划,俄罗斯师生流动补助提高了很多,如伊拉斯谟世界计划(Erasmus Mundus)。"2012—2013年之内此奖学金计划提供131个硕士培训项目。从2009年在Erasmus Mundus奖学金计划范围内,欧盟国家委员会开展了34个博士培训项目。愿意在国外大学申请硕士、博士学位的俄罗斯学生以及愿意出国教书进行研究的俄罗斯教师都可以经过选拔赛加入上述项目。奖学金覆盖学费、教材费与生活费。毕业以后,根据项目学生可以获取'双学位'(double degree)、'多学位'(multiple degree)、'联合学位'(joint degree)文凭。Erasmus Mundus如所述,俄罗斯大学已经开始实行'双学位'合作,因此这种项目对俄罗斯学生具有很大的吸引力。"③

【资料链接】

30年来中俄教育合作的成果及未来发展方向

中俄教育交流合作意义深远,30年来,中俄两国教育主管部门和各级各类学校紧密合

---

① 地区性社会组织"职业教育问题研究中心". 欧盟的联合方案和双学位方案[EB/OL]. (2015-03-07) [2018-01-21]. http://www.acur.msu.ru/useful/joint_degrees_EU.pdf.
② 亚科夫列娃,邦达列娃. 大学网络互动的发展[EB/OL]. (2015-02-26)[2018-01-21]. http://economics.open-mechanics.com/articles/654.pdf.
③ Erasmus Mundus硕士和博士课程2012—2013[EB/OL]. (2015-03-16)[2018-01-21]. http://eeas.europa.eu/delegations/russia/documents/eu_russia/erasmus_masters_2012—2013.pdf.

作,提高人才培养和科学研究水平,培养熟知对方语言文化,致力中俄政治、经济、军事、科技、文化等领域合作的人才,奠定了世代友好的基石。

中俄教育交流合作历史长、规模大,进入21世纪以来,中俄教育合作呈现出一些新的特点,成为国家间教育合作的典范。

一、中俄教育交流合作具有悠久的历史

中俄教育交流源远流长,自中俄有外交接触而发轫。1689年中俄签署《尼布楚条约》后,沙俄就开始派遣留学生来中国,主要学习满、汉、蒙、藏文和中医,清政府将这些留学生安置在国子监中。1708年,康熙皇帝创办了第一所俄文学校——俄罗斯文馆。1728年,中俄签订《恰克图条约》,规定俄国派4名传教士到北京传播东正教和6名学生来华学习满、汉语言,每10年轮换一届。雍正皇帝十分重视这些留学生,将其安置在北京东江米巷(后改名为东交民巷)的俄罗斯馆,并为其配置了满、汉族助教,而且每月供应银钱、米和日常生活器物。

20世纪20年代,一大批中国进步青年、仁人志士来到十月革命的故乡——苏联学习,当时主要就读于莫斯科东方大学,学习的课程有苏共党史、哲学、政治经济学、世界工人运动等。1925年10月,为纪念孙中山先生,国民政府在莫斯科建立中山大学,设立选拔委员会,选派学生去中山大学学习。历经磨炼,他们之中的优秀分子成长为变革中国的职业革命家和领袖人物。20世纪40年代,中国共产党将一批烈士遗孤和党的领导人的子女送到苏联学习,"二战"期间,他们多在伊凡诺沃国际儿童院学习,总数达到近百人。

中华人民共和国成立后不久,中国开始向苏联和东欧社会主义国家大规模地派遣留学生,学习先进的科学文化和管理经验。中苏政府于1952年8月签订的《关于中华人民共和国公民在苏联高等学校学习之协定》,由苏联政府支付中国公民在苏高校学习时的生活费和学习费,包括大学生每人每月500卢布津贴、研究生每人每月700卢布津贴。中国政府向苏联政府偿还本协定上述各项费用的50%。1958年中苏签订了《关于共同进行和苏联帮助中国进行重大科学技术研究的议定书》。由于中国科技人员严重不足,缺乏工作经验,为实现这些计划,必须加速派遣留学生,加强对尖端技术和科学前沿人才的培养。为执行各项苏、欧援建计划,"一五"期间由工业部门独立派出7 800人去苏联、东欧的工厂、矿山对口学习工艺技术和管理。

这期间,中国高校学习苏联,进行院系调整,大量采用苏联教材,聘请了大批苏联专家。可以说,中国教育打上了深深的苏联烙印。

20世纪60年代,两国关系恶化,教育交流受到严重影响。1961—1965年,共有72名苏联留学人员来华;而中国派出到苏联的留学生也只有206名,仅占同时期外派留学人员总数的15%。"文化大革命"开始后,两国教育交流基本停滞。

1982年2月,苏联教育部提出了恢复两国教育交流的建议。1984年两国教育部签署了1984—1985学年合作议定书,确定双方互换留学人员70名。1984年开始,两国教育部门开始在协议中确立了校际交流关系。1986年,在中苏经贸科技合作委员会框架下成立了中苏教育合作工作小组,由双方教育主管部门的副部长任组长。在1988—1990年中苏教育合作

计划中规定,除双方每年互换150名留学人员、30名语言教师外,苏方还将单方面接受中方留学人员550名。1989年5月,中苏两国关系恢复正常化。1991年,双方签署了互相承认学历和学位证书的协议。

至此,中俄教育交流合作翻开新的一页。

二、中俄教育交流合作具有坚实的政策和民意基础

20世纪90年代开始,中国与俄罗斯的教育合作规模迅速扩大。中俄教育交流合作着力打造坚实的政策和法理基础。

1995年6月,两国签署了《中华人民共和国政府和俄罗斯联邦政府关于相互承认学历、学位证书的协议》,双方互相承认对方国家高校颁发的学位证书、毕业证书。

2000年12月3—12日,中华人民共和国国务院副总理李岚清对俄罗斯联邦进行正式访问,召开了中俄总理定期会晤机制内教、文、卫、体合作委员会第一次会议。李岚清副总理为中方代表团团长,俄政府副总理马特维延科为俄方代表团团长。委员会特别重视扩大两国教师与学生的交流,一致认为这有助于相互借鉴各自教育系统的工作经验,提高培养专业人才的水平,也有利于对青年一代进行中俄睦邻友好合作的传统教育,使这一传统世代相传。2007年9月,中俄教、文、卫、体合作委员会更名为中俄人文合作委员会,将合作领域扩大到教育、文化、卫生、体育、旅游、媒体、电影、档案和青年领域,各分委工作职能不变。

2001年5月17日,中俄教、文、卫、体合作委员会教育合作分委会第一次会议在北京召开,时任中国教育部部长陈至立、俄罗斯联邦教育部部长菲利波夫分别担任团长。

分委会是协调中华人民共和国和俄罗斯联邦权力执行机构之间的关系,旨在实施委员会各项决议的中俄联合机构。其基本任务是:

——共同制定有关促进和发展中俄教育领域合作的各项提议;

——分析和预测中华人民共和国和俄罗斯联邦之间的教育交流发展状况;

——审核针对中俄两国之间有关教育领域合作的文件草案的提议;

——确定教育领域合作的优先发展方向;

——协调中国和俄罗斯两国国家权力执行机构之间的关系,旨在实施教育领域合作的方针政策的活动;

——协助建立和发展两国教育机构间的合作伙伴关系;

——引导中华人民共和国各省和俄罗斯联邦各主体参加教育领域的合作。

中俄双方经过对议题的讨论,达成如下共识:

——双方通过了《中俄教、文、卫、体合作委员会教育合作分委会条例》草案,并建议提交中俄两国政府首脑定期会晤批准;

——双方审议并通过了教育合作分委会2001—2002年度工作计划;

——双方商定全力支持在北京外国语大学、上海外国语大学和黑龙江大学设立俄语中心并支持其运作,支持在莫斯科公立矿业大学、圣彼得堡公立大学和远东公立大学设立汉语

中心并运作;

——双方商定在以下优先发展方向扩大中俄高校之间的合作:生物技术、有机化学和无机化学、新材料;

——双方将促进两国教育机构间发展直接的合作关系,旨在扩大本科生、研究生和科教工作者的交流;

——双方确定了组织中学生夏令营进行交流的期限及条件。2001年学汉语的俄罗斯中学生将来华参加夏令营活动,学习俄语的中国中学生将赴俄罗斯参加夏令营活动;

——双方将支持在俄罗斯联邦境内设立"孔子基金会";

——双方同意中俄教、文、卫、体合作委员会教育合作分委会第二次会议于2002年在莫斯科召开,具体时间和议题将通过外交途径商定。

可以说,从那时开始,中俄教育交流合作进入快速、健康发展轨道。中俄教育分委会成立后的18年间,两国教育合作一直是有章可循,有计划地推进各项活动,有计划、有步骤、有检查。

2018年10月20日,中俄人文合作委员会教育合作分委会第十八次会议在北京市举行。中国教育部副部长田学军、俄罗斯联邦科学和高等教育部副部长博罗弗斯卡娅分别担任中方和俄方代表团团长。双方表示,在中俄人文合作委员会和教育合作分委会框架下,两国教育合作各项工作顺利开展。双方共同回顾了自分委会第十七次会议以来的合作成果,商谈了下一阶段的合作计划,并就扩大互派留学交流人员、深化高校和大学联盟合作、在华开展俄语教学和在俄开展汉语教学、落实机制化项目、在多边框架内巩固教育合作、筹备中俄人文合作委员会第十九次会议、中俄教育合作分委会第十九次会议等议题达成共识。

2019年是中华人民共和国成立70周年,中俄建交70周年,中俄人文合作委员会成立20周年。中俄人文合作委员会第二十次会议于2019年秋季在俄罗斯召开,而中俄教育合作分委会第十九次会议则于暑期在深圳举办,为两国教育合作注入了新的动能。

三、中俄教育交流合作处于历史上最佳时期

中俄两国教育交流合作形式多样,层次丰富。两国教育部坚持开展机制化项目,中俄中小学生夏令营、大学生艺术联欢节、大学生冰雪嘉年华、俄罗斯艺术大师班等项目深受两国青少年的青睐,而中俄智库对话、教育展则宣传各自所长,交流办学经验,有效增进了两国教育领域各层次人员的相互了解与友谊。而在人才培养、语言推广方面更是成果丰硕。

(一)留学人员总数不断攀升

历届中俄两国领导人都十分重视包括教育在内的人文合作,领导人的正式访问中往往都包含教育类的项目,高度关心留学生成长。习近平主席和普京总统提出,到2020年中俄双向留学人员总数要达到10万人。2020年时中俄双方均宣布完成了预定任务。

1. 学在俄罗斯

根据俄科学与高等教育部的统计,中国留学生数量呈逐年上升趋势,其专业分布广泛,具体情况如下：

(1) 2017—2018学年，我国在俄高校留学人数达3万人，其中29 222名全日制学生，778名函授学生。

(2) 25 749名自费生成为来俄留学生的主体，占88.1%；公费生为3 473名，占11.9%；近5年来，中国公民共有4 835人获得俄罗斯联邦中央财政经费资助。

2018年中国留学生学历层次及学习性质统计

学习程度	公费生/人	自费生/人	自费生比例/%	各层次人数/人	各层次人数占总人数比例/人
预科	198	5 090	96.3	5 288	18.1
学士	898	10 181	91.9	11 079	37.9
专家	43	824	95.0	867	3.0
硕士	785	3 961	83.5	4 746	16.3
访问学者	1 272	4 667	78.6	5 939	20.3
临床医师	0	33	100.0	33	0.1
副博士	277	993	78.2	1 270	4.3
总计	3 473	25 749	88.1	29 223	100.0

(3) 2017—2018学年，在俄高校学习俄语的中国留学生人数为：短期班学生4 931名，长期生2 270名。

(4) 中国留学生分布在全俄67个联邦主体的305所高校，多集中在圣彼得堡(8 956人)、莫斯科(8 367人)和符拉迪沃斯托克市(2 023人)。

2018年中国留学生最集中的十大城市

城市	有中国学生的大学数/个	全日制学生数/人	函授学生数/人	中国留学生总人数/人
圣彼得堡	34	8 565	391	8 956
莫斯科	75	8 106	261	8 367
符拉迪沃斯托克	7	2 220	3	2 223
哈巴罗夫斯克	7	1 487	34	1 521
伊尔库茨克	8	1 020	25	1 045
喀山	7	1 003	0	1 003
叶卡捷琳堡	10	897	4	901
布拉维申斯克	4	609	1	610
下诺夫哥罗德	7	454	7	461
托木斯克	5	447	1	448

2018年,中国留学生最集中的10大高校为:莫斯科公立大学2 361人,圣彼得堡理工大学2 350人,圣彼得堡公立大学1 980人,赫尔岑俄罗斯师范大学1 383人,俄罗斯人民友谊大学1 054人,远东联邦大学949人,太平洋公立大学864人,喀山联邦大学813人,莫斯科公立师范大学683人,乌拉尔联邦大学658人。可以看到,中国学生倾向于选择大城市和俄罗斯一流高校,或特色鲜明的高校(如普希金俄语学院有622人,圣彼得堡经济大学有549人,鲍曼技术大学有464人)。

(5)中国留学生主要学习人文社科专业和俄语、经济、管理等,学习建筑土木、机械制造和电力热能等工程技术类专业的学生也较多。

2. 学在中国

根据中国教育部的统计,2018年在华俄罗斯籍学生共19 239人,其中中国政府奖学金学生3 547人,占18.44%;自费生15 692人,占81.56%。学生主要集中在黑龙江、北京、上海、山东等省市的高校,人数最多的哈尔滨工业大学有970人,沈阳理工大学(568人)和黑龙江大学(522人)紧随其后,其余高校的俄罗斯学生均在500人以内。

2018年俄罗斯籍学生就读省区分布情况
(100人以上的省市)

所在省区	人数/人
黑龙江省	2 914
辽宁省	2 892
北京市	2 522
上海市	2 125
山东省	1 160
浙江省	1 031
江苏省	987
天津市	795
广东省	794
陕西省	679
吉林省	526
四川省	387
内蒙古	298
湖北省	293
海南省	289
重庆市	223
河北省	183

(续表)

所在省区	人数
湖南省	164
广西壮族自治区	144
福建省	133
安徽省	130
河南省	125
江西省	108

2018年俄罗斯籍学生就读人数最多的中国院校   单位：人

所在院校	本科	博研	短期	高进	普进	硕研	专科	总计
哈尔滨工业大学	78	62	217		362	251		970
沈阳理工大学	113		345		30	80		568
黑龙江大学	161	13	84		202	62		522
上海外国语大学	61	6	183		147	42		439
辽宁大学	203	10	58		114	46		431
对外经济贸易大学	112	6	195		62	55		430
北京语言大学	87	5	198		83	17		390
大连外国语大学	25	3	171		102	27		328
上海交通大学	8	7	68		47	104		234
华东师范大学	37	9	33	4	65	69		217
浙江大学	26	14	53		77	47		217
山东理工大学	78		53		81	3		215
广东外语外贸大学	65	1	72		57	17		212
鲁东大学	52		27		125	5		209
大连东软信息学院	187		4		7			198
西北工业大学	34	2	42		92	25		195
哈尔滨医科大学	1	23	151			14		189
牡丹江师范学院	28		60		72	25		185
天津大学	51	1			115	13		180
哈尔滨工程大学	49	8	30			87		174
……	…	…	…	…	…	…	…	…
总计	3 831	457	4 951	51	6 371	3 398	180	19 239

可见,俄罗斯学生首选与俄毗邻的中国地区和北京、上海等大城市,其所选高校不完全集中在中国一流高校,而是更注重专业特色。俄罗斯学生最青睐的专业是汉语言文学,占在华总学习人数的50%左右,选择国际经济、贸易、工商管理的人数占第二位,选择自然科学的人数相对较少。

2018年俄罗斯籍学生在华就读专业情况

专业	本科	博研	短期	高进	普进	硕研	专科	总计
汉语言文学	944	2	2 380	2	4 281	28	57	7 694
国际经济与贸易	811	3	1		69	25	13	922
中国语言文学	1	2	713		34	10		760
汉语国际教育	195	4	6		166	172		543
现代汉语			264		209			473
工商管理	145	26	8	1	25	231		436
国际贸易学	1	9				323		333
基础汉语			195		23			218
企业管理		6	4			200		210
国际关系	3	9	39	2	4	128		185
旅游管理	32	6		1	1	138	1	179
临床医学	19		151					170
汉语言文字学	22	8	31		81	26		168
汉语培训			2		153			155
语言学		4			8	126		138
国际商务	27		2		2	89	11	131
应用经济学		3			1	118		122
物流工程	102					11		113
法学	45	4	3	1	11	46		110
物流管理	106					2	2	110
对外汉语	1		20		68	1	17	107
电子商务	96		2		1	1	3	103
土木工程	23	12	5	5	4	54		103
管理科学与工程			27	3		9	63	102

（二）语言教学与推广

语言教育和文化交流扮演着加强两国人文交流、夯实社会民间基础、巩固友好关系的重要角色。2005年中俄两国政府签订了《关于促进俄罗斯的汉语教学和中国的俄语教学的协议》，2009、2010年先后举办了中国的"俄语年"和俄罗斯的"汉语年"。在两国政府教育行政主管部门的合作和大力推动下，中国的俄语教学和俄罗斯的汉语教学发展平稳。

俄语一直是中国高考外语语种，近年来以俄语参加高考的学生有明显下降趋势。2017年，中国开设俄语专业的高校有153所，在学学生约2.6万人；约150所高校开设公共俄语教学，在学学生约2万人；中学开设俄语课程的学校有83所，在学学生约2万人；小学开设俄语课程的学校有6所，在学学生1 300人。2009年，由俄罗斯世界基金会所支持的首个俄语中心在北京外国语大学成立，其后，上海外国语大学、吉林大学、大连外国语大学、广东外语外贸大学、陕西师范大学先后成立俄语中心，至今共建成22个俄语中心（不包括校际交流自行成立的语言文化类中心）。

俄罗斯汉语热方兴未艾，2021年，开设汉语课程的高校约200所，学习汉语人数20 000人，其中9 000多人以汉语为专业或第一外语，作为第二外语学习的有7 000人，作为选修课学习的有4 000人。俄罗斯高校的汉语教师共有900多人，其中约150人为聘自中国的汉语母语教师。有123所中小学开设汉语，汉语学习者约17 000人，其中约8 000人将汉语作为第一外语学习。俄罗斯小学中汉语教师人数约260人，其中汉语母语者约30人。汉语教学可以说遍布全俄各地，根据俄方统计，在全俄85个联邦主体中有34个联邦主体开设汉语，其中远东联邦区和西伯利亚联邦区开设汉语的联邦主体最多。2019年开始，汉语成为俄罗斯高中毕业全国统考科目。2006年，俄罗斯第一所孔子学院——圣彼得堡公立大学孔子学院成立，发展至2018年，俄孔子学院数量达到18所，同时还有4个孔子课堂。

（三）合作办学

高校间合作办学是中俄两国教育合作的重要组成部分，其方式有合作设立机构和合作举办项目两种。

总体来看，目前俄罗斯引进中国教育资源相当少，只有1个机构（2015年北京交通大学与俄罗斯圣彼得堡交通大学合作创建的中俄交通学院），是我国高校在轨道交通领域第一个走出去的境外办学机构，而普通教育领域仍无一个合作办学机构或项目。

与之相对照的是，中国大学敞开大门，大力引进俄罗斯的教育资源。根据中国教育部发布的"全国中外合作办学机构和项目相关信息"监测数据显示，俄罗斯是中国合作第五大外方对象国。目前，中国引进俄罗斯教育资源在境内开设中外合作机构8个，项目120余个。这些办学机构和项目涵盖了本科至博士多个学位层次，以本科阶段教学合作为主。

深圳北理莫斯科大学是在两国元首亲自关心下建立起来的、具有独立法人资格的机构，涵盖本科、硕士、博士层次培养，办学总规模为5 000人。招生对象可以是中国公民，也可以是外国公民。所开设专业有本科学历教育，目前的专业有国际经济与贸易、俄语课程（外国语言文学类)、数学与应用数学、材料科学与工程;硕士学位教育的专业有理论经济学、应用经济学、外国语言文学、数学、地理学、生物学、材料科学与工程;博士学位教育则有理论经济学、应用经济学、外国语言文学、数学、地理学、生物学、材料科学与工程等专业。该校从2017年开始招生,办学许可至2066年12月31日。

另外7个合作办学机构均为非独立法人机构:江苏师范大学圣彼得堡彼得大帝理工大学联合工程学院、哈尔滨师范大学国际美术学院是开展硕士(前者含本科)学历教育的机构;中原工学院中原彼得堡航空学院、华北水利水电大学乌拉尔学院、渭南师范学院莫斯科艺术学院开展本科学历教育;石家庄铁路职业技术学院—莫斯科交大交通学院、西安铁路职业技术学院国际交通学院则开展专科学历教育。

在120个合作项目中,硕士学位层次项目共计2个,专科层次项目有10个,其余均为本科层次合作办学。

从学位证书授予方看,可分为三种类型:只授中方学位证书、只授俄方学位证书、同时授中俄双方学位证书,其中以仅授中方证书的项目居多;从合作专业方面看,中俄合作办学所涉及的专业分布较广,除了传统的语言教学合作外,还包括艺术、医科、金融、化学、物理、交通等学科。

除了上述高校间合作办学的机构和项目外,许多中俄高校间进行了直接合作,如北京大学和莫斯科大学联合研究生院、山东大学和喀山大学联合研究生院、黑龙江大学和新西伯利亚大学联合研究生院等。

(四) 大学联盟活跃

2011年,哈尔滨工业大学和莫斯科公立鲍曼技术大学共同发起成立中俄工科大学联盟(中文简称"阿斯图"),是中俄两国精英工科大学在自愿基础上结成的非营利性组织,是中俄人文合作委员会框架下高等教育领域的有效交流平台,开了中俄同类高校联盟的先河,为中俄两国同类高校开展合作树立了典范。联盟包含51所正式成员和9所观察员学校,其中中方正式成员高校24所,观察员院校4所,俄方正式成员高校27所,观察员院校5所。联盟举办了多项活动,如阿斯图中俄科技创新论坛(2013年)、中俄工科大学联盟大学生机器人创新大赛、中俄大学生小卫星创新设计大赛等,同时,还建立和发展了多个合作平台:中俄青年创新创业大赛平台、国际学术交流平台、精英人才培养平台、中俄青年人文交流平台、高端联合科研平台、校企科技产业平台等。"阿斯图"在推动两国高等工科教育发展方面发挥了积极作用。

随后,两国间的大学联盟迅速发展:2012年,八所中俄艺术类院校宣布成立中俄艺术高校联盟,共同举办各类艺术展览及交流活动,促进两国艺术类高校间的交流;2013年,中国对外经济贸易大学与圣彼得堡公立经济大学牵头成立中俄经济类大学联盟,共有18所中国院校和13所俄罗斯高校参与其中;2014年,中俄教育类高校联盟成立,中俄两国各6所教育类优秀高校参加;同年,中俄交通大学联盟成立,由42所中国高校及18所俄罗斯高校组成;

2014年，中俄医科大学联盟成立，中俄两国各46所高校宣布加入其中，成为两国同类高校联盟参与院校最多、规模最大的高校联盟；2016年，中俄新闻类高校联盟成立，中方21所高校和俄方14所高校成为其正式成员。2017—2019年，又分别成立了中俄文化类大学联盟、中俄综合性大学联盟、中俄农业大学联盟以及中国东北地区与俄罗斯远东西伯利亚地区大学联盟、中国长江中上游地区和俄罗斯伏尔加河沿岸联邦区大学联盟。正在积极筹建中俄特殊教育高校联盟、中俄民办高校联盟等。这些联盟有效地推进了中俄高校间资源共享，为两国高等教育学科发展以及区域合作提供了良好平台。

四、中俄教育交流合作的未来方向

经过近70年的曲折发展，中俄教育水平基本接近，成为真正的平等伙伴，有更多值得互学互助之处，这也是今后交流与合作的出发点。

在高等教育方面，可以以2018年10月QS教育集团发布的"2019金砖国家大学排名"（QS BRICS University Rankings 2019）来说明。本次金砖国家大学排名共有来自巴西、俄罗斯、印度、中国和南非的399所优秀大学上榜，其中中国内地112所高校上榜，清华大学、北京大学、复旦大学、中国科技大学、浙江大学占据前5名。俄罗斯共有101所大学进入了快速发展经济体的大学排名中。莫斯科公立大学成为排名除中国大学之外的最好的大学，排名第六，圣彼得堡公立大学、新西伯利亚公立大学分别排名第十一、第十二。值得肯定的是，在"雇主需求"方面，50个最佳结果中有13个属于俄罗斯大学，第一名则由莫斯科公立大学占据，在100个指标中获得了满分。

2019金砖国家大学排名前20所高校

2019	2018	学　　校	国家或地区
1	1	清华大学 TSINGHUA UNIVERSITY	中国
2	2	北京大学 PEKING UNIVERSITY	中国
3	3	复旦大学 FUDAN UNIVERSITY	中国
4	4	中国科学技术大学 UNIVERSITY OF SCIENCE AND TECHNOLOGY OF CHINA	中国
5	6	浙江大学 ZHEJIANG UNIVERSITY	中国
6	5	莫斯科公立大学 LOMONOSOV MOSCOW STATE UNIVERSITY	俄罗斯

(续表)

2019	2018	学　　校	国家或地区
7	7	上海交通大学 SHANGHAI JIAO TONG UNIVERSITY	中国
8	9	印度理工学院孟买校区 INDIAN INSTITUTE OF TECHNOLOGY BOMBAY (IITB)	印度
9	8	南京大学 NANJING UNIVERSITY	中国
10	10	印度班加罗尔科学院 INDIAN INSTITUTE OF SCIENCE, BANGALORE	印度
11	13＝	圣彼得堡公立大学 SAINT-PETERSBURG STATE UNIVERSITY	俄罗斯
12	11	新西伯利亚公立大学 NOVOSIBIRSK STATE UNIVERSITY	俄罗斯
13	16	中山大学 SUN YAT-SEN UNIVERSITY	中国
14	13＝	圣保罗大学 UNIVERSIDADE DE SÃO PAULO (USP)	巴西
15	15	武汉大学 WUHAN UNIVERSITY	中国
16	12	金边大学 UNIVERSIDADE ESTADUAL DE CAMPINAS	巴西
17	18	印度理工学院马德拉斯分校 INDIAN INSTITUTE OF TECHNOLOGY MADRAS (IITM)	印度
18	17	印度理工学院德里分校 INDIAN INSTITUTE OF TECHNOLOGY DELHI (IITD)	印度
19	26	托木斯克公立大学 TOMSK STATE UNIVERSITY	俄罗斯
20	20	哈尔滨工业大学 HARBIN INSTITUTE OF TECHNOLOGY	中国

在普通教育领域,近年来中俄学生在各类国际大赛中(如 PISA)成绩此消彼长,中国学生表现亮眼。

在这样的背景下,中俄教育界均应重新定位,以平等合作为基础,以互学互鉴为手段,以共同进步为目标,在以下几个方面加强工作:

(1)在中俄人文合作委员会框架下深化中俄教育合作,为两国政策互通、设施连通、贸易畅通、资金融通培养大批高水平人才,推动委员会框架下各领域务实合作,促进两国人民心灵相通。

(2)在两国现有机制化项目基础上,创新模式、丰富内涵,借助双边、多边框架下教育合作平台,探索设立新的合作项目,利用现代社会新技术,资源共享,为中俄教育领域机制化项目注入新的活力。

(3)扩大两国留学人员交流规模,使双方长期留学人数稳步增长,继续开展形式多样的各级各类短期交流项目,鼓励研修访学,以教师、学者交流带动学生交流。打造学术交流平台,吸引两国专家、学者、青年学生开展研究和学术交流。2020年新冠疫情发生以来,中俄两国留学人员数量下降,大规模接受线上教育也成为主要学习方式。远程教育将成为中俄教育合作的新常态和亮点。

(4)研究构建语言互通协调机制,拓展两国政府间语言学习交换项目,联合培养、相互培养高层次汉、俄语人才,继续支持孔子学院和俄语中心建设,全力满足两国日益增长的俄、汉语学习需求。

(5)发挥两国职业教育在区域经济社会发展中的作用,鼓励两国职业教育机构开展合作,探讨设立培训中心,合作开发教学资源和项目,开展多层次职业教育和培训,推进在青年就业培训等共同关心的领域的务实合作。

(6)继续支持中俄同类大学联盟的发展,推动联盟内教育资源共享。鼓励有合作基础、相同研究课题和发展目标的高校建立合作伙伴关系,逐步拓展教育领域科研合作。推进两国高校间开展多层次多领域的务实合作,支持依托学科优势专业,建立产学研用结合的国际合作联合实验室(研究中心)。

(7)鼓励两国中小学建立校际合作关系,利用社会实践、志愿服务、文化体验、体育竞赛、新媒体社交等途径开展合作,加强两国青少年对对方国家文化的理解。

这也是2017年6月中国教育部部长陈宝森访问俄罗斯时与俄罗斯教科部部长瓦西里耶娃达成的共识。

中俄教育交流与合作是发展中俄睦邻友好关系的必然要求,也是适应教育国际化的客观要求。随着中俄两国全面战略协作伙伴关系的发展,教育合作将更加紧密,以追求双赢,从而增进两国人民的相互理解和友谊,扩大中俄两国教育在地区和世界范围内的影响力。

参考文献：

1. 李国轩. 中俄教育合作问题研究[D]. 黑龙江大学,2017.
2. 郭强,赵风波."一带一路"战略下的中俄跨境高等教育[J]. 中国高教研究,2017(7):56-61.
3. 杨俊东. 中俄教育合作的历史及现状[J]. 社科纵横,2012(3):222-223.
4. 高春艳. 中俄教育合作问题现状及前景分析[J]. 潍坊学院学报,2016,16(2):108-111.
5. 2019年金砖五国大学完整排名(QS发布)[EB/OL].(2018-10-22)[2018-11-30]. http://goabroad.xdf.cn/201810/10819995.html.

结语
俄罗斯教育将缓慢振兴

苏联解体后,俄罗斯30年来的教育变化很大程度上与世界教育发展同步,但也具有自身的特点:整合了苏联和后苏联教育的元素。在相当长的时间内,俄罗斯教育领域获得的投资相当不足,由此导致有偿教育迅速发展,从学生家长那里收取各种费用,并获得了法律许可。从20世纪90年代中期开始,高等教育领域中有偿教育兴起,成为教育体系改革的新常态:国家对教育投入不足,教育机构通过收取学费提供更灵活的服务,其教育活动难免发生导向性偏差,教育质量受到影响。这也导致社会各界对教育改革更多持负面印象,民营教育机构或被视为"富家子弟的乐园"(幼儿园和普通学校),或被看作兜售文凭之地(高等教育)。

俄罗斯教育系统回应了国家经济和社会要求,经过30年的重塑,俄罗斯教育在教育思想、教育立法、教育财政、教育管理、教书育人、国际合作等各方面已经形成了特色鲜明、符合俄罗斯国情的坚实基础。俄罗斯教育受政治、经济形势影响特别大,近几年的世界金融危机、乌克兰危机引起的动荡虽然深刻影响了俄罗斯的发展,但饱经磨难的俄罗斯人民不畏艰难,克制隐忍,砥砺前行。俄罗斯教育界一方面加强爱国主义教育,一方面大力实施《国家教育方案》,保证学龄前儿童入学率,建设高标准新学校,裁撤低效率高校,创建世界一流大学,成绩斐然。

普京总统本轮任期到2024年,2018年以来,俄政府先后出台了一系列教育规划、方案,目前正稳步推进[①]。

同时,俄罗斯教育发展许多趋势与世界同步,特别是在学前教育、儿童早期发展和补充教育等方面。随着《国家教育方案》不断向纵深推进,俄罗斯教育更重视内涵发展。因此,排除战争、天灾等不可预测因素,这个周期教育发展的可预期性较强[②]。

一、学前教育

2020年,俄罗斯联邦3~7岁儿童能够接受学前教育的比例达到99.2%,预计这种态势

[①] https://edpolicy.ru/education-trends
[②] Доклад Правительства Российской Федерации Федеральному Собранию Российской Федерации о реализации государственной политики в сфере образования. 2021 г.

将继续下去,该年龄组儿童学前教育的理论入学率不会低于99%。目前,占3~7岁年龄组儿童总数的68%的孩子在学前教育机构学习,还有为数众多的俄罗斯儿童选择了居家学习。2024年之前这一现象将一直持续(见表12-1)。

表12-1　3~7岁儿童总数与在学前教育机构学习人数变化趋势

年份	2017	2018	2019	2020	2021	2022	2023（预计）	2024（预计）
3~7岁儿童总数/万人	929.54	953.54	960.35	936.39	905.29	860.3	810.72	764.27
3~7岁学前教育机构学生数/万人	638.67	649.55	651.62	636.83	615.69	585.09	551.37	519.78

俄罗斯学前教育面临的主要问题是各行政主体之间在社会—经济、人口、社会文化等方面的不平衡;学龄前儿童的年龄特点决定了他们不能使用当代远程学习方式或者长时间离开家庭。

由于新生儿童数出现下滑,学前教育机构儿童数将从2020年的636.83万人下降到2024年的519.78万人,减少了117.05万人。由此,预计学前教育领域的教师人数将减少。从2020年的62.3万人下降到2024年的50.88万人(见表12-2)。

表12-2　学前教育机构教师人数变化趋势

年份	2017	2018	2019	2020	2021	2022	2023（预计）	2024（预计）
学前教育机构教师总数/万人	61.16	61.3	61.79	62.3	60.26	57.27	53.97	50.88

幼儿园教师的平均工资将不断上涨①(见表12-3)。

表12-3　学前教育机构教师年平均工资变化趋势

年份	2017	2018	2019	2020	2021	2022	2023（预计）	2024（预计）
学前教育机构教师的年平均工资/万卢布	2.9	3.17	3.4	3.57	3.85	4.17	4.52	4.86

二、基础教育

普通教育阶段小学和初中的班级人数相对较少:民办学校每班12人,公办学校每班18人;而高中阶段民办学校平均每班11人,公办学校每班20人。这些指标都比经合组织国家低,主要原因是俄罗斯农村地广人稀、交通不便,学生多在小型学校学习。而在大城市却出

---

① Сведения за отчетный период 2017—2020 годов представлены на основании данных формы № ЗП — образование "Сведения о численности и оплате труда работников сферы образования по категориям персонала".

现了一种新的现象,即建设学校综合体或教育中心:一方面,可以提高资金的使用效益,保障在高中阶段有更多的专业选择;另一方面,弱校合并时强校常会损坏名校已经形成的优良校风,降低培养质量。

经调查,学生家长对教育的满意度近年来明显下降,其中包括对学校的物质—技术基础的满意度。今后10年,俄罗斯基础教育将致力于保障学生平等获得免费的高质量的基础教育,取消教育领域的性别歧视,保障残疾人、原住民等弱势群体平等接受教育和职业—技术培训;根据学生的兴趣特点尤其是残疾人的需求、性别差异,建设与完善教学楼,为所有学习者提供安全、免于暴力和社会不平等的环境;通过国际合作等途径,显著增加高水平的师资力量。到2030年,所有学习者都能掌握有利于稳定发展的知识和技能,包括学习稳定发展、生活的稳定方式、人权、性别平等,宣传世界文化和非暴力,了解文化差异的价值、文化在稳定中的作用等。

但俄罗斯基础教育仍存在一些问题:国家对基础教育财政投入不足以及对资金使用效率低下;吸收民间资金支持教育途径不畅;因社会、经济原因,地区层面教育投入差距明显;教育领域的官僚主义盛行;骨干教师数量不足,濒临或已退休教师占据相当大的比重;数字教育基础设施水平不高;教学大纲实践性不强,缺少让学习者积极参与的教学法;德育功能弱化;教师和管理骨干缺少流动性;教育发展质量评估体系滞后;教育大纲面对变化的形势缺少灵活度;学校未能对学生开展大规模的职前培训;面向当代社会需求培养未来师资的水平有待提高,以使未来的教师能适应迅速变化的教育内容和教育组织形式。

今后几年中,俄罗斯7~17岁少年儿童总数将不断增长,小学、初中、高中的学生人数会相应增加,但增长趋势不断放缓:2019—2020学年增加了42.8万人,2021—2022学年达到峰值60.8万人,以后将逐年下降,预计到2024—2025学年只增加21.7万人(见表12-4)。

表12-4　7~17岁少年儿童总数与在普通教育机构中学生数变化趋势

年份	2017	2018	2019	2020	2021	2022	2023（预计）	2024（预计）
7~17岁少年儿童总数/百万人	16.9	17.3	17.9	18.4	18.9	19.3	19.7	19.9
7~17岁普通教育机构学生数/百万人	15.7	16.1	16.6	16.9	17.5	17.9	18.3	18.5

学生人数的预测是通过比照近年来在学人数与适龄人口总数比例推测出来的,2019—2020年这一比例为93%,其中,7~15岁少年儿童入学率为99%,而16~17岁少年处于高中阶段,其比例有所下降。

根据学生人数与教师人数之比每年略有增加的因素(至2024年预计达到13.6∶1),可以预计近几年教师队伍将稳定增长[①](见表12-5)。

---

① Сведения за отчетный период 2017—2020 годов представлены на основании данных формы № ЗП — образование "Сведения о численности и оплате труда работников сферы образования по категориям персонала".

表 12-5 普通教育机构教师总数变化趋势

年份	2017	2018	2019	2020	2021	2022	2023（预计）	2024（预计）
普通教育机构教师总数/万人	122.9	123.5	124.1	124.5	129	132.1	134.8	136.4

中小学教师的年平均工资将有所提高（见表 12-6）。

表 12-6 普通教育机构教师年平均工资变化趋势

年份	2017	2018	2019	2020	2021	2022	2023（预计）	2024（预计）
普通教育机构教师的年平均工资/万卢布	3.49	3.84	41.1	4.37	4.5	4.79	5.1	5.38

三、中等职业教育

2009 年开始实施高中毕业全国统一考试，2014 年实施初中毕业全国统考之后，中等职业教育得到长足的发展，40%以上的初中毕业生（有的地区超过 50%）选择去中等职业教育学校学习，另外还有 15%～17%的高中毕业生参加统一考试后选择去中职学校，这样，中等职业教育学校吸纳了 50%～52%的初高中毕业生。

中等职业教育学院的毕业生可以不参加考试直接进入大学继续本专业学习，事实上 2016 年只有 7%的中等职业教育学院的学生选择继续深造（10 年前这一比例超过 35%）。

面向 2030 年，俄罗斯中等职业教育的目标是保障男女平等获得高质量的职业技术教育；增加掌握社会需要技能的年轻人和成年人数量，使其获得理想的工作；保障男女公民能够阅读、书写和计算。

为实现这些目标，必须解决一些问题：数字教育的基础设施薄弱；实践定向的大纲水平不高，不能吸引学习者参加实践生产过程；缺乏灵活度以协调职业教育大纲与变化的外在条件之间的关系；财政投入的使用效率低下，缺少吸收预算外资金的机制；各地区之间因社会、经济条件不同对中职教育的投入存在较大差距（因为国家对中职教育投入最少，这些机构将不得不传授老化、过时的知识和技能，只有少数"世界技能大赛"项目可能成为例外）；官僚主义盛行；骨干人才数量不足，相当比例的教师面临或已经退休。

2020—2024 年期间，中等职业教育机构的学生人数预计将增长 13%：从 2020 年的 333.6 万人增加到 2024 年的 377.5 万人（见表 12-7），这是由于俄罗斯 15～20 岁年龄组的总人口数在增加，而这部分人构成了中等职业教育机构的学生主体。同时，这也回应了俄罗斯经济部门对蓝领工人的需求。

表 12-7　15~20 岁青少年总数和中等职业教育机构学生数变化趋势

年份	2017	2018	2019	2020	2021	2022	2023（预计）	2024（预计）
15~20 岁青少年总数/万人	813.36	830.47	846.94	869.27	881.69	909.88	938.14	961.94
中等职业教育机构学生数/万人	294.47	300.64	311.97	333.63	344	355	366	377.47

根据 2020 年中等职业教育学院师生比推算，近几年专业教师和实践指导教师队伍将逐步增长①（见表 12-8）。

表 12-8　中等职业教育机构教师总数变化趋势

年份	2017	2018	2019	2020	2021	2022	2023（预计）	2024（预计）
中等职业教育机构教师总数/万人	16.53	16.3	16.39	16.5	16.89	17.31	17.72	18.14

中等职业教育学院专业教师和实践指导教师的年平均工资略低于中小学教师，但也将缓慢增长（见表 12-9）。

表 12-9　中等职业教育机构教师年平均工资变化趋势

年份	2017	2018	2019	2020	2021	2022	2023（预计）	2024（预计）
中等职业教育机构教师的年平均工资/万卢布	3.22	3.65	3.91	4.17	4.37	4.64	4.95	5.22

四、高等教育

高等教育是俄罗斯教育体系中量变最大的，2010 年以来大约减少了三分之一的学校，其中公立和市立大学减少了 25% 以上，而民办大学减少了 42.4%。

这与大学生数的剧减密切相关：2008 年大学在校生为 750 万人，到 2019 年只约 410 万人，减少了 45%。这导致了以下后果：2008 年时俄罗斯高校中非全日制学生超过半数，到 2014—2015 学年这一情况得到改变——全日制学生数超过了函授生、夜校生；民办高校学生人数迅速减少，2019 年只剩下在校大学生总数的 8%；在公立和市立大学中公费生与自费生人数趋于一致。

其实这些结果是互相关联的：多数民办高校的学生是函授生，因公立和市立高校学生总

---

① Сведения за отчетный период 2017—2020 годов представлены на основании данных формы ФСН № СПО－1 "Сведения об образовательной организации, осуществляющей образовательную деятельность по образовательным программам среднего профессионального образования".

数在减少,所以有了更多的全日制学额。

2000年时公立和市立高校的公费生人数占多数,到2010年,自费生数反超公费生数,近年来这一数字趋于平衡。公立和市立高校中的自费生相当比例是函授学生,因为函授相对便宜。

从2008年开始,俄罗斯着力构建新型高等教育体系,莫斯科公立大学、圣彼得堡公立大学作为国家大学排在第一方阵,10所联邦大学、29所国家研究型大学、33所支点大学为第二、三、四方阵。另外有一些高校获得了自行制定教育标准的权限。为建设世界一流大学,政府启动了"5-100"计划,21所高校参与建设。

现在,俄罗斯本科层次高校接纳了80%的高中毕业生(11年级),而20世纪80年代这一比例只有25%~30%。从2009年开始,全国统一考试成为选拔大学新生的重要手段,有利于增加年轻人的教育流动性。2009年之前,莫斯科和圣彼得堡市的外地生源比例只有1.5%,到2016年这一比例上升到7.5%以上。而其他城市大学的外地生源比例则从3.5%迅速增加到16.5%。

2020—2024年期间,高等教育在读人数也将由中学毕业生、中等职业教育学院毕业生和国家招生总数等因素决定,总体上变化不大,维持在400万~425万人之间(见表12-10)。

表12-10 在校大学生数变化趋势

年份	2017	2018	2019	2020	2021	2022	2023（预计）	2024（预计）
在校大学生数/万人	424.59	416.17	406.83	404.93	406.03	411.67	416.6	422.63

根据2020年本科院校生师比18.5:1推算,近几年大学教师队伍将维持稳定(见表12-11)。

表12-11 本科院校教师总数变化趋势

年份	2017	2018	2019	2020	2021	2022	2023（预计）	2024（预计）
本科院校教师总数/万人	24.51	23.61	22.93	22.31	22.37	22.68	22.95	23.28

30年来俄罗斯教育体系的发展经过了质量和数量双重变化,包含了内容和制度的要素。学前教育纳入普通教育范畴,幼儿园入园率得到提高;普通教育改变了教学内容,导致制度、管理和经济因素的调整,需要拓宽教育投入渠道并提高资源使用效率;儿童补充教育发展迅速;取消了初等职业教育环节;中等职业教育大力培养高技能的骨干人员。近年来,9年级初中毕业生报考中等职业教育学院的人数明显增加,因为为数众多的年轻人想早点接受职业教育并走上工作岗位;最大的变化是高中毕业生大量涌进大学,20世纪80年代只有

25%～30%的高中毕业生考取大学,到2005年这一比例达到75%～80%;公立高校开始招收自费生,民办高等教育蓬勃发展;补充教育迅速转型,远程教育迅速兴起,新的形势(远程教育、大规模在线教育等)要求教育体系进行重大调整;实施了教师职业标准,创建了教师培训国家体系,提高教育工作者的平均工资。

2019年和2020年,俄罗斯的人类发展指数在189个国家中分别排在第49位和第52位,教育发展水平排在第33名。据调查,89.4%的俄罗斯学生家长希望孩子获得高等教育。2017年,在劳动人口中,拥有本科教育层次以上的占34.2%(2007年这一比例为26.3%);大专以上的比例为59.9%(2007年为52.4%),远高于经合组织其他国家(平均为37%)和欧盟成员国(34%)。94%的俄罗斯居民拥有高中以上的教育程度(经合组织成员国平均为75%)。

今后几年,俄罗斯教育规模受人口总数的变化而波动,其中学前教育机构学生持续减少,中小学生数量先升后降,中等职业教育机构学生数稳定增长,高校学生小幅增长(见表12-12)。

表12-12 2019—2024年间各级教育机构学生数变化情况　　　　　　单位:万人

学校类型	2019年	2020年	2021年	2022年	2023年(预计)	2024年(预计)
学前教育学生数	+2.07	−14.78	−21.15	−30.6	−33.72	−31.59
基础教育学生数	+42.83	+32.81	+60.76	+4.3	+35.99	+21.68
中职教育学生数	+11.33	+21.66	+10.37	+11.0	+11.0	+11.47
高等教育学生数	−9.33	−1.9	+1.1	+5.64	+4.92	+6.04

因学生人数发生变化,相应地,各层级教师数量也将有所增减(见表12-13)。

表12-13 2019—2024年间各级教育机构教师数变化情况

学校类型	2019年	2020年	2021年	2022年	2023年(预计)	2024年(预计)
学前教育教师数	+0.49	+0.51	−0.1	−1.19	−1.66	−1.6
基础教育教师数	+0.59	+0.36	+4.48	+3.17	+2.65	+1.6
中职教育教师数	+0.09	+0.11	+0.39	+0.42	+0.41	+0.43
高等教育教师数	−0.67	−0.62	+0.06	+0.31	+0.27	+0.33

当今之计,要精准建立2024年前教育体系并为2035年教育发展预留空间。教育改革的基本要求是教育政策的可操作性,创造教育的现代化条件,激发教育系统骨干的潜力,减少消极因素,因为教育涉及多数俄罗斯人的利益,更是影响俄罗斯长远发展的关键因素。

参考文献:

1. Агранович М. Л. ,Ермачкова Ю. В. ,Селиверстова И. В. Российское образование в контексте международных индикаторов,2019:аналитический доклад. М. :Центр статистики и мониторинга образования ФИРО РАНХиГС,2019.

2. Копылов М. Мир в цифрах:справочник. М. :Олимп—Бизнес,2015.

3. U. S. and Canadian Institutions Listed by Fiscal Year 2014 Endowment Market Value and Change in Endowment Market Value from FY 2003 to FY 2014. NACUBO,2017.

4. Регионы России. Социально—экономические показатели. 2016 / Федеральная служба государственной статистики. Доступно по сылке.

5. Российский статистический ежегодник. 2019 / Федеральная служба государственной статистики. Доступно по ссылке.

6. Education at a Glance,OECD,2017.

7. Education at a Glance,OECD,2018.

8. Божко М. Эндаумент — не только кошелек // Ведомости&:[сайт]. Доступно по ссылке.

9. Доклад о человеческом развитии 2016. Человеческое развитие для всех и каждого / [пер. с англ.]; Селим Джахан и др. ;ПРООН. М. :Весь мир,2016.

10. Мониторинг эффективности школ // РАНХиГС:[сайт]. Доступно по ссылке.

11. Формы федерального статистического наблюдения ВПО—1 и СПО—1 на начало 2019/2020 учебного года // ФГБОУ ВО 《Ижевский государственный технический университет им. М. Т. Калашникова [сайт]. Доступно по ссылке.

12. Инновационная деятельность в Российской Федерации:инф. —стат. мат. М. :ФГБНУ НИИ РИНКЦЭ,2016.

13. Доклад Правительства Российской Федерации Федеральному Собранию Российской Федерации о реализации государственной политики в сфере образования // М. 2021.